공주, 역사문화 탐구

백제와 금강의 도시 공주

윤용혁 지음

서경문화사

서문

백제 공주, 금강 공주

2017년부터 대학의 담장 밖에서, 다른 사람들과 또 다른 모양의 시간을 즐기고 있다. 무엇보다, 지역에서 역사를 재료로 하여 시민들과 함께 역사를 '탐구'하고 즐기는 일에 진심을 기울이고 있는 것이다. 공주향토문화연구회와 무령왕국제네트워크협의회가 두 개의 마당이다. 하나는 공주 지역의 역사를 공부하는 모임이고, 다른 하나는 공주의 백제 콘텐츠를 활용하여 동아시아 시민교류를 모색하는 단체이다. 1988년과 2004년에 각각 창립되어 지금에 이르렀다.

두 개의 마당에도 불구하고, 그 사이 논문 쓰는 일을 그치지는 않았다. 학자에게 창의성이 생산되는 시간은, 탐구의 과정인 논문을 통해서라고 믿고 있기 때문이다. 그리고 그 창의성이야말로 역사가 개인의 삶과 지역의 발전에 기여하도록 하는 출발점이라고 생각되었기 때문이다.

지역의 역사는 지역을 토대로 하여 사는 사람들에게, 내가 서 있는 위치를 확인하는데 도움이 되는 지식이고 활동이라는 생각을 가지고 있다. '네비'를 사용하면 가려는 길을 안내받을 수 있지만, 그 경우에도 내 위치의 확인이 그 출발점이 된다. 그러한 점에서 지역의 역사는 유용하고 독특한 효용을 갖는다는 생각이다.

기왕에 나는 공주에 관한 두 권의 논문집을 출판한 적이 있다. 『공주, 역사문화론집』(2005), 『공주, 역사와 문화콘텐츠』(2016)가 그것이다. 본서에 실린 글은 대부분 퇴직 이후에 쓰여진 글들이다. 13편의 글을 '백제', '공산성', '지역 콘텐츠', '금강'이라는 키워드를 따라 4개의 장으로 나누어 정리하였다. 그리고 책의 제목을 『공주, 역사문화 탐구』라고 하고, '백제와 금강의 도시 공주'라는 부제를 달았다.

　공주는 백제 이래 오랜 역사의 축적이 있는 도시이지만, 시대의 변화를 타고 활력을 회복해야 하는 도시이기도 하다. 공주만이 아니고 동일한 여건과 환경에 처해 있는 여러 도시들이 우리나라에 있다. 공주가 가지고 있는 역사와 문화와 자연의 자원이, 도시의 새로운 활력을 회복하는 동력이 될 수 있다는 생각을 가지고 있다.

　이 책을 나는 학교의 담장 밖에서 함께 하고 계시는 분들과 나누고 싶다. 그리고 먼저 밖에 나와서 자리를 챙겨주신, 명학장학재단의 최석원 이사장님께 감사드린다. 자료를 찾고 정리하는데, 담장 안에 있는 서정석, 문경호 교수를 많이 귀찮게 하였다. 어려운 여건에도 불구하고 정성으로 책을 만들어 주신 서경문화사 김선경 대표에게도 감사의 말씀을 드린다.

　한 해는 봄, 여름, 가을, 겨울의 4계절로 구성되어 있다. 사람도 그렇다는데 어느 계절이나, 불편함과 아름다움이 함께 있는 것 같다. 책의 서문을 쓰는 지금은, 아직 여름이다!

2024. 8. 15
소나무 아래에서, 윤 용 혁

목차

목차

제4부 금강의 문화사

머리글 공주 역사 '2천 년'

1. 서울의 대안, 백제 공주(475)

2012년 7월 1일은 '세종특별자치시'가 출범한 날이다. 2004년 6월, '연기·공주 지구'로 행정수도의 입지가 결정된 이후 우여곡절 끝의 결말이었다. 대한민국의 제2수도라 할 세종시의 정부청사까지는 공주대 신관캠퍼스에서 불과 15분밖에 걸리지 않는 거리이다. 돌이켜 보면 한강에서 '금강'으로 수도를 옮긴 것은 1천 5백여 년 전에 이미 있었던 일이었다. 서기 475년 백제의 왕도가 한성에서 웅진으로 옮긴 것이 그것이다.

475년 10월(음력) 백제의 수도가 공주로 옮겨진 것은 잘 알려진 바와 같이 고구려군에 의한 한성(서울)의 함락 때문이다. 한성의 함락으로 백제는 개로왕은 물론 왕족과 대신이 거의 멸살됨으로써 사실상 나라의 운명이 끝난 것이었다. 당시 사람들이 "백제는 이제 망했다(時人皆云 百濟國 雖屬旣亡)"라고 했다는 것은 당시 사정에 대한 절실한 표현이다(『일본서기』 14, 웅략 21년 3월). 공주로 천도한 것이 음력 10월, 바야흐로 겨울이 목전에 닥친 시점이었다. 서기 475년 10월은 양력으로는 11월 14일부터 12월 13일에 걸친다. 바야흐로 '겨울'인 것이다. 475년 공주에서 맞은 첫 겨울은, 문주왕과 한성에서 황급하게 내려온 서울 사람들에게는 가장 추웠던 겨울이 되었을 것이다.

9월 고구려의 공격이 시작되자 문주는 개로왕의 요청에 의하여 바로 신라에 원병을 구하기 위하여 나갔다. 당시 그의 직위는 최고의 지위인 상좌평으로, 개로왕을 뒷받치고 있었던 강력한 정치적 인물이었다. 『삼국사기』에는 개로왕의 아들이라고 적혀 있지만, 『일본서기』에 개로왕의 '모제(母弟)' 즉 친동생이라 기록된 것이 일반적으로 받아들여지고 있다. 이 '모제(母弟)'의 의미에 대해서는 친동생이 아니고, '어머니의 동생'이라는 또 다른 의견도 있다.

문주가 신라군 1만을 얻어 한성으로 돌아왔을 때, 한성은 이미 고구려군에 의하여 초토화되어 있었다. 고구려의 군사적 위협이 여전한 상태에서 한성에서의 백제 재흥은 불가능한 것이었다. 이에 문주왕은 목협만치 등의 도움을 받아 남쪽 금강변 중류 웅진에서 새로운 백제의 출발을 시작하게 된다. 웅진은 부근 수촌리를 거점으로 하여 이미 한성과는 가까운 관계가 형성되어 있던 곳이기도 했다.

웅진으로 천도한 문주왕에게 가장 중요한 일은 웅진의 도시 건설, 그리고 방어시설을 구축하는 한편 백제를 재건하는 작업이었다. 476년 2월, 새 수도 웅진을 지켜주는 대두산성을 수리하고, 중국 남조(宋)에 사신 파견을 시도하고, 477년에는 왕궁을 중수하였다. 그러나 왕권은 극히 취약하였다. 477년 동생 곤지를 귀국시켜 내신좌평으로 임명하고, 큰 아들 삼근을 태자에 봉한 것은 이같은 왕권의 취약성을 보완하고자 한 것이었다. 그러나 곤지는 바로 같은 해 7월에 곧 사망하고 말았다. 곤지는 동성왕과 무령왕의 아버지로서 461년 일본에 사신으로 파견되어 일본 오사카 남부 가와치(河內)지역에 일정한 세력을 확보하고 있던 인물이다.

477년 7월 곤지의 죽음은 문주왕의 백제 재건이 실로 험난한 상황이었음을 암시한다. 과연 그로부터 두 달 후 문주왕마저 병관좌평 해구가 보낸 자객에 의하여 살해되고 말았다. 다행히 태자 삼근이 왕위를 계승하였지만, 그 역시 3년을 넘기지 못한다. 문주왕의 장남 태자 삼근의 즉위 당시 나이가 13세였던 점에서 생각하면, 그때 문주왕은 아직 젊은 나이였을 것이다.

475년 공주(웅진)로 천도를 단행한 백제 22대 임금 문주왕(?~477)은 흔히 비운,

단명의 임금으로만 인식되어 있다. 이러한 인식 때문에 도시로서의 공주의 출발을 열었던 인물로서의 문주왕의 존재는 제대로 부각되지 못하였다. 그러나 웅진이라는 도시는 이 천도에 의하여 비로소 역사에 실체를 드러낼 수 있었던 것이다. 문주왕의 475년은 말하자면 도시로서의 공주 역사의 실질적 출발점이었다고 할 수 있다.

문주왕이 한강 이후 새로운 거점으로 공주를 택한 이유는 어디에 있었을까. 첫 번째는 방어상의 이점이고, 둘째는 내륙수로를 이용한 교통의 편의성이다. 거기에 웅진은 육로교통에 있어서도 남북을 연결하는 요충이며 그 남쪽에는 넓은 평야가 펼쳐져서 생산성 높은 지역을 지척에 끼고 있다는 점에서 퍽 유리한 곳이기도 하였다. 방어와 교통과 생산성이라는 세 가지 요소가 만나는 지점인 것이다. 수촌리 유적의 발굴은 웅진천도 이전 이미 공주 지역에 상당한 정도의 지방 세력이 실재하였다는 사실을 입증해주고 있는데, 천도 초기 왕실 유지와 도시 건설에는 이같은 공주지역 재지 세력의 도움이 필수적이었을 것이다.

금강은 한강보다는 규모가 작지만 이른바 '4대강'의 하나에 속하는 강이다. 1천리 금강 중에서 원래 '금강(錦江)'으로 칭해진 것은, 남과 북 두 줄기의 강물이 합수하는 세종시에서부터 공주 고마나루에 이르는 구간이다. 이 공주 인근의 금강으로의 천도 시도는 백제 이후에도 여러 차례의 시도가 있었다. 조선 건국 초인 1393년 조선왕조의 새 서울을 계룡산의 신도안으로 정했던 것도 그 하나이다. 근래의 이야기로는 1970년대, 제3공화국 말 북한으로부터의 안보 위협에 대한 대처를 이유로 공주군 장기면 일대를 행정수도로 내정하여 천도 작업을 극비리에 진행하였던 예도 있다. 이것은 한강으로부터 도읍을 옮길 경우, 금강의 중류 공주 인근에서 그 대상지를 구할 수 밖에 없었다는 점을 입증한다. 세종시의 입지 선정 역시 이러한 범주에서 벗어나고 있지 않은 것이다.

문주왕의 천도는 '웅진'이라는 도시의 새로운 건설을 의미한다. 문주왕 3년(477)의 기록에 "궁실을 중수(重修) 했다"는 것은 처음 급하게 조성한 궁실을 다시 손보아 일정한 격식을 갖추었다는 의미이다. 동시에 궁실만이 아니라 도시 전반의 새로운 시설이 지속적으로 조성되고 있음을 암시하는 것이기도 하다. 공주는 좁은 분지형의 공간에 긴 하천이 관통하고 있어서 대지의 가용 면적이 매우 협소한 특징이 있다. 부여에서는 나성을 인공적으로 구축하여 방어상의 허점을 보완해야 했지만, 공주는 동서남 3면이 산으로, 그리고 북쪽은 금강이 둘러싸고 있어서 부여와 같은 나성이 없이도 충분히 방어 효과를 가질 수 있었다.

문주왕의 웅진도성 건설에 있어서 가장 중점이 두어졌던 것은 아마 공산성을 중심으로 왕성을 구축하는 일, 그리고 제민천 연변의 저습지를 개척하여 도시 기반 시설을 갖추는 일이었을 것이다. 3년 여의 짧은 재위기간으로 그의 치세에 도성의 모습이 그려질 수는 없었을 것이지만, 웅진도성의 전체 윤곽은 바로 문주왕대에 잡혀진 것이라 보아야 한다. 이점에서 공주 도시사의 출발이라는 그 역사의 중심에 문주왕이 있다는 점을 간과해서는 안될 것이다.

문주왕의 인물에 대해서는 역사기록의 소략함으로 알만한 것이 거의 없는데, 『삼국사기』에는 문주왕의 인물에 대하여 두 가지 사항을 적고 있다. 왕이 우유부단한 인물이었다는 것, 그리고 그럼에도 불구하고 백성들을 사랑한 인물이라는 것이다. 그러나 그가 일찍이 개로왕의 정치적 후견 인물로서 이미 상좌평의 지위에 있었던 것을 생각하면 그는 능력 있는 정치인이었음에 틀림없다. 또 고구려의 절대적 위협 하에서 백제 재건의 새로운 거점으로 공주를 착안하고 이를 바로 실천에 옮긴 것에서 생각하면 정치적 결단력을 겸비한 인물이기도 하였다. 그럼에도 불구하고 그를 우유부단한 인물이라 한 것은, 천도 초기 권신의 발호 속에서 전혀 운신할 수 없었던 당시의 정치적 사정을 반영하는 것이다.

금강 유역에서의 백제 중흥은 반 세기 후 무령왕과 성왕에 의하여 이루어졌지만, 그 백제 중흥을 처음으로 꿈꾸고 터전을 마련한 인물은 문주였다. 이러한 점에서 문주왕은 한 마디로 '공주의 개조(開祖)'라 칭할 만한 인물이다. 특히 그가 백성을 사랑한 인물이었고 백성들도 왕을 사랑했다는 것은 그가 넉넉하고 훌륭한 인품의 소유자였음을 의미한다. 우리 역사에서 첫 나라를 연 것은 단군 임금이지만, 도시로서의 공주의 역사는 문주왕에 의하여 이루어진 셈이다. 이러한 점에서 비록 그 치세는 짧고 단명했지만, 공주에 있어서 문주왕의 의미는 반드시 재평가되어야 한다. 그리고 서기 475년의 그 추웠을 첫 번째 겨울의 추위도 우리가 결코 잊지 말아야 할 공주의 역사이다.

2. 천년 백년, 고려 공주(940)

9세기 말 이후 신라사회는 심한 분열의 소용돌이 속에 휩쓸리며 경주정부의 통제력은 상실되었다. 호남지역에서 견훤은 전주에 도읍하고 백제의 부흥을 공언하며 후백제를 건국하였다. 892년의 일이다. 뒤이어 901년 철원의 궁예는 후고구려를 세웠다. 이른바 후삼국시대가 전개된 것이다. 견훤과 궁예가 대결하는 후삼국기, 공주는 양대 세력이 마주하는 접점에 위치하여 있었다. 이 때문에 공주는 때로는 남쪽의 견훤에, 그리고 때로는 북쪽의 궁예나 왕건의 세력권에 들어 있었다.

견훤의 건국 초기 공주는 후백제의 세력권에 있었다. 당시 공주의 실제적 지배자는 '공주장군'으로 지칭된 홍기(弘奇)라는 인물이었다. 그러나 중부지역에서 궁예가 흥기하고 그 세력을 남부지역으로 확대해가자 공주는 궁예의 휘하에 들게 된다. 905년 궁예가 경상도 상주 등지까지 그 세력을 확대하자 공주는 궁예에 귀부하였다. 이때 궁예의 휘하에 있던 이흔암(伊昕巖)은 공주를 습격하여 장악하였다. 그러나 918년 궁예가 왕위에서 축출되고 왕건의 고려가 건국되자 공주는 다시 후백제권으로 넘어갔다. 927년 즉위한 지 10년이 된 왕건은 공주를 공격하였으나 실패하였다. 태조 17년인 934년 왕건은 충남 서부의 요충인 홍주를 장악하였다. 이에 따라 충남의 많은 지역이 고려에 붙게 되었는데, 아마 이때 공주도 고려의 세력권에 들게 되었던 것 같다. 935년 신라의 고려 귀부에 이어, 936년 태조 왕건은 논산에서 후백제군을 대파하여 후삼국의 통일, 민족의 재통일이라는 위업을 달성하였다.

근년에 고려 태조 왕건에 대한 역사적 재평가와 새삼스럽게 관심이 모아지고 있다. 지역분할 구도의 청산, 남북 대립정권의 통일 등 오늘날 우리가 처한 당면적 과제와 현실이 후삼국의 분란기와 유사한 측면이 있고, 이같은 난세를 청산하고 새로운 시대를 연 인물이 왕건이었다는 점 때문이다. 공주의 태조와의 관련성은 940년(태조 23) '웅주'의 지명이 '공주'로 바뀌었다는 점이다. 오늘날까지 사용되고 있는 '공주'라는 이름은 통일 이후 태조의 지방제도 정비라는 정책의 일환으로 서기 940년, 지금으로부터 1100년 전에 정착하여 지금까지 사용되고 있는 것이다.

지금으로부터 1100년 전인 고려 태조년간에 등장하는 '공주'라는 이름은 어디에서 나온 이름인가. 곰 전설에서 '고마나루'가, 그리고 '고마나루'가 '웅진' '웅천'으로, '웅진' '웅천'이 '웅천주' '웅주'로 바뀐 것은 이해가 된다. 그런데 고려 초에 등장하는 '공주'의 이름은 기왕의 이름과는 연관이 없는 새로운 이름처럼 보인다. 이에 대하여 『신증동국여지승람』에서는 공주의 진산인 '공산'의 산 모양이 '공(公)'자와 같은 형태인 데서 유래하였다고 하고 있다. 이에 대하여 국어학자들은 공주 혹은 공산의 '공'이 필시 '곰(熊)'에서 나온 말일 것으로 추측한다.

고려시대(10~14세기) 공주의 일반적 상황은 기록의 인멸로 거의 파악하기 어렵다. 이 때문에 이 시기는 500년이라는 긴 역사에도 불구하고 거의 잊혀진 역사로 되어 있다. 그러나 이 시기에 있어서도 공주는 중부지역의 거점으로서 발전하고 있었음을 유의할 필요가 있다. 이같은 공주의 당시 위상과 분위기를 고려 말, 14세기의 식영암(息影庵) 스님은 이렇게 묘사하고 있다. "지금 공주는 옛날의 절도사가 있던 부(府)이다. 계룡산은 동남쪽에서 일어났고 웅진강은 서남쪽으로 둘려 있다. 지방이 신령하고 수려한 정기를 배태하여 여러 세대가 바뀌면서 점점 커졌다. 옛날부터 떨쳐서 지금에 이르도록 큰 고을을 이루었다." 1011년 피란 중에 뜻하지 않게 공주에 들르게 된 현종은 "선경(仙境)의 영롱함이 길이길이 그치지 않을 것"이라는 공주 찬시를 남기기도 하였다.

10세기의 고려 초는 940년의 공주 이외에도 많은 지역의 지명이 바뀌거나 만들어진 해이다. 919년 '예산', 930년 '천안', 1018년 '홍주'가 이러한 예에 속한다. 홍성에서는 2018년 '홍주 천년', 예산에서는 2019년 '예산 천 백년' 행사가 거행된 바 있다. 공주에서는 2011년에 고려 현종의 공주 방문을 기념하여 '천년 기념비'를 한옥마을에 세웠다.

3. 감영 도시, 충청 공주(1603)

임진왜란 직후 1603년 충청감영의 공주 개영은 공주의 역사성과 지리적 거점성이 다시 부각된 중요한 시점이다. 다만 감영 개영의 정확한 시점에 대해서는 1600년(선조 33), 1602년, 1603년 등의 논의가 있었다. 1600년 설은 충청감사를 지낸 허지(許墀)의 「선화당이건기」에 '만력 경자년' 즉 1600년에 관찰사 권희(權憘)가 "감영을 설치하고 건물을 지었으나 그것은 오래되었다(立監營 營廨之創 厥惟舊哉)"는 것이 그 근거가 된다. 권희의 재임 기간은 불과 2개월 남짓이었으며, 그는 '감영을 사립(私立)'하려 한 것이 문제되어 암행어사의 보고에 의하여 교체되고 말았다. 감영의 '사립'이 어떤 상황을 일컫는 것인지 정확히 알 수 없으나, 아마 공적인 행정 절차를 생략한 채 감영의 유영(留營)을 공주에 두려고 하였던 것을 의미한 것으로 보인다.

공주의 감영 설치 필요성이 대두된 것은 임진왜란이 그 계기가 되었다. 임진왜란시 호남, 호서의 방어에 공주의 중요성이 대두되면서 이에 대한 성곽의 재수축과 함께 공주에의 '설영(設營)' 논의가 제기된 것이다. 1602년 설영(設營)이 공식 추진되고 1603년 공산성 안에 감영 건물을 세움으로써 공주 감영의 설치는 일단락 되었다. 따라서 공주감영의 설치 연대는 1603년으로 보는 것이 적절할 것이다. 감영의 입지는 그후 여러 차례 변전(變轉)을 거듭하였으며, 봉황산 아래의 현 공주사대부고 자리에 감영이 들어선 것은 1세기가 지난 1707년(숙종 33)의 일이었다.

1603년 공주감영의 설치 이후 1707년 봉황산 아래 신감영이 완공되기까지 1세기동안 감영은 공산성의 안팎으로 이전을 되풀이하였다. 충청감영의 건물이 공산성에 설치된 이후 봉황산 아래 반죽동에 들어서기까지 전까지의 과정은 다음과 같다.

① 공산성 1기(1603~1604) ; 감사 류근이 감영을 공산성에 설영
② 제민천변 구감영(1604~1645) ; 공산성내 공간의 협소함, 시내와의 거리감으로 인한 불편 때문에 목관아 근처로 나옴

③ 공산성 2기(1646~1652) ; 유탁(柳濯)의 란으로 감사 임담(林潭)이 감영을 산성으로 옮김
④ 제민천변 2기(1653~1706) ; 감영을 성 밖 구감영터에 다시 건축하여 이전함

봉황산 하 공주대 부설고교 자리의 감영은 1706년에 감사 이언경(李彦經)에 의하여 건물 경영이 착공되어 이듬해 1707년 감사 허지(許墀)에 의하여 완공되었다. 당시의 경과에 대해서는 「선화당 이건기」에 의하면 이언경의 공사 시작으로 가까스로 선화당이 겨우 지어져가는 정도였는데, 돌연한 파직으로 공사가 중단 위기에 몰렸다. 이때 신임 감사였던 허지(許墀)가 어려운 여건을 불구하고 환곡 경영을 통한 재정 절감을 통하여 시작된 일을 계속 추진하여 나갔다고 한다. 감영 건축의 실무공사는 중군 최진한(崔鎭漢)이 담당하였는데, 이 일은 감영 건물의 신축이라는 의미 이외에 흉년을 당하여 발생한 빈민들에 대한 구제책으로서의 기능을 갖도록 각별히 배려되었다. 그리하여 충청감영 건물은 주민들의 호응 속에서, 그리고 이들에 의한 임금노동에 의하여 이루어지게 되었던 것이다. 감영 앞의 하천, 제민천이 '제민천(濟民川)'이라는 이름을 갖게 된 것도 아마 이 무렵의 일이 아닌가 생각된다.

그런데 여기에서, 봉황산 하의 새 감영으로 자리 잡기 이전 공산성내와 함께 번갈아 감영으로 사용되었던 옛 감영의 자리는 어디였는가 하는 의문이 야기된다. 이에 대해서는 이미 윤여헌 선생에 의하여 1707년 완성된 신감영보다는 "동쪽 대천변(大川邊, 제민천변)에 있었다고 보아야 한다"고 논증된 바 있다. 즉 제민천변의 자리가 자주 홍수로 범람함으로써 여기에서 더 서쪽, 지대가 보다 높은 지점을 새로 정지(整地)하여 신감영을 경영하게 되었다는 것이다.

신감영 이전의 구감영터로 지목된 제민천변 일대는 김갑순 가옥 등이 있는, 사실상 '대통사지(大通寺址)'로 알려진 구역 일대를 의미한다. 이 대통사는 신라를 거쳐 고려 말까지는 절이 운영되었다. 아마도 구감영의 부지는 조선조에 들어서 폐사된 이 대통사의 터가 아니었을까 추측된다. 구감영에서 가장 큰 문제가 된 것은 하천의 범람으로 인한 수재였고 이것이 신감영 건축의 불가피한 이유가 되었다. 대통사지 주변, 제민천변에서의 이같은 수재는 백제나 신라시대에 비하여

제민천의 하상(河床)이 높아진 결과라고 생각된다. 구감영으로부터 수재를 피할수 있는 가까운 위치로 이전한 것이 신감영인 것이다. 이렇게 보면 공주의 충청감영을 봉황산 아래에 자리잡게 한 것은 결국 대통사지의 존재로 말미암은 것이었다.

웅진동으로 이전한 선화당은 조선시대 충청감영의 동헌으로서, 정면 8칸 측면 3칸으로 구성된 웅장한 건축물이다. '선화'라는 이름은 관찰사의 임무인 "백성들의 풍속과 고락을 관찰하고 왕화를 펼친다"는 '관민풍속 찰민고락 선포왕화(觀民風俗 察民苦樂 宣布王化)'에서 나온 것으로, 조선시대 각 감영의 동헌을 일컫는 일반 명칭으로 되었다. 1932년까지 충청남도 도청으로 사용되었으나 도청의 대전 이전 이후인 1937년 동월명대(東月明臺)의 높은 대지(臺地)로 건물을 이전하여 현재의 국립공주박물관 건물 신축 이전까지 공주박물관의 전시실로 이용되었다. 감영의 동헌인 선화당은 1993년 이후 공주시 웅진동으로 옮겨져 있고, 포정사 문루가 함께 복원되어 있다.

포정사의 문루는 일제 때에 '금남루(錦南樓)'라는 이름으로 개칭되어 상층의 구조에 유리창을 시설하여 충남 도청의 사무실로 사용하였다. 1932년 도청의 대전 이전 이후, 이 건물은 교동, 지금의 보건소 자리로 옮겨졌으며 '금남사(錦南寺)'라는 이름의 일본 절로 사용되었다. 그리고 이때 건물을 옮기면서 아예 기둥 아랫부분을 절단, 상층만 살리고 개조하여 일반 건축물의 공간으로 사용하였던 것이다. 1953년부터 한동안 공주중앙감리교회 예배당, 공주군청의 사무실 등으로 사용되다가 1993년 건물을 다시 복원하여 웅진동에 선화당과 함께 배치하였다.

대전으로 이전되었던 충남 도청은 2012년 말 홍성, 예산 접경의 내포신도시로 이전하였다. 충남 도청은 80년 만에 대전을 떠났지만, 공주로 돌아오지 않았다. 도청 환청에의 소망이 실현되지 않은 것은 공주 주변에 자리한 대전광역시와 세종특별자치시의 존재 때문이었다. 따지고 보면, 대전광역시가 가능했던 것, 그리고 세종특별자치시가 가능했던 것은 공주의 존재 덕분이었다. 이 때문에 공주로의 도청 환청도 어려움이 되었다. 그러나 이제는 대전과 세종의 존재가 공주의 지역 발전에 기여할 수 있도록, 활용의 지혜를 모아야 할 때이다.

4. 역사 도시, 지금 공주(2024)

1895년(고종 32) 지방관제 개정에 의하여 산내면, 구즉면, 천내면, 탄동면, 현내면, 유등천면을 회덕군에 이양 되었다. 1914년 명탄면(22개리), 양야리면(33개리), 삼기면 일부(노은, 나성, 송담, 종촌 등 16개리), 반포면 일부(8개리)를 연기군에 이양하고, 현내면(50개리), 유등천면(36개리)을 대전군에 이양, 반탄면 2개리(서원, 정곡)를 부여에 이양 하였다. 연기군 남면 3개리(제천, 월현, 소야), 노성군 월오면 소평리, 소사면 대정리, 부여군 초촌면 세동, 몽도면 신대리, 정산군 목면 2개리(석화, 건지)는 공주에 편입하였다.

1932년 충남 도청의 대전 이전을 계기로 공주는 새로운 활로를 모색한다. 그 출구는 역사도시로서의 자원 개발, 그리고 교육도시로의 출발이다. 1938년 공주여자사범학교의 개교는 영명학교와 공주고의 개교 이후 공주를 교육도시로서 새롭게 부각시키는 계기를 마련한다. 1948년 공주사범대학의 개교는 1991년 공주대학교로 이어져, 공주대는 예산, 천안 등 4개 캠퍼스를 운영하는 매머드 국립대학으로 발전하였다.

1932년 공산성과 송산리고분군 안에 관람도로가 개설되었다. 이는 두 유적이 갖는 역사 자원으로서의 가치를 주목한 것이라 할 수 있다. 그 과정에서 5호분과 6호분 등이 확인되어 왕릉으로서의 송산리고분군의 위치가 정착하였다. 그리고 1971년에 6호분의 바로 뒤쪽에서 무령왕릉이 발견되었다. 무령왕릉의 발견은 백제왕도로서의 공주의 입지를 분명하게 하는 중요한 사건이었다. 그리고 바로 이 무령왕릉이 갖는 가치에 토대하여, 2015년 7월 백제지역의 8개 유적이 유네스코 세계유산에 지정되기에 이른 것이다.

2012년 공주에 인접한 연기군이 개편되어 세종특별자치시로 출범하였다. 세종시의 출범에 의하여 공주시 의당면(5개리)과 반포면(5개리)의 일부 그리고 장기면(11개리)이 세종시로 편입하였다. 그런데 그 40년 전 1973년에도 공주군의 5개리가 연기군에 편입된 바 있었다. 그중에는 뒤에 세종신도시의 중심부가 된 나성리(나성동), 송원리(한솔동)도 포함되어 있다.

2012년 세종시의 출범에 의하여 공주는 기회와 위기가 상반하는 환경에 동시에 봉착하게 되었다. 위기는 세종시로의 인구 전출 현상이다. 반면 공주에 있어서의 기회는 세종시에 집중된 새로운 인구를 공주의 관광 문화 교육의 생활인구로 확보할 수 있다는 점이다. 2013년 이후 백제문화제의 성황은 이들 세종시로부터의 방문이 상당한 비중을 차지하고 있다. 세종시 출범을 위한 공주시의 기여를 근거로, 상생을 위한 협력 체제를 강화해 가야 할 것이다.

공주 중심의 교통 체계의 재편도 공주의 새로운 발전에 기여할 것이다. 근대에 이르러 공주는 교통이 불편한 궁벽한 고장이었다. 그러나 지금 공주는 전국에서 가장 편리한 교통의 거점이 되었다. 475년 백제의 공주 천도, 그리고 이후 1천 5백 년 간의 충청의 거점도시로서 도시 발전이 가능했던 중요한 배경은 사실 교통의 편의성이었다. 원래 충남은 공주를 중심으로 편제되어 교통체계 역시 공주 중심의 방사선 구조로 만들어져 있다. 거기에 천안-논산간 고속도로(2002년)에 의하여 서울과 호남에의 접근성이 크게 개선되었고, 대전(영덕)-당진(2007년) 및 공주-서천(2009년) 고속도로에 의하여 충남의 서부 혹은 호남 서해안, 경상도 지역과의 교통이 원활하여졌다. 공주에 5개의 IC와 2개의 JC가 있다는 사실은 교통 거점으로서의 공주의 편의성을 입증한다. 거기에 2015년 KTX 공주역이 만들어져, 공주는 숙원이던 철도교통에 의한 서울, 호남의 연계가 가능해졌다.

2021년 무령왕릉 발굴 50주년, 무령왕의 '갱위강국' 선언 1500주년을 맞아 공산성 서문 앞에 무령왕의 동상이 세워졌다. 백제 세계유산을 토대로 한 '역사도시 공주'의 상징이다. 같은 해에 공주시는 '미래유산도시 공주'라는 주제로, 법정 '문화도시'에 선정되었다. 2023년에는 제2기 세계대백제전에 버금하는 '대백제전'을 개최하였다. 그러나 많은 중소도시가 겪고 있는 인구 감소의 추이는 공주에서도 완만하나마 지속되어, '10만 인구'의 고수가 현안이 되어 있다.

2024년 '지금 공주'는 기회와 위기의 조건에 함께 당면해 있다. 그러나 공주가 가지고 있는 역사 · 문화 · 자연 자원을 기반으로 변화된 여건을 십분 활용한다면, 옛것과 새것, 문화와 자연을 함께 가진 공주의 새로운 도시적 발전도 충분히 기대할 수 있는 일일 것이다.

* 본고는 2017년에 공주시청에서의 특강 원고로 작성되었던 것을 보완한 것임.

제1부
백제 공주, 공주 백제

제1장 백제 임류각은 어디에?

머리말

임류각(臨流閣)은 서기 500년(동성왕 22) 봄 백제 동성왕에 의하여 건축된 웅진시대의 대표적 건축이다. "궁 동쪽에 임류각을 세웠는데, 높이 5장이다. 못을 파고 진기한 새(奇禽)를 길렀다"는 것이다.[1] 한성에서 웅진으로 도읍을 옮긴 지 25년만의 일이다. 웅진도성 건설 작업 1단계가 마무리되는 시점에서 건립된 임류각은 회복된 백제 국왕의 권위를 과시하는, 말하자면 웅진성(공산성)의 '랜드마크'였다. 건물만이 아니고 연못을 조성하여 서로 셋트가 되도록 구성한 대표적 왕실 조경 사업이기도 하였다. 동성왕은 임류각에서 신하들과 함께 잔치를 열어 밤새도록 즐기기도 하였다.[2] 임류각 건축의 성격과 기능을 짐작하게 하는 대목이다. 그러나 이 임류각은 동성왕을 정치적으로 몰락시키는 결정적 족쇄가 되기도 하였다.

---

1) "起臨流閣 於宮東 高五丈 又穿池養奇禽"(『삼국사기』 26, 백제본기 동성왕 22년 봄)
2) "王與左右 宴臨流閣 終夜極歡"(『삼국사기』 26, 백제본기 동성왕 22년 5월)

높이가 5장이 되는 특별한 건축물, 연못과 조경을 수반한 왕궁 관련의 조경 시설은 고대의 대표적 조경으로서 일찍부터 주목되어 왔다. 그럼에도 불구하고 유구의 불확실성 및 임류각의 위치가 명확하지 않다는 점 때문에 이에 대한 논의는 일정한 한계를 면하지 못하였다.

웅진시대의 임류각은 공산성 건물지에 대한 발굴이 진행되면서 종종의 논의가 있었지만, 어지러운 논의에도 불구하고 아직은 그 실체가 정리되거나 밝혀져 있지 않다. 한때 임류각을 입증하는 핵심 자료로 논의된 '류(流)'자명 기와에 대해서도 그 성격을 어떻게 규정해야 할지 혼란된 상태에 있다. 임류각이 왕궁의 동쪽에 조영한 시설이었다는 것 때문에 임류각은 웅진시대 백제 왕궁의 위치 문제와도 관련이 되어 있다. 본고에서는 지금까지의 임류각의 위치를 둘러싼 논의와 관련 발굴 작업의 경과 등을 정리하고, 아울러 임류각의 위치에 대한 의견을 제안하고자 한다. 논의의 과정에서 '류(流)'자명 기와에 대해서도 의견을 내고자 한다.

1. 임류각을 둘러싼 논의의 출발

임류각은 건물의 높이가 '5장', 50자에 이르니 만일 1자의 길이를 적게 잡아 25cm로 가정하더라도 12.5m 높이의 건물이다. 1자를 30cm로 잡으면 15m에 이른다.[3] 부여의 정림사지 5층석탑이 8.3m인 것을 생각하면, 당시로서 매우 특별한 높이의 고층건물인 셈이다. 웅진시대는 아직 초석 건물이 일반화하기 이전이라고 하지만, 이 경우에는 초석을 사용하지 않을 수 없었을 것이다. 그렇게 보면 임류각은 건축사적으로 특별한 출발점이 되는 건축물이라 할 수 있다. 그런데 임류각은 연못과 함께 하나의 세트로 조성됨으로써 건축으로서만이 아니라

---

3) 1993년 광복루 광장에 재현한 '임류각' 건물의 높이가 15m라고 한다. 이는 1척을 30cm로 계산하여 '5장'의 높이를 표현한 것이라 할 수 있다.

조경사의 측면에서 주목하지 않을 수 없는, 웅진시대를 대표하는 랜드마크가 되었을 것이다.

왕궁 동쪽에 지어진 임류각은 연못과 세트를 이루는데, 왕궁 관련의 조경 시설은 웅진시대가 처음은 아니다. 한성시대인 진사왕 7년(391) "궁실을 중수하고 못을 파고 산을 만들어 진기한 짐승과 화초를 길렀다"[4]고 한 것이 그것이다. 부여에는 636년 무왕의 망해루(望海樓), 655년 궁 남쪽에 지은 의자왕의 망해정(望海亭)이 있다. 의자왕은 궁 남쪽에 못을 팠고, 무왕은 망해루에서 군신들과 함께 잔치를 베풀었다.[5] 삼국을 통일한 신라는 통일 직후인 문무왕 14년(674) 2월 궁 안에 안압지를 만들었다. "궁 안에 연못을 파고 산을 만들어 화초를 심고 진기한 새와 짐승을 길렀다"는 것이 그것이다.[6] 그리고 여기에 임해전(臨海殿)을 조성하였다. 임해전 역시 왕이 종종 신하들과 잔치를 열었던 장소였다는 점에서 공주의 임류각은 부여의 망해루와 경주의 임해전에 이르는 200년 가까운 기간의 진전이 있었던 셈이다.

공산성의 임류각에 대하여 처음 주목한 사람은 가루베 지온(輕部慈恩)이었다. 그는 임류각의 위치를 처음 공산성 동남쪽 밖, 옥룡동 버드나무골로 비정하였다. 은개골로 넘어가는 고개 아래인데, 거기에 초석이 있는 터가 있었던 모양이다.[7] 그러나 뒤에 추정 위치를 북측으로 옮겨 은개골의 서쪽 기슭로 다시 비정하였다. 이 지점은 공산성 광복루 봉우리의 산 사면 기슭로서 동북 방향으로 금강이 내려다보이는 지점이다.

> 현재 웅심각(雄心閣, 광복루를 지칭함)이 있는 직하(直下)에 위치하여, 자연적으로 형성된 단애에 인공을 가하여 폭포를 만들어서 지금도 그 모습이 약간 남

---

4) "重修宮室 穿池造山 以養奇禽異卉"(『삼국사기』 25, 백제본기 진사왕 7년 춘정월)

5) "燕群臣 於望海樓"(『삼국사기』 27, 백제본기 무왕 37년 8월); "修太子宮 極侈麗 立望海亭 於王宮南"(『삼국사기』 28, 백제본기 의자왕 15년 2월)

6) "宮內穿池 造山 種花草 養珍禽奇獸"(『삼국사기』 7, 신라본기 문무왕 14년 2월)

7) 輕部慈恩, 『百濟美術』, 寶雲舍, 1946, pp.75-79.

아 있는 벼랑으로부터 물이 떨어지고 있다. 또 여러 곳에 활터의 흔적이 있고, 폭포 앞쪽 가까이에는 큰 초석이 여러 개 노출되어 당시를 연상시키고 있다.[8]

이같은 가루베 주장의 영향으로 한동안 은개골 일대는 백제 궁원과 임류각의 공간으로 인식되었다.[9] 가루베는 은개골을 웅진시대 백제의 궁원(宮苑) 즉 왕궁 정원으로, 그리고 그 남쪽에 왕궁지를 비정한 바 있다. 그 북측 기슭에 임류각을 비정하게 되면 이들 시설이 모두 남북 방향이 되어, 임류각이 궁의 동쪽이라는 기록과는 모순이 된다. 가루베의 의견에 대하여 비판하고 나선 것은 공주박물관 장 김영배였다. 가루베가 말한 은개골 기슭은 우선 건물지에 해당할만한 공간이 아예 없다는 점을 지적하였다.

이 지점은 공산성과 그 동편에 솟아 있는 옥녀봉과의 경계선상으로 되어 있는데, 이 지점을 아무리 찾아보아도 양쪽이 험준한 산비탈로서 건물지로 추정할 곳이 없을 뿐만 아니라 천지운(穿池云)한 못자리는 더욱이 상상조차 할 수 없다.[10]

임류각을 그곳에 세우고 못을 파고 경치를 꾸미었다면 못 물을 어디서 이용하였느냐는 의문이 생기며 금강에서 인력으로 못의 물을 급수하였다고도 볼 수 없을 뿐만 아니라, 자연 지하수도 나올 곳이 되지 못하며 이것은 상상조차 할 수 없는 것이다.[11]

이후 임류각을 은개골에 연관 지우는 의견은 거의 찾아보기 어렵게 되었다. 그럼에도 불구하고 공산성 안에 비정된 '임류각지'를 부정하는 대안으로서 가루

---

8) 輕部慈恩, 『百濟遺跡の研究』, 吉川弘文館, 1971, pp.22-23.

9) 1955년 오윤환의 공주 유적 소개 책자에 임류각이 다음과 같이 소개되어 있다. "前記 궁전지라고 인정되는 곳에서 동측 협곡 옥룡동 비선거리 부락에서 북진하여 금강안에 못미쳐가서 좌편 山谷에 尙今 폭포의 형적이 有함. 此 폭포는 임류각의 정원내에 在하여 부근 일대가 임류각의 정원이었던 것으로 인정된다."(오윤환, 『백제고도 공주의 고적과 명승』, 충청남도고적현창회 공주군지부, 1955, p.8)

10) 김영배, 「공주 백제왕궁 및 임류각지 소고」 『고고미술』 3-1, 1962, p.55.

11) 김영배, 「웅천과 사비성시대 백제왕궁지에 대한 고찰」 『백제문화』 2, 1968, p.16.

베 지온의 은개골 설이 다시 등장하기도 하였다. 단정적 결론은 피하였지만, 임류각은 공산성 밖에 있었다는 전제에서 가루베가 지목한 지점을 '임류(臨流)'에 부합할 수 있는 곳으로 다시 조명한 것이다.[12] 2017년 은개골 일대에 대한 발굴 조사에서는 일대에서 백제시대 주거지, 목곽고 혹은 고려·조선시대 고분들이 확인되었지만, 백제 건물의 흔적을 찾지는 못하였다.[13] 가루베 지온의 은개골 비정은 공산성에 대한 조사가 미진한 단계에서의 부정확한 유추였다고 할 수 밖에 없다.

2. '임류각지'와 지당의 발굴

가루베의 주장을 비판한 공주박물관장 김영배는 공산성내 광복루 아래 광장을 임류각의 자리로 비정하였다. 1961년 광복루 앞 광장의 서측에 4.19 학생의거 기념비를 세우는 과정에서 '류(流)'자로 읽히는 문자와와 전편(塼片)이 수습되었기 때문이다. 김영배는 이 문자와에 주목하여 이를 서기 500년 동성왕 때 건립된 임류각의 터로 추정하였다.[14] 그로부터 20년이 지난 1980년 공산성내 건물

---

12) 이도학은 은개골 지구에서 '임류각'이라는 명문와가 나왔다는 가루베 지온의 전언을 인용하기도 하였다(「백제 웅진도성 연구에 관한 검토」『동아시아고대학』 23, 2010, pp.273-274). 그러나 이는 광복루 광장에서 '류'자명 기와를 토대로 임류각을 논의한 김영배의 의견을 부정확하게 인지한 데서 비롯된 것이다. 이 부분에 대한 가루베 지온의 언급은 다음과 같다. "근년 임류각지 위쪽(上方)에서 임류각명 古瓦가 발견되었다는 것에 의하여 L지점이 그 유적이라는 점이 확인되었다."(輕部慈恩, 『百濟遺跡の硏究』, 吉川弘文館, 1971, p.21)

13) 충청문화재연구원, 『공주 공산성(옥룡동 은개골 일대 1차 유적정비) 문화재 발굴조사-공주시 옥룡동418번지 일원유적』, 2019 참고.

14) 김영배, 「공주 백제왕궁 및 임류각지 소고」『고고미술』 3-1, 1962, p.55; 김영배, 「웅천과 사비성시대 백제왕궁지에 대한 고찰」『백제문화』 2, 1968, p.16.

지에 대한 발굴조사가 시작되었다. 그리하여 이 추정 임류각지는 가장 우선적인 발굴조사의 대상이 되었다. 발굴 결과 임류각에 대응되는 유적은 나오지 않았고 대신 정면 2칸, 측면 2칸의 작은 건물터의 적심이 나왔고, 이 결과에 의하여 '류' 자명 기와가 수습되었던 곳은 조선후기 장대(將臺) 건물이 있었던 곳으로 추정되었다.[15]

광복루 광장 '장대지'에 비정되었던 임류각지는 발굴 결과 임류각지로서의 근거가 없음이 확인되었는데, 같은 시기에 이루어진 부근 건물지 조사에서 역시 류(流)자명 기와가 출토한 1변 10.4m의 정방형 평면(남북 5칸, 동서 6칸)의 초석 건물이 확인되었다. 초석은 2~3매의 돌을 합쳐 구성한 것인데 윗면은 다듬지 않은 그랭이기법으로서 고층을 위한 건물의 초석으로 추정되었다.[16] 이 건물지는 종래 가루베 지온이 『공산지』를 토대로 하여 망일사지(望日寺址)로 추정했던 곳이었는데, 이에 의하여 1980년에 '임류각지'로 새로 비정 되었으며, 공식적으로는 현재까지 그 이름이 유지되고 있다. 1993년에 광복루 아래 광장 정면 5칸, 측면 5칸, 높이 15m의 임류각을 재현한 것은 이 건물지의 발굴조사의 결과를 반영한 것이라 할 수 있다.

보고서에 의하면 건물지는 3차례에 걸친 조성이 확인된다. 맨 위에 온돌시설이 갖추어진 조선시대 건물이 있었고, 이전에는 고려시대 건물이 조성되고, 가장 아래층에 백제 임류각지로 추정된 초창 건물이 확인된 셈이다. 초석은 42매 가운데 31매가 남아 있었는데, 이 건물지에 대하여 보고서에서는 다음과 같이 건물의 성격을 정리하였다.

초창 건물지는 『삼국사기』 백제본기 동성왕 25년조(500)에 있는 '春 起臨流 閣於宮東 高五丈'이라는 일치되는 건물지임이 확실시 되고 있다. AD 500년대의 건물지가 이만큼 양호하게 유존되고 있었던 것은 유적이 성내에 있었기 때문에

---

15) 공주사범대학 백제문화연구소, 『공주공산성내 건물지 발굴조사보고서』, 1982, pp.86-91.

16) 위의 책, pp.63-78.

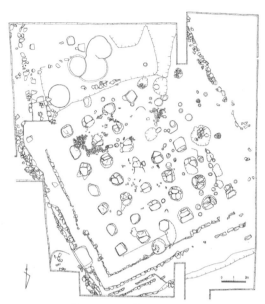

1980년에 발굴된 '추정 임류각지'(정면 6칸, 측면 5칸)의 실측도

형질 변경이나 심한 교란을 면할 수 있었던 것으로 생각되어진다.[17]

　이로써 새로운 임류각지의 탄생을 알린 셈이다. 많은 초석을 사용한 고층의 특수 건물로 보인다는 점, '류'자명 기와가 나왔다는 것이 그 근거이다. 같은 시기에 발굴이 시작된 쌍수정 앞의 광장이 '왕궁지'로 비정된 것도 영향을 미쳤다. 임류각은 '궁궐의 동쪽'에 위치하기 때문이다. 한편 왕궁 동쪽에 위치한 임류각은 연못 조경 시설과 셋트를 이루고 있다. 임류각 조사와 함께 공산성의 연못에 대한 검토 역시 우선적 관심 사안이었다. 임류각지를 광복루 광장의 건물지로 생각했던 김영배는 임류각에 대응되는 연못에 대해서 영은사 앞을 지목하였다. 연못이 존재가 명확히 확인되지 않았던 때의 일이다.

---

17) 위의 책, p.78.

못자리는 지금 영은사의 바깥 마당가에 남아 있는데 이 못물은 계곡수를 이용하여 만든 것이 지형상으로 보아 틀림없을 것이다. 임류각의 고가 높이 5장이나 되는 고루이기 때문에 누상(樓上)에서 내려다보면 금강의 곡류가 안전에 전개되고, 못물에서 재롱하는 기금들의 자태도 즐길 수 있을 것이며 누전(樓前)의 광장에는 기화이초(奇花異草)들을 심어서 군신이 환락하였을 것이다.[18]

이같은 견해에 바탕하여 영은사 앞 성밖 지점을 조사한 것이 '임류각지' 조사와 같은 시기인 1980년이었다.[19] 1982년까지 진행된 이 조사에서 만하루의 터와 함께 동서 22m, 남북 11.5m, 깊이 10.2m의 석축 지당이 확인되었다. 처음 이 지당은 백제 연못으로 추정되었지만, 이후 『여지도서』의 관련 기록에 의하여 성내의 용수를 공급하기 위하여 1784년(영조 30) 충청관찰사 김시찬(金時粲)이 성안의 용수(用水) 확보를 위하여 건축한 시설임이 밝혀지게 되었다.[20]

1983년 지당에 대한 후속 조사는 성내 영은사 바로 앞을 조사하는 작업이었는데, 1984년 지표하 3m 지점에서 통일신라 불상을 조사하는 단계에서 더 이상 진전을 보지 못한채 작업이 종료 되었다. 10년 뒤인 1993년에야 조사 작업이 다시 추진되어, 지표하 6m에서 백제시대 연못의 층을 확인하였다. 북측 호안은 공산성 성벽의 기초로 이용된 부분이 동서 11m 범위에서 확인되었는데, 이 호안

---

18) 김영배, 「웅천과 사비성시대 백제왕궁지에 대한 고찰」 『백제문화』 2, 1968, pp.16-17.

19) 임류각 문제와 관련하여, 영은사 앞 성 밖의 만하루 연못에 대한 『여지도서』의 기록을 확인하고 이에 대한 발굴조사가 반드시 필요하다는 의견은 1978년 백제문화권 유적 조사 당시 필자가 보고서를 통하여 다음과 같이 개진한 바 있다. "조선시대 성내에 조성된 연지의 정확한 위치가 영은사 앞의 2단 대지중 내외성의 사이에 1단 낮게 전개된 江岸의 田地임을 말해주고 있다. (중략) 임류각과 池와의 관계, 그리고 상기한 지형적인 측면을 고려할 때 조선시대의 연지는 백제시대의 연지가 기본적으로 계승된 것이 아닌가 싶다. 그렇게 된다면 백제 동성왕이 임류각과 함께 조영하였던 연못의 위치는 조선시대의 연못 그것이었을 것인데, 이와 같은 추정은 해당 지점을 발굴 조사함으로써 확실하게 진상이 구명될 수 있을 것이다."(공주사대 백제문화연구소, 『백제문화권의 문화유적(공주편)』, 1979, p.26)

20) "乾隆甲戌 監司 金時粲 爲慮城中之無水 於水口門外 窄一池 引入江水 周回五十丈 深七丈"(『여지도서』 충청도)

석은 계곡의 양측을 막은 것으로 석축의 본래 길이는 대략 25m 정도로 추측되었다. 그러나 여건이 허락되지 않아 이 연못의 백제층에 대해서는 제대로 조사가 진행되지 않은 채 작업이 종료되고 말았다. 여하튼 이러한 작업의 결과에 의하여 처음 조사되었던 성밖의 조선시대 연못을 '지당1', 성안의 백제연못을 '지당2'로 칭하게 되었다.[21]

3. 발굴 이후 임류각에 대한 논의

1980년 공산성내 건물지 발굴조사에 의하여 새로 비정된 '임류각지'는 보고서가 출간된 이후 이에 대한 이견이 제기되었다. 이 추정 임류각지가 과연 백제시대 건물이었는가 하는 점이 의문의 첫째이고, 건물의 입지가 '임류각(臨流閣)'이라는 이름에 부합하느냐 하는 것이 그 둘째였다. 거기에 임류각을 비정하는 유력한 근거로 활용된 '류'자명 기와의 유효성에 대한 문제도 제기되었다.[22]

우선 초석을 사용한 건물이 웅진 백제기의 것으로 인정되지 않을 뿐아니라,[23] '임류각지'에서는 신라, 고려, 조선 유물에 비하여 백제 유물이 수량적으로 더 빈약하다는 점이 유의된다. 임류각지 추정을 뒷받침하였던 '류'자명 기와도 광복루 앞 광장이나 추정왕궁지, '만아루지', 영은사 앞 백제 연못 위층의 건물지 등 여러 곳에서 확인된 것이어서 유력한 근거가 되기는 어렵다.[24] 더욱이 최근

---

21) 공주대박물관, 『공산성 지당』, 1999 참조.

22) 가령 정재훈은 임류각이 그 이름처럼 흐르는 강물을 바라보는 위치였을 것으로 보고, 오히려 금강가 만하루와 같은 입지여야 한다는 의견을 피력하였고(정재훈, 「백제의 造苑」 『백제의 조각과 미술』, 공주대 박물관, 1991, p.416), 심정보, 이도학 등도 '추정임류각지' 대한 부정적 견해를 밝힌 바 있다.

23) 박순발, 『백제의 도성』, 충남대학교출판부, 2010, pp.209-210.

24) 공주대박물관, 『공산성 백제추정왕궁지 발굴조사보고서』, 1987, pp.45-46; 공주대박물관, 『공산성 건물지』, 1992, pp.276-279; 공주사범대학 백제문화연구소, 『공주공

에는 '류'자명 기와 자체를 백제가 아닌 통일신라시대의 것으로 분류하고 있는 실정이다.[25] 이 문제와 관련하여, 다음과 같은 평가가 이루어진 것은 유의할만 하다.

현재로서 발굴조사된 건물지가 백제의 임류각 터전으로 보기는 어렵다. 웅진 도읍기 백제의 건축문화의 현황에 비추어 발굴된 건물지를 백제시대 건축 유구로 볼만한 적극적 증거가 아직은 담보되지 않기 때문이다.[26]

이와같은 '임류각지'의 실체에 대한 의문은 이미 1993년에 제기된 것이었다.[27] 이 건물이 임류각은 아니더라도 백제시대의 건물지라는 미련이 남아 있기는 하지만,[28] '백제'라는 점을 방어하기에는 앞의 인용문에서 보는 바와 같이 회의적인 것이 사실이다. 추정임류각지의 건물이 백제가 아니라면, 이것은 통일신라시대의 건물이 된다. 그 위에서 다량의 청자가 수반된 고려기 층이 확인되었기 때문이다.[29]

산성내 건물지 발굴조사보고서』, 1982, pp.56-57; 공주대박물관, 『공산성 지당』, 1999, p.231 참조.

25) 박순발, 『백제의 도성』, 충남대출판부, 2010, p.209; 국립공주박물관, 『공산성, 공주 역사기행 1번지』, 2013, p.66.

26) 공주대박물관, 『웅진성 공산성』, 2013, p.229.

27) "유구는 건축 기법에 나름의 특징이 발견되지만, 임류각지인가의 문제는 근거자료인 기와 刻文의 해석에 선뜻 동의하기에 어려움이 있으며, 관련 유물의 빈약상도 문제로 남는다."(이남석, 「백제 웅진성인 공산성에 대하여」, 『마한백제문화』 14, 1999, pp.61-62)

28) 이현숙은 이 건물지가 와적기단을 사용하였고, 초석의 적심이 사용되지 않았다는 점을 들어 "백제시대 조영된 건물로 보는 데 어려움이 없다"고 하였다(이현숙, 「백제 웅진성의 조사성과와 웅진왕도의 경관」, 『백제문화』 59, 2018, p.45). 그러나 보고서에서는 이 건물지에 와적기단이 사용되었다는 내용은 없다.

29) 앞서 언급한 공주대박물관, 『웅진성 공산성』(2013)은 공산성 조사유적을 백제, 통일신라, 조선 등 시대별로 소개하고 있는데, '임류각지'에 대해서는 광복루광장과 함께 '기타 발굴유적'으로 분류하였다.

공간의 환경에 있어서도 추정임류각지 주변은 28칸 건물지, 2동의 원형(12각) 건물지 등 통일신라 건물이 집중된 구역이다. 산 경사면을 절토하여 건물 대지를 조성한 점이나, 지반토에 부정형한 석재를 부석한 초석 시설도 28칸 혹은 원형건물지의 초석 만듦새에 오히려 부합하고 있는 듯하고, 28칸이 정방형, 12각이 원형 건물인데 대하여 추정임류각지가 방형 건물이라는 점도 무언가 통일신라시대 건물의 의도적 조합(組合)을 보여준다는 느낌을 받는다.

발굴된 '임류각지'가 부정되면서 임류각 위치에 대한 여러 의견이 다시 개진되었다. 유원재는 임류각 자리를 영은사, 연못을 만하루의 지당에 비정하였고,[30] 이에 대해 심정보는 조선시대 만하루 연지(지당 1) 대신 영은사 바로 앞의 백제시대 지당(2)으로 수정하는 의견을 제안하였다.[31] "'임류(臨流)'하는 위치로서는 영은사 부근이 어울리는 것처럼 생각된다"한 다나카(田中俊明)의 견해도 이에 부합한다.[32] 서정석은 임류각 위치를 특정하지는 않았지만, 왕궁과 함께 공산성 성안에 있다고 보는 것이 자연스럽다고 하였다.[33]

위의 의견이 공산성내에서 임류각을 찾는 것인데 대하여, 공산성 밖 그 주변까지를 시야에 넣는 의견도 개진되었다. 박순발은 임류각이 "왕궁의 후원(後苑)에 위치한 전각"일 것으로 규정하고, 임류각의 '류'는 강물이 아니라 후원에서 음주를 즐기는 시설인 '유상곡수(流觴曲水)'의 '류'일 것이라 하였다.[34] 위치에 대해서는 "공산성 내에 있었을 가능성은 높다"고 하면서도, 그 이상의 구체적 언급을 하지는 않았다. 이도학은 임류각이 공산성 성 밖에 있었다는 전제에서 가루베가 지목한 공산성 동쪽 밖 은개골의 지점을 '임류'에 부합할 수 있는 곳으로

30) 유원재, 「웅진성과 방비체제」 『웅진백제사연구』, 주류성, 1997, pp.130-131.

31) 심정보, 「웅진도성의 구조와 방어체제에 대하여」 『백제도성의 변천과 연구상의 문제점』, 국립부여문화재연구소 편, 서경, 2003, p.173.

32) 田中俊明, 「百濟都城と公山城」 『백제문화』 31, 2002, p.130.

33) 서정석, 「백제성곽에 대한 인식과 그 한계」 『가루베지온과 백제고고학』, 학연문화사, 2024, p.168.

34) 박순발, 『백제의 도성』, 충남대출판부, 2010, pp.217-219.

공산성 광복루 아래 광장에 복원한 임류각 건물(1993)

다시 조명하였다.[35] 뒤의 두 견해에서는 공산성 밖의 동쪽 계곡(현재는 '은개골'로 지칭됨)에서 '임류각'이라는 명문 기와가 일제 때 나왔다고 하여, 임류각을 반드시 성안에서 찾지 않아도 된다는 듯한 논지를 언급하기도 하였다. 그러나 그 '임류각' 명문와는 사실적 근거가 없다는 점도 분명히 할 필요가 있다.

공산성 밖 원도심에 왕궁이 있었다는 전제에서 성 밖에서 임류각을 찾는 의견도 있다. 여호규는 조선시대 제민천 동측 원도심에 관아시설이 집중되어 있는 것에 주목하여 공산성 남측 산성동-중동-옥룡동의 어딘가에 왕궁과 함께 임류각이 함께 있을 것으로 추정하였다.[36]

4. '류(流)'자명 기와

한때 임류각의 기와로 생각되었던 '류'자명 기와는 공산성 내 건물지에 대한

---

35) 이도학, 「백제 웅진도성 연구에 관한 검토」 『동아시아고대학』 23, 2010, pp.273-274.

36) 여호규, 「백제 웅진도성의 왕궁 위치와 조영과정」 『이화사학』 55, 2017, pp.27-29.

조사가 진척됨에 따라 여러 곳에서 추가로 확인되었다. 1980년 '임류각지'가 발굴되던 때 인근의 광복루 광장과 동문 밖 '만아루지'에서 각 1점, 그리고 1985, 6년의 추정왕궁지 조사에서 1점의 임류각 기와가 출토하였다. 한편 1984년 영은사 앞 백제 지당 발굴 과정에서도 2점의 '류'자명 기와가 출토하였다. 다만 후자의 기와는 발굴조사 당시 '류'자명 기와로 인식하지 못한 상태에서 보고서가 간행되었다.

임류각에 대한 논의가 진행되면서 '류'자명 기와가 임류각의 위치를 비정하는 데 유용성이 없다는 방향으로 의견이 진행되었다. 이 기와가 공산성 안에서도 여러 곳, 적어도 6개소에서 출토되었고, 기와도 백제가 아닌 것으로 생각되었기 때문이다. 그럼에도 불구하고 지금까지의 논의에서는 기와의 문자가 '류'자가 아니라는 주장은 나오지 않고 있다. 만일 '류'자를 부정하지 않는다면 이 글자가 혹 시대는 다르다 하더라도, 임류각에 대한 실마리가 될지도 모른다는 초기의 가정이 아직 완전히 부정되지 않았다는 의미가 될 수도 있다.[37] 이러한 점에서 공산성 출토 '류'자명 기와에 대한 종합적 정리가 필요하게 된다.

1) 김영배의 '류'자명 기와

김영배가 광복루 아래 광장의 서측, '장대지'에서 1961년에 수습한 '류'자명 기와이다. 김영배는 임류각에 대한 글에서 수습한 류자명 기와의 탁본을 제시하였지만, 기와에 대한 설명을 덧붙이지는 않았다. 국립공주박물관에 수장된 이 기와는 길이 13.5cm로서,[38] 사선문이 있는 평기와이며, 글자 아래쪽은 접힌 것 같은 느낌의 횡선이 패여 있다.

---

37) "필자는 ('류'명 기와를) 통일신라시대의 것으로 보고 있다. 물론 백제 때의 이름이 높았던 건물을 이어받아 후대에도 襲稱할 가능성은 배제하기 어려우므로 설사 '류'명와가 통일신라시대의 것이라 하더라도 백제 임류각의 위치를 나타낼 수 있는 여지는 완전히 부정되지는 않는다."(박순발, 앞의 『백제의 도성』, p.209).

38) 국립공주박물관, 『공산성, 공주 역사기행 1번지』, 2013, p.66.

광복루 광장 서쪽(장대지) 출토　　추정 '임류각지' 출토　　'만아루지' 출토

추정 왕궁지 출토　　　　　　　광복루 광장 출토

2) 1980년대 조사 자료

공주사대 백제문화연구소와 공주대박물관에 의한 1980년대 공산성 건물지 조사에서 도합 4점이 확인되었다. 장소는 '만아루지', 추정임류각지, 광복루 광장, 추정왕궁지 등이다. 보고서의 설명을 인용하여 정리하면 다음과 같다.

('만아루지') "사선문(斜線文) 내에 거의 방형의 구곽(區廓)을 만들고 그 안에 문자를 우서(右書)로 양각하였다. 문자의 크기는 3.5×2.5cm이며, '류'자로 판독되었다. 와는 회흑색 경질이며 사립(砂粒)이 소량 섞여 있다. 와편의 길이 6.5cm.

백제시대."[39]

('임류각지') "사선문(斜線文) 내에 거의 방형의 구곽(區廓)을 만들고 그 안에 문
자를 우서(右書)로 양각하였다. 문자의 크기는 3.5×2.5cm이며, '류'자로 판독되
었는데 밑부분이 절단 되었다. 만아루지에서 출토된 것과 자경(字徑)·문양·와
질(瓦質) 등이 똑같다. 이는 같은 틀로 찍은 것으로 짐작된다. 임류각에 사용되었
던 와가 성내 타건물의 개, 보수 때 옮겨진 것이 아닌가 한다. 와편의 길이 7cm.
백제시대."[40]

(추정왕궁지): "길이 10cm, 너비 7cm의 수키와 편으로 가는 선문(線文)과 함께
방형 구획내에 '류'자가 시문되어 있는 것이다. 문자는 타구(打具)에 의해 시문되
어 겹쳐 있기도 하다."[41]

광복루 아래 광장 발굴 과정에서 출토한 '류'자명 와에 대해서는 탁본과 사진
을 실었으나, 설명은 덧붙이지 않았다. 기와는 다른 '류'자명과 같으나 기와편의
크기는 가장 작다.[42]

3) 영은사 앞 백제 지당의 '류'자명 기와

1984년 영은사 앞 백제 지당을 발굴하는 과정에서 공주대박물관에 의하여 통
일신라 불상이 수습되었다. 지표하 2.5m 깊이의 불교 관련 시설로 추정된 건물
지 유구에 흩어진 채로 발견되었는데 높이 24.5cm 크기의 금동불을 중심으로
도합 6구의 여래입상이 함께 출토하였다. 나머지 5구는 모두 10cm 미만의 소형
이다.[43] 백제시대 연못이 매립된 이후 통일신라기에 새로 대지를 조성하여 절이

---

39) 공주사범대학 백제문화연구소, 『공주공산성내 건물지 발굴조사보고서』, 1982,
pp.56-57.

40) 위의 보고서, pp.70-71.

41) 공주대박물관, 『공산성 백제추정왕궁지 발굴조사보고서』, 1987, pp.45-46.

42) 공주대박물관, 『공산성 건물지』, 1992, p.276, p.521.

43) 공주대박물관, 『공산성 지당』, 1999, pp.221-227.

들어선 것으로 보인다.

영은사의 통일신라 건물지와 관련하여 주목되는 자료는 이른바 '류'자명 수키와편(보고서의 도면 14-4)이다. 이 기와는 영은사 앞 백제 연못 1차 조사에서 불상과 함께 수습된 것인데 글자는 반쪽만 확인된다. 이 때문에 보고서에서는 탁본과 사진을 모두 실으면서도 글자는 읽기 어렵다고 하였다.

　　수키와의 동체부편이다. 안쪽은 검은 색, 등쪽은 회색을 띠고 있다. 태토는 비교적 정선된 것으로 약간의 모래가 포함되었을 뿐이다. 등쪽에는 단사선의 선조문(線條文)이 시문되어 있다. 단사선 중간에 글자가 새겨진 방곽문을 배치하기도 하였는데, 글자의 형상은 알기가 어렵다. 안쪽에는 포목 흔적이 희미하게 남아 있다. 잔존 길이 15.1cm, 두께 1.6cm.[44]

'류'자명 기와는 1993년 이 지당의 2차 조사에서도 수습되었다. 보고서 도면 38-3의 암키와 편 자료가 그것이다. 지금까지 출토한 '류'자명 기와가 모두 파편인 것에 비하여 이 기와는 원 기와의 절반 이상에 해당하는 큰 크기여서 '류'자명 기와의 성격을 파악하는데 매우 유익한 정보를 제공한다. 그러나 보고서에서는 명문을 잘 읽지 못하였다.

　　회흑색조의 경질 소성품으로 암키와 편이다. 태토는 정선된 고운 점토이며 전체 기형의 절반 정도가 남아 있다. 기와의 등에는 2.5×2.8cm 가량의 '大' 명문과 가는 집선문이 타날 시문되었는데 표면을 깨끗하게 정면하여 거의 지워지고 일부에만 희미하게 남아 있다. 내면에는 너비 4cm 정도의 모골 흔적과 조밀한 포목 흔적 그리고 전체적으로 빗으로 쓸어내린 흔적이 보이나 표면이 고르게 정면되어 뚜렷하지 않다. 기와의 분리는 안쪽에서 바깥 쪽으로 1/4 정도 와도로 그은 후 떼어내어 분리하였으며 떼어낸 부분은 정면하지 않아 고르지 않다. 남아 있는 다른 측면은 와도로 긋고 물손질하여 깨끗하게 정면 하였다. 두께 1.5cm.[45]

---

44) 위의 보고서, p.231, p.404.
45) 공주대박물관, 『공산성 지당』, 1999, p.231, p.279.

백제 지당(1차 조사)　　　　백제 지당(2차 조사)

　　보고서에서는 설명되어 있지 않으나 게재한 탁본 자료에 의하면 방곽의 '류'
자명은 원 기와의 중간 부분(남은 부분의 위쪽)에 거리 간격을 두고 두 차례 찍혀 있
다. 기와가 출토한 정확한 상황은 기록되어 있지 않으며 다만 전자는 통일신라
불상의 약간 위층, 후자는 더 아래층으로 출토한 것으로 보인다.

　　출토된 기와에 대한 보고서의 탁본 자료 중 한 가지 주목되는 것은 비슷한 기
와중에 '류'자가 아닌, 유사 형태의 방곽이 타날된 기와가 다수 확인된 점이다. 1
차조사 자료 중 도면 18-(6)(9)(11), 도면 38-(2) 자료가 그에 해당 한다.[46] 일종의
유사문자 형태의 부호로서 문자같지는 않고, 이들 4점의 형태도 꼭 같은 것은 아
니다. 다만 기와 자체는 '류'자 명문와와 같은 종류의 것이어서, 같은 종류의 기
와라 할 수 있다. 영은사 앞 백제 지당 '류'자, 혹은 '류'자명 기와와 유사한 성격
의 기와가 가장 집중적으로 확인된 지점이라는 점이 주목된다. 그렇다면 원래
이 '류'자명 기와가 사용된 지점은 영은사 구역의 건물지였을 가능성이 높다고
할 수 있다. 기와의 제작 시기는 백제 이후의 것이라 하더라도, 이 '류'자명 기와

---

46) 위의 보고서, p.238, p.280.

영은사 앞 백제 지당에서 출토한 유사 '류'자명 기와 각종

가 임류각의 위치를 암시하는 것일 수 있다는 점에서 영은사 앞에서 출토한 '류' 자명 기와에 대해서는 앞으로의 보다 전문적 검토를 필요로 한다.

4) '임류각'명 기와에 대한 논란

임류각지에 대한 논의가 진행되는 과정에서 일제강점기에 공산성 성밖 동쪽 계곡에서 '임류각'이라는 글자 기와가 나왔다는 정보가 제시되기도 하였다.[47]

─────────────

47) '임류각'명 기와에 대해서, 이도학은 "현재 확인은 불가하지만 '臨流閣' 3자가 들어

그런데 이를 처음 언급한 가루베 지온의 언급은 다음과 같다.

> 특히 이 골짜기의 서측 L 지점은 임류각이 있었던 지점이고 근년 그 명입와 (銘入瓦)가 그 위쪽에서 발견되었다는 것에 의해서도 명확한 사실이라고 할 수 있다.[48]

이에 의하면 '임류각'이라는 글자 기와가 나왔다는 이야기가 없고, 기와가 나왔다는 위치도 성밖 계곡의 L 지점이 아니고 L 지점의 '위쪽'이다. 이 정보는 가루베 지온이 직접 확인하지 못한 전언에 의한 정보임을 알 수 있다. 이는 1968년 『백제문화』에 실린 김영배 논문의 '류'자명 기와에 대한 언급이며, 출토지인 'L 지점의 위쪽'이란 바로 광복루 방향을 가리키는 말인 것이다. 가루베는 실제로 '류'자명 기와를 직접 접한 적이 없었으며, 이 때문에 1946년 발행의 『백제미술』에서는 이에 대한 아무런 언급도 되어 있지 않다. 한편 다나카(田中俊明) 등이 언급한 관련 내용은, '임류각'명 기와가 나왔다는 것이 아니고 가루베의 그 이야기가 오히려 '신빙성 없는' 말이라는 것이었다.[49] 당시 다나카(田中俊明) 등의 임류각에 대한 의견은 "안승주의 설이 가장 가능성이 높다고 할 수 있다"[50]고하여, 발굴보고서의 견해를 존중하는 입장이었는데,[51] 후에는 영은사 쪽으로 임류각

간 온전한 명문와는 공산성 동편 바깥에서 출토 되었다"고 하면서 "더욱이 L지점에는 임류각 명문와가 출토됨에 따라 임류각지로 확신하게 되었다고 했다"는 가루베의 언급을 인용하고 있다(「백제 웅진도성 연구에 관한 검토」, 『동아시아고대학』 23, 2010, p.273). 박순발은 東潮 · 田中俊明의 출전을 근거로 하여 "일제강점기에 '臨流閣'이라는 명문이 있는 기와가 성의 동벽 바깥에서 발견되기도 하였다 한다"(『백제의 도성』, 충남대출판부, 2010, p.209)고 하였다.

48) 輕部慈恩, 『百濟遺跡の硏究』, 吉川弘文館, 1971, p.23.

49) "가루베지온은 '윗쪽에서 임류각명 고와가 발견되었던 것'을 이유로 영은사 동쪽의 성 밖을 거론하고 있다. '임류각'명이라면 流와 달리 결정적이지만, 신빙성이 없다."(東潮 · 田中俊明, 『韓國の古代遺跡』 2(百濟 · 伽耶編), 中央公論社, 1989, p.113)

50) 東潮 · 田中俊明, 위의 책, p.113.

51) 東潮 · 田中俊明의 위 책에서는 발굴된 추정임류각지와 함께 국립공주박물관 소장

위치에 대한 의견을 수정하였다.

5. 백제 임류각의 위치, 영은사

이상 웅진시대의 대표적 건축인 백제 임류각의 위치에 대한 논의, 그리고 출토된 '류'자명 기와의 내역을 정리해 보았다. 새로 발굴된 추정임류각지에 대한 부정적 논의가 확산됨에 따라서 임류각의 위치는 다시 비정해야 하는 여건이 되었다. 이를 위하여 먼저 임류각이 자리할 수 있는 기본적 조건을 정리해야 할 필요가 있는데, 우선 왕궁이 공산성 안에 있었는지 밖에 있었는지가 첫 번째 관건이다.[52] 이에 대해서는 그동안 많은 논의가 진행되었음에도 여전히 논의가 모아지고 있지 않는 것이 사실이다.[53] 그럼에도 불구하고 현재까지의 조사 결과로서는 공산성 쌍수정 앞의 추정왕궁지 및 공북루 남측에서 조사된 백제 벽주건물 밀집지역은 웅진시대 왕궁과 관련 시설의 가장 가능성 있는 공간으로 생각된다.[54] 제한적인 조사이기는 하였지만, 근년 중동 일대 공주목관아 혹은 공주우

이라는 '류'자명 기와의 사진을 삽도로 싣고 있다. 사선문이 있는 작은 와편에 두 개의 '류'자가 찍혀 있는 처음 보는 것인데, 이 자료가 어디에서 나온 것인지 아직 확인하지 못하였다.

52) 천도 초기 공산성내에 두어진 왕궁이 동성왕대에 성 남쪽 원도심으로 옮겼으리라는 절충적 견해도 있지만, 이 경우에도 동성왕 말년에는 성 밖에 왕궁이 있었다는 것이다. 따라서 임류각 건축을 기준으로 하면 왕궁의 위치에 대한 의견은 성내와 성밖의 두 갈래로 나눌 수 있다.

53) 2017년 한성백제박물관 주최의 세미나에서의 관련 주제 토론은 웅진시대 왕궁의 위치에 대한 논란의 현주소를 잘 보여준다. 이에 대해서는 한성백제박물관, 『백제, 한성에서 웅진으로』, 2017, pp.350-381의 토론 참조.

54) 이남석, 「공산성내 백제추정왕궁지」 『웅진시대의 백제고고학』, 서경문화사, 2002; 서정석, 「공주 공산성을 둘러싼 몇 문제」 『백제, 한성에서 웅진으로』, 한성백제박물관, 2017; 정재윤, 「웅진성의 역사적 가치와 의미」 『백제문화』 59, 2018; 이현숙, 「백

영터 등 조선시대 관아구역에 대한 조사에서도 이렇다 할 백제시대 건물의 흔적을 찾을 수 없었다.[55] 성밖 왕궁의 가능성은 여전히 구체적인 논의의 실체를 찾을 수 없기 때문이다.

공산성 성안에서 임류각의 입지 조건을 찾는다면, 금강을 바라볼 수 있는 곳이고, 연못과 세트를 이루는 시설이어야 하고, 왕궁의 동쪽에 위치한다는 점 등으로 요약해 볼 수 있다. 아마도 임류각은 연못과 금강을 함께 바라볼 수 있는 지점이었을 것이다. 임류각이 왕궁의 후원에 지은 전각이며, 임류각의 '류'가 '유상곡수(流觴曲水)'의 '류'일 가능성이 있다는 주장도 있지만, 공산성 안에서 입지를 찾는다면 임류각의 '류'는 역시 금강의 흐르는 강물을 지칭하는 것이었다고 생각된다. '유상곡수(流觴曲水)'는 인공적인 물흐름을 등장시켜 정적(靜的) 환경에 동적인 파적(破寂)을 삽입하는 것인데, 큰 강물이 가까이에 있는 환경에서는 그 효과를 기대할 수 없을 것이기 때문이다. '임류'의 '임(臨)'에서도 5장 높이의 고루(高樓) 건물에서 연못과 강물을 함께 누리는 임장감(臨場感)을 느낄 수 있지 않나 한다. '류'가 '유상곡수'의 '류'라면 고루의 건물도 필요하지 않고, '임류'라는 이름도 어울리지 않는다.

임류각의 입지 조건을 앞에서 언급한 세 가지로 정리하면 이에 부합하는 곳이 공산성 동북쪽의 영은사 계곡이다. 40년에 걸친 발굴조사에 의하여 공산성 성안의 유적 분포 현황은 기본적인 윤곽을 잡게 되었는데, 성안과 그 주변에서는 영은사에 비견할 만한 적절한 입지를 찾기는 어렵다. 영은사는 왕궁 관련 시설 공간으로 보는 성안마을에서는 동쪽, 추정왕궁지에서는 동북쪽으로서, 임류각의 위치가 '왕궁 동쪽'이라는 조건에서 어긋나지 않는다. 왕궁에서 가까운 거리임에도 고립, 폐쇄적 지형이라는 점도 눈에 뜨인다. 신하들과 함께 다중(多衆)이 '종야극환(終夜極歡)'하는 것이 가능한 입지라는 것이다.

제 웅진기 왕궁의 위치와 왕도의 구조에 관한 재검토」『백제학보』 29, 2019.

55) 충청남도역사문화연구원, 『공주 우영터』, 2017; 충청남도역사문화연구원, 『공주 중동 330-1번지』, 2021 참조.

1993년에 확인된 백제시대 연못층(지당 2)

정리하면, 임류각의 자리는 현재 영은사가 있는 곳이며, 당시 조성한 연못이 영은사 앞의 백제 연못일 것이라는 추정을 할 수 있다. 1980년대 후반 백제연지를 조사하였지만, 여러 가지 어려운 여건 때문에 당시 조사는 북측을 석축으로 차단하여 산으로부터 내려오는 물을 저수한 백제시대 연못이 있다는 사실만을 확인하였을 뿐 연못 내부와 충전토에 대한 실질적 조사에 이르지는 못하였다. 이러한 점에서 연못의 백제층에는 이러한 가설을 입증할만한 자료가 아직 남겨져 있을 가능성이 많다고 생각된다.

임류각의 위치를 영은사에 비정하는 기왕의 견해로서는 유원재, 심정보 등의 주장이 있었다. 유원재는 임류각을 영은사, 연못을 만하루 연지로 비정하는 의견을 낸 바 있는데,[56] 이에 대해 심정보는 조선시대 만하루 연지 대신에 영은사 바로 앞의 백제시대 지당으로 수정하는 의견을 제안한 것이다. "임류각은 바로 이 지당2에 인접하여 건립되었을 것으로 현재의 영은사 자리에 있었을 것으로 판단된다"[57]는 것이다. 본고에서의 필자의 의견은 말하자면 그와 일치하는 견

---

56) 유원재, 「웅진성과 방비체제」『웅진백제사연구』, 주류성, 1997, pp.130-131.

57) 심정보, 「웅진도성의 구조와 방어체제에 대하여」『백제도성의 번천과 연구상의 문

해인 셈이다.

많은 연구자들이 임류각의 위치에 대해서 이와 다른 의견을 제시한 것은 사실이지만, 전체적으로는 의견차가 크다고 말하기는 어렵다. 김영배는 '류'자명 기와를 토대로 광복루 광장 서측 지점을 임류각의 터로 지목하면서도 이와 짝을 이루는 연못은 영은사 계곡을 지목하였다. 박순발은 왕궁지를 성 밖으로 비정하면서도 임류각에 대해서는 성안에 있었을 가능성이 높다고 보았으며, 이도학은 영은사와 백제연못에 대한 심정보의 견해에 대해서도 "가능성 있는 추정"이라는 전제를 단 바 있다. 유원재가 연못을 만하루 연못으로 비정한 것은 지당2의 발굴 조사가 진전되지 않은 단계에서의 결론이었다고 본다면 임류각의 위치를 영은사 계곡으로 비정하는 것은 여러 논의의 공통 지점을 수렴하는 측면도 없지 않다.

영은사는 1455년(세조 3) 묘은사(妙隱寺)라는 이름으로 창건하여 인조의 공산성 파천 이후 영은사라는 이름으로 고쳤다고 한다.[58] 위와 같이 영은사를 임류각의 터라고 정리하면, 영은사의 입지에 대한 다음과 같은 평가는 예사롭지 않게 들린다.

> (영은사는) 성내 최고 주봉을 배후로 하여 좌우의 산록에 장송(長松)이 낙낙하며 정전(庭前) 수십 보에 금강수가 용용(湧湧)히 횡류(橫流)하니, 산명수려(山明秀麗)하고 청아한 경치는 실로 주내(州內)의 절승(絶勝)이라 할 것이다.[59]

조선시대 공주목사를 지낸 신유(申濡, 1610~1655)가 지은 공주 십경시에 제5경으로 영은사가 포함되어 있는 점도 주목된다. "천축(天竺) 높은 봉우리에 보전(寶

제점』, 국립부여문화재연구소 편, 서경, 2003, p.173.

58) 한글학회, 『한국지명총람』 4, 1974, pp.40-41.

59) 오윤환, 『백제고도 공주의 고적과 명승』, 충청남도고적현창회 공주군지부, 1955, pp.17-18.

영은사에서 바라본 만하루(좌)
영은사의 지리를 '배산임류(背山臨流)'라 표현한 『조선환여승람』 기록(이병연 찬)

殿)이 열렸다"고 하였다.[60] 또 한가지, 1930년대 초에 편찬된 것으로 여겨지는 공주 사람 이병연(李秉延, 1894~1977)의 『조선환여승람(朝鮮寰輿勝覽)』에서는 영은사에 대해 "배산임류(背山臨流) 경치역가(景致亦佳)", 즉 "뒤로는 산, 앞으로는 강물이 흘러, 경치가 또한 아름답다"고 하였다.[61] 무엇보다 절 앞에 금강이 흐르는 것을, 여기에서 '임류(臨流)'라 표현한 것이 인상적이다.

　　백제 임류각의 조선시대 버전이 1783년 건립한 만하루(挽河樓)라고 필자는 생각한다. 위치는 약간 다르지만 조선시대 만하루는 금강과 연못을 함께 볼 수 있

---

60) 신유의 공주10경은 동월명대, 서월명대, 정지사, 주미사, 영은사, 봉황산, 공북루, 안무정, 금강나루, 고마나루 등으로 되어 있다. 신유의 영은사를 번역하여 소개하면 다음과 같다. "천축 높은 봉우리에 보전(寶殿)이 열렸는데/ 계수 꽃이 비처럼 내려 불전에 가득하네/ 싼 종소리 그치자 온 숲이 고요한데/ 백마강 물소리만 한 밤에 들려오네(天竺高峰寶殿開 桂花如雨滿香臺 霜鐘吼罷千林靜 白馬潮聲半夜來)." 이에 대해서는 신용호, 「공주 후십경시 考釋」『웅진문화』 2·3합집, 1990, pp.11-17 참조.

61) 李秉延,『朝鮮寰輿勝覽』, 忠南 地理總說.

금강에 임한 공산성 영은사의 원경(공주학연구원 자료)

는 위치에 지어진 건물이다. 조선시대 연못은 성안의 용수를 공급하기 위한 일
종의 저수시설이고, 임류각의 연못은 물고기와 기화요초를 키우는 조경용 연못
이라는 차이가 있다. 만하루의 조선시대 지당은 깨끗한 용수를 확보하기 위하여
바닥까지 돌을 깔고 정기적으로 못 안을 청소하였지만, 임류각의 백제 지당은
물고기와 화초가 서식할 수 있는 환경이었을 것이므로 원래의 침전토가 그대로
충전되어 있을 것이다.

　만하루와 임류각이 모두 연못과 강물을 바라보는 경관시설이었다는 점은 공
통적이다. 이를 위해서 임류각은 5장 높이의 누각으로 만들었다. 그 '5장' 높이는
임류각 건물에서 금강의 흐름을 조망하는 데 꼭 필요한 높이였을 것이다. 이 때
문에 당시 일반적인 건물보다 특별히 높았고, 그것이 '5장'이라는 기록으로 남게
된 배경이었을 것이다. 만하루의 경우도 지금 복원되어 있는 단층의 정자가 아
니고 아마 원래는 2층의 누각이었을 것이다. 500년 임류각과 연못 조영 때에 동
성왕이 궁문을 닫아버릴 정도로 이에 대한 반대는 매우 심각하였다. 1754년 충
청도관찰사 김시찬(金時粲)이 만하루의 연못을 만들 때 역시 반대론이 만만치 않

았다.[62] 이러한 점에서도 만하루는 백제 임류각의 조선시대 버전이라 할 만하다.[63]

맺는말

임류각(臨流閣)은 서기 500년(동성왕 22) 봄 백제 동성왕에 의하여 건축된 웅진시대의 대표적 건축이다. 높이는 5장, 최소 2층 이상의 건축물이어서 건축 측면에서도 중요하고, 연못과 함께 구성함으로써 조경으로서도 매우 의미가 크다. 건물의 높이를 올리는 것은 그에 따른 하중의 문제 때문에 쉬운 일은 아니었을 것이다. 그것이 가능했던 것은 동성왕대에 궁궐, 교량을 비롯하여 웅진 도성의 많은 시설물을 건설하면서 축적된 새로운 건축 기술의 진보에 의하여 가능했던 것으로 생각된다. 이러한 점에서 500년 동성왕의 임류각은 필시 백제 건축의 새로운 발전을 보여주는 이정표적인 건축물이었을 것이다.

임류각의 위치에 대해서는 처음 가루베 지온에 의하여 공산성 성밖 동쪽의 계곡인 은개골 기슭에 비정된 이후 1961년 김영배는 '류'자명 기와를 근거로 광복루 아래 광장을 지목하였다. 1980년 발굴조사 이후에는 광복루 광장 서남쪽 기슭, 종래 망일사로 추정되던 건물지가 임류각으로 정리된 바 있다. 그러나 처음 임류각의 소재를 알려주는 자료로 인식되었던 '류'자명 기와는 공산성의 광복루 광장과 동문지 밖 '만아루지', 그리고 추정왕궁지에서도 수습됨으로써 임류각의 소재를 확인하는 자료로서의 역할을 잃게 되었다. 추정임류각지 발굴 이후 이에 다른 의견을 가진 이도학, 유원재, 박순발 등은 임류각 위치에 대한 다양한 견해를 제안 하였다.

---

62) 민정희, 「만하루, 전쟁 없는 평화로운 세상을 염원하다」 『웅진문화』 25, 2012.
63) 윤용혁, 「만하루, 임류각의 맥을 잇다」 『고마나루 이야기』 10, 2015, pp.18-23.

관련 기록과 '임류각'이라는 이름을 통하여 추정하면 임류각의 입지는 금강을 바라볼 수 있는 곳이고, 같은 시기에 조영한 연못과 세트를 이루는 시설이며, 공산성내에서 왕궁의 동쪽에 위치한다는 점 등으로 요약해 볼 수 있다. 이러한 세 가지 조건을 구비한 곳은 공산성 동북쪽 계곡에 있는 영은사 뿐이다. 영은사 앞에는 1993년 조사에 의하여 백제시대 지당이 조성된 곳이라는 사실이 확인된 바 있다. 조사된 지당을 임류각의 연못으로 생각한다면, 백제시대 임류각은 지금 영은사의 자리에 있었다는 추정에 이르게 된다. 475년 천도 이후 특히 동성왕대에 공산성 성안에는 왕궁을 비롯한 기본적 시설이 거의 갖추어져 있을 시점이다. 25년이 지난 동성왕 22년(500)에 영은사 계곡에 임류각이 들어서는 것은 이때에 비로소 까다로운 지형을 가진 영은사 계곡을, 지형을 활용하는 특수 시설로서 개발한 것을 의미한다. 이러한 점에서 서기 500년 임류각의 건축은 천도와 함께 시작된 공산성 개발사업의 마무리에 해당하는 것으로 생각된다.

임류각을 공산성 내 영은사 자리로 보는 이러한 결론은 2003년에 이미 심정보에 의하여 주장된 것이기도 한데, 본고에서의 필자의 결론은 그에 일치하는 것이다. 이곳은 '임류'라는 이름에 부합하는 곳일 뿐아니라, 동성왕이 신하들과 '종야극환' 하였다는 것에 부합하는 폐쇄적 지형이기도 하다. 임류각의 입지를 영은사 계곡으로 비정하는 것은 백제 왕궁지를 공산성 내에서 정리하는 근년의 논의와도 일정한 연계점이 있는 것으로, 웅진시대에 있어서 공산성의 의미와 가치를 더욱 분명히 하는 것이라 할 수 있다.

향후의 검토 과제로서 본고에서 제안한 것은 영은사 앞 백제연못 발굴 과정에서 출토한 2점의 '류'자명 기와, 그리고 유사한 이미지의 기와류들의 문제이다. 이들 자료는 영은사 앞 지당 조사 과정에서 출토한 것으로 보고서에 올려져 있는 자료이지만, 보고서 작성시에는 인지하지 못했던 자료이기도 하다. 임류각 건축보다 후대의 것이라고 할 수 하지만 이들 '류'자명 기와가 임류각의 존재와 관련성이 있다고 한다면, 이 기와는 임류각의 위치에 대한 본고에서의 결론을 지지하는 자료가 될 수 있을 것으로 생각한다.

* 본고는 충남역사문화연구원, 『충청학과 충청문화』 33, 2022에 「백제 임류각과 '류(流)'자명 기와」라는 제목으로 게재된 원고를 보완한 것임.

제2장 무령왕 출생 전승과 가카라시마

머리말

　2021년은 무령왕릉 발굴 50주년, 그리고 무령왕의 '갱위강국 선언' 1500주년이었다. 공주시에서는 2021년을 '무령왕의 해'로 지정하고, 왕의 동상을 공산성 서문 앞 로타리에 건립하였으며, 국립공주박물관에서는 왕릉 출토유물 5,232점을 모두 공개한 발굴 50주년 특별전을 개최하기도 하였다. 50년이 되어서 무령왕은 비로소 자타가 공인하는 공주 지역의 대표 인물 브랜드로서 부각되었다는 생각을 갖게 한다.

　잘 알려진 사실이지만, 나이 40에 즉위한 무령왕에 대해서는 출생과 관련한 『일본서기』의 기록 이외에는, 즉위 이전 40년간에 대한 아무런 자료가 남아 있지 않다. 이러한 점에서 출생 관련 기록은 무령왕에 대한 매우 특이하고 중요한 자료라고 할 수 있지만, 이 기록을 주목하기 시작한 것은 왕릉 발굴 30년이 지난 뒤의 일이었다.[1] 기록이 포함하고 있는 사실적 측면을 보기 시작한 것이 불과

---

1) 문경현, 「백제 무령왕의 출자에 대하여」 『사학연구』 60, 2000.

20여 년 밖에 되지 않았다는 것이다. 그리고 여기에 언급된 자료의 내용에 대해서는 이를 전체적으로, 혹은 부분적으로 부정하는 견해 또한 여전히 적지 않다.

필자는 무령왕릉 발굴 30주년이 되던 해인 2001년에 가카라시마를 개인적으로 방문한 것이 계기가 되어, 무령왕과 가카라시마를 콘텐츠로 한 양국 지역간 시민 교류의 가능성에 착안하게 되었다. 2002년 섬에서 제1회 무령왕탄생제가 개최되는 것을 계기로 공주의 백제문화제와의 교환 참가를 축으로 하는 교류를 추진하게 되었으며, 그 교류의 맥은 지금까지 이어지고 있다.[2] 무령왕 탄생 관련 기록은 이러한 '무령왕 교류'의 역사적 기초가 되는 것이어서, 필자 나름 기록에 대한 검토를 통하여 일찍 그에 대한 견해를 밝히기도 하였다.[3]

여러 가지 어려운 여건 속에서도 지난 20여 년간 무령왕을 콘텐츠로 하는 공주시와 가라츠시(唐津市)와의 민간 교류가 중단되지 않고 지속할 수 있었던 것은, 기록을 토대로 교류의 정체성을 확보하는 데 유의하였기 때문이라고 생각한다. 그 사이 관련 기록에 대한 여러 전문가의 의견이 더욱 축적되고, 그 논지가 분명하여진 점도 적지 않다.[4]

본고는 무령왕 출생 관련 기록에 대한 연구자의 그동안의 논의를 소개하는 데 중점을 두는 한편, 무령왕탄생지로서의 가카라시마(加唐島)가 갖는 역사적 의미를 강조하는 데 목적을 두고 작성되었다.

1. 가카라시마 무령왕 출생 관련 기록에 대한 주목

무령왕 출생과 관련한 『일본서기』의 기록은 웅략기와 무열기, 두 군데에 걸쳐

---

2) 금강문화포럼, 『백제 무령왕 교류 15년』, 2016; 무령왕국제네트워크협의회, 『무령왕, 동아시아 평화교류에의 꿈 –교류 20년의 기록(2002-2021)』, 2021.

3) 윤용혁, 「무령왕 '출생 전승'에 대한 논의」 『백제문화』 32, 2003(『공주, 역사문화론집』, 서경문화사, 2005 재수록).

4) 김기섭, 「백제 무령왕 연구동향과 과제」 『백제문화』 66, 2022, pp.6-10.

등장한다. 웅략천황 5년과 무열천황 4년의 기록인데, 전자는 461년 곤지가 일본에 파견되어 가던 도중 각라도(各羅島)에서 무령왕을 출산하였다는 내용이다. 인용하면 다음과 같다.

(웅략천황 5년) 여름 4월 백제의 가수리군(加須利君)[개로왕이다]은 (중략) 아우 군군(軍君)[昆支이다]에 고하여 "너는 일본으로 가서 천황을 섬겨라"라고 말하였다. 군군(軍君)이 대답하여 "상군(上君)의 명에 어긋날 수는 없습니다. 원컨대 군(君)의 부인(君婦)을 주시고, 그런 후에 나를 보내 주십시오"라고 말하였다. 가수리군은 임신한 부인(孕婦)을 군군(軍君)에게 주면서(嫁與軍君), "내 임신한 여자(孕婦)는 이미 산월(産月)이 되었다. 만일 도중에서 출산하면, 부디 같은 배를 태워서 어디에 있든지 속히 나라로 돌려보내도록 하여라"라고 말하였다. 드디어 헤어져 조정에 보냈다.5) (『일본서기』 14, 웅략기)

6월 병술 삭(1일), 임신한 부인은 과연 가수리군(加須利君, 개로왕)의 말대로 치쿠시(筑紫)의 각라도(各羅島)에서 출산하였다. 그래서 그 아이의 이름을 도군(嶋君)이라 하였다. 군군(軍君)은 배 1척을 마련하여 도군(嶋君)을 백제에 돌려보냈다. 이를 무령왕이라 한다. 백제인은 이 섬을 주도(主嶋)라 하였다.6) (『일본서기』 14, 웅략기)

또 하나의 기록은 『일본서기』 무열천황 4년, 동성왕의 죽음과 무령왕 즉위에 대한 기록에서인데, 『백제신찬』을 인용한 것이다.

이 해(武烈天皇 4년) 『백제신찬(百濟新撰)』에 말하였다. 말다왕(未多王)이 무도하여 백성에게 포학한 짓을 하였다. 국인이 같이 제거하였다. 무령왕이 즉위하였다. 이름은 사마왕(斯麻王)이다. 이는 곤지왕자(琨支王子)의 아들이다. 즉 말다

---

5) "夏四月 百濟加須利君(蓋鹵王也) … 乃告其弟軍君(琨支也)曰 汝宜往日本 以事天皇 軍君對曰 上君之命不可奉違 願賜君婦 而後奉遣 加須利君則以孕婦 嫁與軍君曰 我之孕婦 既當産月 若於路産 冀載一船 隨至何處 速令送國 遂與辭訣 奉遣於朝"

6) "六月丙戌朔 孕婦果如加須利君言 於筑紫各羅島産兒 仍名此兒曰島君 於是 軍君 卽以一船 送島君於國 是爲武寧王 百濟人號此島曰主島也"

왕(末多王, 동성왕)의 이모형(異母兄)이다. 곤지가 왜에 향하였을 때 축자의 섬(筑紫島)에 이르러 사마왕을 낳았다. 섬에서 돌려 보냈는데, 경(京)에 이르기 전에 섬에서 낳은 것이다. 그래서 그렇게 이름 지었다. 지금도 각라(各羅)의 바다 속에 주도(主島)가 있다. 왕이 탄생한 섬이라하여 백제인이 '주도(主島)'라 이름하였다. 지금 생각하니 도왕(島王)은 개로왕의 아들이다. 말다왕(동성왕)은 곤지왕의 아들이다. 이를 이모형(異母兄)이라 함은 미상이다.[7] (『일본서기』 15, 무열기)

위의 두 기록을 종합하면 무령왕은 치쿠시(筑紫, 북큐슈)의 각라도(各羅島)에서 출생했는데 '사마'라는 이름은 그가 섬에서 태어났기 때문에 지어진 것이며, 이 섬을 백제 사람들은 특별히 '주도(主島)', 즉 '임금의 섬(ニリムセマ)'이라 하였다는 것이다.

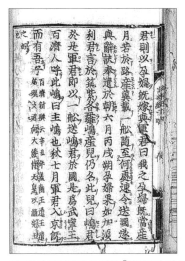

무령왕 출생 관련의 두 기록, 『일본서기』와 무령왕의 지석
(우측은 1991년 10월에 처음으로 개최된 무령왕릉 국제학술세미나의 포스터)

---

7) "百濟新撰云 末多王無道 暴虐百姓 國人共除 武寧王立 諱斯麻王 是琨支王子之子
則末多王異母兄也 琨支向倭 是至筑紫島 生斯麻王 自島還送 不至於京 産於島 故
因名焉 今各羅海中有主島 王所産島 故百濟人號爲主島 今案 島王是蓋鹵王之子
也 末多王 是琨支王子之子也 此曰異母兄 未詳也"

『일본서기』에 근거하여 백제 역사를 정리했던 식민지시대에는 무령왕이 일본에서 태어난 인물이라는 사실이 사료에 대한 비판 없이 그대로 채택되기도 하였다. 식민지시대에 공주의 백제 역사를 정리한 가루베 지온(輕部慈恩)의 서술이 그한 예이다. 가루베 지온은 백제미술의 역사적 배경에 대하여 설명하는 <백제 약사(百濟 略史)>에서 무령왕에 대해 다음과 같이 언급한 바 있다.

> 무령왕은 아버지가 개로왕이고 어머니가 동성왕의 어머니와 같았다. 이미 곤지왕이 개로왕의 명을 받아 일본에 건너가 천황에게 봉사하게 되자 잉부를 내려 함께 가게하여 배가 치쿠시(筑紫)의 각라도까지 왔을 때 남아를 낳았다. 그 이름을 도군(島君)이라 하고 1척 배로 백제로 돌려보냈다. 이것이 뒤의 무령왕이 된 것이다. 조선사에서는 사마왕(斯摩王)이라 하고 또 이 치쿠시(筑紫)의 각라도(各羅島)를 백제인은 주도(主島, 니리무세마)로 부르게 되었다는 것이다. 이것으로 보면 무령왕의 탄생지도 일본이었던 것이다.[8]

가루베 지온은 『일본서기』의 신공황후 기록을 전재하는 등 식민사관에 의한 백제사 인식을 그대로 보여주고 있고, 그러한 차원에서 『일본서기』의 무령왕 출생 관련 이야기도 옮겨 정리하고 있다. 사서에 대한 비판적 인식을 결여한 상태에서의 정리였다는 점에서 뒤에 무령왕 출생 기록을 긍정하게 된 경우와는 사정이 다르다고 할 수 있다.

『일본서기』의 기록 가운데 무령왕이 일본의 섬에서 출생하였다는 앞의 기록은 20여 년 전까지 신빙성이 없는 것으로 여겨졌다. 그것은 백제 국왕의 일본에서의 출생이라는 사실 자체를 납득하기 어려웠을 뿐 아니라, 관련 기록에 설화처럼 보여지는 이야기가 섞여 있기 때문이다. 이기백은 『일본서기』의 이 기록을 "믿을 수 없는 이야기"[9]라 하였고, 이병도 역시 이에 대하여 너무도 기괴하여 "일고의 가치가 없는 것"으로 단정하였다.[10] 무령왕의 계보를 『일본서기』에 의

---

8) 輕部慈恩, 「百濟美術」, 寶雲社, 1946, p.42.
9) 이기백, 「백제사상의 무령왕」『무령왕릉발굴조사보고서』, 문화재관리국, 1973, p.70.
10) 이병도, 「백제 무녕왕릉 출토 지석에 대하여」『한국고대사연구』, 1976, p.555.

하여 입론하였던 이도학 교수조차 "전체적으로 그 내용이 모욕적이고 괴기하여 취신(取信)하기 어렵다"고 하였다.[11]

무령왕과 일본과의 관계를 적극적으로 검토하는 새로운 계기를 조성한 것은 무령왕릉의 발굴이었다. 무령왕의 지석에 의하여 왕의 출생연도가 서기 461년 이라는 사실이 밝혀지게 되었기 때문이다. 이는 『일본서기』의 관련 기록과 불과 1년의 오차 밖에 없어, 사실상 두 기록의 일치를 인정하지 않을 수 없게 하는 자료이다. 거기에 무령왕릉 관목의 목재가 일본산으로 밝혀짐으로써 무령왕과 일본과의 친연관계에 대해서도 주목하는 계기가 되었다.

원래 무령왕릉 발굴보고서에서는 왕릉의 관재를 육안으로 판단하는 데 그쳤다.[12] 이에 대해 박상진은 목관 시료를 분석하여 이것이 일본열도의 남부지방에 자생하는 금송(Sciodopitys verticillta), 고야마키(コウヤマキ)라는 사실을 밝히고, 일본으로부터의 도래품으로 인정하였다. 동시에 관재로 가공하기 전의 원목은 직경 1.3미터, 길이 3미터, 무게 3.6톤, 수령 300년 이상의 것으로 추정하였다.[13] 그후 박원규는 왕릉 관재의 재검토를 통하여 앞의 박상진의 결론을 확인하는 한편으로, 왕릉 관재와 함께 나온 목편에서 역시 일본산의 삼나무(Crptomeria japonica)를 검출함으로써 무령왕릉을 매개로 한 일본과의 연관성을 더욱 보강하였다.[14] 근년 왕릉 금송 관재의 출처가 중국 남조일 가능성이 언급되기도 하였지만, 조윤재는 실제 그 가능성이 희박하며, "무령왕릉 출토 목관의 용재(用材)인 금송의 출처는 일본으로 보는 것이 타당하다"는 결론을 확인한 바 있다.[15]

『일본서기』의 무령왕 출생 관련 기록을 재검토하게 되는 배경을 조성한 또 하

---

11) 이도학, 「한성말 웅진시대 백제왕계의 검토」『한국사연구』 45, 1984, p.16.

12) 문화재관리국, 『무령왕릉 발굴조사보고서』, p.16.

13) 박상진, 「백제 무령왕릉 출토 관재의 수종」『백제문화』 21, 1991, pp.175-176 및 공주대학교 백제문화연구소, 『백제 무령왕릉』, 1991, pp.336-340 참조.

14) 박원규, 「무령왕릉 출토 관목분석을 통한 고대 한일관계」『백제문화를 통해본 고대 동아시아세계』(심포지움자료집), 공주대학교, 2002, pp.113-131.

15) 조윤재, 「남조 고분 관재 및 모부제 고찰을 통한 무령왕릉 목관수종 원산지 재론」『한국학연구』 75, 고려대 한국학연구소, 2020, p.170.

무령왕의 목관 복원 모형(국립공주박물관 자료)
사용된 원목은 직경 1.3m, 3백 년 이상 수령으로 추정된 바 있다.

나의 계기는 웅진시대의 왕계(王系), 특히 동성왕 관련 기록에 대한 해석이다. 『삼국사기』에는 동성왕이 무령왕의 둘째 아들로 되어 있으나, 『일본서기』에는 두 사람이 배다른 형제라고 하였다. 이도학은 이와 관련하여 『삼국사기』 기록이 잘못된 것이고, 무령왕이 동성왕의 이복형이라는 『일본서기』의 기록이 사실에 부합하다는 점을 논증하였다.[16] 이러한 견해는 이후 연구자들에 의하여 대부분 긍정적으로 받아들여졌는데, 이것은 웅진시대 『일본서기』의 기록이 객관적으로 검토되는 환경을 조성하는 것이었다고 할 수 있다. 그러나 이러한 논의가 『일본서기』에서 언급한 무령왕의 가카라시마 출생설을 주목하는 단계로 바로 연결되지는 않았다.

　『일본서기』의 무령왕 출생 관련 기록을 구체적으로 역사적 논의의 무대에 올린 것은 문경현이었다. 문경현은 2000년에 발표한 논문에서 『일본서기』의 무령왕 출생 기록을 상당 부분 역사적 사실로서 인정하는 견해를 밝혔다.

　　『일본서기』의 무령왕 출생담은 역사가에 의해서 그 신빙성을 의심받아 왔다. 그러나 이 설화를 예의 검토할 때 섬에서 출생했다 하여 이름을 도군(島君) 즉 세마키시라 했다거나 사마왕(斯麻王)이라 했다는 사실은 그냥 보아 넘길 것이 아니라고 생각한다. 지금 한국어로 도(島)를 섬이라 하나 고대 백제어로 '시마'라

---

16) 이도학, 「한성말 웅진시대 백제왕계의 검토」 『한국사연구』 45, 1984.

했다고 보겠다. 사(斯)자는 당시 음으로 시로 읽는다. 그리고 무령왕 즉 시마왕이 탄생한 섬을 백제인들은 주도(니리무세마)라 불렀다 한다. '니리무'는 '님(主, 君)'이라는 고어라 보겠다.[17]

문경현의 논문은 무령왕 탄생지로서의 가카라시마(가당도)를 주목하는 계기를 만들었다.

2. 가카라시마 무령왕 탄생 기록에 대한 여러 논의

무령왕이 북큐슈의 한 섬(각라도)에서 출생하였다는 견해는 이후 점차 확산되어 갔다. 처음 무령왕 출생 전승에 대하여 극히 부정적이었던 이도학도 그후 각라도의 출생 전승과 관련하여서 "곤지가 왜로 건너간 시기나, 무령왕의 출생연대와 그 출생장소에 관해서는 수긍되는 바 있다"는 의견을 피력하였다.[18] 무령왕 출생에 대한 『일본서기』의 관련 기록을, 거의 그대로 인정하는 의견도 제시되기 시작하였다. 김현구는 『일본서기』의 관련 기록을 소개하는 한편, "개로왕이 임신한 부인을 동생 곤지에게 하사했다는 기록도 못 믿을 이유가 없다"고 하면서 나카토미노카마타리(中臣鎌足)의 예를 들었다. 후지와라(藤原) 씨의 조상이며 645년 소가(蘇我) 씨를 타도하고 코토쿠천황(孝德天皇, 재위 645~654)을 내세웠던 카마타리의 경우, 큰 아들 테이(定惠)는 코토쿠 천왕으로부터 임신한 부인을 하사받아 낳은 아들이며, 또 다른 아들 후히토(不比等)도 텐지천황으로부터 임신한 부인을 하사받아 낳은 아들이라는 설이 파다하다고 하였다.[19] 당시로서는 '임부(妊婦)' 관련 이야기가 결코 황당한 것이 아니라는 것이다.

---

17) 문경현, 「백제 무령왕의 출자에 대하여」 『사학연구』 60, 2000, p.45.

18) 이도학, 『새로 쓰는 백제사』, 푸른역사, 1997, pp.185-186.

19) 김현구, 『백제는 일본의 기원인가』, 창작과비평사, 2002, pp.14-17.

이재석은 곤지의 도일 문제를 검토하는 논문에서 무령왕 출생담을 의심하는 견해에 대하여 이를 '근거없는 추정'으로 간주하고, 섬 이름이 구체적으로 거론되고, 또 주도(主島)라는 별명까지 소개되고 있는 점에서 이 이야기는 조작된 것이라 볼 수 없으며, 무령왕의 출생 전승은 "사실로 보는 것이 타당하다"고 단정하였다.[20] 무령왕 탄생 전승을 매개로 한 가라츠시(唐津市)와 공주시의 민간 교류 문제를 고민하던 필자도 관련 기록의 검토 결과 『일본서기』의 기록을 문면(文面)대로 받을 수 있다는 견해를 정리하여 발표한 바 있다.[21]

이렇게 무령왕의 일본(혹은 각라도) 출산설에 대하여 긍정적인 의견이 많아지는 변화가 있었지만, 연구자의 의견이 모두 일치하는 것은 아니었다. 연민수는 이 자료에 대하여, "설화의 내용이 괴이하여 쉽게 신용하기 어렵다"는 부정적인 입장을 피력하였다.

> 개로왕의 임부(姙婦)를 동생 곤지에게 주었다는 것도 그렇고, 만삭의 임부를 험난한 뱃길인 왜국에 보냈다는 것도 이해하기 어렵다. 개로왕은 아이가 태어나면 본국으로 보낼 것을 지시하는데, 송환을 바랬다면 구태여 곧 출생할 만삭의 임부를 왜국에 보낼 필요는 없는 것이고, 출산 후에 보냈어도 늦지 않았을 것이다. 이는 무령왕 출생 전승에 조작의 요소가 가미되었을 가능성이 있다.[22]

연민수의 논의는 무령왕이 개로왕계가 아니고 곤지의 아들이었다는 주장에 초점이 있는 것이었다. 이를 논의하는 과정에서 관련 자료의 신빙성을 부정하면서, 결국 곤지의 잉부(孕婦)는 왜국으로 떠난 남편 곤지와 동행하지 못하고 백제에서 사마를 출산하였다고 단정하였다. 그리고 출산과 관련된 전승은 "왜국에

---

20) 이재석, 「5세기 말 곤지의 도왜 시점과 동기에 대한 재검토」 『백제문화』 30, 2001, pp.21-22.

21) 윤용혁, 「무령왕 '출생 전승'에 대한 논의」 『백제문화』 32, 2003(『공주, 역사문화론집』, 서경문화사, 2005 재록).

22) 연민수, 「고대 한일외교사 -삼국과 왜를 중심으로」 『고대 한일관계사의 새로운 조명』 한국고대사학회 합동토론회 자료집, 2002.2, p.136.

잇키 쪽에서 조망되는 가카라시마의 원경(2013, 규슈국립박물관 조사)

있던 그의 후예라고 주장하는 씨족들에 의해 상당 부분 윤색 첨가된 것으로 보인다”고 하였다. 무령왕의 일본과의 관계를 강조하기 위하여 일본에 거주하던 그의 후예들이 고의적으로 꾸며낸 이야기라는 의미일 것이다.

『일본서기』의 무령왕 탄생 전승을 가장 적극적으로 해석한 것은 노중국이었다. 무령왕의 출자에 대해서도 『백제신찬』의 기록을 신뢰하여 혈연적으로는 개로왕의 아들일 것으로 보았다.

> 개로왕은 만삭이 된 부인을 왜에 사신으로 가는 동생 곤지에게 주어 부인으로 삼도록 하였다. 이 내용은 상식적으로는 선뜻 받아들이기 어렵다. 그러나 부인을 동생에게 주어 부부의 연을 맺게 하였다는 부분을 제외하면 무령왕은 혈통상으로는 개로왕의 아들이다. (중략) 이는 『일본서기』 편찬자가 기사를 조작한 것이 아니라 도리어 신뢰한 것을 보여준다. 그렇다면 개로왕이 자신의 임신한 부인을 동생 곤지에게 내려주었다는 기사도 허구로 돌릴 수 없는 것이다.[23]

---

23) 노중국, 『백제정치사』, 일조각, 2018, pp.327-329.

일치되는 것은 아니지만, 무령왕 기록에 대한 근년의 경향은 『일본서기』의 관련 기록을 인정하는 경향이 점차 일반화하고 있는 감이 있다. 최근에 간행된 무령왕에 대한 저서에서 언급한 정재윤의 논의가 이러한 점을 잘 보여준다.

> 무령왕은 523년 사망하였는데 당시 62세라는 점에서 461년 탄생하였음을 확인할 수 있다. 그런데 무령왕 탄생 설화를 전하고 있는 『일본서기』 유랴쿠(웅략) 5년은 461년에 해당하여 묘지석의 무령왕 탄생 시기와 일치한다. 나아가 가카라시마에서 태어났다는 내용은 그의 이름과도 통한다. '섬'은 일본어로 '시마'이고, 백제어로는 '서마'라고 부른 것으로 추정된다. 그런데 '시마'와 '서마' 및 '사마'는 고대 언어에서는 정확히 구별하기 힘들다. (중략) 따라서 무령왕의 이름인 사마는 섬을 의미하며, 그가 섬에서 태어난 것을 상징해 붙였을 가능성이 큰 이름임을 알려준다. 이처럼 묘지석에 기술된 탄생 연도와 이름 등이 일치하는 정황을 통해 『일본서기』에 기술된 무령왕 탄생 설화가 전혀 믿을 수 없는 허구가 아니라 일정 정도 사실에 기초하여 작성되었음이 드러났다.[24]

이상의 정리를 통하여 『일본서기』의 무령왕의 탄생 기록에 대해서는 부분적 이견에도 불구하고, 자료를 역사적 맥락에서 수용하고자 하는 긍정적 분위기가 점차 지배하고 있음을 확인할 수 있다. 다만 이러한 근년의 변화에도 불구하고, 기록의 구체적 내용과 관련하여서는 연구자 간의 이견이 적지 않다. 무령왕이 개로왕과 곤지 두 사람 가운데, 실제 누구의 아들이었는가라든가, 『일본서기』에서 언급한 각라도가 지금의 가당도인가에 대한 문제가 그것이다.

2000년에 처음으로 『일본서기』 무령왕 기록을 주목했던 문경현은 이에 대해 무령왕이 "혈연으로 따지면 개로왕의 아들이지만, 가계상으로는 곤지의 아들"이라 하였다.[25] 김현구, 윤용혁 등이 이와 유사한 의견을 피력한 바 있는데, 이 문제에 대하여 노중국은 다음과 같이 정리하였다.

---

24) 정재윤, 『무령왕, 신화에서 역사로』, 푸른역사, 2021, pp.77-78. 다만 정재윤은 『일본서기』에서 언급한 각라도가 지금의 가카라시마(가당도)를 지칭하는 것은 아니라는 의견을 제출하였다.

25) 문경현, 앞의 논문, p.42.

무령왕의 친부는 개로왕이지만 무령왕을 낳은 잉부가 곤지와 부부의 연을 맺었으므로 무령왕은 곤지의 의자(義子)가 되었다. 왜로 간 곤지는 왜 왕녀를 새 부인으로 맞아 동성왕을 비롯한 네 명의 아들을 두었다. (중략) 무령왕과 동성왕은 낳아준 어머니가 달랐지만 곤지는 의붓아버지든 친아버지든 무령왕과 동성왕의 아버지였다. 따라서 무령왕과 동성왕은 이모형제(異母兄弟)가 된다.[26]

무령왕의 출자를 혈연적으로는 개로왕의 아들로 본 것이다. 곤지가 일본에 파견된 배경에 대해서는, 곤지를 왜로 보내려는 개로왕과 가지 않으려는 곤지 사이의 '정치적 타협'으로 추론하기도 하였다. 곤지는 가능하면 일본에 가지 않으려는 마음에서, 개로왕이 받아들이기 어려운 제안을 한 것이 만삭의 부인을 자신에게 내려달라는 것이었다는 것이다.[27]

그러나 이 문제에 대해서는, 무령왕이 혈연상으로 곤지의 아들이라는 것이 더 일반적인 견해로 되어 있다. 이도학 이후 여러 백제사 연구자들이 이에 동의하고 있거니와, 박재용도 근년의 논문에서 곤지설을 취하고 있다.[28] 한 가지 흥미 있는 것은 무령왕의 탄생과 관련한 잉부 설화에 대하여, 『일본서기』 편찬 과정에서 백제계 씨족과 관련이 깊은 후지와라(藤原不比等)의 탄생담이 변형되어 들어간 것으로 추정한 것이다.[29]

최근 무령왕에 대한 한 저술에서는 무령왕이 곤지의 아들이라는 견해를 다음

---

26) 노중국, 『백제정치사』, 일조각, 2018, pp.331-332.

27) "그러나 개로왕은 곤지의 요구 조건을 응락하였다. 그러면서 앞으로 아이가 태어나면 본국으로 돌려보내라는 한 가지 조건만 붙였다. (중략) 곤지가 이 조건을 수락하면서 개로왕과 곤지 사이에 일정한 타협이 이루어졌다. 그래서 곤지는 개로왕의 잉부와 함께 왜로 떠났던 것이다."(노중국, 「백제 역사상의 곤지」 『백제왕자 곤지와 곤지왕』 세미나 자료집, 한성백제박물관/곤지왕네트워크, 2016, p.19).

28) 박재용, 「일본 사료로 본 백제 웅진시기 왕계」 『한일관계사연구』 61, 2018, p.66.

29) 박재용, 위의 논문, pp.66-68 참조. 관련한 전승은 다음과 같다. "藤原謙足의 아내인 鏡王女가 원래 天智天皇의 妃였다고 한다. 기록에 의하면 천지천황이 謙足에게 임신한 아내를 하사하면서 '만약 아들이 태어나면 당신의 아들이고, 딸이 태어나면 짐의 자식이다'라고 한 이야기가 전해지고 있다. 이때 태어난 자식이 바로 藤原不比等이다."(pp.66-67)

과 같이 정리하였다.

> 무령왕의 태생에 대해 다음과 같이 정리할 수 있다. 무령왕의 어머니는 본래
> 개로왕의 부인이었고, 곤지와 더불어 왜로 보내졌다. 왜로 가는 도중에 각라도에
> 서 무령이 출생했고, 섬에서 낳았다는 뜻으로 이름을 사마라고 했다. 따라서 무
> 령왕은 곤지의 아들이며, 태어나자마자 곧 백제로 보내졌고 개로왕의 부인은 곤
> 지와 함께 왜로 들어갔다.[30]

무령왕 출생과 관련한 내용을 전하는 『일본서기』의 기록에서 이미 개로왕과
곤지, 무령왕의 출자에 대한 서로 다른 기록을 싣고 있다는 점에서 이 문제는 의
견이 합치하기 어려운 요소를 가지고 있는 것이 사실이다. 그러나 앞에 인용한
『일본서기』 무열기 4년에 "지금 생각하니 도왕(島王)은 개로왕의 아들이다. 말다
왕(동성왕)은 곤지왕의 아들이다"[31]라고 한 『일본서기』 찬자의 정리에 주목한 노
중국의 견해를 필자는 의미 있게 생각한다. 무령왕 출자에 대한 『일본서기』 기록
내부의 상호 모순은 8세기 초 『일본서기』 찬자들에게도 문제가 되었고, 무령왕
은 '개로왕의 아들'이라는 것이 그때 그들의 결론이었다는 것이다.

3. 각라도(各羅島)와 가당도(加唐島)의 문제

위에서 언급한 것처럼, 『일본서기』에 기록된 무령왕 출생 전승을 긍정적으로
검토하려는 의견이 학계에서 크게 신장된 것은 근년의 큰 변화라 할 수 있다. 이
문제와 관련하여 논란이 되는 것은, 기록상의 무령왕 출생지 각라도(各羅島, 가카라
시마)가 과연 오늘날 사가현(佐賀縣) 가라츠시(唐津市)에 속한 가당도(加唐島, 가카라시

---

30) 충청남도역사문화연구원, 『갱위강국 백제의 길』, 메디치미디어, 2021, p.145.
31) "今案 島王是蓋鹵王之子也 末多王 是琨支王子之子也"

임진왜란 왜군 출정 기지 나고야성 성터에서 바라보이는 가카라시마

마)인가 하는 문제이다.

각라도(各羅島)와 가당도(加唐島)는 한자상으로는 다른 섬인 듯하지만, 동일하게 '가카라시마'이다. 가당도는 한반도와의 관계에서 거의 최단거리 직선에 해당하는 지점이고, 임진왜란 당시 왜군이 집결하여 한반도로 출정하였던 나고야성(名護屋城) 바로 앞 지척에 자리하고 있다. 한반도와의 밀접한 관련성을 암시하는 지리적 위치인 셈이다.

무령왕의 가당도 출생에 대하여 적극적으로 이를 입증하려는 연구로서는 문경현의 논문을 들 수 있다. 그는 무령왕의 출생설화가 '황당무계'한 사료가 아니며, 다분히 개연성이 있는 설화라고 보았다. 그리하여 이를 가카라시마에 전하는 전승과 연결시켜 정리, 소개하였다.[32]

무령왕의 태어난 출생처로 떠오른 사가현 가라츠시의 가카라시마(加唐島)는 요부코정(呼子町)의 항구로부터 배로 20분 거리에 위치한다. 면적은 2.8㎢, 섬의 둘레는 12㎞, 현재 인구는 계속 감소하여 120인 정도로 되어 있다. 가카라시마

32) 문경현, 「백제 무령왕의 출자에 대하여」『사학연구』 60, 2000, pp.33-60.

에는 백제 왕의 생모가 갑작스러운 산통으로 섬에 상륙하여 아들을 낳았다는 동굴이 '오비야우라'라는 바닷가에 남아 있다. 또 포구 바로 옆의 골짜기에는 해산 후 아기를 씻겼다는 작은 샘이 전한다. 그러나 동시에 이 전설이 백제가 아닌, 신공황후와 관련이 있다고도 한다. 즉 신라를 정벌하기 위해 출진하였던 신공황후가 갑자기 태풍 속에서 상륙하게 되어 이 섬에서 왕자를 해산하였다는 전설이다. 말하자면 가카라시마의 백제 왕자 탄생 전설은 그 장본인이 백제가 아닌 신공황후와 관련된, 응신천황(應神天皇)의 출산처라고도 전해온 것이다.

나시타니(西谷 正)는 무령왕탄생지로서의 가카라시마(가당도)에 대하여 일찍부터 섬 사람들의 자문역을 맡았던 인연이 있거니와, 2002년 공주대학교에서의 심포지움에서 이 문제를 거론하면서, 무령왕 출생지로서 가당도의 가능성을 다음과 같이 언급하였다.

　　무령왕릉의 매지권에 의하여 『일본서기』 웅략기나 무열기의 일부에 신빙성이 인정된다면, 무령왕이 축자(筑紫)의 각라도에서 태어났다는 전승도 진실성을 띠는 것이 아닐까. 『일본서기』가 말하는 축자는 현재 북부 구주(九州)에 대한 고대의 호칭이다. 그리고 북부 구주에 있어서 각라도를 찾는다면 과연 현해탄에 면한 구주도 북안부에 해당하는 사가현 동송포군 진서정(鎭西町)에서 가당도를 발견하게 된다. 가당도는 원시 고대로부터 현대까지 한반도와 구주도를 잇는 교량으로 알려진 대마도, 일기도와 함께 대마 해협에 떠있는 대소 여러 섬 중의 하나이다. 그러한 지리적 위치에서 보아 가당도가 무령왕의 출생지였을 가능성은 충분하다고 생각된다.[33]

권오영은 사가현의 가카라시마가 기록상의 각라도(各羅島)에 해당할 수 있다는 의견을 일찍 개진한 바 있는데,[34] 이후에도 이같은 의견을 다음과 같이 확인하였다.

---

33) 西谷 正, 「무령왕릉을 통해본 고대의 동아시아세계-고고학의 입장에서」 『백제문화』 31, 공주대 백제문화연구소, 2002, p.48.

34) 권오영, 『고대동아시아 문명 교류사의 빛, 무령왕릉』, 돌베게, 2005, p.67.

『일본서기』에 표기된 카카라시마(各羅島)는 존재하지 않지만, 대신 츠쿠시에 속하는 카라츠(唐津)의 앞 바다에는 카카라시마(加唐島)라는 섬이 있다. (중략) 곤지와 그 일행이 기항하고 무령왕이 태어난 곳으로 이 섬을 지목하여도 큰 문제가 없다고 본다.[35]

필자는 기록상의 각라도가 현재의 가카라시마(가당도)일 가능성이 많다는 전제에서, 가라츠시와 공주시의 교류의 이정표로서 무령왕기념비를 섬에 건립하는 것에 동의하고 두 지역 시민들의 모금에 의한 기념비 건립을 추진하였다. 이에 의하여 2006년 6월 가카라시마에 무령왕의 기념비가 세워졌는데, 이 때 기념비의 제목은 '백제 무령왕 생탄지(生誕地)'라 하고, 비문에서는 가카라시마를 "무령왕이 태어난 것으로 전해지는 섬"이라 하였다.[36] 가카라시마에 대한 정리되지 않은 논란을 고려한 것이다.

2006년 6월에 세워진 가카라시마의 무령왕 기념비

35) 권오영, 「백제의 해양활동과 국제정세」『한국해양사』 1, 한국해양재단, 2013, p.370.
36) 가당도의 무령왕 기념비 건립 경위에 대해서는 윤용혁, 「무령왕에의 길 −2006년 무령왕 기념비의 건립」『웅진문화』 19, 2006(『공주, 역사와 문화콘텐츠』, 공주대학교 출판부, 2016 재록) 참조.

가카라시마(가당도)가 『일본서기』에서 언급한 각라도라고 보는 데에는 이것이 고대 항로상의 뱃길과도 부합한다는 점이 중요하게 받아들여지고 있다. 다음은 이 문제에 대한 홍성화의 의견이다.

> 무령왕이 출생하였다고 하는 각라도라는 지명에 대해서는 현재 사가현 동송포군에 있는 가당도(加唐島)로 보는 것이 유력하다. 가당도가 잇키와 가라츠를 연결하는 직선거리에 있으며 한반도에서 일본열도로 가는 고대의 항로도 마쓰라(松浦), 가라츠(唐津), 요부코(呼子), 가카라시마(加唐島), 잇키, 쓰시마라는 연안 루트를 통해 한반도로 이동했을 것으로 보이기 때문에 항로중에 보이는 가카라시마가 도군(島君)이 태어났던 가카라시마(各羅島)일 가능성은 높다. 또한 이 기사에서 무령왕의 이름인 사마도 섬에서 태어났기 때문에 도군이라 했다는 기록이 있으며 각라도라는 섬의 이름까지 구체적으로 등장하고 있는 것을 보면 이 기사를 단순히 『일본서기』 찬자에 의한 황당무계한 사료로 보기보다는 상당 부분 사실성을 포함하고 있다고 생각한다.[37]

필자도 2014년에 해로의 관점에서 가카라시마(가당도)의 각라도 가능성을 적극적으로 논의한 바 있다. 『일본서기』의 무령왕 탄생 기록을 당시 백제-왜 해로에 대한 정보로서 적극 활용하였으며, 특히 당시 백제인들이 각라도를 주도(主島, 니리무세마)라고 불렀다는 것을 이와 관련한 유용한 기록으로 주목한 바 있다.[38]

무령왕의 출자에 대한 『일본서기』의 기록에 대한 해석이 개로왕, 혹은 곤지로 엇갈리는 것처럼, 탄생지로 기록된 각라도에 대해서도 가당도다 아니다로 의견이 갈려 있는 것이 사실이다.

정재윤은 무령왕의 탄생지 각라도가 가카라시마(가당도)라는 것을 부정한다.

---

37) 홍성화, 「웅진시대 백제의 왕위계승과 대왜관계」, 『백제문화』 45, 2011, pp.46-47. 비슷한 시기에 박천수도 해로 등 여러 조건에서 가당도가 각라도에 해당할 가능성이 높다는 의견을 밝힌 바 있다. 박천수, 『일본 속의 고대 한국문화』, 진인진, 2011, pp.186-188.

38) 윤용혁, 「백제의 대왜 항로와 가카라시마(加唐島)」 『백제문화』 51, 2014(『한국 해양사 연구 -백제에서 고려, 1천년 바다 역사』, 주류성, 2015 재록).

가카라시마의 무령왕 탄생 설화를 신빙하기 어렵다는 점, 가카라시마가 왜와 백제 간의 항로상에서 기항지일 수는 없다는 점, 가당도와 당진(唐津, 가라츠)의 지명이 무령왕 탄생 시기의 명칭이 아니라는 점, 가당도는 곤지의 도왜 항로가 아닐 가능성이 있다는 점 등을 들었다.[39] 나아가 항로의 경우 5세기 후반에는 잇키에서 바로 후쿠오카 방면으로 향하는 최단항로가 개발되었을 가능성이 있으며, 이 경우 후쿠오카 서쪽의 이토시마(絲島) 반도가 주목된다고 하였다. 이러한 전제에서 정재윤은 『일본서기』의 '각라도' 기록을 부정하고, 『백제신찬』에서 언급한 '각라해(各羅海)'라는 기록을 취하고 있다. "각라의 바다(各羅海)에 주도(主島)가 있는데, 왕이 태어난 섬인 까닭에 백제인들이 주도라 불렀다"는 기록을 주목하고, 왕의 탄생지는 '각라도'가 아닌 '각라해'라는 것이다.

> 즉 '가카라'(각라)는 섬이 아닌 바다인 것이다. 이를 『일본서기』 찬자가 섬으로 오인하여 '가카라시마'(각라도)라고 했음을 알 수 있다. 요컨대 '주도', 즉 '임금의 섬'이지 '가카라시마'가 아닌 것이다.[40]

그렇다면, '각라해'는 구체적으로 어디를 지칭하는 것일까.

> '라(羅)'는 '사방을 망라하다' 혹은 '늘어서다', '두르다'라는 의미이다. 그렇다면 '각라'는 각기 띠처럼 두른 섬의 모양을 표현한 명칭일 가능성이 크다. 공교롭게도 이러한 형세는 이토시마에서 하카타만으로 이어지는 돌출부를 연상케 한다. 따라서 항로와 명칭 그리고 지형 뿐만 아니라 사료의 신뢰성 부분을 고려하면 이토시마의 과거 지명인 '시마군'(志摩郡)에 주목할 필요가 있다.[41]

---

39) 정재윤, 『무령왕, 신화에서 역사로』, 푸른역사, 2021, pp.78-82.

40) 정재윤, 위의 책, pp.84-85; 이같은 견해는 정재윤, 「무령왕 탄생의 미스테리」『일본 속의 백제(큐슈지역)』, 충청남도역사문화연구원, 2018, pp.461-465에서 그 개략이 언급된 바 있다.

41) 정재윤, 위의 책, pp.85-86.

요컨대, 『일본서기』에 언급된 각라도는 가카라시마(가당도)가 아니라는 의견이다. 그리고 '각라도'는 『일본서기』 편찬자가 잘못 적은 것이며, 본래는 각라도가 아닌 '각라해'이고, '각라해'는 이토시마 반도의 '시마군(志摩郡)'일 가능성이 있다는 결론인 셈이다.[42]

4. 무령왕 출생지로서의 가카라시마

고대 항로의 관점에서 검토한 가카라시마 문제에 대해서는 앞에서 언급하였다. 이러한 필자의 입론이 가능했던 것은 2013년 9월, 큐슈국립박물관의 가카라시마 주변 해역 탐사 프로그램 참여가 그 계기가 되었다.[43] 가카라시마를 무령왕의 출생지로 잠정적 결론을 도출한 이 조사의 결과 보고서에 근거하여, 필자

---

42) 2014년 규슈국립박물관 조사팀은 무령왕 출생지를 가당도와 후쿠오카 이토시마반도(絲島半島), 두 가지 가능성을 전제로 현지 조사를 실시하였다. 이토시마반도에는 '시마군(志摩郡) 가카라시마(韓良志摩)'라는 지명이 문헌(『東松浦郡史』, 1925)에 나오기 때문이다. 조사 결과, 정리된 결론은 "무령왕은 시마군 가카라시마(韓良志摩)(이하 絲島半島)가 아니고, 사가현 가카라시마(가당도)에서 태어난 것으로 추찰된다"고 하였다. 그 근거는 다음과 같다. "絲島半島는 壹岐로부터 약 40km 거리인데, 쾌청한 날 이외에는 잘 보이지 않는다. 날이 맑아도 보이는 날은 많지 않다. 또 항해 도중에 産氣를 느껴 긴급 피난하려고 하더라도 바로 상륙할 수 있는 장소나 랜드마크가 이 루트에는 없다. 당시 배의 속도를 시속 5km 정도라고 하면 이 루트는 비현실적이다. 한편 가카라시마(가당도)는 壹岐로부터 약 17km이고, 약간 흐린 정도의 날씨라면 랜드마크로서 충분히 視認 가능하다. 또 이 거리라면 항해 도중이라도 壹岐로 돌아가 출산할 수도 있다." 요컨대 긴급 피난의 상황에서 상륙 가능한 곳이 가카라시마(가당도)의 '오비야우라'라는 것이다. 이에 대해서는 赤司善彦 外, 「加唐島武寧王傳說の調査について」『東風西聲 -九州國立博物館紀要』9, 九州國立博物館, 2014, pp.98-99 참조.

43) 당시의 조사 결과에 대해서는 赤司善彦 外, 「加唐島武寧王傳說の調査について」『東風西聲 -九州國立博物館紀要』9, 九州國立博物館, 2014 참조.

는 앞의 논문에서 무령왕이 탄생한 것으로 전하는 가카라시마 오비야우라 동굴에 대한 지식을 다음과 같이 요약하여 소개하였다.

> 무령왕의 탄생, 혹은 신공황후 관련의 장소로 전하는 '오비야우라'는 옛날에는 선박의 상륙이 가능한 모래사장이었고, 동굴도 높고 깊었다고 한다. 주변에는 사람이 거주하는 마을이 조성되어 있었으나 140년 전의 화재로 전소하였다는 것이다. 현지조사에 의하여 가카라시마에서 선박이 상륙 가능한 지점은 대략 4개 지점인데, 그 가운데 비바람을 막을 수 있는 동굴이 있는 곳은 오비야우라가 유일하다. 거기에 용수(湧水)가 확보되는 지점은 오비야우라와 오토마리가 있다. 특히 오비야우라의 샘은 수질이 좋고 가까운 곳의 주민들이 최근까지도 음용한 샘이라고 한다. 이에 의하여 "섬을 아는 사람이 승선했다고 하면 오비야우라에의 상륙 가능성이 크다"는 결론이 현지 조사 결과를 통하여 이루어졌다.[44]

이 보고서에는 '가당도'의 지명 유래에 대한 조사 결과도 포함되어 있다. 이에 의하면 가카라시마(가당도)가 각라도에 해당한다는 것이, 후대의 문헌이기는 하지만 지역의 자료에서 이미 언급되어 있다. 19세기 편찬의 『태재관내지(太宰管內志)』[45]를 비롯하여, 『동송포군사(東松浦郡史)』(1915)에 『일본서기』의 각라도가 현재의 가카라시마(가당도)라는 점이 명기되어 있다는 것이다.[46] 더 거슬러 올라가, 카마쿠라시대에 가당도는 '加加良嶋'로, 1605년 '경장국회도(慶長國繪圖)'에는 '賀〃良嶋'로 표기한 기록이 있고, '가당도(加唐島)'라는 이름은 에도(江戶)시대 이후의 지명이라고 한다.[47]

---

44) 윤용혁, 「백제의 대왜 항로와 가카라시마(加唐島)」 『한국 해양사 연구 –백제에서 고려, 1천 년 바다 역사』, 주류성, 2015, p.26 참조. 관련 내용은 앞의 赤司善彦 外, 「加唐島武寧王傳說の調査について」, p.99, pp.101-102에 근거한 것이다.

45) 『太宰管内志』는 筑前의 國學者 伊藤常足이 1841년(天保 12)에 완성, 福岡藩에 헌상한 九州 지역의 地誌이다. 赤司善彦 外, 위의 「加唐島武寧王傳說の調査について」, p.109.

46) 赤司善彦 外, 위의 보고서, p.109.

47) 赤司善彦 外, 위의 보고서, p.106.

백제왕 탄생 전승이 있는 가카라시마의 오비야우라 동굴

    한편 가카라시마의 섬 전설에는 '백제인의 부락이 있다'는 기록도 보인다.[48] 이러한 문헌 기록은 각라도가 현재의 가카라시마(가당도)임을 확정할 수 있는 정보라고 할 수는 없지만, 그 가능성을 더욱 높여주는 의미 있는 자료라고 할 수 있다. 이러한 점에 주목하여 보고서의 관련 내용 일부를 번역하여 소개하기도 하고,[49] 현지 조사자를 직접 초청하여 관련 지식을 공유하는 기회를 갖기도 하였다.[50]

---

48) 鎭西町, 『鎭西町史』, 1962; 谷口健一, 「百濟王誕生秘史」『海神の贈物』, 小學館, 1994(赤司善彦外, 위의 보고서, pp.107-108에 의함).

49) 니시미 나오코(西見尚子)(나정희 번역), 「무령왕 탄생지, 가카라시마에 대한 문헌적 탐색」『웅진문화』28, 2015, pp.176-183.

50) 현지 조사자인 시바모토 타쿠미(芝本卓美), 우치다 사유리(內田小百合) 등을 권유하여 2016년 목포대 도서문화연구원 등의 주최로 당진 세한대학교에서 열린 제7회 전국해양문화학자대회에서 가카라시마 무령왕 전승 관련 조사 결과를 발표하도록 하였다. 당시 발표문은 공주향토문화연구회 회지인 『웅진문화』에 실려 있다. 시바

가카라시마에서 열린 제23회 무령왕탄생제(2024.6.1)

　특히 위의 조사는 문헌 이외에 현장에 대한 조사를 통하여 현재의 가카라시마(가당도)가 무령왕이 태어났다고 하는 『일본서기』의 각라도이며, 오비야우라 동굴이 실제 곤지 일행의 상륙 가능성이 많다는 점을 결론으로 제시하였다는 점에서 가카라시마의 역사성을 검토하는데 있어서 중요한 시사를 준다.

　무령왕 출생지로서의 각라도가 가카라시마인가에 대해서는 부정적 의견이 상존하고 있는 것이 사실이지만, 가카라시마설에 상당한 근거가 있다는 점도 부인하기 어렵다. 사실을 확정할 수 있는 것은 아니라 하더라도, 적어도 가카라시마가 무령왕 출생과 관련한 유력한 공간이라는 것을 부인하기가 쉽지 않다는 것이다.[51]

　모토 타쿠미 · 우치다 사유리, 「백제 무령왕이 태어난 일본의 섬은 어디인가」 『웅진문화』 29, 2016, pp.114-121 참조.

51)　그럼에도 불구하고 지역에서는 가카라시마 출생설을 긍정적으로 수용하려는 노력에 대해서는 여전히 인색하다. 충청남도역사문화연구원에서 간행된 『일본 속의 백제(큐슈지역)』(2018)에서는 가당도(가카라시마)를 큐슈의 백제관련 유적 목록표에 기타유적으로 포함하면서도, 이에 대한 아무런 설명이나 언급을 하지 않고 있다. 그 이유를 알 수 없다. 무령왕릉 입구에 세워진 무령왕 출생에 대한 해설 안내판에서도

가카라시마는 최소한으로 이야기하더라도, 무령왕 출생의 '전승지'이다. '전승지'라고 해서 역사적 의미나 활용 가능성이 없는 것은 아니다. 고마나루의 곰 전설은 사실일 수 없는 이야기이지만, 그 고마나루도 국가 명승으로 지정되어 있다. 전설 때문에 지정한 것은 아니지만, 그 전설이 명승으로 지정되는 가치의 일부로서 인정되고 있음은 부정할 수 없다. 가카라시마는 무령왕 탄생과 관련한 '전승지'일 수도 있지만, 실제 역사적 사실의 공간일 가능성도 적지 않게 내포하고 있다. 그런데 현실에서는 '전승지'로서의 가치만큼도 인정받지 못하고 있는 것이다.

공주에 있는 무령왕릉 전시관, 무령왕릉 출토 유물을 소장 전시하고 있는 국립공주박물관 등의 해설 자료에는 가카라시마에 대한 언급이 거의 배제되어 있다. 박물관의 전시 유물이나 유적 관련 설명이 오로지 사실만으로 구성되는 것은 아니다. 정지산 유적이 과연 무령왕과 왕비의 빈전 유적이었는가, 혹은 공산성의 쌍수정 앞 공간이 과연 웅진시대의 왕궁이었는가는 아직 확정된 사실의 단계에 들어 있지는 않다. 그럼에도 불구하고 유력한 의견을 토대로 빈전과 왕궁으로서의 성격을 설명하고 있다. 이를 비학문적이며 비역사적인 행위라고 나는 생각하지 않는다. 역사라는 것이 순수한 '확정 사실'만으로 구성될 수 없다는 것은 상식이다. 가카라시마가 무령왕 탄생지로서 확정되어 있는 것은 아니지만, 이를 부정하기도 어려운 것이 사실이다. 이러한 점에서 무령왕 탄생 전승지로서의 가카라시마에 대한 태도는 더 긍정적이고, 적극적이어야 한다고 생각한다.

맺는말

본고에서는 『일본서기』 무령왕 탄생 기록의 신빙성 주장이 제기된 이후 20여

"왕이 '각라도'에서 출생했기에 '사마(島)'라는 이름이 생겨났다고 한다"는 데에서 설명이 그침으로써 가카라시마에 대해서는 침묵하고 있다.

년간 축적되어온, 이를 둘러싼 여러 견해와 논란의 추이를 정리해 보았다. 관련 기록에 대해서는 허탄한 전설, 꾸며진 이야기라는 선입관에서 벗어나, 일정 부분 역사적 사료로서의 가치를 인정하는 관점이 점차 일반화되고 있음을 확인하였다. 기록 가운데 개로왕과 곤지를 사이로 한 무령왕의 출자에 대해서는 연구자 간의 의견이 여전히 갈리고 있지만, 무령왕탄생지로서의 가카라시마(가당도)의 가능성을 긍정하는 경향이 확산되고 있다는 점도 변화라고 할 수 있다.

이러한 단계에서 논란의 중심에 두어지게 된 가카라시마에 대한 학술적 조사와 연구의 필요성도 더욱 높아졌다고 할 수 있다. 관련 역사 기록에 대한 진지한 검토, 가가카라시마(가당도)에 대한 지리, 해양, 환경적 조건에 대한 현장 조사 연구, 한일 국제교류라는 관점에서의 이 섬에 대한 역사 인문적 연구 등이 그것이다. 그리고 이를 바탕으로 이 전승의 섬에 대한 보다 유용한 미래 지향적 보존, 활용 방향을 논의하고 제안하는 것도 필요한 일이라고 생각된다.

제반의 여러 여건과 자료를 종합해 볼 때, 가카라시마는 실제 무령왕이 태어난 곳일 가능성이 매우 높다는 의견을 필자는 가지고 있다. 이것을 확실한 '사실'로서 입증하는 것은 쉽지 않은 일이지만, 그러나 그것이 사실이 아니라는 점을 입증하는 일은 더욱 어려운 일이다. 역사는 사실들의 집합이라기보다는 사실과 믿음의 결합이며, 객관적 사실로서 인정받는 사실이라 하더라도 실제로는 '믿음'에 의하여 '선택된 사실'인 경우가 많다는 점을 부인할 수 없다. 역사전문가의 역할은 사실의 여부를 가리는 데 한정되는 것이 아니라, 사실의 토대 위에서, 그 너머의 세계로 자신의 발걸음을 한 발자국 더 내디뎌 주는 것이라고 나는 생각한다.

2002년 이후 가카라시마에서는 매년 6월에 무령왕을 기념하는 무령왕탄생제가 열린다. 공주에서는 30명 규모의 방문단이 정기적으로 참여하면서 상호 방문의 교류를 20년 이상 이어갔다. 그리고 이를 근간으로 후쿠오카(福岡), 오노죠(大野城), 야메(八女), 아리타(有田), 야마구치(山口) 등 주변 도시까지 공주와의 민간 교류도 확대되었다. 가카라시마라는 공간이, 1500년의 시간을 뛰어 넘어 백제의 역사를 현재화하는 거점 역할을 지금 담당하고 있는 셈이다.

6월 가카라시마 무령왕탄생제와 9월 공주의 백제문화제를 기회로 양국 지역

제70회 백제문화제(2024) 식전 공연에 출연한 가라츠참가단의 왓카(WAcCAR) 합창단

시민들이 서로 교환 방문하는 행사는 2024년까지 23회를 기록하였다. 코로나 확산으로 인하여 방문 교류가 어려웠던 2020년 이후 3년 간은 무령왕릉 경내의 백제연지에서 공주의 무령왕국제네트워크협의회 주최로 무령왕탄생제의 행사를 이어갔다.[52] 코로나 상황이 일단락되자 2023년에 탄생제가 가카라시마 현지에서 다시 열렸고, 2024년 6월 1일 제23회 탄생제에는 공주에서 35명이 참가하였다. 가라츠에서의 백제문화제 참가도 그에 상응하여 바로 복원되었음은 물론이다.

* 본고는 공주대학교 박물관, 『백제 무령왕 탄생 전승지를 둘러싼 제논의』(2022.5.23.)에서 구두 발표한 원고임.

---

52) 무령왕을 매개로 한 20년 간의 교류 내용에 대해서는 무령왕국제네트워크협의회, 『무령왕, 동아시아 평화교류에의 꿈 −교류 20년의 기록(2002-2021)』, 2021 참조.

제3장 가루베 지온(輕部慈恩) 유물의 행방

머리말

가루베 지온(輕部慈恩, 1897~1970)은 일제하 공주고보 교사로 재직하면서 공주
의 백제문화 탐구에 진력하며 특히 벽화전축분인 송산리 6호분을 처음 확인한
인물이다. 가루베 지온의 공주에서의 활동, 송산리 6호분의 문제와 수집된 유물
의 사장(私藏) 및 유물의 행방에 대해서는 필자가 20년 전에 처음으로 관련 내용
을 정리한 바 있다.[1] 이후 서정석이 고고학적 관점에서 가루베 지온의 학문적 논
의를 검토하고,[2] 정규홍, 후지이(藤井和夫) 등은 새로운 관련 자료와 단서를 보고
한 바 있다.[3] 또 국립공주박물관에 의하여 송산리고분군에 대한 자료 정리 결과

---

1) 윤용혁, 「輕部慈恩의 공주 백제문화 연구」 『백제문화』 34, 공주대 백제문화연구소,
   2005; 윤용혁, 「輕部慈恩의 백제고분 조사와 유물」 『한국사학보』 25, 고려사학회,
   2006; 윤용혁, 『가루베 지온의 백제 연구』, 서경문화사, 2005.
2) 서정석, 『경부자은의 공주 송산리고분 이야기』, 공주대 공주학연구원, 2019; 『가루
   베지온과 백제고고학』, 학연문화사, 2024.
3) 藤井和夫, 「아이즈야이치기념박물관 소장 고구려 와전에 관한 견해」 『일본소재 고

가 추가되기도 하였고,[4] 충남역사문화연구원에서는 1946년에 일문(日文)으로 간행된 가루베 지온의 저서 『백제미술』을 한국어로 번역하여 출간함으로써 자료에 대한 접근성을 높였다.[5] 특히 후지이는 최근 가루베 지온의 여러 문제들을 전체적으로 검토하면서 유물의 일본내 반입이나 매각 행위, '연구 윤리'에 이르기까지 구체적인 근거를 적시하면서 상세한 논의를 전개한 바 있다.[6]

이러한 점을 참고로 하여 가루베 지온의 유물에 관한 문제를 다시 정리하여 소개하고, 현재의 단계에서 할 수 있는 어떤 일이 남아 있는지를 고민해보고자 한다.

1. 가루베의 공주 백제고분 조사

가루베 지온은 1897년 일본 야마가타현(山形縣) 니시무라산군(西村山郡) 다이고촌(醍醐村)의 지온지(慈恩寺) 구가(舊家)에서 10남매 집안의 4남으로 출생하였다. 그의 본명은 가루베 케시로(輕部啓四郎), 부친은 소학교 교사였다. 중학교 3학년 때 동경으로 편입학하여 학교를 다니게 되었고, 와세다 대학에서 국어한학과(國語漢學科)를 전공하였다.[7] 이때 니시무라 신지(西村眞次)의 영향을 받아 인류학과 한국

구려유물』 IV, 동북아역사재단, 2011; 정규홍, 『우리문화재 반출사』, 학연문화사, 2012.

4) 국립공주박물관,『송산리고분군 기초자료집(해설)』, 2012.

5) 충청남도역사문화연구원, 『백제미술』, 이기성 역, 2023년 간행.

6) 藤井和夫,「가루베 지온(輕部慈恩)은 문화재도둑, n'est ce-pas?」『백제연구』 80, 충남대 백제연구소, 2024, pp.78-121.

7) 藤井에 의하면, 가루베의 부친 가루베 겐자부로(輕部謙三郎)는 스님이 아닌, 대대로 절의 사무를 담당하는 사무원('最上院의 家來')이었다. 그리고 가루베 지온이 한때 修禪寺에서 수행했다는 이야기는 근거가 없는 이야기이고, 와세다대학 문학부를 졸업한 것으로 알려져 있지만 사실은 이 대학의 '고등사범부' 졸업이라 하였다.

역사에 깊은 관심을 갖게 되었다고 한다.

가루베 지온이 공주고보 교사로 부임한 것은 1927년 1월, 그의 나이 만 30세 때의 일이었다. 그의 교직 생활은 1925년 3월 와세다대학 고등사범부를 졸업한 직후인 4월 평양의 숭실중학교에서 시작되었는데,[8] 평양으로부터 2년 만에 공주로 직장을 옮긴 배경에 대하여 "낙랑과 고구려 유적을 탐사하고 싶어서 조선에 건너간 것"이었지만 그러나 실제 유적에 대한 접근이 어려웠기 때문에 실망하던 중 공주에서의 기회가 주어져 선택하게 된 것이라 하였다.[9] 이렇게 하여 1927년 1월 가루베 지온의 공주 생활이 시작되는 것이다.

가루베 지온은 공주로 직장을 옮긴 직후인 그해 1927년 3월, 송산리의 백제고분과 만나게 된다. 3월 초 얼었던 땅이 해빙되면서 송산리고분(2호분)의 천정이 무너지면서 아이들이 현실 안으로 들어가 유물을 꺼냈고 유물은 고물상으로 넘겨지는 일이 발생하였다. 가루베 지온은 넘겨진 송산리고분 유물의 행방을 추적하는 한편 현실 안에 처음 들어간 최상희(당시 나이 15, 6세)를 만나 유물 배치에 대한 구술을 청취하여 도면을 만드는 작업까지 진행하였다고 한다.[10] 이것이 말하자면 송산리고분군 역사의 새로운 출발점이라 할 수 있다. 이때 1-4호분의 존재를 확인하였고, 그것은 그해 10월, 계획에 없던 총독부박물관의 송산리고분군 발굴이 이루어지는 계기를 만든 것이기도 하였다.[11]

1927년 총독부 촉탁 노모리(野守 健)와 간다(神田惣藏) 등은 공주 반포면 학봉리

이에 대해서는 藤井和夫, 위의 논문, pp.82-84 참조.

8) 평양의 '숭실전문학교' 근무로 되어 있지만, 가루베가 해당되는 곳은 숭실전문학교가 아니고 '숭실중학교'였다고 한다. 藤井和夫, 위의 논문, pp.87-90 참조.

9) 輕部慈恩, 「百濟と私」 『駿豆地方の古代文化』, 駿豆考古學會, 1970, pp.144-145.

10) 輕部慈恩, 「樂浪の影響を受けた百濟の古墳と塼」 『考古學雜誌』 20-5, 考古學會, 1930, pp.48-50.

11) 정규홍은 1927년 송산리고분 출토 유물 확인 과정에 대한 가루베 지온의 증언을 신빙하기 어렵다고 하고, 오히려 가루베 지온에게 도굴 혹은 도굴 사주의 혐의가 있다고 보았다. 정규홍, 「부여・공주 일대의 백제고분 및 그 유적지의 수난」 『우리문화재 수난사』, 학연문화사, 2005, pp.426-427.

의 계룡산 분청사기 도요지 발굴을 위하여 파견되었다. 이들은 9월 29일부터 10월 11일까지 13일간 학봉리 도요지를 발굴하고, 이어 인근 대전군 진잠면 고려청자도요지, 10월 13일 옥룡리의 분청도요지, 14일에는 공주군 장기면 무릉리의 추정고분을 간단히 조사한 후 15일부터 23일까지 9일간 송산리고분군을 조사하였다.[12] 짧은 기간이지만 이것이 공주에서 처음으로 이루어진 공식적인 유적조사였다. 무릉리 조사는 '공주군보승회(公州郡保勝會)'의 발굴 의뢰에 의한 것인데 현장 조사 결과, 추정 고분은 유적이 아니라는 것을 확인하였다. 이에 따라 그 대신 최근에 도굴된 것으로 알려진 송산리고분군에 대한 발굴 작업을 시행한 것이다. 보고서에 의하면 10월 15일부터 23일까지 9일 동안의 작업에 의하여, '1, 2, 5호분'에 대한 조사가 시행되었다. '1, 2, 5호분'이라면 현재의 송산리 4호, 3호, 1호를 의미하는데, 이 발굴조사 결과는 1935년에 조사보고서가 간행되었다.[13]

1927년에 이루어진 무릉과 송산리고분군 발굴은 공주군보승회의 '요청'에 의한 것으로 되어 있다, 공주군보승회의 회장은 군수가 겸임하는 것이었는데, 그때의 군수(보승회장)는 다카야마(高山聰郎)였다. 당시 공주에서 송산리고분군 및 백제 고분에 대한 최소한의 전문적 지식을 가진 유일한 인물이 가루베였을 것이라는 점에서, 1927년 총독부박물관의 조사가 가능하게 된 것은 가루베 지온이 그 배후에 있었던 것이 아닌가 하는 의심이 든다. 또 총독부박물관 조사원의 고분 조사 작업을 가루베 지온이 가까이서 참관하였을 것이며, 이후 그가 백제고분 조사에 진력하는 중요한 계기가 되었을 것이라는 추정을 할 수 있다.

그럼에도 불구하고 총독부박물관의 보고서와 가루베 지온의 송산리고분군에 대한 서술을 비교해보면, 기본적인 사안에 대한 정보가 서로 어긋나 있다. 고분 번호 부여의 기준이 상반하고, 고분의 숫자조차 4기와 5기로 다르다. 구 4호

---

12) 朝鮮總督府, 『昭和二年度古蹟調査報告』 第1冊(鷄龍山麓陶窯址調査報告), 1929.

13) 朝鮮總督府, 『昭和二年度古蹟調査報告』 第2冊(公州宋山里古墳調査報告), 1935, pp.5-24. 보고서에서는 '3, 4호분'에 대해서는 언급이 없다. '1, 2, 5호분'은 모두 출토 유물을 보고하고 있어서, 출토 유물이 없는 '3, 4호분'을 제외한 것으로 보인다. 보고서의 '3호분'은 현재의 2호분으로서 가루베가 처음 발견하여 유물을 수습한 것인데, 이 유물은 가루베 지온이 자신의 논문에서 소개하고 있다.

분(2호분)은 가루베 지온이 처음 발견하면서 다수의 유물을 수습하였는데, 이것이 총독부 보고서에서는 전혀 언급되지 않은 채 출토 유물을 포함한 관련 정보는 가루베의 논문에서만 정리되고 있다. 가루베는 2호분 출토 자료에 대해서 조사단에게 자료와 정보를 제공하지 않았던 셈이다. 또 구 5호분(1호분)에서는 총독부 박물관 조사시 다수의 유물이 나왔음에도, 가루베는 "일찍이 도굴 피해를 입어 … 부장품이나 기타 출토품에 대해서도 알려져 있지 않다"고 하여 조사단의 정보를 구체적으로 인지하지 못한 것처럼 보이는 것이다. 이러한 점에서 1927년 10월 총독부 조사단의 현장 조사시 가루베 지온이 어떤 관계에 있었는지는 여전히 의문이다. 아마도 조사단이 가루베에 대하여 의도적으로 경계하고 배제했던 것은 아닌가 한다. 그럼에도 불구하고 1927년의 조사는 가루베에 있어서 백제고분에 대하여 본격적으로 매진하는 계기가 되었던 것은 분명해 보인다.[14]

1930년 가루베 지온은 송산리 3호분(구2호분)을 조사하였다. 이 고분은 1927년 총독부박물관에서 조사가 이루어진 것이었다. 가루베 지온이 다시 조사를 한 것을 보면 기왕의 조사가 꼼꼼하게 이루어진 것은 아니었던 것 같다. "소화 5년(1930) 6월 16일에 다시 내가 충청남도 경찰부의 의뢰로 자세히 조사했는데 이미 수백 년 전에 도굴 피해를 입어 특별한 유물은 없었다"고 하면서도, 목관 파편(1), 철제대도 잔결(2), 은제연판(延板)(1), 목관용 꺾쇠(鎹)(43), 철못(27), 목탄(木炭) 파편(3) 등의 유물이 수습되었다고 열거하고 석실분의 단면과 평면을 스케치한 견취도(見取圖)까지 소개하고 있다.[15] '경찰부의 의뢰로' 조사하게 되었다고 밝히고 있지만, 아마 실제로는 가루베 지온의 조사 요구를 경찰에서 수용한 것으로 보

---

14) 1920년대, 30년대 송산리고분군의 조사 경위와 남겨진 건판 사진 자료 등에 대해서 정상기의 분석 보고가 유의된다. 이에 의하면 1927년과 1933년에 촬영된 송산리고분군의 유리건판 사진 자료는 '1호분'(4호분) 12매, 5호분 9매, 6호분 18매, 29호분 31매, 기타 2매 등 총 72매이다. 정상기, 「일제강점기 송산리고분의 조사-국립박물관 소장 유리건판 사진을 중심으로」『유리건판으로 보는 백제의 고분』, 국립중앙박물관, 2015, pp.40-41 참조.

15) 輕部慈恩, 「公州に於ける百濟古墳(3)」『考古學雜誌』24-3, 考古學會, 1934, pp.45-48.

공주 무령왕과 왕릉원(송산리고분군) 원경(1990년경에 찍은 사진)

아야 할 것이다.[16] 1930년의 송산리 3호분 조사가 계기가 되어 가루베는 이후 1932년 진입로 공사에서 노출된 송산리 5, 7, 8호분의 긴급 조사자의 역할을 맡는다.[17]

1927년부터 시작된 가루베의 백제고분 조사는 웅진동, 교동, 금학동의 공주 시내와 주미산, 월성산 등 시내 주변지역에 샅샅이 미쳤으며, 대략 1932년까지 진행한 그간의 결과를 정리하여 논문으로 공표하기에 이르렀다. 공주에서의 백제고분의 도굴 행위가 극성한 시기에 가루베는 자신이 실견(實見)한 백제고분은 1천여 기에 이르며, 그 가운데 송산리 고분을 비롯한 주요한 자료 100여 기는 이를 실측 조사하였다고 밝히고 있다.[18] 한편 천정의 구조에 주목하여 분류한 백

---

16) 작업 당시 경찰이 입회한 것은 관련 사진에 의하여 확인된다.

17) 송산리고분군 1-8호분에 대한 조사 경위와 출토유물에 대해서는 서정석, 『경부자은의 공주 송산리고분 이야기』, 공주대 공주학연구원, 2019, pp.15-148에 상세히 정리되어 있다.

18) 조사내용은 송산리고분 1-20호, 교촌리고분 1-5호, 우금리고분 1-15호, 보통리고분

제고분의 유형(1-6유형)에 의하여 그가 확인한 수치는 도합 738기였으며 이를 유형별로 집계하면, 1유형 6기, 2유형 91기, 3유형 35기, 4유형 590기, 5유형 4기, 6유형 2기 등이었다. 이들 조사의 대부분이 그가 확인한 것이라 하는데, 이때 '도굴'에 해당하는 불법적 작업이 널리 행해진 것으로 보인다. 이 고분 조사 작업은 공주 근무 초기인 1927년부터 1932년의 5년간에 집중되어 있는데, 조사 시기별로 그 개략을 파악하면 다음과 같다.

가루베, 백제고분 조사의 시기별 분포

연도	1927	1928	1929	1930	1931	1932	1933	(합)
건수	5	11	2	18	97	34	15	182

이에 의하면 백제고분 조사는 거의 1931, 1932년경에 이루어진 작업의 결과임을 알 수 있다. 가루베가 1931, 1932년 백제고분의 집중조사를 감행한 결과는 1933~1936년 「공주의 백제고분(公州に於ける百濟古墳)」이라는 제목으로 일본 『고고학잡지(考古學雜誌)』에 8회에 걸쳐 연재되었다. 이러한 가루베 지온에게 조사활동의 새로운 전기가 된 것은 1932년이다.

1932년은 공주에 있던 충청남도 도청이 대전으로 옮겨진 해이다. 도청으로 이전으로 인하여 공주 시민의 위기감은 매우 높아졌고, 도시의 새로운 동력을 찾는 일에 관심이 집중되었다. '교육도시' 만들기, 혹은 '역사유적 개발'에 대한 관심이 높아진 것은 이러한 배경에서의 일이었다. 1932년 9월 10일 대전의 충청남도 도청 신청사가 준공되었고, 9월 24일부터 30일까지 1주일 동안은 청사의 이전이 이루어졌다. 이에 즈음하여 공주에서는 송산리고분군(1-4호분)에 이르

1-27호, 금학리고분 1-6호, 남산록고분 1-42호, 주미리고분 1-22호, 능치고분 1-20호, 월성산록 1-9호, 주미산록 1-16호 등 182기에 이른다. 그중 측정불능 혹은 불명 등으로 실측치를 기재하지 않은 것이 71기이고, 자신이 처음 조사한 것이 아니거나 공적인 조사를 거친 것도 약간 포함되어 있다. 輕部慈恩, 「公州に於ける百濟古墳」 2-3, 1933, 1934; 윤용혁, 「가루베지온의 백제고분 조사와 유물의 문제」 『가루베지온의 백제연구』, 서경문화사, 2005, pp.62-63.

는 탐방로를 만드는 작업이 진행중이었다. 10월, 그 공사과정에서 5호분을 비롯한 수 기의 백제고분(7호, 8호분)이 노출되었는데, 여기에 가루베 지온이 현장 조사에 투입된 것이다. 고분의 발견 날짜는 10월 20일에 5호분, 10월 26일에 6호분(배수구), 10월 27일 8호분, 그리고 7호분이 11월 14일로 기록되어 있다.[19] 문화재 관련 법규가 엄격하게 적용되지 않은 상황에서 당시 가루베의 현장 조사에 대한 지역에서의 거부감을 별로 없었던 것으로 보인다. 이러한 문제를 의식해서인지 이 조사에 대하여 공주군과 공주경찰서로부터의 각별한 협조가 있었다고 가루베는 밝히고 있다.

> (5호분) 소화 7년(1932) 10월 30일에 우연히 전술한 전(傳) 백제왕릉(6호분을 말함)으로 이어지는 길을 신설하면서 천정 덮개돌이 나타나 발견되었다. 필자는 그 다음날부터 공주군수의 의뢰를 받아 조사했으며, 유물의 출토상황 등을 자세히 관찰할 수 있었다. 당시 도로공사의 감독을 맡았던 타케우치(竹內熙之) 씨가 내부 측량 기타 작업을 하는 데 큰 도움을 주신 데 대해 감사를 표한다.[20]

> (8호분) 이 고분을 발견했을 때 관람도로 공사감독을 담당하였던 타케우치(竹內熙之) 씨의 세심한 주의에 의해 부장품 출토상황의 조사에 도움이 되었던 것이 감사할 점이고, 아에바(饗庭) 공주군수를 비롯한 군청 관계자 및 공주 경찰서원들의 많은 원조에 대해서도 깊은 경의를 표한다.[21]

그러나 5호분과 8호분의 조사 때 총독부박물관 관계자가 현장에 없었던 것은 아니었다. 관련 보고문은 없지만, 총독부박물관 측에서 촬영한 5호분, 8호분의 유리건판 사진이 남아 있기 때문이다. 아마도 10월 20일(1932년) 5호분이 노출되면서 가루베 지온이 먼저 투입된 탓으로 뒤늦게 현장에 도착한 박물관측 요원들은 조사에서 주도적 역할을 하지 못한 것으로 보인다. 8호분은 10월 27일 노출

19) 輕部慈恩, 「公州に於ける百濟古墳(2)」 『考古學雜誌』 23-9, 考古學會, 1933, p.26.
20) 輕部慈恩, 「公州に於ける百濟古墳(4)」 『考古學雜誌』 24-5, 考古學會, 1934, pp.5-6.
21) 輕部慈恩, 「公州に於ける百濟古墳(6)」 『考古學雜誌』 20-5, 考古學會, 1930, p.20.

되었기 때문에 총독부박물관 관계자는 이때까지 현장에 체재하고 있었음을 알 수 있다. 다만 건판사진 자료에서 5호분은 '외약리고분'으로 표시되어 있어서, '5호분'이라는 명칭부여에서부터 가루베 지온이 조사의 주도권을 가지고 있었음을 보여준다.

그런데 이때 5, 7, 8호분만이 아니고 6호분의 전축 배수구가 노출되었다는 점이 특별한 것이었다. 5호분 내의 관대에는 사격자연화문의 벽돌이 사용되었는데, 뒤에 확인된 일이지만 이 벽돌은 무령왕릉에 사용된 벽돌과 같은 것이었다. 배수구와 5호분 관대가 전축 고분의 존재를 암시하고 있다는 점에서 이 자료가 가루베의 각별한 관심 대상이 되었음은 물론이다.

가루베 지온은 그의 공주 백제고분에 대한 1930년의 첫 논문에서, 그때까지 시내에서 출토한 백제전에 대한 자료를 근거로 공주에 낙랑 혹은 고구려의 영향으로 축조된 전축분이 존재한다고 단언한 바 있다.[22] 그리고 이 논문에서는 향교 서쪽에 백제왕릉으로 전하는 고능묘(古陵墓)가 있다는 『신증동국여지승람』의 기록에 근거하여 송산리에 백제왕릉이 있을 것이라는 추정까지 부기(附記)하고 있다. 이미 1930년 시점에 송산리고분군에 그가 얼마나 관심을 집중하고 있었는지를 짐작해볼 수 있다. 1932년 9월 송산리고분군에서의 전축배수구의 발견은 그를 흥분시키기에 부족함이 없었을 것이다.[23]

가루베 지온의 기록에는 송산리고분군의 1-8호분 이외에도 20호분까지를 정리하고 그 간략한 제원 및 발견 일시 등을 열거하고 있다. 그 내용을 간략히 정리

---

22) 輕部慈恩, 「樂浪の影響を受けた百濟の古墳と塼」『考古學雜誌』 24-9, 考古學會, pp.211-214. 여기에서 중요한 자료로 소개된 것은 關野 貞의 '소학교 부지' 출토의 것인데, 여기에서의 소학교는 봉황동 소재 공주심상소학교(뒤에 常盤국민학교가 되고, 현재는 봉황초등학교)를 말한다. 공주고보의 설립에 따라 새로 부지를 마련하고 1923년 교사 신축공사를 하던중 발견된 것이었다. 공주대 공주학연구원, 『101개 공간으로 만나는 공주근대사』, 2021, pp.232-234 및 장길수, 『근현대 공주, 그 터의 내력』, 2022, pp.144-149 참조.

23) 가루베 지온의 송산리고분군 조사에 대해서는 서정석이 『輕部慈恩의 공주 송산리 고분 이야기』(공주대 공주학연구원, 2019)에서 「송산리 1-4호분에 대한 조사 이야기」, 「송산리 5-8호분에 대한 조사 이야기」 등으로 나누어 그 전말을 정리한 바 있다.

1930년대의 송산리고분군
(5호분 앞을 지나는 탐방로가 만들어졌다, 공주학아카이브 사진)

하면 다음과 같다.[24]

가루베가 정리한 송산리고분군 현황(9~20호분)

고분 명칭	발견 일시	관련 내용
9호분	1929년 봄 도굴, 파괴	백제도기 3개, 오수전, 옥류 출토
10호분	1933년 1월 8일	천정 함락, 석곽. 1월 4, 5일경 도굴, 중도 중지
11호분	1930년 6월	천정 추락, 석곽
12호분	1928년 3월	미발굴
13호분	1932년 10월 초순	천정 추락, 석곽
14호분	1927년 5월	파괴, 백제도기 파편 산재
15호분	1927년 5월	도굴분, 대형 백제도기 출토
16호분	1927년 5월	1924년경 도굴, 백제도기편 다수 산재
17호분	1928년 여름	塼 다수 산재, 혹 塼槨이 아닐까, 파괴

---

24) 輕部慈恩, 「公州に於ける百濟古墳(2)」『考古學雜誌』 23-9, 考古學會, 1933, p.27.

고분 명칭	발견 일시	관련 내용
18호분	1927년 가을	십 수년 전 도굴, 백제도기 다수 산재
19호분	1932년 10월	백제 三脚도기 3개 출토, 수년 전 도굴
20호분	1927년 가을	석곽. 십 수년 전 도굴

이들 고분은 당시에 이미 대부분 파괴되고 유구가 잘 남아 있지 않은 상태였지만, 송산리고분군의 상황을 파악하는 데는 매우 중요한 기록이라 할 수 있다. 또한 1927년 이후 가루베 지온이 송산리고분군의 중요성에 착안하고, 상황을 적극 파악하고 있었음을 보여주는 자료이기도 하다. 총독부의 송산리고분군 조사 보고는 1935년에 간행되었지만, 가루베 지온이 송산리고분군 1~20호를 정리한 논문은 1933년에 발행되었다. 1933년 11월에 총독부박물관(有光敎一)이 조사한 29호분의 넘버링이 번호를 뛰어넘어 '29호'가 된 것에서도, 가루베 지온과의 관계에서 야기된 당시 박물관측의 고민이 읽혀진다.

2. 송산리 6호분은 도굴된 무덤이었나

송산리고분군 진입로 공사과정에서 벽돌로 만든 전축분의 배수로가 발견된 이듬해, 1933년 가루베는 6호분에 대한 무단 발굴을 결심하게 된다. 때는 교사로서의 직업적 여건상 여름방학 기간이 작업에 가장 좋은 시기였다. 도청 이전에 따른 지역 차원의 대응으로서 백제 유적 개발이라는 새로운 과업은 이미 지역에서의 공감을 받을 수 있는 여건이기도 하였다. 만일 '백제왕릉'이 출현 한다면 공주는 '백제 역사도시'라는 새로운 꿈에 도전할 수 있는 확실한 기반을 갖게 되는 것이다.

7월 29일부터 개시한 작업 결과, 배수구로부터 6호분의 현실에 도달한 것이 8월 1일(1933년)이었다. 이에 의하여 노출된 배수구의 고분이 벽화가 있는 전축분이라는 사실을 확인하였는데, 이러한 사실이 보고되자 총독부박물관에서는 후

지타(藤田亮策)를 책임자로 고이즈미(小泉顯夫)와 사와(澤 俊一) 등이 현지에 특파됨으로써 무덤에 대한 공식 조사에 이르게 된다. 이러한 송산리 6호분의 조사 경위에 대하여 가루베 지온은 다음과 같이 적고 있다.

> 소화 8년(1933년을 말함) 7월 29일 나는 공주군보승회의 의뢰를 받아 송산리 제6호분의 시굴을 개시하게 되었다. 소화 7년 10월 도로 공사중에 노출한 최남단의 배수구로부터 순서대로 북으로 지산(地山)을 남기고 성토만을 제거하였다. 그리고 8월 1일 오후에 이르러 약 21m를 거의 북으로 파들어가 점점 연도 앞 벽 상부의 일단인 회다짐에 달하였다. 여기에서 용기를 내어 연도 앞 벽 내면, 즉 연도 최남단의 천정에 해당하는 부분을 아래로 파내려가자 지름 30cm 내외의 할석과 섞여서 많은 문양전이 출토하였다. 다시 파내려가 약 1m 정도에 이르러 전과 섞인 이조 말기의 백색유의 발형(鉢形) 도기 파편이 나왔는데 이미 근자에 도굴되었음이 확실해져 약간 실망 속에 다시 1.3m 정도 파내려갔을 때 연도 천정의 일부가 파괴되어 있음이 명료해지고 이조 말기에 속하는 수키와가 나타났다. 다시 연도 안으로 침입한 토사를 제거해가는데 연도 상면(床面)에 가깝게 계룡산록 반포면 사기소 도요지에서 출토하는 종류의 소위 귀얄문(刷毛目) 계통의 도기 파편이 1개 출토하였다.[25]

가루베의 여러 언급을 토대로 송산리 6호분의 조사 경위를 알기 쉽게 간략히 정리하면 다음과 같다.

> 1931년 : 현지 농민 수 명이 6호분 연도 부근을 파헤침으로써 전축분의 존재가 인지됨.
> 1932년 10월 26일 : 송산리 고분군에 대한 도로 개설 과정에서 5호분을 비롯한 백제고분 수 기가 발견되었으며, 그 과정에서 6호분의 배수구가 확인됨.
> 1933년 7월 29일 : 가루베, 송산리 6호분에 대하여 배수구로부터 시굴 개시.
> 같은 해 8월 1일 : 가루베, 배수로에서 시작한 시굴 작업이 6호분의 현실 내부에 이름.

---

25) 公州高普校友會, 『忠南鄕土誌』, 1935, pp.10-11.

가루베 지온은 자신이 무단 발굴한 6호분이 백제의 왕릉임을 확신하였다. 그리고 더 구체적으로는 무령왕의 능일 것으로 생각하고 있었다. 가루베의 보고와 의견을 참고한다면 6호분은 가루베의 조사 이전에 이미 도굴된 상태였던 것 같다. 그러나 6호분 내부에 대한 최초 진입자 가루베는 당시 현장을 보존하지 않았다. 총독부박물관의 조사단이 도착하였을 때 고분의 내부는 이미 깨끗이 치워져 있었다는 것이다. 이러한 당시 사정을 고이즈미(小泉顯夫)의 회고담에서 읽을 수 있다. 회고담은 <송산리 벽화전축고분 -참담한 도굴분>이라는 제목이었다.

> 마지막으로, 우리들이 현장에 도착하였을 때 현실 내의 상황이다. 도굴분이라고는 하지만 현실 내부는 깨끗이 치워져서 유물이라고는 토기조각 하나 남아 있지 않았고, 얇은 진흙을 건조한 것 같은 마른 흙먼지(細土) 위에 발자국만 어지러이 남아 있을 뿐이었다. 관대 위의 부전(敷塼)도 거의 벗겨지고 관대 주변이나 연문(羨門) 서쪽의 전상(塼床)이 뜯겨진 것이 도굴자가 유물을 찾기 위한 것이 아니라 오히려 관대나 현실상(玄室床)의 구조를 조사하기 위해 행하였을 공산이 크다고 … 직감되었다.[26]

고이즈미는 6호분 내부에 대한 정밀 조사에서 순금제 귀걸이, 작은 유리구슬과 진주구슬 다수(도합 수백 알)를 수습하였다고 한다. 가루베 역시 이 무덤이 도굴되기는 하였지만, 여러 가지 유물이 남아 있었던 것으로 보고하고 있다. 도굴된 무덤이라 하더라도 소소한 유물이 잔류한 것은 오히려 자연스러운 일이라 할 수 있다. 문제는 6호분이 가루베 이전에 이미 도굴된 것이었는지 하는 점이다.

송산리 6호분은 가루베 지온에 의하여 도굴된 것이라는 견해가 적지 않게 일반화되어 있다. 정규홍은 가루베의 송산리 6호 전축분 조사와 관련한 여러 자료를 검토한 끝에 "1932년 10월에 6호분의 존재를 확인한 후에 도굴을 하고 그 무덤을 옛날에 이미 도굴된 것처럼 꾸미기 위해 다시 원상 복구한 것으로 추정된다. 아니면 1933년 7월에 시작된 발굴에서 유물을 빼돌리고 이미 도굴분인 것처럼 꾸몄을 것이다"라고 하여 6호분이 확인 당시 이미 도굴된 상태였다는 가루베

---

26) 小泉顯夫, 『朝鮮古代遺跡の遍歷』, 六興出版, 1986, p.205.

의 증언을 믿을 수 없다고 보고, 6호분 도굴의 당사자가 바로 가루베였을 것으로 단정하였다.[27]

1933년 여름, 가루베 지온이 굴착한 송산리 6호분의 배수구[28]

가루베 지온이 무단으로 무덤을 파고 현실 안으로 침입한 것은 도굴에 해당하는 명백한 불법 행위이기는 하지만, 이미 6호분이 도굴된 것이었다는 주장은 사실이 아닐까 나는 생각한다. 가루베 지온은 6호분 벽면에 있는 도합 7개의 등감을 소불(小佛)이 안치된 '불감(佛龕)'으로 믿고 있었다.[29] 40년 뒤 무령왕릉에서, 이것이 불감이 아니라 등감(燈龕)이었다는 사실이 확인되었다. 만일 6호분이 도굴되

27) 정규홍, 「부여·공주 일대의 백제고분 및 그 유적지의 수난」『우리문화재 수난사』, 학연문화사, 2005, pp.430-433.

28) 국립중앙박물관, 『유리건판으로 보는 백제의 고분』, 2015, pp.57-58.

29) "이 불감 안에는 각각 약 7cm 정도의 청동여래입상이 안치되어 있었다고 생각된다."(輕部慈恩, 『百濟美術』, 1946, p.124)

지 않은 것이었다고 한다면 가루베는 등감에 놓여진 7개의 잔을 직접 수습했을 것인데, 잔을 빼돌리고서 그 등감에 대하여 불상이 있었던 자리라는 '위험한' 거 짓말을 했을 것 같지는 않다. 또 유물을 무단 반출하였다고 하면 그 일이 아무 소 문 없이 그대로 덮어질 수 있는 상황이 당시로서는 아니었다는 점도 그렇다.

가루베 지온과 총독부 조사단의 언급에 의하면 송산리 6호분에서는 많은 양 은 아니지만 일정한 유물의 검출이 있었다. 고이즈미(小泉顯夫)는 당시 송산리 6 호분 내에서 마지막으로 채취하였던 유물의 내용에 대하여 다음과 같이 언급한 바 있다.

> 지금 정확한 개수는 불명이지만, 쌍방(유리소옥과 진주옥을 말함-필자) 합하 여 수 백 알에 이르고 유리옥은 벽(碧), 황, 적갈색의 3색이 있다. 전체의 3분의 1 을 점하는 진주는 천연진주 특유의 부정형으로, 크기는 쌀 알 크기의 몇 개 외에 는 모두 그 절반, 혹은 3분의 1 정도의 작은 것이 많다. 그중에는 어떤 방법으로 실 구멍을 뚫었을까 생각할 정도의 작은 것도 있는데, 지금 여전히 아름다운 진 주색의 빛을 가지고 있지만 해산(海産)의 것인지, 담수산(淡水産)의 것인지의 판 정은 되지 않았다.[30]

총독부박물관의 관계자들에게 유물의 잔존을 부정하였다고 하지만, 정작 송 산리 6호분의 최초 확인자인 가루베는, 이 무덤이 도굴되기는 하였지만 여러 가 지 유물이 남아 있었던 것으로 보고하고 있다. 유물의 구체적 내용으로는 장식용 구슬류와 금제 귀걸이, 대도, 대금구, 금동 영락 및 도자기의 파편이라 하였다.

> 유물은 중요한 것은 대부분 없어졌지만 그러나 호박의 구옥(句玉) 1개, 진주 환자옥 80여 개, 순금제 이식, 대금구, 대도, 도자(刀子)의 파편, 금동제 영락 등 많은 것이 나와서 지금까지 극히 빈약하였던 웅진성시대의 확실한 유물 중에 단 연 빛나고 있다.[31]

---

30) 小泉顯夫, 『朝鮮古代遺跡の遍歷』, 六興出版, 1986, pp.205-206.
31) 公州高普校友會, 『忠南鄕土誌』, 1935, p.13.

수습하였다는 유물은 아주 작은 크기의 유물들이라는 공통점을 가지고 있으며, 대도(大刀)와 도자(刀子)도 파편 상태에서 확인된 것으로 보인다. 그런데 고이즈미는 뒤에 6호분으로부터의 유물 출토 상황을 다음과 같이 언급한 적이 있다.

> 우리가 현실 관대 위를 어지럽게 짓밟은 흙먼지(細土)를 정밀히 조사한 결과, 관대 위 벗겨진 전 사이에서 순금제 이식의 한쪽과 관대 및 그 사방에 흩어진 미립(微粒)의 피리소옥(玻璃小玉)과 역시 미립의 진주옥(珍珠玉) 다수가 발견되었다. 지금 정확한 수량은 잘 알 수 없으나 양쪽 합하여 수백 알에 이르고 피리옥(玻璃玉)은 벽(碧), 황, 적갈색의 3색이다.[32]

총독부박물관팀이 6호분의 관대 조사과정에서 수습하였다는 순금제 이식, 피리옥, 진주옥은 부분적으로 가루베 수습의 유물과 종류가 겹치고 있다. 두 사람의 언급을 종합하면 호박의 구옥(句玉) 1개, 진주 환자옥 80여 개(혹은 수백 알?), 순금제 이식, 대금구, 대도와 도자(刀子)의 파편, 금동제 영락 등이다.

이상의 출토 유물에 대해서는 단편적 언급이 있을 뿐 구체적으로 정리된 자료가 남아 있지 않다. 총독부박물관의 조사가 보고서 작업으로 이어지지 않았기 때문이다.[33] 결과적으로 6호분에 대한 불법적 발굴과 미진한 조사는 출토 유물에 대한 기본 정보를 상실하게 되는 결과로 이어진 것이다. 이들 자료는 현재 그 소재조차 명확하지 않은데, '우메하라(梅原) 고고자료'에는 6호분 유물 4건에 대

---

32) 小泉顯夫, 앞의 책, p.205.

33) 1935년에 간행된 송산리고분군에 대한 총독부박물관 보고에는 1932년 진입로 공사 중에 발견된 5호분 등에 대한 언급이 있고, 또 1933년 6호분의 발견에 대해서도 언급하면서(5호분, 6호분의 지칭은 없음) "이들 새로 발견된 고분에 대해서는 조사를 담당한 小泉顯夫씨가 후일 보고서를 공간할 예정"이라고 밝히고 있다(朝鮮總督府, 『昭和二年度古蹟調査報告』 第2冊(公州宋山里古墳調査報告), 1935, pp.4-5). 5호분, 6호분의 조사보고는 小泉顯夫의 책임하에 준비가 진행되었음을 말해주는 것이다. 그럼에도 불구하고 보고서가 작성되지 못한 데에는 가루베의 주도 때문에 5호분의 조사를 小泉이 주도하지 못한 점, 총독부의 조사보고서에서 이미 1-5호분을 지정한 상황에서, 새로 발견된 '5, 6호분'의 명칭을 정하는 것부터가 현실적으로 난제가 되었을 것이다. 5호분을 '외약리고분'으로 지칭한 것이 이를 암시한다.

한 스케치 수준의 실측도가 포함되어 있다. '골제이미편(骨製耳弭片)'·'호박옥(琥珀玉)'·'은제원두대도편(銀製圓頭大刀片)'(이상 梅原考古資料 朝鮮之部 No.10266), '금제이식(金製耳飾)'(梅原考古資料 朝鮮之部 No.10267) 등이 그것이다. 한편 은제병고쇄(銀製兵庫鎖, 垂下式 殘缺), 금동대금구(金銅帶金具) 2건은 스케치 없이 유물 이름만 '은제원두대도편'에 이어서 언급되어 있다.[34]

근년의 조사에서는 국립박물관의 미등록유물 가운데 골제이미편(骨製耳弭片) 1점과 은제병두금구(銀製柄頭金具) 1점을 확인 보고하였다. 은제병두금구는 위에서 언급한 은제원두대도편에 해당한다. 이들 유물에 대한 보고 내용은 다음과 같다.[35]

> 골제이미편(骨製耳弭片): 한쪽 면의 중간 부분에 의도적인 절단흔이 남아 있고, 양쪽에 투공(透孔)이 있다. 내부에 특이한 부착물은 확인되지 않는다. 일반적인 도자(刀子)의 끝장식과는 형태에서 차이가 있어, 원래 형태나 정확한 용도를 추정하기 위해서는 유사예에 대한 검토가 필요하다. 성분 분석 결과 칼슘과 인 성분이 확인되어 골제임을 확인하였다. 길이 3.2cm.

> 은제병두금구(銀製柄頭金具): 원두도(圓頭刀) 중 병부(柄部) 장식인 병두금구이다. 얇은 은판으로 제작되었으며, 금구의 중앙 하단부에 0.65cm 내외의 원형 현통공(懸通孔)이 뚫어져 있을 뿐 조금(彫金) 기법 및 별도의 장식은 관찰되지 않는다. 금구의 측변부가 결실되어 있고 은제 부식이 진행되어 은판의 접합 등 정확한 제작 기법은 확인하기 어렵다. 금구 내부에는 병부의 다른 재료와 관련되었을 것으로 추정되는 동록(銅綠)이 관찰된다. 길이 3.4cm, 잔존 너비 3.8cm.

6호분 현실내의 유물이 구체적으로 공개된 것은 이것이 처음이다. 국립중앙박물관의 미등록 자료로 되어 있는 것을 송산리고분군에 대한 정리 과정에서 확인한 것이다. 실측도가 남겨져 있는 '호박옥'은 조사자들에 의하여 '호박의 구옥

---

34) 有光敎一, 「공주 송산리고분군의 발굴조사」 『朝鮮古蹟研究會遺稿 Ⅱ』, 유네스코동아시아문화연구센터, 2002, pp.9-10.

35) 김진경, 「송산리고분군의 출토유물」 『송산리고분군 기초자료집(해설)』, 국립공주박물관, 2012, pp.149-150.

(句玉)'으로 언급된 것이다. 이에 대해서는 'K번'으로 등록된 국립중앙박물관 소장 유물의 호박옥이 이에 해당하는 것이 아닌가 추측되었다. "송산리 6호분 출토유물 스케치에서 호박으로 기술한 것과 동일 유물일 가능성이 있다고 생각되지만, 제원 등이 남아 있지 않아 확실히 말하기는 힘들다"고 하였다. 길이는 2.2cm, 출토지는 송산리, 등록 명칭은 '유리옥'으로 되어 있으나 측정 결과 호박

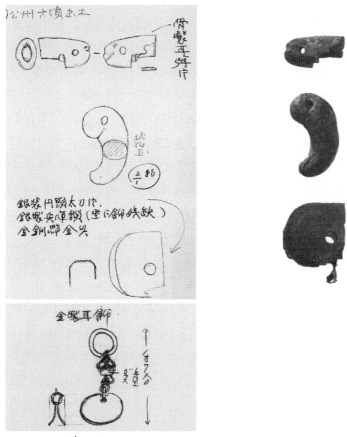

6호분 출토유물36)
(실측도는 우메하라 고고자료, 우측 유물은 국립중앙박물관 미등록자료)

---

36) 有光敎一, 「공주 송산리고분군의 발굴조사」, pp.9-10; 김진경, 「송산리고분군의 출토유물」, p.150, p.165.

으로 판명된 유물이다.**37)** 스케치와 관련한 제원이 남아 있지 않다고 하였지만 이 호박옥 스케치에는 '2/1'이라는 메모가 있다. '2/1'이라는 것은 실제 크기보다 2배의 크기라는 의미일 것이다. 같은 도면에 그려진 골제이미편(길이 3.2cm), 은제 병두금구(길이 3.4cm, 잔존 너비 3.8cm)와 대비하면 '길이 2.2cm' 호박제 곡옥의 길이는 양자가 거의 일치한다. 요컨대 6호분 출토의 호박옥(호박제 곡옥)은 국립중앙박물관 등록 유물의 것에 해당한다고 추정할 수 있다.

다만 금제이식은 여전히 그 소재를 알 수 없다. 이 유물은 송산리 6호분 출토 자료 중 가장 눈에 뜨이는 유물이다. 이 때문에 실측 스케치와 함께 뒷날 고이즈미에 의하여 상세한 설명이 가능했던 것이라 할 수 있다. "유일의 장신구인 순금제 이식 1개는 길이가 5.6cm로서, 직경 약 1.5cm의 세환과 소금환(小金鐶) 4개를 이은 꽃장식을 단 청색 피리소옥, 그리고 심엽형 철면(凹面) 장식을 붙여 소금환으로 이은 영락 등 3부로 되고, 이것을 2조의 금선(金線)으로 연결한 것"이라는 상세한 설명이 그것이다.**38)** 2022년도에 국립공주박물관에서는 '백제 귀엣-고리'라는 이름으로 백제 귀걸이 특별전을 개최하였다. 백제시대 귀걸이를 망라하여 출연시켰는데, 송산리 6호분 출토 금제이식은 등장하지 않았다. 대신 우메하라(梅原) 고고자료의 스케치를 실물 대신에 제시하였다.**39)**

6호분에서 출토한 유물은 이밖에도 진주 환자옥(丸子玉) 80여 개(혹은 수백 알?), 대금구, 대도와 도자(刀子)의 파편, 금동제 영락 등이 있는 것으로 되어 있지만 아직 그 실물은 확인되어 있지 않다. 출토 유물의 일부가 확인된 것을 보면 나머지 유물도 국립중앙박물관 혹은 국립공주박물관에 남아 있을 가능성이 없지 않다.**40)** 전문가에 의한 것은 아니고 일반용 책자에 나와 있는 것이기는 하지만,

---

37) 김진경, 위의 글, p.165.

38) 小泉顯夫, 『朝鮮古代遺蹟の遍歷』, 六興出版, 1986, p.205.

39) 나선민, 「백제 귀걸이의 특징과 그 의미」 『백제 귀엣-고리』, 국립공주박물관, 2022, p.163.

40) 국립중앙박물관과 국립공주박물관에 있는 송산리고분군 출토 유물은 무령왕릉 유물을 제외하고 1,000점 이상으로 추정되지만 정확한 수량은 확인되지 않았으며, 그중 출토지에 대한 정확한 정보를 확인한 것은 650점 정도라고 한다. 김진경, 「송산

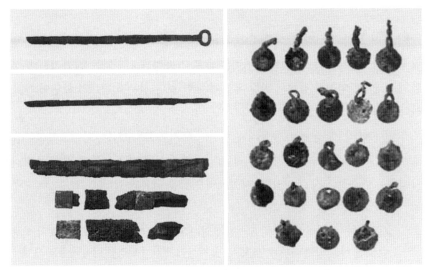

출토지가 특정되어 있지 않은 송산리고분군 출토 유물(대도, 도자편, 금동제영락)

1950년대에 6호분 출토 유물이 공주박물관에 전시되어 있다는 설명도 있다. "유물 대부분은 도난되고 호박 진주, 순금제 이식, 대금구, 금동제 영락 등을 취출(取出)한 바 지금 공주박물관에 진열하여 있다"는 것이다.[41]

국립공주박물관의 송산리고분군 출토유물 자료에는 출토한 곳을 특정하지 못하는 송산리 출토품이 다수 보고되어 있다. 그 가운데는 대금구(帶金具)의 여러 부속,[42] 철제 대도와 대도의 편,[43] 파손된 도자(刀子),[44] 금동제 영

리고분군의 출토유물」『송산리고분군 기초자료집(해설)』, 국립공주박물관, 2012, pp.126-127 참조.

41) 오윤환, 「백제고도 공주의 고적과 명승」, 충청남도고적현창회, 1955, p.9.

42) 위의 김진경, 「송산리고분군의 출토유물」 보고 자료 도89의 장식금구 2점(p.162), 도90-1의 금동제 跨板 4점(p.163), 도94의 금동제 跨板 3점(p.164), 도101의 금동제 跨板 2점(p.167)이 이에 해당한다.

43) 위 보고자료 도88의 철제대도 2점(p.162), 도103의 철제도편 일괄(p.168), 도104의 용도미상 은판장식편 일괄(p.168) 등이 이에 해당한다.

44) 도86의 철제도자 1점(p.161), 도102의 圓頭刀子 1점(p.167)이 이에 해당한다.

락45) 등이 포함되어 있다. 이들 유물이 6호분 출토라고 특정할 수 있는 더 구체적 근거를 제시하기는 어렵지만, 6호분 출토 가능성을 가진다는 점까지는 부정할 수는 없다. 이러한 점에서 관련 유물에 대한 보다 전문적 검토와 확인이 필요하다는 점을 강조하고 싶다.

한편 송산리고분군 출토유물과 관련하여 후지이(藤井和夫)는, 아이즈야이치(會津八一)의 증언에 근거하여 가루베 지온이 관련 유물을 1935년경에 일단 동경의 자택으로 반출한 것으로 보았다. 아이즈의 언급은 다음과 같다.

> 날짜는 잊어버렸으나 4, 5년 전의 일이다. 충청남도 공주에서 중학교의 선생 노릇을 하고 있는 다른 우인(友人)이, 자신이 거기서 발견한 백제 국왕의 묘에서 파낸 여러 물품을 가지고 7월 휴가 때에 돌아왔다. 그걸 보기 위해 나카노구 야마토쵸의 집으로 향했다. (중략) 이윽고 발굴자의 설명을 들어가면서 동석한 4, 5명은 아주 조용히 수많은 물건들을 보았다. 이 묘는 이미 예전에 한번 도굴을 당했던 것 같은데 유물은 대부분 작은 금구(金具)의 파편이나 남경옥(南京玉) 등뿐이었으나, 그래도 그 파편의 도금한 색은 휘황찬란하게 우리들의 눈에 비쳐졌다. 방안 가득히 늘어놓은 파편으로부터 먼 옛날 그 나라 왕궁의 생활을 조용히, 세밀히, 중간에 넋을 잃고 마음 속에 그려봤다.46)

위의 증언을 토대로 할 경우, 가루베는 동경에 자택을 보유하고 있었고, 방학을 이용하여 유물을 공주에서 자주 반출하여 처분한 것이 된다. 가루베가 수습한 6호분의 잔존 유물도 이때 유출되었는지 모르겠다는 의심이 든다. '백제국왕의 묘'에서 나온 다수의 금구 편과 '남경옥'(관옥 등 구슬류인 듯)이 언급되어 있기 때문이다.

---

45) 도109의 금동제원형장식 및 금동제영락 일괄(p.171)이 이에 해당한다.

46) 會津八一, 「棟方志功のこと」 『工藝』 101, 日本藝芸協會, 1939, pp.22-23(藤井和夫, 「아이즈야이치기념박물관 소장 고구려 와전에 관한 견해」 『일본소재 고구려유물』 IV, 동북아역사재단, 2011, p.146에서 재인용).

3. 가루베 지온의 수집 유물

가루베는 발굴 혹은 도굴당한 무덤을 포함하여 약 1천여 기의 고분을 확인하고 그 조사과정에 아직 잔류한 도기 파편, 장신구, 기타의 부장품을 수습하였다고 한다. 그 결과 적지 않은 분량의 유물을 사장(私藏)할 수 있게 되었다. 공식적인 조사과정을 거친 송산리고분군을 포함하여 그의 논문에서 언급한 고분으로부터의 유물 확인 사항은 다음과 같다.[47]

가루베 지온이 논문에서 언급한 고분 출토 유물

연번	고분명	출토 유물	비고
1	송산리	(2호분) 백제식도기 5개, 철제대도 1구, 철제槍身 殘缺, 철촉 3개, 목관용 鐵鐶 약 70개, 목관용 鐵鋌 약 50개 (3호분) 목관 파편 1개, 철제대도 잔결 2개분, 은제연판 1개, 목관용 鋌 43개, 철제鐶 27개, 木炭 파편 3개 (4호분) 금동제 角錐鏃形具 1개, 철제角頭鐶 7개, 목관용목편 2개분, 칠기 파편 1개 (5호분) 순금제繪馬形장신구 1개, 순금제葉形장신구 8개, 순금제菱形장신구 14개, 순금제영락모양장신구 1개, 순금제6瓣花文장신구 5개, 순금제山梔(치)玉 1개, 황색유리소옥 1개, 동제기구파편 1개, 은제花形座飾附鐶 5개, 頭部은제六瓣花樣鐶 30여 본, 角錐頭金銅釘 50여 본, 圓頭鐵鐶 10여 개, 철제대도 잔결 1개, 철촉 11개, 陶器坩 1개 (7호분) 구옥 1점, 은제육판화양문 장신구 1점, 은제소옥 7점, 玻璃製瓢簞形玉 1점, 청록색玻璃製小玉 200점, 紺紫色玻璃製小玉 5점, 黃色玻璃製小玉 7점, 금동제/은제 板狀金具 파편 다수, 흑색 칠기 파편 1점, 玻璃製장신구 잔결 1점 (8호) 勾玉 1점, 이식용 금환 1점, 은제팔찌 1쌍, 순금제山梔(치)玉 6개, 흑색練平玉 4개, 綠色玻璃製小玉 1,000여 개, 黃色玻璃製小玉 약 300개, 紺紫色玻璃製小玉 약 150개, 小豆色玻璃製小玉 36개, 은제葉形장신구 5개, 鐵鐶 약 40개, 坩形도기 4개, 坩形토기 1개 (9호분) 백제 토기 3개, 오수전, 옥류 (15호분) 대형 백제토기 (19호분) 백제 삼족토기 3개	총독부 박물관에 의한 발굴 자료는 별도
2	교촌리	(3호) 백제식 대형도기 등	

47) 輕部慈恩, 「公州に於ける百濟古墳(2-8)」, 1933-1936에 의함.

연번	고분명	출토 유물	비고
3	우금리	(1호분) 금동제이식金環 2개, 句玉 1개, 小玉 약 200개, 도기 파편 2개분 (2호분) 和泉 (4호분) 목관, 인골 1조 백제식도기 (5,6,7호분) 백제식도기	
4	보통동	(4호분) 鐵製鋌 몇 개, 철제창 잔결 1개, 백제식도기 잔결 2개분, 칠기 파편 소수	
5	금학리 1호	(1호분) 백제식도기 3점 (2호분) 백제식도기坩 1개분 파편 (6호분) 백제식도기 2개	
6	남산록	(1호분) 백제식도기 파편 (2호분) 句玉, 이식의 金環, 玉盞 (4호분) 백제도기 (22호분) 백제식도기, 철제관금구 (25호분) 백제도기(파손) (26호분) 백제도기편 (27호분) 감 및 발형 백제식도기 (28호분) 백제식도기 3점 (29호분) 백제식도기 (32호분) 발형 백제식 도기 (41호분) 백제식도기, 동기파편, 못	
7	주미리	(5호분) 이식용 금고리, 옥잔 (12호분) 백제식도기	
8	능치	(10호분) 백제식도기 (20호분) 백제식도기, 관못	
9	월성산록	(5호분) 백제식도기	

이들 유물중 일부는 국립공주박물관에 수장되어 있음이 확인된 바 있지만, 그 다수는 소재가 명확하지 않다. 이에 대해서는 김진경의 정리가 많은 참고가 된다.[48] 보고에 의하면 송산리고분군 출토 자료의 경우, 가루베 지온이 수습하

---

48) 1927년 총독부박물관에 의하여 조사된 송산리고분(구1, 2, 5호분)에 대한 유물 내역은 朝鮮總督府, 『昭和二年度古蹟調査報告』 第2冊(公州宋山里古墳調査報告), 1935에 기록되어 있으며, 송산리 1-4호분 출토유물에 대한 총독부박물관 및 가루베 지온의 유물 목록은 김진경, 「송산리고분군의 출토유물」『송산리고분군 기초자료 집(해설)』, 국립공주박물관, 2012, pp.118-144에 잘 정리되어 있다. 이 표는 윤용혁, 「가루베지온의 백제고분 조사와 유물의 문제」『가루베지온의 백제연구』, 서경문화

거나 확인한 유물은 4호분(구1호분)과 5호분, 8호분 유물의 일부가 국립공주박물관에 소장되어 있음이 확인되었다. 약간의 유물이 추가로 확인될 가능성이 있기는 하지만, 송산리고분군을 제외하고는 유물의 소재는 거의 불명이라 할 수 있다.

송산리고분군의 유물 가운데 한 가지 흥미 있는 것은 현재의 무령왕릉 앞에서 우연히 수습했다고 하는 소동불에 대한 것이다. 이에 대한 언급을 그대로 옮기면 다음과 같다.

> 백제고분에서 출토된 불상은 많지 않지만, 소화 6년(1931) 9월 22일에 동경제실박물관의 고토(後藤守一) 및 야지마(矢島) 사무관, 기타하라(北原大輔) 씨 일행을 안내하여 송산리고분을 방문하였을 때 제5호분 서북쪽 약 15m 되는 위치, 즉 현무에 해당하는 구릉과 5호분의 중간지점에서 약 7cm 정도의 동제 석가불입상을 1구를 일행이 우연히 수습하였다. 백제시대 유물이 틀림없는데, 고분의 현무에 해당하는 구릉 직하에서 출토된 점으로 미루어 이 고분과 관련되는 유물로 보아도 지장이 없을 것이다.[49]

소동불은 백제불이라고 단정하기는 어렵지만, 통견(通肩)과 시무외여원인의 여래입상임을 사진에서 확인할 수 있다. 유물이 수습된 곳은 "제5호분 서북쪽 15m 되는 위치, 즉 현무에 해당하는 구릉과 5호분의 중간지점", "고분의 현무에 해당하는 구릉 직하"라고 하였다. 이는 바로 무령왕릉 앞을 의미한다. 무령왕릉의 봉분을, 봉분이 아닌 인위적으로 조성한 풍수상의 '현무(玄武)'로 가루베 지온이 지칭한 바 있기 때문이다. 이 소동불에 대해서는 뒤에 다시 언급하겠지만, 현재 동경국립박물관에 소장되어 있는 것으로 보인다.

한편 1946년에 간행된 『백제미술(百濟美術)』의 화보에는 백제 유적 유물에 대한 자료 사진을 대략 50여 건 싣고 있는데 그중 개인 소장의 유물에 대해서는 소장자를 표시하고 있다. 여기에서 그가 자신이 소장하고 있다고 밝힌 유물은 17점이다. 공주출토 금동여래상, 부여출토 금동협시보살상, 공주출토 동조보살입

사, 2005, pp.88-89에 정리된 바 있는 것이지만, 많은 부분이 보완되었다.

49) 輕部慈恩, 「公州に於ける百濟古墳(8)」『考古學雜誌』26-4, 1936, pp.20-21.

1931년에 무령왕릉 앞쪽에서 발견된 소동불(좌)
오구라에 넘겨진 공주(목동면) 출토 동조보살입상(우)

상, 공주 공산성출토 초두, 금동제 봉황형 파수, 금동제 금구 2점, 공주 부근 출토 백제 장신구, 공주출토 백제 도기 감대(坩臺), 공주부근 출토 백제 도기, 공주부근 출토 백제 도기, 대통사지 출토 백제 고와, 신원사지 출토 백제 고와, 백제 고와(공주출토), 공주출토 백제고와, 익산 미륵사지 출토 백제고와, 공주출토 백제전 등이 그것이다.

한편 『백제미술』에서 소장처를 밝히지 않았지만, 삽도로 등장하는 다음의 자료들도 그 상당수가 아마 가루베 자신이 소장했던 자료일 것이다. 다음이 그 예이다. 공주출토 암막새기와(4점, p.213), 백제계 수선식와(垂先式瓦)(4점, p.220), 수막새기와(8점, p.207), 백제수막새(4점, p.197), 백제수막새(4점)(p.198). 그밖에도 정규홍은 『신라 고와의 연구』 『동경박물관 도판 목록』 등의 자료에서 가루베가 원래 소장하였던 공주 출토의 기와 등 자료를 확인한 바 있다.[50]

<hr />

50) 공주 신원사 출토, 남혈사지 출토 2점, 대통사지 출토 2점, 송산리 東麓, 공산성, 공주, 주미사지 출토 등 9점(濱田耕作·梅原末治, 『新羅古瓦硏究』, 京都帝國大學, 1934)과, 역시 공주에서 수습한 석촉 3건, 토기 3점, 금제 이식(東京國立博物館, 『東京博物館圖版目錄』 朝鮮陶磁篇, 2004) 등이 그것이다. 동경박물관 자료는 1932년에 박

가루베의 유물 수집은 암묵적으로 용인되기는 하였지만 이를 개인적으로 사유화한 것이 불법이었음은 물론이다. 가루베 지온에게 있어서 1933년 송산리 6호분 무단 발굴은 그의 공주에서의 활동의 정점이었다. 그러나 이것을 계기로 과거와 같은 무단적인 현장 조사는 가능하지 않게 되었다. 가루베가 송산리 6호분의 현실에 도달할 그 무렵 8월, 때마침 「조선보물고적명승천연기념물 보존령」이 총독부에 의하여 발포됨으로써 종래와 같은 무단 조사도 점차 가능하지 않은 상황이 되었다.[51] 1940년, 가루베 지온은 근무처를 대전의 대동공립고등여학교(현재의 대전여고)로 옮겼고, 다시 1943년 강경공립고등여학교(현재의 강경여중 및 강경고등학교) 교장으로 근무 중 1945년 일제의 패망으로 일본으로 귀국하게 된다.[52]

4. 가루베 유물의 행방

1930년대 말 가루베 지온이 대전의 대동공립고등여학교로 이동한 배경은 교장 이이오카(飯岡岩太郞)의 권유와 배려가 있었던 것으로 보인다. 이이오카는 가루베와 같은 와세다 고등사범부 출신으로 1924년부터 공주고보에 근무하였던 인물인데, 대동여학교가 신설되면서 1937년부터 교장을 맡아 1945년까지 재직하였다.[53] 이이오카는 공주고보 재직시에 가루베와는 자별한 관계였다. 금석문

물관에서의 구입 유물로 되어 있다. 이에 대해서는 정규홍, 『우리문화재 반출사』, 학연문화사, 2012, pp.310-311 참조.

51) 藤井和夫, 「가루베 지온(輕部慈恩)은 문화재도둑, n'est ce-pas?」 『백제연구』 80, 충남대 백제연구소, 2024, pp.95-96 참조.

52) 藤井和夫에 의하면, 가루베 지온은 1940년 4월 6일자로 대동공립고등여학교 교감, 1943년 2월 24일자 강경공립실과여학교 교장으로 발령을 받았는데, 강경의 여학교는 4월 21일자로 강경공립고등여학교로 개편되었다. 『조선총독부관보』에서 확인한 것이다(위의 논문, pp.96-98).

53) 조중국, 「재임수상」 『대전여고 50년사』, 대전여자고등학교, 1987, pp.394-397; 藤井

과 관련한 호고(好古) 취미가 있었던 터라, 공주고보 재직시에 두 사람이 자주 답사에 동행하곤 하였다.

> 어떻게든 내 손으로 유명한 옛 비석의 탁본을 뜨고 싶다는 것은 나의 해마다의 염원이었다. 그런데 총망중에 그 기회를 얻지 못한 채 여러 해를 지났는데, 우연히 고고학에 조예가 깊은 K씨와 작년부터 책상을 나란히 하게 되었다. 그로부터는 일요일을 기다려 함께 긴 봄날 하루를 산성에서 보냈다. 작년에는 반 달에 걸쳐 도내(道內)를 돌아다닌 결과 여러 점 의 비석 탁본을 실내에 장식하게 되었다.[54]

1928년(2월 28일)에 쓰여진 이 글은 가루베가 책임을 맡아 1935년에 간행한 『충남향토지』에 실려 있다. 작년부터 직장에서 책상을 나란히 하게 된 '고고학에 조예가 깊은 K씨'가 가루베 지온을 지칭한 것임은 물론이다. 두 사람의 특별한 관계, 그리고 가루베의 대동여학교로의 이동 배경을 이해할 수 있는 자료이다.[55] 이이오카가 공주에서 가지고 있었다는 백제시대 제사용 토기 기대(器臺)는 가루베 지온의 『백제미술』에도 자료로서 소개되고 있다.[56] 현재 대전여고에는 일제 말기 1940년경에 세워졌던 황국신민서사비가 근년에 확인되어 전시물로 남겨져 있다.[57]

和夫, 앞의 논문, p.93.

54) 飯岡岩太郎, 「金石文漫語」『忠南鄕土誌』, 公州高普校友會, 1935, p.95.

55) 공주고보 향토실 사진에는 벽에 쌍수정 사적비 비문의 탁본(일부)이 걸려 있다. 아마 이 탁본이 이오카가 학생들과 함께 작업한 탁본일 가능성이 있다.

56) 輕部慈恩, 『百濟美術』, p.12 도판 30, p.174 참조. 이 기대는 대정 13년(1924)경 공주의 고분에서 출토한 것이라 하였으며, 飯岡岩太郎 소장으로 기록되어 있다. 공주고보 향토사전시실에 진열되어 있는 기대이며, 현재는 국립공주박물관에 소장되어 있다. 아마 이오카가 공주고보 향토실에 자료를 내놓은 후 백제박물관이 설립되면서 출품하였다가 해방 이후 공주박물관으로 이관된 물품으로 생각된다.

57) 필자는 충청남도역사박물관 주최 '충남 문화유산의 국외반출과 현재'에서의 강의를 준비하는 과정에서, 2023년 8월 18일 대전여고의 교사자료실과 황국신민서사비 등 현장을 답사하였다. 과정에서 동교 박순미 선생의 안내와 도움을 받았다.

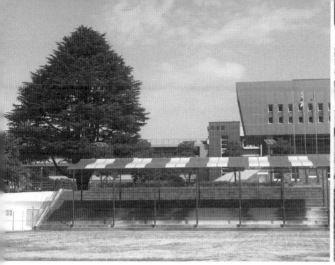

대전여고 교정과 2019년 교내에서 발견된 황국 신민 서사비

　가루베 지온이 소장했던 유물의 양은 적지 않았다. 그러나 그 유물은 지금 전혀 행방을 알 수 없는 상태이다. 위에서 소개된 자신의 소장 유물의 행방에 대하여 "본서에 실린 도판·삽화 중 저자 소장으로 기재한 자료의 대부분은 시국의 급전(急轉)에 의하여 한국에서 철수할 때 그 땅에 그대로 남겨두고 왔다. 지금 이것들이 어떻게 관리되고 있는지 알 수가 없다"[58]고 하였다.

　여기에서 주목되는 것은 두 가지이다. 첫째 그는 게재된 자료의 대부분을 한국에 두고 왔다는 것인데, 만일 이를 문면 그대로 신빙한다면, 소문과 달리 가루베는 1945년 일본으로 귀국할 때 거의 유물을 휴대하지 못했다는 이야기가 된다. 그러나 동시에 "자료의 '대부분'을 두고 왔다"는 이 말을 뒤집으면 소장 자료 중의 얼마간은 가지고 들어갔다는 이야기이기도 하다. 1969년에 쓴『백제유적의 연구』서문 중에서도 그는 이 책에 소개되는 유물 중에는 "소재불명이 된 것이 많다"고 밝혀 그가 이들 유물 대부분을 가지고 있지 않음을 재확인하고 있다. 그가 해방 후 완전히 '알몸으로' 귀국하였다는 것은 여러 글에서 언급되고 있다.

　가루베 지온이 개인적으로 소장하고 있던 유물들을 어떻게 처리하였는지에 대해서는 대전 KBS에서 이를 집요하게 추적하고 그 과정을 다큐프로그램으로

---

58) 輕部慈恩,『百濟美術』p.4의 서문,「再言」.

제작 방영한 바 있다.[59] 이 프로그램 제작과정에서 녹취한 장녀(山川千鶴子)와의 인터뷰에 의하면, 아버지가 모아놓은 자료는 해방 직후 귀국시에 트럭으로 대전의 전기회사 창고에 옮겨 놓았으며, 마지막 거처였던 강경의 집에서 아는 사람에게 남겨 놓은 것도 있다 한다. 전기회사의 창고는 6.25 때 폭격되었다 하며, 강경에 짐을 맡겼던 사람은 1968년 한국 방문시 재회하였으나, 물건은 인민군에 의하여 약탈되었다는 말을 들었다고 한다. 다시 말하면 해방 직후 가루베는 소장 유물을 양분하여 일부는 일본으로 운송을 시도하였고, 나머지는 일단 강경의 한국인 지인(知人)에게 맡겼다는 이야기가 된다. KBS의 취재(유진환)에 의하면(<가루베 유물의 진실 -두 얼굴의 가루베>) 가루베의 물품을 위탁받은 지인은 후에 충남에서 교장을 지낸 제자 임용원 씨(작고)이다. 증언에 의하면 가루베가 남긴 짐은 고리짝 7, 8개 정도의 분량으로 입던 옷가지와 원고지 뭉치 등이 포함되어 있었다 하며, 그나마도 6.25 때 없어졌다고 한다. 그러나 일부 유물이 함께 남겨진 것은 사실인 것으로 보이며, 이들 유물은 김영한 선생(전 충남향토문화연구회장)이 실견한 적이 있다고 한다. 김영한에 의하면 서첩, 화첩, 논문집 등이 포함되어 있으며, 임용원 씨로부터는 백제 와당 몇 점을 얻어 충남대 박물관에 기증한 적이 있다고 필자에게 전언한 바 있다.

앞의 대전 KBS 다큐팀은 1978년 나라박물관에서 특별전 개최를 계기로 보관중이던 백제와당 4점이 가루베의 가족(장남) 명의로 대여를 받아 전시하였다는 증언을 소개하고 있다. 나라박물관에 위탁되어 있던 이 백제와당은 제자 미와(三輪嘉六) 큐슈국립박물관 관장의 주선으로 2006년(11월 29일) 국립공주박물관에 기증되었다.[60] 그 가운데 2점, 서혈사 출토와 신원사 출토와당에 대해서 고찰한 도다 유지(戶田有二)는 이것이 백제 한성시대의 제작 기법을 그대로 사용한 웅진

59) 윤용혁, 『가루베지온의 백제연구』에 실린 유진환, 「가루베의 진실을 찾아서」, pp.213-219 참조. 유진환은 당시 프로그램 제작의 후일담을 '가루베 지온 유물을 찾아서'라는 제목으로 국립공주박물관(2023.8.22.)에서 시민 대상 특강을 한 바 있다.

60) 2006년 11월 28일자 조선일보.

기 제작의 와당인 것으로 추정하였다.[61] 이들 와당은 가루베의 서혈사 관련 논문 및 저서 『백제유적의 연구』에 수록된 자료이기도 하다.

한편 이 프로에서는 동경국립박물관에서 가루베 소장품을 입증하는 표찰이 붙어 있는 유물 5점을 소개하고 있다. 토기병 3점, 금제귀걸이 2점이 그것이다. 여기에는 '소화 6년'(1931), '공주 주미리 출토(玉杯와 함께 출토)'라 적은 표찰도 있다. 그런데 1934년 가루베의 논문에 의하면 이 유물은 1930년 8월경 도굴된 공주 주미리 고분에서 출토한 것으로, 당시에 이미 제실박물관(帝室博物館, 동경국립박물관)에 수장되어 있음이 밝혀져 있다.[62] 후지이의 최근 논문에 의하면, 동경국립박물관에는 1932년 가루베 지온으로부터 매입한 7점의 유물이 있다. 옥제구옥(玉製勾玉, TJ-1023) 1개, 금제이식 1쌍(TJ-1024), 금제이식환(環) 2개(TJ-1025), 도질토기 호 1개(TJ-1026), 도질토기 병 1개(TJ-1027), 도질토기 편병 1개(TJ-1028), 동제 불상 등이 그것이다. 모두 공주에서 출토한 백제 유물이고, 도질토기 병과 편병만은 통일신라로 파악되어 있다. 1932년에 일괄로 구입한 유물로 보이는데, 곁들여 1932년 가루베 기증품으로 분류되어 있는 3점의 유물(마제석촉, 마제석기, 유리제 소옥 각 1개)도 포함되어 있다.[63]

위에 언급된 가루베 유물 가운데 등장한 '동제 불상'은 1932년 동경제실박물관에서 구입한 유물로 되어 있는데, 1931년 9월 22일 동경제실박물관의 고토(後藤守一) 등이 가루베의 안내를 받아 송산리고분군을 방문하였을 때 수습한 자료

---

61) 戶田有二, 「百濟の鐙瓦製作技法について-輕部慈恩氏寄贈瓦に見る西穴寺技法の再考と新元寺技法」 『百濟文化』 37, 2007.

62) "귀걸이: 제67도의 1은 현재 '東京帝室博物館藏'이라 되어 있는데, 소화 5년(1930) 가을 주미리 제3호분(제5호분의 오자로 생각됨: 필자)에서 옥잔과 함께 출토한 것이다. 황금제로 고리 밑에 원통형의 장식을 붙이고 다시 그 밑에 대소 각 1매의 心葉形의 垂飾을 붙인 귀걸이이다."(輕部慈恩, 「公州に於ける百濟古墳(8)」 『考古學雜誌』 26-4, 1936, p.14) "옥잔: 주미리 제5호분으로부터 전술한 바와 같이 현재 동경제실박물관 소장이 된 귀걸이와 함께 출토한 것"(輕部慈恩, 「公州に於ける百濟古墳(3)」 『考古學雜誌』 24-3, 1934, p.19)

63) 藤井和夫, 「가루베 지온(輕部慈恩)은 문화재도둑, n'est ce-pas?」 『백제연구』 80, 충남대 백제연구소, 2024, pp.105-107 참조.

인 것처럼 생각된다.**64)** 수습 지점은 지금의 무령왕릉 부근인데, '구입'으로는 되어 있지만 매도자가 가루베 지온으로 명시되어 있지는 않은 것 같다.

한편 동경대학(고고학연구실)에서도 가루베 지온의 유물 3점이 확인된 바 있다. 삼족배, 평저호(平底壺), 개배(蓋杯) 등의 토기가 그것이다. 그 가운데 2점(삼족배, 평저호)에는 '가루베(輕部) 소장품'이라는 라벨이 부착되어 있는데, 가루베가 입수한 시기는 '소화 5년'(1930, 삼족배), '소화 6년(1931) 8월'로 기재되어 있다. 그리고 이 자료가 동경대학에 등록된 것은 1935년(소화 10) 10월 12일이라고 한다.**65)**

가루베 소장의 유물로 보고되어 있던 1931년 공주 목동면(이인면) 출토 동조보살입상(높이 17.8cm)**66)**이, 이후 오구라콜렉션에 포함되어 현재 동경국립박물관에 소장되어 있다는 점도 주목되는 사항이다. 오구라에게 매도한 자료일 가능성을 암시하고 있기 때문이다.

후지이(藤井和夫)는 기왕에도 와세다대학 아이즈야이치(會津八一)기념박물관에 소장되어 있는 가루베 지온의 유물을 소개한 바 있다. 이에 의하면 『아이즈야이치 수장 고기물 목록(會津八一收藏古器物目錄)』 제6책에 '백제 와전' 85점이 올라 있고, 그 가운데 10점은 가루베 소장표찰이 붙은 채로였다. 가루베의 표찰이 붙은 10점의 유물 목록을 인용하면 다음과 같다.**67)**

'百13 등와(鐙瓦)' (현소장 No.K030-37) 공주, 소화 10년 6월 22일
'百16 등와(鐙瓦) 신원사(新元寺)'**68)** (현소장 No.K029-38) 소화 10년 6월 6일

---

64) 輕部慈恩,「公州に於ける百濟古墳(8)」『考古學雜誌』26-4, 1936, pp.20-21.

65) 白井克也,「東京大學考古學研究室所藏百濟土器-輕部慈恩舊藏資料と東京大學採集資料からみた百濟土器制作技法への一考察」『古文化談叢』31, 1993, pp.181-185.

66) 輕部慈恩, 『百濟美術』 도판 19-1.

67) 藤井和夫,「아이즈야이치기념박물관 소장 고구려 와전에 관한 견해」『일본소재 고구려유물』Ⅳ, 동북아역사재단, 2011, pp.140-145.

68) 百16, 18, 19, 22의 출토지는 '新光寺'로 적었으나, 제시된 자료 사진에 의하면 '新元寺'로 되어 있다. 이와 관련하여 후지이는 최근 논문(「가루베 지온(輕部慈恩)은 문

'百18 등와(鐙瓦) 신원사(新元寺)' (현소장 No.K030-13) 소화 10년 6월 23일
'百19 등와(鐙瓦) 신원사(新元寺)' (현소장 No.K029-25) 소화 10년 5월 19일
'百22 우와(宇瓦) 신원사(新元寺)' (현소장 No.K030-5) 소화 10년 6월 2일
'百62 등와(鐙瓦) 서혈사(西穴寺)' (현소장 No.K030-38) 소화 5년 4월 일
'百73 우와(宇瓦) 주미사지(舟尾寺址)' (현소장 No.K030-11) 소화 7년 8월 일
'百74 우와(宇瓦) 대통사지(大通寺址)' (현소장 No.K030-32) 소화 7년 5월 15일
'百76 우와(宇瓦) 안국사지(安國寺址)' (현소장 No.K030-29) 소화 8년 5월 22일
'중방명전(中方銘塼)' (현소장 No.K030-17) 공주 송산리, 소화 7년 8월 일

와전 이외에 공주 출토 백제토기 4점(No.T023-026)도 '가루베소장품'이라는 표찰이 붙은 채 소장되어 있다. 제시된 사진 자료에 의하면 백제 토기는 호 2점, 삼족기와 삼족기의 뚜껑이다. 가루베의 수장 시점은 소화 7년 8월(T023), 소화 6년(T024), 소화 7년 4월(T025), 소화 5년 5월(T026)로 되어 있다.[69]

아이즈(會津八一)는 한때 와세다대학에 재직하기도 하였던 동양미술사 전공자라고 한다. 가루베 지온과 친밀한 관계를 유지한 인물로서, 16권의 <동양미술사

아이즈야이치기념박물관 소장 가루베 와당(신원사 출토, 백16, 18)[70]

화재도둑, n'est ce-pas?」)에서 오류를 바로 잡았다(p.79).

69) 藤井和夫, 위의 논문, p.141, pp.146-149.

70) 藤井和夫, 「아이즈야이치기념박물관 소장 고구려 와전에 관한 견해」 『일본소재 고구려유물』 IV, 동북아역사재단, 2011, p.141.

총간(叢刊)>을 기획하고 그중에 가루베 지온의 『백제미술』을 포함시킨 장본인이다. 『백제미술』의 '감수자'로서 서문을 쓰고, 그가 쓴 '백제미술' 글씨가 제호(題號)로서 책의 표지에 사용되기도 하였다.[71]

앞서의 동경국립박물관, 그리고 아이즈의 예를 사례로 본다면 와전과 토기류를 중심으로 여러 유물들이 1930년대에 이미 여러 네트워크를 통하여 일본으로 반출, 매각되었다고 할 수 있을 것이다. 관련하여 후지이(藤井和夫)는, 아리미츠(有光敎一)로부터 직접 들은 것이라 하여 "'가루베의 형제가 교토에서 골동점을 하고 있었던 것 같다'라고 하면서 그 골동점을 통해서도 매각하고 있었다고 전한다"고 하였다. 또 "가루베는 일본으로 귀환할 때 다른 일본인이 배낭 하나만 가지고 귀환선으로 고생하며 귀국한 것과 달리 돈이 있어서 어선을 전세 내어 귀환했는데 그때 많은 자료를 가지고 돌아왔다"는 전언을 소개하고 있다.[72] 확인되지는 않았지만, 가루베 지온의 귀국과 관련한 새로운 이야기이다. 후지이는 최근의 논문을 통하여 이에 대한 더욱 구체적인 논의를 전개하였지만,[73] 그것이 사실인지 여부는 아직은 확인이 필요한 지점이다.

가루베 유물의 대부분이 그 행방을 알 수 없는 상황이지만, 그럼에도 불구하고 이러한 증언들은 앞으로도 그 유물이 더 확인될 수 있다는 가능성을 보여준 것이라는 점에서 주목할 사항이다. 현재의 단계에서 우선 필요한 일은 확인 가능한 가루베 소장 유물들을 전면 재조사하는 작업이다. 그동안의 논의에서 알려진 일본의 동경국립박물관, 나라국립박물관, 와세다대학 아이즈야이치(會津八一)기념박물관, 그리고 국립중앙박물관, 국립공주박물관의 자료를 다시 정밀하게 확인하는 작업이 그것이다. 그리고 그가 재직했던 일본대학 미시마분교,[74] 충

---

71) 輕部慈恩, 『百濟美術』의 표지 및 서문 참조.

72) 藤井和夫, 앞의 글, p.147.

73) 藤井和夫, 「가루베 지온(輕部慈恩)은 문화재도둑, n'est ce-pas?」 『백제연구』 80, 충남대 백제연구소, 2024, pp.99-100.

74) 유물의 현재 소재는 알 수 없으나 가루베가 재직했던 미시마분교에도 백제 유물이 있었다는 증언이 있다. 藤井和夫, 위의 논문, pp.112-113.

남대학교 박물관 등도 검토가 필요하다. 지금까지의 작업은 대부분 개인 작업의 수준이었기 때문에 앞으로 더욱 체계적이고 전문적인 수준의 통합적 작업이 요구된다고 할 수 있다.

맺는말

가루베 지온이 세상을 뜬 지 50년을 훨씬 넘었다. 그가 남긴 학문적 성과에도 불구하고, 학문적 태도 혹은 유물 문제를 둘러싼 부정적 행위와 불투명한 입장은 지금도 신랄한 비난의 표적이 되고 있다. 그럼에도 불구하고 웅진시대 백제사에 미친 그의 영향은 여전히 현재형이다.

가루베 지온이 비판받는 지점은 조사 활동의 불법성과 함께 불법적인 유물의 처분이 있었고, 특히 해방 이후 소장 자료의 행방을 알 수 없게 된 점 때문이다. 거기에 '연구자'로서의 학문적 윤리관도 거론되고 있다. 특히 6호분의 '조사자'를 자처하며, 총독부박물관 조사단에 의하여 생산된 도면과 사진을 출처를 밝히지 않은 채 자신의 자료인 것처럼 무단으로 사용한 점이다.[75] 가루베의 저서를 통하여 널리 알려져 있는 송산리 6호분의 실측도 자료와 사진 등이 사실은 총독부박물관 고이즈미(小泉顯夫)의 실측도, 사와(澤 俊一)가 촬영한 사진이라는 것이다.[76] "공적 있음을 부인하는 것은 아니지만, 그러나 동시에 연구자로서는 일탈된 행위를 하였다는 점도 지적해 두지 않으면 안될 것"이라 하였다.[77]

가루베가 자의적으로 처리한 유물은 나라국립박물관, 동경국립박물관, 동경대학, 와세다대학 등 일본의 여러 기관에서 부분적으로 확인된 바 있고, 일부는

---

75) 有光敎一, 「공주 송산리고분군의 발굴조사」『朝鮮古蹟研究會遺稿 II』, 유네스코동아시아문화연구센터, 2002, pp.9-12.

76) 藤井和夫, 위의 논문, pp.109-110.

77) 有光敎一, 앞의 책, p.14.

국립중앙박물관 혹은 국립공주박물관에서도 확인되었다. 그러나 정작 그가 끝까지 가지고 있다가 해방 직후에 처리된 유물의 행방은 여전히 밝혀져 있지 않다.

가루베 지온 유물과 관련하여 현 단계에서 필요한 일은 국내외의 자료를 보다 적극적으로 확인하고 점검하는 일이다. 아직 알려져 있지 않은 자료들이 여전히 묻혀 있는 것이 분명하기 때문이다. 동시에 해방 직후 가루베 지온의 행적, 혹은 일본대학 미시마분교에서의 교수 시기의 활동에 대해서도 더 적극적인 탐문과 확인이 요구된다. 아직 우리가 해야할 일이 많이 남아 있는 셈이다.

* 본고는 충청남도역사박물관 아카데미('충남 문화유산의 국외반출과 현재', 2023.8.31.)에서의 특강 원고를 많이 보완한 것임.

제2부
공주 공산성의 역사와 유적

제1장 고려시대 공주 치소로서의 공산성

머리말

　조선시대 공주목의 관아터는 충청감영터 제민천 동쪽 건너편 중동 330번지 일대이다. 영명고교가 조성된 구릉성 산지의 능선을 그 배경으로 하여 동향으로 건물이 배치되어 감영 건물과는 서로 상대된 위치에 입지해 있다. 이에 의하여 조선시대 중동과 반죽동 일대는 충청감영과 공주목 관아 관련의 각종 건조물이 촘촘히 배치된 그야말로 관아거리가 조성되어 있었다. 근대 이후 이들 건물은 도청과 군청의 청사, 학교, 병원 등 여러 시설로 사용되면서 건물이 재건축되었고, 이에 의하여 이들 관아거리에서 실제 관아 관련 건축물은 거의 보기 어려운 상태로 지금은 변하고 말았다. 이러한 상황에서 공주목 동헌을 중심으로 한 조선시대 목관아를 다시 복원 정비하여 원도심의 역사성을 회복하려는 공주시의 사업이 진행되고 있다.[1] 그러한 과정에서 공주목 관아터에 언제부터 관아 시

---

1) 공주시 중동 330-1번지 일원 공주목관아 복원 정비사업은 2019년 이 부지에 들어있었던 공주의료원 건물을 철거하고 2021년 동헌 건물을 이전 복원하였으며, 관련 시

설이 들어섰는지, 그리고 고려시대 공주 관아는 어디에 입지해 있었는지에 대한 질문이 자연스럽게 떠오르게 되었다.

고려시대 공주 관아에 대해서는 공산성 성내에 있었을 가능성과 원도심의 시내에 있었다는 상반하는 의견이 기왕에 제기되어 있다. 고려시대 관아의 입지에 대한 일반론으로는 성을 치소로서 이용하였다는 '치소성(治所城)설'이 제기되었고,[2] 다른 한편으로 이를 부정하는 반론이 함께 제기된 바 있다.[3] 전자의 주장에서 고려시대 공주관아가 공산성 안에 위치하였다고 하는 것에 대하여, 후자의 입장에서는 원도심 조선시대의 관아 구역에 이미 고려시대부터 관아가 자리했다는 것으로 의견이 나누어져 있는 것이다. 고려시대 공주관아의 위치 문제는 어떤 점에서 이른바 '치소성설'과 관련한 논쟁의 한 접점이 되어 있는 감이 있다.

객관적인 답을 낼만한 여건이 충분히 갖추어져 있는 것은 아니지만, 현단계에서 활용 가능한 여러 자료를 검토하여 당면한 기본적인 질문에 대하여 응답하고자 하는 것이 본고의 목적이다.

1. 통일신라 웅천주 치소성으로서의 공산성

고려 초 983년(성종 2) 전국 12목의 하나로 공주목이 설치될 때, 공주목 관아가 어디에 두어졌는지에 대해서는 기록이 남아 있지 않다. 그러나 백제 왕도, 통일신라를 거치면서 500년 이상의 오랜 기간에 걸쳐 축적된 공산성의 압도적인 행정적 거점으로서의 위상을 비추어본다면, 983년 공주목 관아도 당연히 공산성

설의 복원과 공원화 등 추가 사업을 진행, 역사공원 조성을 2024년까지 마무리한다는 계획이 예정되어 있다. 충청남도역사문화연구원, 『공주목 복원정비계획 최종보고서』, 2019 참조.

2) 최종석, 「고려 치소성의 입지와 분포」『한국 중세의 읍치와 성』, 신구문화사, 2014.

3) 정요근, 「고려시대 전통 대읍 읍치 공간의 실증적 검토와 산성읍치설 비판」『한국중세고고학』 6, 2019.

에 입지하였을 것이 예상된다.

983년 공주목 관아가 공산성에 설치되었을 것이라는 추정의 첫 번째 단서는 통일신라시대 웅천주의 치소가 공산성 성 안이었다는 데서부터 출발한다. 그리고 발굴에 의하여 확인된 성내의 많은 통일신라기 유적은 공산성이 웅천주 치소였다는 것을 뒷받침하고 있다.[4] 따라서 고려시대 공주 목관아의 위치를 정리하는 전제 작업으로서 먼저 공산성의 통일신라 유적에 대한 개략적 정리로부터 논의를 시작하고자 한다. 이들 유적은 통일신라시대 공산성의 치소로서의 위상을 그대로 보여주는 것이기도 하고, 이러한 정치적 위상이 신라 말을 거쳐 고려 초에 계승되었을 것으로 보기 때문이다.

1) 공산성의 통일신라기 유적

공산성 내 통일신라 건물터는 광복루 광장으로부터 진남루 방향 능선의 사면을 따라 조성된 건물군, 영은사 앞, 성안마을 주변, 쌍수정 앞 추정왕궁지 등 대략 네 개의 구역에 걸쳐 있다. 사실상 공산성 내 전역에서, 백제시대 못지 않은 밀도 높은 공간 사용의 정황을 확인할 수 있는 것이다.

① 통일신라 28칸 건물과 2동의 원형(12각) 건물지

광복루 광장 아래에 위치한 통일신라 28칸 건물은 통일신라 건물군의 가장 위쪽에 자리잡고 있다. 건물터는 정면 7칸, 측면 4칸의 장방형이며, 지형을 따라 건물을 배치하여 서남향을 하고 있다. 규모 면에서 주변 통일신라 건물군의 중심적 위치에 있다. 조사구역에서는 '웅(熊)' 혹은 '관(官)'자가 쓰인 기와, 납석제 용기, 쇠솥, 은제 장식편, 15점의 전편(塼片)과 함께 철제의 창(4점), 도끼(2점), 화살촉(2점) 등 다수의 무기류가 수습되었다.[5]

28칸 건물에서 아래쪽으로 내려오면서 2동의 원형(12각) 건물이 고도를 달리

---

4) 김수태, 「웅진성의 변천」『백제문화』30, 2001, pp.154-157; 최병화, 「공산성내 통일신라시대 이후 건물지의 구조와 분포 특징」『백제문화』59, 2018, pp.91-94.

5) 공주대박물관, 『공산성 건물지』, 1992, pp.122-150.

하여 건립되었다. 건물지가 비교적 잘 남아 있는 1건물지는 건물 평면의 지름이 17.4m이고, 초석의 배치로 보아 도합 60개의 기둥을 세운 원형 건물이었다. 원형(12각)건물지 2는 훼손이 심하지만 규모는 건물지 1보다 더 크다.[6] 철솥과 철제 무기류가 수습되었는데, 제사용 내지 종교적 용도의 건물이 아니었을까 한다. 이들 통일신라 건물군의 가장 위 쪽이 광복루 광장이다. 조사 당시 이미 훼손이 심하여 유구의 확인이 어려운 상태였지만 비교적 많은 양의 통일신라기 유물이 다른 시기 자료와 함께 출토하였다.[7]

공산성 내 통일신라기의 건물은 광복루 광장으로부터 서측 쌍수정 방향으로 내려가면서 하나의 무리를 형성하고 있었음을 알 수 있다. 광복루 아래 광장을 제외하면, 대체로 이들 건물은 통일신라기에 부지가 새로 조성되고 건물이 신축된 것으로 보인다.

② '추정임류각지'

임류각은 서기 500년 동성왕 때 건축된 웅진시대의 대표적 건물이다. '류(流)' 자명 기와와 함께 1변 10.4m의 정방형 평면(남북 5칸, 동서 6칸)의 초석 건물이 확인됨에 따라 임류각지로 비정되었고, 이에 근거하여 재현한 건축물이 광복루 광장의 '임류각' 건물이다.[8] 그러나 근년의 논의는 이 건물지가 백제시대가 될 수 없다는 데 의견이 모아지고 있다.[9]

초석을 사용한 건물이 웅진 백제기의 것으로 인정되지 않을 뿐아니라, 이 건물지에서는 신라, 고려, 조선 유물에 비하여 백제 유물이 수량적으로 더 빈약하다. 유력한 근거가 되었던 '류'자명 기와조차도 문자와가 아닐 가능성에,[10] 최근

---

6) 공주대박물관, 위의 책, pp.151-199.
7) 공주대박물관, 위의 책, pp.266-295.
8) 공주사범대학 백제문화연구소, 『공주공산성내 건물지 발굴조사보고서』, 1982, pp.63-78.
9) 공주대박물관, 『웅진성 공산성』, 2013, p.229.
10) 이남석, 「백제 웅진성인 공산성에 대하여」 『마한백제문화』 14, 1999, p.62.

에는 통일신라시대의 것으로 분류하고 있는 실정이다.[11] 추정임류각지가 백제 유적이 아니라면, 도합 42개의 초석을 사용한 방형의 이 건물은 주변의 28칸 혹은 원형 건물과 시대를 같이하는 통일신라기 건축물일 가능성이 높아지는 셈이다.[12]

③ 영은사 앞 불상출토 유적과 추정백제왕궁지

통일신라 불상 출토 유적은 1984년 영은사 앞 백제 연못을 발굴하는 과정에서 조사되었다. 지표하 2.5m 깊이의 파괴된 건물지 유구에서 흩어진 채로 발견되었는데, 높이 24.5cm 크기의 금동불을 중심으로 도합 6구의 여래입상이 함께 출토하였다.[13] 조사 결과에 의하면 백제시대 연못이 매립된 이후 통일신라기에 새로 대지를 조성하여 건물이 들어선 것이다. 통일신라기에 작은 절이 건립되었음을 암시하는 것이다.

1985, 6년 추정왕궁지에 대한 조사에서는 백제시대의 벽주(壁柱), 굴건식(掘建式) 건물과 함께 초석 건물지가 다수 확인되었다. 초석건물지에 대해서는 제1, 2건물지를 백제 왕궁시설로 추정하였지만, 훨씬 후대의 건물이라는 것이 분명해지게 되었다. 이에 따라 왕궁지 초석 건물에 대한 편년은 전체적인 재검토가 불가피한 상황이다. 다만 건물지 C의 경우는 폐쇄된 백제 연지의 남동부 호안(護岸) 석벽을 훼손하고 조성한 대지 위에 건축된, 통일신라 편년이 분명한 건물지이다. 일대에서 '웅천(熊川)' '관(官)' 명문와와 연화문 와당을 비롯한 와류와 토기류가 다수 확인됨으로써 왕궁지 일대가 통일신라기에도 건축물이 조영된 공간임을 입증하고 있다.[14] '웅천'과 '관' 명문와는 왕궁지 이외에도 광복루 광장, 28칸

---

11) 국립공주박물관, 『공산성, 공주 역사기행 1번지』, 2013, p.66.

12) 근년 필자는 『삼국사기』에 언급된 백제 임류각의 위치가 공산성내 영은사가 있는 자리일 것이라는 의견을 제출하였다. 윤용혁, 「백제 임류각과 '류'자명 기와」 『충청학과 충청문화』 33, 2022.

13) 공주대박물관, 『공산성 지당』, 1999, pp.221-227.

14) 공주대박물관, 『공산성 백제추정왕궁지 발굴조사보고서』, 1987.

건물지, 그리고 시내 중동의 우영터와 정지산유적 등 여러 곳에서 출토하였는데, 가루베 지온 자료 중의 '웅천관(熊川官)'이라는 기와를 참고하면,[15] '웅천' '관'은 '웅천관'의 의미임을 알 수 있다. 통일신라 웅천주의 관아 관련 자료에 해당하는 것이라 할 수 있다.[16]

④ 성안마을

공산성 성안마을 서쪽 구릉의 하단부에서 1991년에 통일신라기 12칸 건물이 확인되었다. 정면 6칸, 측면 2칸, 12칸, 총 길이 21m 크기의 건물이다.[17]

성안마을 백제유적에 대한 본격적 조사는 공주대박물관에 의하여 2011년부터 시작되었는데, 2011년 백제건물지 7기와 함께 통일신라 건물지 4기, 2012년 백제건물지 9기를 조사하면서 통일신라 건물지 5기가 조사되었다.[18] 2013년 조사에서는 6기의 백제건물지가 조사되면서 통일신라시대는 2기의 건물지, 3기의 수혈유구와 함께 통일신라시대 진단구 3기가 확인되었다.[19] 성안마을 백제시대 공간 위에 통일신라기의 유적이 그대로 중복되고 있음을 보여주는 것이라 할 수 있다. 그 가운데 특히 주목되는 것은 3기의 진단구 유적이다. 1호 진단구는 납석제 용기 내에 완, 접시 등 청동제 유물 19점이 들어있었고, 그 위에 철제의 보습, 볏, 괭이 등의 농구가 놓여 있었다. 2호와 3호 진단구는 청동제 완 각 2점을 매납한 것이다.[20] 진단구의 매납은 통일신라시대에 적극적인 공간 조정과 보완의 작업을 하면서 성안마을 대지를 이용하였음을 보여주는 것이다.

---

15) 輕部慈恩, 『百濟美術』, 寶雲舍, 1946, pp.221-222.
16) '지명+官' 기와는 신라 말 고려 초 호족들에 의한 지역 정체성 표시의 산물로 보는 의견이 있지만(차순철, 「'官'자명 명문와의 사용처 검토」『경주문화연구』 5, 2002, p.127), 공산성 건물지의 경우 통일신라의 시대 편년이 비교적 분명하기 때문에 '관'자명 역시 같은 시기로 분류될 가능성이 높다.
17) 공주대박물관, 『공산성 건물지』, 1992, pp.200-212.
18) 공주대박물관, 『공주 공산성』 I, 2016, pp.236-255, pp.438-474.
19) 공주대박물관, 『공주 공산성』 II, 2018, pp.173-202.
20) 공주대박물관, 『공주 공산성』 II, 2018, pp.173-184.

2) 웅천주 정청과 신라 말의 공주 상황

① 웅천주의 정청(政廳)

공산성이 통일신라기 웅천주의 치소였다면 구체적으로 주의 정청은 어느 공간에 소재하였을까. 이에 대해서는 지금까지 그 위치를 특정하여 본격적 논의를 전개한 바는 없었던 것 같다. 가장 큰 건물은 광복루 광장에 가까운 위치의 28칸 건물이다. 이와 관련하여 "출토 유물과 규모로 보아 통일신라시대의 정청 같은 성격의 건물지로 추정된다"는 의견이 언급된 바 있다.[21] 그러나 능선을 따라 내

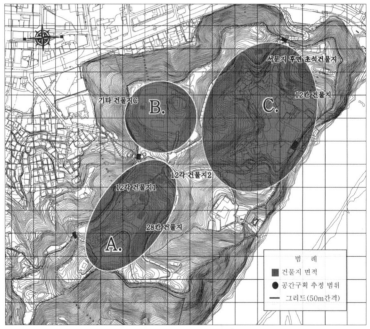

통일신라시대 공산성 건물지의 공간 기능 추정(최병화)[22]

---

21) 공주대박물관, 『웅진성 공산성』, 2013, p.153.
22) 최병화, 「공산성내 통일신라시대 이후 건물지의 구조와 분포 특징」 『백제문화』 59, 2018, p.92.

려가면서 2동의 12각 건물이 그 아래쪽에 배치되어 있다는 점이 걸린다. 12각 건물이 제사와 같은 종교적 성격의 기능을 갖는 것으로 생각되기 때문이다.

최병화는 백제 이래 조선에 이르기까지 공산성의 공간이 기능에 따라 어느 정도의 구분이 있었다는 견해를 낸 바 있다. 통일신라시기에 대해서는 광복루 광장에서 동쪽으로 내려오는 사면('동쪽 정상부 및 선상부 지역', A공간), 쌍수정 앞 광장('남쪽 정상부 평탄부 지역', B공간), 성안마을 공간('서쪽 동향사면 지역', C공간), 영은사 앞('북동쪽 곡부 일원', D공간) 등으로 나누고, A는 제의, 연회 등의 공식 활동, C는 성의 방어 및 군사활동, D를 종교활동지로 구분하면서, 쌍수정 앞 광장(B)을 '통치 및 행정 등 공적 업무' 공간으로 파악하였다.[23] 백제시대 왕궁지 추정 지역을 통일신라기 정청 소재의 공간으로 비정한 셈이다.

② 신라 말의 공주 상황

이상 공산성 안에서 확인된 풍부한 통일신라 건물의 분포와 유물상은 통일신라 시기에 공산성이 백제시대와 마찬가지로 폭넓게 활용되고 있었음을 보여준다. 이러한 자료들은 공산성이 백제의 전통을 이어 통일신라 웅천주의 치소로서 기능하였음을 뒷받침하고 있다고 생각한다.

건물의 전체적 분포상으로 보아 통일신라시대 공산성은 광복루 광장으로부터 쌍수정 앞 백제왕궁지에 이르는 산성의 남측면이 중심 공간이었고, 성안마을과 영은사 일대를 부속적 공간으로하여 여러 시설들을 운영하고 있었다고 생각된다. 웅천주의 정청(政廳)도 바로 산성의 남측면에 위치해 있었을 것이다. 입지상으로 보면, 최병화의 의견대로 '추정왕궁지'가 유력해보인다.

신라 말 고려 초의 시기, 9세기 후반에서 10세기 초까지는 '성주', 혹은 '장군'을 자칭하는 호족들이 각 지역마다 독자적 세력을 가지면서 군사적 행정이 이루어지던 때였다. 성곽의 중요성과 비중이 더욱 높아졌다는 점에서 공산성이 가지고 있는 효용성은 그대로 계승되었을 것이다. 이 시기 공주는 처음 후백제의 세

---

23) 최병화, 위의 논문, pp.91-94.

력권이었는데, 당시 공주의 실제적 지배자는 '공주장군(公州將軍)'으로 지칭된 홍기(弘奇)라는 인물이었다. 중부지역에서 궁예가 흥기하고 그 세력을 남부지역으로 확대해가자 공주는 궁예의 휘하에 들게 된다. 904년(효공왕 8) '공주장군 홍기'가 태봉의 궁예에게 내항(來降)하였다는 기록이 그것이다.[24] 그러나 918년 궁예가 축출되고 왕건에 의하여 고려가 건국되자 공주는 다시 후백제권으로 넘어갔다. 927년, 즉위한 지 10년이 된 왕건은 공주를 공격하였으나 성공하지 못하였고, 934년(태조 17) 왕건은 충남 서부의 요충인 홍주를 장악한다. 이를 계기로 충남의 많은 지역이 고려에 붙게 되었는데, 이때 공주는 비로소 고려의 세력권에 들게 되었다.

공주장군 홍기는 이후 고려 초의 기록에는 등장하지 않는다. 홍기(弘奇)가 고려왕조의 등장 이전에 제거되었기 때문일 것이라는 의견이 있다.[25] 그러나 문경호는 공주장군 홍기가 왕씨를 사성 받아 후대까지 영향력을 유지한 것이 아닌가 추정하였다. 고려 초 광종 때까지 활동한 공주 출신 정진대사(靜眞大師) 긍양(兢讓)의 속성이 왕씨이고, 그가 "고조(古祖) 증조부 때부터 군읍(공주)의 토호"(鳳巖山靜眞大師圓悟塔碑) 출신이었다는 점에서 홍기와의 연계를 추정한 것이다.[26]

'공주장군 홍기'의 정치적 추이는 잘 알 수 없지만, 호족 쟁패기인 고려 초에 공주는 공산성이 그 정치적 중심 공간이었고 고려시대 공주의 치소로서의 기능이 수행된 것으로 인정되고 있다.[27] 후삼국 쟁란기 공주가 갖는 전략적 요충성에 비추어본다면 공산성이 이 시기 공주의 거점 공간이었으리라는 것은 의심의 여지가 없을 것이다.

---

24) 『삼국사기』 50, 궁예전.

25) 김명진, 「고려 태조 왕건의 공주 일대 공략과정 검토」 『한국중세사연구』 56, 2019, p.23.

26) 문경호, 「정진대사 긍양-나말여초 남종선의 획을 긋다」 『고마나루 이야기』 25, 공주시, 2021, pp.22-24 참조.

27) 김명진, 앞의 「고려 태조 왕건의 공주 일대 공략과정 검토」, pp.18-23.

2. 고려시대 공주 관아와 공산성

1) 고려 초 공주목 관아와 공산성

고려 통일 직후인 서기 940년(태조 23), 웅천주, 혹은 웅주로 불리던 공주의 이름은 지금의 '공주'라는 이름으로 바뀐다. 고려라는 새로운 시대가 열리면서, 백제시대 왕도 '웅진'의 흔적이 비로소 지명상으로 지워진 셈이 된다. 이러한 점에서 940년은 공주 역사의 새로운 출발점이라고도 할 수 있다. '공주'라는 새 이름은 공산성과 밀접한 관련이 있다. '공산'의 산 능선에 쌓은 성이 '공산성'이기 때문이다. '공산'의 지명 기원에 대해서는 공산의 산세 모양이 '공(公)'자를 연상시킨데서 연유한다는 기록도 있다.[28] '공주'가 먼저인지, '공산'이 먼저인지는 단정하기 어렵지만, 이 시기 행정적 중심점이 공산성이었음을 암시하는 자료의 하나이기도 하다.

고려시대 공주는 처음으로 '목'으로 행정구역의 레벨이 지정되고 외관이 파견된 점이 또 한가지 특기할 점이다. 성종 2년(983)의 일인데, 고려시대 공주목 관아의 설치 시점이라고도 할 수 있다. 성종 14년(995) 종래의 12목을 절도사 체제로 개편하면서, 공주는 '안절군(安節軍)'으로, 그리고 1018년(현종 9) 12절도사 체제가 8목으로 변경되면서 청주목 관할, 지주사가 파견되는 군으로 바뀌었다. 이후 공주가 다시 목의 지위를 회복하게 된 것은 1341년(충혜왕 후2년)의 일이다.

983년 공주목의 관아가 설치될 때 목 관아의 위치는 어디였을까. 이에 대해 최종석은 고려시대 관아가 소재한 공간은 일반적으로 성 안이었으며, 이는 통일신라시대의 치소 전통이 이어진 것이라 하였다. 그리하여 이를 '치소성(治所城)'이라는 용어로 지칭하였다. 일반적으로 치소성은 평지에 연접한, 200m 이하의 높지 않은 산이나 낮은 구릉지에 위치하며 조선시대 치소와는 5리 내외의 비교적 가까운 곳에 위치하고 있다고 하였다.[29] 한편 공산성 내에 성황사가 있었다는

---

28) 『신증동국여지승람』 17, 공주목 산천.
29) 최종석, 「고려 치소성의 입지와 분포」 『한국 중세의 읍치와 성』, 신구문화사, 2014,

조선조 지리지의 자료에 근거하여 공산성이 바로 고려시대 공주의 치소성이었다고 단정하고 있다. 성황사는 외적을 막기 위한 시설인 성황(城과 隍)에 대한 신격화에서 발생한 것으로, 고려시대 일반적으로 치소성에 시설되었는데, 공산성에 성황사의 모습이 보인다는 것을 주목한 것이다.[30]

그러나 고려시대 공주목 관아가 공산성 성안에 설치되었다는 것에 대하여, 정요근의 의견은 다르다. 고려시대 산성에 관아가 두어졌다는 일반론 자체를 부정한다. 많은 경우 이미 통일신라기부터 평지에 치소가 있었다는 것이다. 그 사례로서 충청도의 전통적 대읍인 청주, 홍주, 충주와 함께 공주의 예를 들었다. 공주와 함께 청주, 홍주, 충주가 모두 통일신라 이후 고려시대에 평지 읍성에 치소가 있었으며, 공주도 이에 준하여 해석할 수 있다는 것이다.[31] 공주의 경우 공산성은 백제 이래 조선에 이르는 다양한 유적과 유구의 존재에도 불구하고, 고려시대 관아로 비정할만한 건물이나 유적이 발견된 것이 없다는 점을 강조하였다. 반면 공주 시내 조선시대 관아가 있었던 곳에서는 통일신라와 고려시대 유적이 발굴되었고, 이점은 조선시대 관아지가 통일신라 이후부터 공주의 관아지역이었음을 의미한다는 것이다.[32]

고려시대 관아의 위치가 공산성 성 안이었느냐 아니면 성 밖이었느냐는 논의는, 웅진시대 백제의 왕궁이 성안이었느냐 밖이었느냐는 논란을 연상시킨다. 여기에서 한 가지 감안하여야 할 것은 청주, 홍주, 충주와 같은 다른 충청도의 대읍과 달리 공주에는 백제 이래 조선까지 읍성과 같은 시설이 없었다는 점이다.[33] 이는 공주의 지리적 여건이 읍성 축성에 적합하지 않은 데다, 공산성이 그

---

pp.111-117.

30) 최종석, 위의 논문, pp.84-89.

31) 정요근, 「고려시대 전통 대읍 읍치 공간의 실증적 검토와 산성읍치설 비판」『한국중세고고학』 6, 2019, pp.9-18.

32) 정요근, 위의 논문, pp.12-13.

33) 최근 고려시대 청주의 치소 문제를 검토한 논문이 발표되었는데, 고려시대 청주는 이동이 없이 전 기간 평지인 읍성내에 치소가 있었을 가능성이 높다고 한다(임형수, 「고려시대 청주목의 치소와 산성-원도심 발굴 성과와 문헌자료의 보완 검토」『역사

기능을 대신하는 측면이 있었기 때문이다. 요컨대 공산성과 시내 원도심에 고려시대의 건물이나 유적의 내용이 어떻게 확인되는지 하는 점이 고려 초 공주 관아의 위치를 가늠하는데 현재로서는 중요한 근거가 된다고 할 수 있다.

발굴조사 결과에 따르면 공산성은 다른 시기에 비하여 성 안의 고려시대 유적이 현저히 적은 것이 사실이다. 이 때문에 "고려시대에는 공산성의 역할이 불분명하다"고 정리되기도 하였다.[34] 백제, 신라, 조선에 비하여 고려 유적의 검출이 미약한 것은 사실이지만, 고려시기 유적이나 유물이 전혀 없는 것도 아니다. 이점에 있어서 공산성에 대한 지금까지의 조사와 접근은 공산성에는 고려가 없다는 선입관을 전제로 하여 이루어진 감이 있다. 결과적으로 공산성에 대한 고고학적 조사과정에서 고려시대를 간과하는 경향이 없지 않았다는 것이다. 만일 고려시대에 성안에 관아가 있었다면, 우선적으로 고려시대에도 공산성이 중요한 공간으로 사용되었다는 사실이 확인되어야 한다.

2) 공산성 내의 고려시기 유적 유물

공산성에서 조사된 유적중 고려라는 확실한 지표가 되는 청자 유물이 확인된 유적은 12각건물지, 추정임류각지, 광복루 광장, 영은사 앞 백제연지의 윗층, 그리고 성안마을과 추정왕궁지를 들 수 있다. 자료의 양이 많은 것이라 할 수는 없지만, 공산성의 전역에 걸친 분포상을 보여준다는 점이 주목된다. 청자가 확인되지는 않았지만 고려시기의 것으로 인정되는 유적도 있다. 이러한 조사 결과는 고려시대 공주관아의 소재를 생각하는 데 중요한 검토점이 될 수 있을 것으로

와 담론』109, 2024).

34) "고려시대에는 공산성의 역할이 불분명하다. (중략) 기록뿐만 아니라 발굴조사에서도 고려시대의 공산성의 위상을 추정할만한 자료가 아직까지는 확인되지 않는다." (국립공주박물관, 『공산성, 공주 역사기행 1번지』, 2013, p.64) 통일신라 이후 조선조에 이르는 공산성내 건물지를 검토한 최병화도 "고려시대 건물지는 1980년 임류각지 2차 건물지와 2008년 성안마을에서 조사된 2호 건물지 등 총 2동 뿐"이라고 하였다(최병화, 「공산성내 통일신라시대 이후 건물지의 구조와 분포 특징」『백제문화』59, 2018, pp.88-94).

생각한다. 보고서에 의하면, 공산성내의 고려시대 유적의 존재는 다음과 같이 확인된다.

① 원형(12각)건물지 1

공산성 원형(12각)건물지 1에서는 9점의 청자 접시(대접)류가 수습되었다. 통일신라기의 납석제 용기, 조선 분청사기를 비롯한 많은 양의 용기가 집적되어 있는 것은 건물의 용도에 대한 암시로 생각된다. 청자 접시 9점은 건물지 위의 퇴적된 토층에서 수습된 것이라는데, 초창 건물지 위에 고려, 조선시대에 다른 건물이 조영되었던 것처럼 생각된다.[35] 청자 9점은 모두 대접과 접시류이며, 문양이 없는 녹청색이 나는 순청자로서, 시기는 11세기의 것으로 생각되는 자료이다.

② '추정임류각지'

추정임류각지에서는 고려시대 건물 유구와 함께 화분, 잔받침을 비롯한 다량의 청자 및 고려 연화문 와당이 출토하였는데, 직경 16cm 크기 연화문와당은 연꽃이 14엽에 31개의 연자가 밀집한 큰 자방을 가지고 있다.[36] 추정임류각지는 백제, 고려, 조선의 3개 층의 유적으로 보고되어 있는데, 그 가운데 관심을 모았던 백제 임류각지 추정의 초석 건물은 근년 백제가 아닌 통일신라기의 유적으로 비정되고 있음은 앞에서 언급한 바와 같다. 고려층은 이 초석건물 위에 40~50cm 높이로 기단을 높여 조성한 건물지라 하였는데, 제사와 같은 매우 중요한 기능의 건물이 운영되었던 것이 아닐까 생각된다.

추정임류각지는 공산성 안에서 청자유물이 가장 집중적으로 출토한 데다 확실한 고려 와당이 출토한 건물지라는 점에서 주목된다. 보고서에는 출토한 청자 자료중 화분, 잔받침, 접시류 3점을 포함한 5점만 제시되어 있다. 그러나 1980년

---

35) 공주대박물관, 『공산성 건물지』, 1992, pp.151-181.
36) 공주사범대학 백제문화연구소, 『공주공산성내 건물지 발굴조사보고서』, 1982, pp.63-78.

조사 당시 조사원으로 참여하였던 필자는 현장에서 대단히 많은 양의 청자편이 집적되어 있던 상황을 직접 볼 수 있었다. 이점에 대해서는 보고서의 발굴 일지에도 언급되어 있다. 인용하면 다음과 같다.[37]

(1890년 10월 20일~22일) (온돌) 고래 벽의 밑에서 고려 청자접시 1점과 제기 1점이 출토되었다. S1E4, S1E3에서 (중략) 이 고래 벽의 밑에서도 청자편들과 암막새기와편 다수를 발견하였으며, 방 고래의 바닥에서는 면이 다듬어진 초석이 묻혀 있었다.

(10월 23일~25일) 또한 방 고래벽의 밑에서는 청자편과 와편들이 계속 섞여 나오고 있어서 이 방고래 벽은 고려기 이후에 중건된 건물지임을 짐작할 수 있었다.

(10월 30일) S2E6의 표토하 0.7m에서 향로의 구순부(口脣部)로 짐작되는 청자편이 출토되었고, 그 바로 곁에서 청자탁잔대 1점을 발견하였다.

(11월 1일) N3E1~N3E6에 남아 있던 뚝에서는 고려 청자편과 조선시대의 와당 1점을 수습하였다.

(11월 2일) 표토하 30~40cm 구들 고래벽이 시설된 토층에서는 고려기 청자편들이 다수 출토되었다. (중략) S1E6에서는 청자화분 1점을 발견하였다.

추정임류각지에서 출토한 고려 청자(화분, 탁잔) (공주대 박물관)

---

37) 공주사범대학 백제문화연구소, 위의 책, pp.61-63.

10월 20일부터 11월 2일까지 줄곧 청자 자료가 출토되었다는 사실을 알 수 있다. 백제 임류각지로 추정되었던 초창 유구에 대한 관심 때문에, 그 위층에 조성된 고려기 건물에 대해서는 특별한 관심이 두어지지 않았던 것이다. 보고서에는 이 고려 건물의 성격에 대해서는 조선조 읍지 기록에 나오는 '망일사(望日寺)'가 아닐까 추정하였다.[38]

③ 광복루 광장

광복루 광장 서측에는 김영배 관장이 처음 임류각으로 추정했던 건물지가 있다. 1961년 4.19 기념탑을 건립하면서 '류'자명 기와가 나온 곳이다. 발굴 결과 임류각에 대응되는 유적은 나오지 않았고 대신 정면 2칸, 측면 2칸의 작은 건물 터의 적심이 나왔고 조선후기 장대(將臺) 건물로 추정되었다. 주변은 도로 개설로 인하여 지형의 변동이 있는 곳이어서 이 건물이 실제 2칸×2칸의 건물이었는지는 의문이다. 여기에서는 백제, 조선 유물과 함께 고려 청자 기저부 1점이 출토하였다. "유색(釉色)은 밝지 못하고 빙렬도 없다. 굽은 올려서 파냈는데 굽다리 표면에는 유약이 덮여 있다"고 하였다.[39]

④ 영은사 앞

1984년 통일신라 불상 6구가 출토한 영은사 앞의 백제연지 윗층에서는 도합 8점의 청자편이 수습되었다. 매병으로 추정되는 상감청자 운용문병, 초화문병, 국화문 상감청자편 등이 포함되어 있어, 시기는 대략 13, 14세기가 된다. 통일신라 불상은 지표하 3m에 조성된 건물지에서 확인된 것이고, 청자편은 이에 이르는 중간 과정에서 출토한 것인데 유구가 분명하지 않은 교란층에서 수습한 것으로 되어 있다.[40]

조선시대 영은사의 존재에 비추어볼 때, 신라 이후 고려시대에 불사 관련의

---

38) 공주사범대학 백제문화연구소, 위의 책, p.78.
39) 공주사범대학 백제문화연구소, 위의 책, p.90.
40) 공주대박물관, 『공산성 지당』, 1999, pp.202-205, pp.267-271.

영은사 앞, 지당 발굴과정에서 수습된 고려 청자편(공주대 박물관)

시설이 주변에 입지해 있었을 것으로 생각되므로 이들 청자편도 그러한 환경에서 존재하게 된 것으로 추측된다.[41]

⑤ 추정왕궁지

1985, 6년 추정왕궁지에 대한 조사에서는 통일신라 이후에 조성된 다수의 초석 건물지가 조사 되었지만, 앞에서 언급한 바와 같이 이들 건물지의 편년에 대해서는 전체적인 재정리가 필요한 것으로 되어 있다. 다만 백제왕궁지가 입지한 공간이라면 이후에도 조선조에 이르기까지 각 시기마다 중요한 기능의 건축물이 자리하고 있었을 것이다. 추정왕궁지에 대해서는 공주대박물관에 의하여 재발굴이 진행중에 있기 때문에 향후 보고서 정리의 추이를 지켜볼 필요가 있다. 다만 추정왕궁지에서의 출토 유물중 보고서에 통일신라로 분류되어 있는, 중판(重瓣)연화문 9, 연화문와당편, '대평(大平)'명 정림사기와, '천(天)'자명 기와는 고려시대의 것으로 판단되는 자료들이라는 점을 지적하여 둔다.[42]

---

41) 추정임류각지와 영은사 앞 출토의 주요 청자 자료 컬러사진은 국립공주박물관, 『공산성, 공주 역사기행 1번지』, 2013, p.83에서 볼 수 있다.

42) 공주대박물관, 『공산성 백제추정왕궁지 발굴조사보고서』, 1987, pp.40-47.

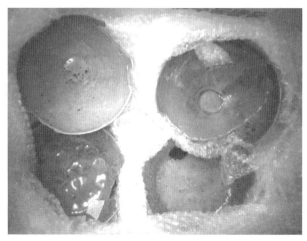
2019년 추정왕궁지 부근에서 발굴된 고려 청자 각종

추정왕궁지 부근, 쌍수정 사적비 비각 북쪽(중단대지 북동쪽 외곽대지)에서는 2019
년도 발굴 과정에서 청자 발(鉢, 499~500)과 반(盤, 501~502) 등 고급 청자 4점이 거의
완형으로 발굴되었다. 그중 2점의 반(盤)은 화려한 화문(花文)이 바닥 전면에 양각
된 고급 기형이다.[43] 모두 11세기 말~12세기 초로 편년되는 자료이지만, 고려시
대 유구의 존재가 확인되지는 않았다.

⑥ 성안마을

이상의 여러 검토를 통하여 광복루 광장에서 추정왕궁지와 영은사 앞에 이르
는 대부분 유적에서 고려시기의 유물 혹은 건축물의 흔적이 있었던 점을 확인하
였다. 그렇다면 공산성내에서 가장 넓은 공간인 성안마을에서도 고려시기의 자
료가 나올 것은 당연한 일이다. 그러나 2009년 이후 2013년까지 이루어진 성안
마을 조사에서는 백제, 신라, 조선으로 그 시대가 국한되고, 고려의 흔적은 전혀
언급되어 있지 않다.[44] 이 때문인지, 공산성에는 고려시대 유적이 없다는 인식

---

43) 공주대박물관, 『공주 공산성』 VI, 2022, pp.280-282, p.620.
44) 공주대박물관, 『공산성 성안마을 조선시대 유적』, 2012; 『공주 공산성』 I, 2016; 『공

이 많이 확산되어 있다. 이러한 점에서, 성안마을에서 기왕에 확인된 바 있는 고려시대 토층에 대한 기록이 주목된다.

2008년도에 실시된 충청남도역사문화연구원의 성안마을 1차조사에서는, 중군영 앞 마당지에 대한 토층 조사에서 고려시대 층이 확인된 바 있다. 당시 확인된 토층은 ①교란층(1987년 조사층), ②~④마당지층(조선시대), ⑤⑥미상 석축층(고려시대), ⑦수혈층(백제시대) 등으로 구분되었다.[45] 트렌치에서는 그 중앙에 고려시대 건물지인 석축렬이 확인되었는데, 이것은 1차 조사지역의 건물지중 가장 정연하게 만들어진 중요 건물로 인정되었다.[46] 마당지의 고려층에서는 16점(280~295)의 유물이 수습되었다. 암키와편 6점(280~285), 경질토기편 8점(286~293)과 함께, 상감청자편 2점(294~295)이 출토하여 고려라는 토층의 시기를 입증하였다.[47]

공산성에서 고려라는 시기 확인에 중요한 기준이 되는 것이 청자이다. 다른 자료의 경우 신라 혹은 조선과의 구분이 애매한 경우가 많기 때문이다. 지금까지 청자 자료가 출토한 것을 중심으로 고려 유적의 존재를 확인하였지만, 청자편이 수반되지 않은 고려 유적도 있을 것으로 보아야 한다. 성안마을 1차조사에서는 위층에 형성된 조선시대 중심의 유적을 조사하면서 13개 건물지 가운데 1개 건물지(제2건물지)는 고려시대에 조성된 건물지로 판정하였다. 인근 마당지에

주 공산성』II, 2018.

45) 마당지에서의 생토면은 지표에서 약 2m인데 비하여 성안마을 한가운데의 백제층은 지표하 6m에서 확인되고 있어 원래 성안마을의 지형이 매우 경사가 급한 골짜기 지형으로 형성된 것이었음을 알 수 있다(충청남도역사문화연구원,『공주 공산성 성안마을 유적』, 2010, pp.32-33).

46) "기단석렬은 길이 약 11m 가량이 잔존하며, 북서쪽에서는 직각으로 꺾여 측면으로 연결되는 서남쪽 기단석렬 일부도 확인된다. (중략) 기단 석렬에 사용된 석재는 장방형 및 방형으로 아주 잘 다듬어서 사용하였다. (중략) 마당지의 중앙에 자리한 공간적인 위치성을 고려한다면, 조사지역에서 확인된 건물지 가운데 가장 중요한 기능을 하던 건물지로 파악된다."(충청남도역사문화연구원,『공주 공산성 성안마을 유적』, 2010, p.75)

47) 충청남도역사문화연구원,『공주 공산성 성안마을 유적』, 2010, pp.194-198, pp.545-548.

서의 고려시기 토층 확인과 어골문 와편의 출토에 의하여 고려 건물지로 분류된 것이다. 제2건물지는 건물지가 크게 훼손된 상태에서 5개의 적심만 확인되었지만, 적심의 지름이 가장 크고 석재가 정연하게 시설된 모습이었다.[48] 이 보고서에는 단편적 자료이지만 성안마을 배수로3에서 청자잔(편)이 출토한 사례도 보고되어 있다.[49]

공산성 내 고려 청자출토지(고려 건물지)[50]
(1.원형(12각)건물지1, 2.'추정임류각지', 3.광복루 광장, 4.영은사 앞, 5.추정 왕궁지, 6.성안마을)

---

48) 충청남도역사문화연구원, 위의 책, pp.39-40, p.276.

49) 충청남도역사문화연구원, 위의 책, pp.243-244.

⑦ '공주관(公州官)' 기와

이상 공산성 출토 자료를 통하여 고려시대의 공산성 문제를 검토해 보았다. 고려시대의 공산성은 다른 시기에 비하여 그 쓰임새가 약화하기는 하였지만, 여전히 일정한 기능을 가지고 있었으며, 이는 고려시대 관아와 같은 공공시설의 존재 가능성을 암시하는 것이라 생각된다. 그러한 전제에서 생각하면, 성내 유적에서 출토한 '공주관(公州官)' 기와가 이에 연결되는 직접적 자료가 아닐까 생각된다. '공주관(公州官)'은 광복루 광장 부근의 '만아루지'[51]에서 2점 출토하였는데,[52] 공산성 건물지에서 많이 출토한 '웅천' '관', '웅천관(熊川官)'을 연상시키는

'공주관' 기와: 공산성 '만아루지'(좌), 우영터(우) 출토

---

50) 공산성 지형 지도는 공주대박물관 제공 자료임.

51) '만아루지'라는 유적명은 『공산지』의 지도를 잘못 읽어서 빚어진, 적절하지 않은 명칭이다. 이에 대해서는 본서의 pp.154-156 참조.

52) 기와는 어골문이 있는 평와로서 편의 크기는 18cm와 14cm이다. '挽阿樓址'는 동문지 밖 백제토성 위의 건물지인데, 백제 이후 조선에 이르는 유물이 다양하게 출토하였지만 유구의 성격은 명확하게 파악되지 않았다. 공주사범대학 백제문화연구소, 『공주공산성내 건물지 발굴조사보고서』, 1982, pp.56-57 참조.

자료이다. '웅천' '관'의 글자가 양각인데 대해, '공주관'은 음각으로 찍혀 있다. '웅천관'이 통일신라시대 웅천주 치소 관련 자료라고 한다면, '공주관' 역시 고려시대 관아 관련 자료라고 할 수 있을 것이다.

고려시대 관아 건축에서 사용된 것으로 생각되는 '공주관' 기와는 시내 중동 우영터에서도 출토하였는데,[53] 어골문 기와라는 점에서 고려시대로 분류되는 자료이다.[54] 그렇지만 '공주관' 기와가 나온 공산성 '만아루지'를 고려시대 관아 공간으로 생각할 수는 없다. 우영터 기와 역시 조선건물지에서 나온 자료라는 점에서, 이들 자료는 원래의 사용처에서 이동된 것이라 해야 할 것이다. 이들 '공주관' 기와가 처음 어디에 있었던 것인지는 단정할 수 없지만, 시내보다는 공산성내였을 가능성이 매우 높다고 생각된다. 공산성에서 많이 출토한 통일신라 '웅천' '관' 기와가 우영터에서 '공주관' 기와와 함께 출토한 점도, 이들 기와가 공산성으로부터 반출되어 사용된 것임을 시사하는 것이다.

지금까지 공산성에서 고려시대는 공백에 가까운 것처럼 이해되었다. 그러나 이상의 자료는 고려시대에도 공산성이 중요한 공간으로 이용되고 있었음을 말해준다. 이점에서 983년 공주목 관아가 자리잡은 것은 공산성 성내였을 가능성이 높다는 것이 필자의 의견이다. 983년은 고려 통일 이후 50년 가까운 시간이 경과한 시점이기는 하지만, 여전히 대내외적으로 불안정한 정세가 지속되고 있었던 터라 성 밖에서 새로운 입지를 선택하기는 어려웠을 것으로 보는 것이다.

3. 조선시대 관아구역의 신라 · 고려 자료 검토

983년(성종 2) 공주목이 설치될 때 목관아는 공산성에 두어졌을 것이라는 의

---

53) 충청남도역사문화연구원, 『공주 우영터』, 2017, pp.74-75.

54) '공주관' 명문와를 '만아루지'에서는 조선시대로 분류하였지만(공주사범대학 백제문화연구소, 위의 책, p.56), 우영터 보고서(충청남도역사문화연구원, 『공주 우영터』, 2017, p.101)에서는 고려시대로 분류하였다.

견을 앞에서 정리하였다. 통일신라 웅천주 치소, 이후 나말여초 공주장군 홍기의 존재로 초기의 관아가 이를 자연스럽게 계승하였다고 본 것이다. 공산성으로부터 시내로 이동한 이후의 새로운 공주 관아의 위치가 어디였을까 하는 것이 다음의 질문이 된다.

1) 조선시대 공주목 동헌터

조선시대에는 공주목 동헌 이외에 우영, 객사, 군기고, 향청 등의 시설이 중동 일대에 위치하여 있었다. 관아로서는 대표적 건축물의 하나였던 객사는 지금의 중동초등학교 부지에 해당하고, 이 역시 조선 이전부터 공적 용도로 사용된 공간이었을 것이지만, 발굴조사가 시행된 바가 없어 그 내용을 확인할 수는 없다. 규장각의 1872년 공주목지도에 의하면 목관아와 객사 사이에 군기고가 있고, 우영으로부터 공산성 방향 옥룡동 대로 쪽에 향청이 표시되어 있다. 향청, 우영, 객사, 군기고, 공주목 동헌은 공산성으로부터 남측으로 뻗어 있는 낮은 구릉의 서쪽 기슭을 따라서, 남북 일렬 상태의 위치를 보여주고 있다. 중동 일원이 조선시대 관아 구역이었음을 보여주는 것이고, 그 일부는 전대인 신라 혹은 고려시대부터 공적 공간으로 사용되었을 가능성이 높다는 점이 인정된다.

공주목 동헌 건물은 1979년경 건물 신축을 위하여 철거되었고, 철거된 부재는 황새바위로 옮겨 이를 재건립하였다. 황새바위에 세워진 동헌 건물은 그후 1984년경 실화(失火)로 인하여 전소된 후, 고마나루의 감영 이전 구역에 함께 복원 이전되었다. 그 과정에서 동헌 건물에 사용된 주초석 현황을 확인하는 것이 가능하였는데, 초석은 백제(추정) 이후 통일신라, 고려, 조선에 이르는 다양한 시기의 것으로 파악되었다.[55]

당시 노출된 초석의 분량은 관찰 가능한 것이 도합 19매, 모양은 방형, 원형, 주좌를 별도로 조출한 것, 크기는 1변 혹은 지름이 50cm에서 1m에 이르는 다종 다양한 것이었다. 이들 초석은 2021년 원래의 자리에 공주목 관아(惠義堂)가

---

55) 윤용혁, 「공주목 동헌의 고대 초석」 『웅진문화』 2·3합집, 1990, pp.43-50.

이전 복원되면서 다시 재사용되었다. 초석 자료가 모두 공주목 동헌 관아 건축에 처음부터 사용된 것은 아닌 것 같다. 자료의 형태와 시기에 있어서 일관성이 지나치게 떨어지기 때문이다. 동헌은 제민천을 사이로 반죽동 소재 대통사지에 인접해 있기 때문에 여기에서 폐기된 석재를 조선시대 목관아 건축에 일부 이용하였을 가능성이 많다.

공주시 중동 330번지, 조선시대 공주목 동헌이 있었던 관아터는 고려시대 목관아 터로서 가장 유력한 지점이라 할 수 있다. 고려시대의 공간을 조선조에도 그대로 사용하였을 가능성이 적지 않기 때문이다. 목관아터 일원에 대해서는 공주목 동헌 정비사업의 일환으로 2018년, 2019년에 발굴조사가 실시되었다.

2018년 충청문화재연구원에 의한 조사 구역(중동 330-6)에서는 시대 미상 건물지의 적심 2개체가 확인되었는데 1호 적심의 유구는 길이 90cm, 너비 62cm, 2호 적심은 길이 59cm, 너비 59cm라 하였다. 관련 유물의 검출이 거의 이루어지지 않았지만 굴착한 트랜치의 깊이가 125~248cm, 80~320cm였다는 점에서 조선시대 이전, 통일신라 혹은 고려기의 건물 흔적일 것이 추측되었다.[56] 2019년 충청남도역사문화연구원에 의하여 330-1번지(8,760㎡)에 대한 후속 조사가 실시되었다. 근대 자혜의원으로부터 도립의료원 등 대형 건물의 건축 과정에서 부지 대부분의 훼손이 심하여 기대했던 조사 결과를 얻지는 못하였다.

조사지역에서는 5기의 수혈주거지와 건물의 주공을 포함한 백제시대 유구가 확인되었다. 이 구역이 백제시대에 생활 공간이었음을 말해주는 것이다. 통일신라 유적으로는 수혈 유구 3기와 함께 건물의 초석이 놓였던 적심 1개소가 보고되고, 고려시대는 폐기와를 쓸어넣은 폐와무지 1개소가 확인되었다.[57] 폐와무

---

56) "적심 시설은 유적의 동쪽 평탄부의 북쪽과 남쪽에서 1기씩 조사되었으며, 두 유구의 간격은 약 6m이다. 원형 내부에 크기 10cm 내외의 자갈을 빼곡하게 배치하였으며 굴광선과는 3~5cm 가량 떨어져 있다. 기반토 바로 위에 적심하였으며 내부에서 출토된 유물은 없다."(충청문화재연구원, 「공주 중동 330-6번지 일원 공주목관아터 정비사업부지내 유적 문화재 정밀발굴조사 약보고서」, 2018.4)
57) 충청남도역사문화연구원, 『공주 중동 330-1번지』, 2021, pp.57-134 참조.

지에서는 다량의 고려시대 와류와 함께 6엽의 복판연화문 와당, 고려 청자편 2점, '관(官)'자명 기와가 확인되었다. 청자편 중 하나는 14세기 퇴화된 상감 연판문양이 들어 있어 시기를 가늠하는 데 도움을 준다.[58] 통일신라 유적으로 수혈유구와 적심 1개소가 보고 되었지만, 유물이 빈약하여 신라라는 시기를 확정하기에는 어려움이 있는 것으로 보인다. 이로써 정리하면 조선시대 공주목 관아 터는 백제시대부터 사용된 생활 공간이었고 신라, 고려시대의 건축물의 존재가 인정되기는 하지만, 건물의 구체적 성격을 단정하는 것은 자료상으로는 어려운 상황이라 할 수 있다.

2) 조선시대 공주 우영(右營) 터

고려시대 이전된 공주목 관아는 조선조 공주목 동헌의 공간과 일치할 가능성이 많겠지만, 발굴조사 결과에서는 이를 단정할만한 자료가 확보되지 않았다. 따라서 고려시대 공주 관아가 우영이나 객사터와 같은 인근의 공간에 조성되었을 가능성도 배제할 수 없다.

공주목 관아가 조사되기 전 중동 소재 조선조 군영 시설의 하나인 우영(右營)의 터가 2015년에 조사되었다. 17세기 이후 군사제도 개편에 의하여 1654년(효종 5) 충청도에 5진영 체제가 확립되었는데, 홍주(전영), 해미(좌영), 청주(중영), 공주(우영), 충주(후영)의 5영이 그것이다. 우영인 공주진영은 공주, 옥천, 부여, 석성, 이산, 연산, 은진, 연기, 회덕, 진잠, 전의 등 11읍을 관할하는 진영으로『여지도서』에 의하면 도합 4,297명의 군병이 속해 있었다. 공주 우영은 이 공주진의 사령부가 되는 셈이다. 근대에 이 터에는 엽연초생산협동조합의 양식 건물이 들어섰고 이 때문에 실제 우영 건물의 흔적은 이미 훼손된 상태였다.

우영 터(공주시 중동 63번지)에 대한 조사(조사 면적 1,490㎡, 2015.5.17.~7.15)에서는 도합 11동의 건물지가 확인되었는데, 통일신라~고려시대 건물지가 5동, 조선시대 건물지 6동이 확인되었다. 보고서에 의하면 통일신라~고려시대 건물지는 시기

---

58) 충청남도역사문화연구원, 위의 책, pp.132-134.

를 명확히 구분하기 어려운 상태로서 1~4건물지와 11건물지가 이에 포함되었다. 건물은 전체적으로 남북을 장축으로 하는 동향의 건물인데, 1건물지는 최소 5칸 이상의 건물, 2건물지는 정면 4칸 측면 2칸, 11건물지는 측면 2칸에 정면 4칸 이상의 큰 건물로 추정되었다. 특히 11건물지는 유물의 출토상에 의하여 통일신라 조성된 것을 고려시대 중수한 것으로서, 문지(門址)로 의심되는 2건물지와 같은 시기 건물인 것으로 추정되었다.[59]

2건물지에서는 '웅(熊)' '관(官)' 등 공산성에서 많이 나오는 명문와와 함께 해무리굽 백자 저부, 3건물지에서는 해무리굽 청자편과 장방형 전(塼), 6건물지에서 청자 저부, 7건물지에서 '공주관(公州官)' 명문와, 9건물지에서는 청자 발과 5점의 청자 저부편, '애진(哀眞)'명 납석제 뚜껑, 11건물지에서는 통일신라 주름무늬 병의 편이 수습되었다.[60]

발굴조사의 결과는 조선시대 우영터가 통일신라시대부터 공적 용도의 공간으로 사용된 곳이었음을 암시하고 있다. 그러나 건물에 따른 편년이나 용도를 명확히 하기는 어렵다. 통일신라~고려 건물지로 분류된 건물지에서도 실제로는 신라, 고려보다 훨씬 많은 양의 조선시대 와류와 백자편이 같이 수습되었고, 조선시대 건물지로 분류된 건물지에서도 고려기로 생각되는 '공주관(公州官)' 명문와, 혹은 비교적 많은 양의 고려청자가 수습되었기 때문이다. 이에 의하여 우영터가 통일신라 이후 조선시대에 이르기까지 지속적으로 공적 용도로 사용된 공간이었으리라는 점이 인정된다. 그러나 고려시대 관아와 같은 시설이 있던 자리라고 생각할만한 수준에는 미치치 않는다. 백제시대 자료가 없는 점도 유의되는 점이다.

---

59) 충청남도역사문화연구원, 『공주 우영터』, 2017, pp.34-48 참조.
60) 충청남도역사문화연구원, 위의 책, pp.49-86 참조. 납석제 뚜껑의 '哀眞'명은 보고서에서 "2자의 명문이 각기 다른 방향으로 두 번 새겨져 있다"(p.81)고 하였으나, 같은 뚜껑에 있는 또 하나의 글자는 '哀薈'으로 읽혀진다. 물건을 소유했던 형제의 인명이 아닐까 생각된다.

4. 고려시대 공주 관아의 공간 이동

1) 고려 현종의 공주 방문(1011)과 공주 관아

앞에서 필자는 983년(성종 2) 공주목 관아가 공산성 안에 두어졌으며, 이후의 어느 시기에 시내 중동으로 이동한 것이라 하였다. 그러나 현재로서는 중동의 어느 지점에 처음 자리한 것인지, 그리고 그 이동 시기에 대해서 단정할만한 근거가 마련되어 있지 않다. 이러한 한계점을 전제로 하면서도 대략 그 시기는 12세기 전반이며, 11세기 말까지는 공산성에서 관아가 유지되었던 것이 아닐까 하는 것이 필자의 의견이다. 자료가 뒷받침되지는 않지만 입지상으로만 본다면 '추정왕궁지'가 고려시대 관아의 입지로서는 유리한 것으로 생각된다.

이 문제와 관련하여 1011년 현종의 공주 방문은, 명확하지는 않지만 당시 공주 관아가 공산성 안에 있었다는 하나의 암시를 주는 것이 아닌가 한다. 잘 알려진 바와 같이 1011년(현종 2) 정월 거란의 침입으로 피란하던 현종은 나주로 내려가는 와중인 1월 7일에 공주를 경유하였다. 이때 공주의 수령이었던 절도사 김은부는 공주에 도착한 왕을 극진히 접대하였다. 이에 대해서는 다음과 같이 기록되어 있다.

> (김은부는) 현종 초에 공주절도사가 되었는데, 왕이 거란의 난을 피하여 남쪽으로 오매, 김은부가 예를 갖추고 교외로 나와서 맞으며 아뢰기를 "임금님께서 산을 넘고 물을 건너시며, 서리와 눈을 무릅쓰고 이런 지경에 이를 줄을 어찌 생각이나 했겠습니까"하고, 옷가지와 토산물을 바쳤다. 왕이 파산역에 도착하니 아전들이 다 도망하여 끼니조차 거르게 되었다. 김은부가 또 음식을 올리어 아침저녁으로 나누어 공궤하였다. 거란군이 물러가자 왕이 돌아오는 길에 공주에 머물렀다. 김은부가 맏딸을 시켜 왕의 옷을 만들어 바쳤는데, 이것이 인연이 되어 궁에 들어가게 되었으니 곧 원성왕후(元成王后)이다. 원혜(元惠), 원평(元平) 두 왕후도 역시 그의 딸이었다. (『고려사』 94, 김은부전)

김은부는 왕에게 갈아입을 의복과 '토산물'을 바쳤다고 하였다. 토산물은 주로 먹거리, 음식이었을 것이다. 김은부는 왕이 공주를 떠난 후까지도 뒷바라지를 자청하여 전주 부근 파산역에 이를 때까지 왕의 식사를 챙길 정도의 극진함을 보였다. 현종이 공주에 이르렀을 때는 김은부는 '교외'로 나가서 왕을 맞았는데, 이에 대해 『신증동국여지승람』에서는 그곳이 '고마나루(熊津渡)'라고 명기하고 있다.[61]

공주를 거쳐 전라도 나주까지 피란하였던 현종은 거란군의 철병으로 귀경하던 도중 1011년 2월 4일부터 6일 동안을 공주에서 머물렀다. 귀경 중의 현종이 공주에서 머물렀던 곳은 아마도 공산성 성안이었을 것이다. 공산성은 불안했던 왕의 신변을 경호하는데 매우 편리하였을 것이고, 현종이 통과하는 호남대로와도 동선이 이어지는 지점이기도 하다. 이때 공주의 절도사영(공주목 관아)도 성안에 있었을 것으로 추정된다. '절도사(節度使)'라는 직명 자체에 민정적 성격보다는 군사적 성격이 강조되어 있다. 절도사 김은부는 공산성 내의 관아에서 공무를 수행했다고 생각되는 것이다. 그날 저녁(아마도 2월 4일) 김은부의 큰 딸은 자기가 정성들여 지은 왕의 옷을 가지고 현종의 침소를 찾았다. 그것이 자연스럽게 가능할 수 있었던 것 역시 절도사 김은부의 거처와 왕의 임시 행궁이 인접하였기 때문이었을 것이다. 그러니까 현종은 고마나루를 건너 공주에 들어왔으며, 귀경중에는 관아가 있는 공산성에서 머물다 상경한 것이라 할 수 있다.

귀경중의 현종은 공주를 칭찬하는 일종의 '공주 찬시'를 선물로 내렸다. 물론 자신이 직접 지은 시였다.

일찍이 남쪽에 공주라는 곳이 있다고 들었는데	曾聞南地在公州
선경(仙境)의 영롱함이 길이길이 그치지 않으리	仙境玲瓏永未休
이처럼 마음 즐거운 곳에서	到此心情歡樂處
군신(群臣)이 함께 모여 일천 시름 놓아 본다	群臣共會放千愁

현종의 흡족한 감정이 표현되어 있는 이 공주 시는, 현재 전하는 가장 오래 된

---

61) "高麗顯宗 避契丹南奔 節度使金殷甫等 迎于是津"(『신증동국여지승람』 17, 공주목 산천)

공주 관련 시 가운데 하나이다. 현종이 지은 공주 찬시는 이후 공주의 자랑처럼 공주 관아 동헌에 걸려 있었다. 문종의 아들이면서 현종의 손자가 되는 대각국사 의천은 공주를 지나는 길에 공주 관아에 걸린 현종의 시를 보게 되었다. 공주 동헌에 걸린 현종의 공주 찬시(讚詩)는 대각국사 의천의 시심(詩心)을 자극하였던 듯하다. 그는 다음과 같은 시를 남겼다.[62]

옛날 현종께서 시 한 수를 남기시니	宸章昔日此留遺
지금에는 영물되어 특별히 보호하네	靈物于今必護持
눈을 씻고 바라보며 무엇을 기원할까	洗眼式瞻下所願
별처럼 빛이 나서 억년 터전에 함께 빛나기를	奎躔同耀億年基

　대각국사 의천이 본 현종의 공주 시는 공주 관아, 사람들에게 잘 보이는 건물에 게시되어 있었다. 문종의 아들 대각국사 의천(1055~1101)이 공주 관아에 걸린 현종의 시를 본 것도 공산성 안의 관아가 아니었을까 한다.

　공주를 경유하여 통행하던 사람들은 공산성에 들르는 경우가 많았다. 신라시대 최치원이나 고려 말의 정도전이 공주를 경유하는 과정에서 공산성을 찾았던 것이 그 예이다. 의천의 경우도 경유로서 공주에서 공산성을 찾았다가 마침 관아에 걸린 현종의 시를 보게 되었다고 생각된다.[63] 그때 시내 중동에 관아가 있었다면, 의천이 공주관아를 일부러 찾아가야 할 이유는 많지 않았을 것으로 생각되기 때문이다. 이러한 점에서 명시적이지는 않지만, 현종과 의천의 공주 방문 이야기는 당시 관아가 공산성에 있었음을 암시하고 있다고 생각된다.

---

62)　의천, 『대각국사문집』 17, 「公州廳上觀顯王留題」.

63)　의천이 공주에 들른 시기는 잘 알 수 없으나 『대각국사문집』 17권에는 공주에 대한 시와 함께 안성(죽산) 칠장사 → 공주 관아 → 전주 경복사 → 보월산(월출산) 백운 암 → 지리산 화엄사 등의 순으로 순행하며 지은 시가 실려 있다. 이로써 보면 당시 의천은 개경에서 경기, 충남을 거쳐 전남에 이르기까지 여러 절을 순행한 것으로 보이며, 그 도정에서 공주에 들렀음을 알 수 있다.

2) 고려시대 공주 관아의 이동

최종석에 따르면 고려시대 공산성에 있던 공주목 관아가 시내 중동으로 이전한 것은 충렬왕대(1274~1308)의 일이 된다. 마침 승 연감(淵鑑)이 지은 「공주동정기(公州東亭記)」에 의하면 공주자사로 부임한 민상백(閔祥伯)이 관사(館舍), 창고, 학교, 사원, 누각중 누추하거나 없어진 것들을 대부분 '새로 지었다(革復)'고 한다.64) 그러나 이때 여러 시설과 함께 관사(館舍)를 '새로 지었다(革復)'는 것이 반드시 관아의 이전을 의미한다고는 생각되지 않는다. 공공건물 전반에 대한 대대적 수리 혹은 재건축 사업에 관사가 포함되어 있었음을 말하는 것이 아닐까 한다. 만일 치소가 이때 이전되었다면, 이점에 대하여 특별히 강조하였을 것이기 때문이다.

정요근이 지적한 바와 같이, 민정상의 불편함 때문에 산성에의 읍치 유지에는 한계가 있을 수 밖에 없다. 공주 인근 유성현의 경우 평지에의 읍치 조성 시기가 11세기경으로 추정되고 있는 점은65) 지역의 편의에 따라서 읍치의 이전이 더 이른 시기에 이루어졌을 것이라는 생각을 갖게 한다. 민상백의 사업이 관아의 대대적 수리에 해당하는 것이라고 한다면 이때는 이미 관아가 성 밖으로 이전되어 있던 시기의 일이 아닐까 한다.

공산성은 시내와의 거리가 멀어 행정적 업무를 수행하는 데는 불편한 점이 많을 수 밖에 없었다. 이 때문에 안정된 시기에 시내로 관아를 옮기는 것은 불가피한 일이었을 것으로 보인다. 필자는 현종과 의천의 공주 방문 자료를 간접적으로 활용하여 11세기 말까지는 관아가 공산성 안에 있었을 것이라는 의견을 제시하였다. 그런데 1176년(명종 6) 정월, 대전 지역에서 봉기한 명학소의 난민이

---

64) "公 乃分牒聯屬 聚工懲役 將使州治之館舍 · 庫廩 · 庠塾 · 寺院 · 亭觀之猥陋廢亡 者 靡不革復之"(『신증동국여지승람』 17, 공주목 역원)

65) 문경호, 「고려시대 유성현과 대전 상대동 유적」『한국중세사연구』36, 2013, pp.195-197 참조. 문경호는 유성현 이외에도 언양현의 구치소지, 남해 고현면의 추정 관당 성지, 장흥의 유치향치, 순창 관평 고려시대 건물지, 보령 고남포 유적 등의 경우의 예를 들어 "고려 전기 많은 군현의 치소가 산성이 아닌 산록", "산록과 강 사이의 충적지에" 자리 잡고 있었다고 하였다.

이전 복원된 조선시대 공주목 관아(혜의당, 2021)

주치(州治)인 공주를 바로 공함하였다.[66] 이는 당시에 공주 관아가 공산성 밖으로 나와 있었기 때문에 가능한 것이 아니었을까 한다. 만일 그렇다면 공산성에서 시내로 관아가 옮겨진 시점은 그 이전, 12세기의 전반이 유력해진다. 이때 관아가 옮겨진 구체적 지점을 특정하기는 어렵지만, 공주 원도심의 조건상 조선조 공주 관아 구역에 해당하는 중동 일대를 벗어나지는 않았을 것이다.[67]

12세기 이후, 13세기와 14세기에 공주는 몽골군의 침입, 그리고 왜구 침입으로 많은 피해를 입었다. 1231년부터 대략 30년간 이어진 몽골 침입으로 대부분 지역은 수령, 혹은 방호별감의 지휘하에 인근의 산성으로 수시 입보하여 전란을

---

66) 『고려사절요』 12, 명종 6년 정월.

67) 공주와 지리적으로 가까운 충청지역의 거점인 청주의 경우는 14세기에 시내 읍성 내에 목 관아가 있었다. 고려 전기의 경우도 통일신라 이래로 같은 읍성내에 관아가 자리하고 있었을 것으로 추정된 바 있지만, 구체적 장소는 특정되지 못하였다. 임형수, 「고려시대 청주목의 치소와 산성-원도심 발굴 성과와 문헌자료의 보완 검토」 『역사와 담론』 109, 2024, pp.227-228 참조.

피하는 경험을 갖는다. 13세기, 14세기 몽골과 왜구의 침입 때에는 종종 공산성으로 관아를 옮겨 행정 업무를 수행하기도 하였을 것이다. 요컨대 13, 14세기의 전란기 공주 관아는 중동에 자리 잡은 뒤의 일일 것이지만, 외적의 침입에 대응하여 일시적으로 공산성으로 되돌아가는 일도 있었을 것이다.

맺는말

　고려시대 공주 관아는 어디에 있었으며, 공주 중동에 공주목 관아가 자리하게 된 것은 어느 때부터일까, 이것이 본 논문에서의 중심 질문이다. 고려시대 공주 관아는 14세기 무렵까지 공산성 성내에 있었다는 견해와, 처음부터 줄곧 성 밖 원도심의 시내에 있었다는 상반하는 의견이 제기되어 있다. 이른바 '치소성(治所城)' 문제와 관련한 논란이었다. 그러나 관련한 문헌적 혹은 고고학적 근거 자료가 매우 희박한 탓으로, 이에 대한 구체적인 자료 검토 작업은 지금까지 이루어진 바가 없었다. 본고는 자료의 한계에도 불구하고 이 문제에 대한 논의를 시도한 것이다.

　공산성에는 백제시대에 왕궁이, 통일신라시대에는 웅천주의 치소, 그리고 조선조 17세기에는 충청감영이 한동안 소재했던 공간이기 때문에 고려시대에도 치소로서 기능했을 가능성이 일단 높은 공간이다. 그러나 공산성에는 백제, 통일신라기와는 달리 고려시대 자료가 희소하다는 것이 지금까지의 일반적 인식이었다. 이러한 고고학적 보고는 공산성이 아닌 원도심에 관아가 있었을 것이라는 주장의 근거가 되기도 하였다.

　본고에서는 공산성의 고려시기 자료에 대해서 발굴보고서를 근거로 이를 상세히 검토하였다. 그 결과 성내 전 지역에 걸쳐 다수의 청자 출토지 혹은 고려 건물지가 있었음을 확인하였고, 이들 자료는 통일신라 이래 고려 건국 이후에도 공산성 안에 공주 관아가 있었을 가능성을 높여주는 정황적 증거가 된다고 보았다. 한편 11세기 현종의 공주 방문 및 대각국사 의천 관련의 문헌 자료도 간접적이나마 당시까지 관아가 공산성 내에 소재한 사실을 암시하고 있는 것으로 해석하였다. 공산성 내 고려 관아의 입지를 특정하기는 어렵지만, 입지상으로 본다면 쌍수정 앞 추정왕궁지가 유력하지 않을까 생각한다.

고려시대 공산성이 치소였다는 전제에서, 성 밖으로의 관아 이동의 시점은 고려왕조가 충분히 안정감을 가지게 되었던 12세기의 일로 추정하였다. 1176년(명종 6) 정월 명학소민의 공주 공함이 관아가 성 밖으로 나와 있었던 상황에서의 일로 보고, 이에 근거하여 12세기 전반으로 그 시점을 더 좁혀본 것이다. 그럼에도 불구하고 본고는 공주 관아의 구체적인 장소 혹은 공산성 밖으로 치소가 옮겨진 시점을 추정하는 데 그쳤을 뿐 이에 대한 객관적인 근거를 제시하지는 못하였다. 이러한 점에서 본고는 사실의 정리라기보다는, 제한된 자료의 한계 속에서 나름의 의견을 제안한 것이라고 할 수 있다. 청주읍성 내에 있었다는 고려시대 청주목 관아의 경우도, 적지 않은 고고학적 자료에도 불구하고 치소의 위치를 특정하지는 못하였다는 점이 참고가 되지 않나 생각한다.

조선조 공주목의 동헌(惠義堂)은 2021년에 고마나루로부터 중동의 원 위치로 다시 이치 복원되었다. 동헌의 복원을 계기로 제금루(製錦樓)의 복원 등 조선시대 목관아에 대한 정비 작업을 본격적으로 진행하고 있다. 충청감영의 복원이 현실적으로 쉽지 않은 여건에서, 공주시는 공주목 관아를 공주의 조선시대 역사콘텐츠 활용의 중심적 공간으로서의 활용하려는 기대를 가지고 있다. "문화복합공간으로서 원도심 활성화에 기여하는 공주목 관아"를 조성한다는 것이다.[68] 공주에서 백제를 대표하는 대통사지와도 가까운 거리여서, 복원된 공주목 관아는 향후 원도심의 거점 공간으로서 일정한 역할이 부여될 것이다.

* 본고는 충남역사문화연구원, 『충청학과 충청문화』 36, 2024에 실린 것임.

---

68) 공주시, 『공주목 복원정비계획 최종보고서』, 2019, pp.236-315.

제2장 공산성 만하루에 대하여

공주 공산성 내에는 여러 누정이 조성되어 있었다. 공산성의 성문과 관련한 공북루와 진남루를 비롯하여 쌍수정, 후락정, 임류각 등이 그것이다. 그 가운데 영은사 앞 연못의 금강변 석축 위에 조성한 만하루(挽河樓)는 연지와 금강의 경계선상에 위치하여, 연못과 강을 함께 감상할 수 있는 특별한 경관을 자랑하고 있다.

이 만하루는 1982년에 연못과 함께 발굴 조사 되었는데,[1] 강과 연못 사이의 입지에 '강물을 끌어 들인다'라고 해석되는 '만하(挽河)'라는 특이한 이름을 가지고 있다. 필자는 공산성의 연지 및 만하루의 발굴 과정에 참여한 바 있으며, 특히 『여지도서』 등의 기록에 근거, 지표상의 흔적이 없는 연못의 존재를 처음으로 주장하여 발굴에 이르는 단서를 만든 인연을 가지고 있다.[2] 또 만하루의 연못에 대해서는, '공산성의 연못(挽河池)'이라는 소제목을 달아 이를 정리 소개한 적도 있다.[3]

수년 전 민정희는 금강의 누정에 대해 정리하면서 만하루에 대한 새로운 자

---

1) 이남석, 『공산성 지당』, 공주대박물관, 1999.
2) 공주사범대학 백제문화연구소, 『백제문화권의 문화유적 −공주편』, 1979, pp.25-26.
3) 윤용혁, 「충청감영시대의 공주유적」 『공주, 역사문화론집』, 2005, pp.256-261.

료를 소개하였다.[4] 그가 소개한 '만하루기'는 '만하'라는 이름의 연원, 건립 취지에 대한 설명 등을 담고 있는 매우 흥미 있는 자료였다. 그러나 단행본 보고서 속에 들어 있었던 탓으로 사람들의 관심을 끌지 못한 상태여서, 보완된 원고를 부탁하여 『웅진문화』에 게재하도록 한 적도 있다.[5] 그런데 근년 공주에서 조선통신사 관련의 콘텐츠가 관심으로 떠오르면서 통신사 정사였던 김이교(金履喬)의 조부였던 충청관찰사 김시찬(金時粲)이 이 만하루와 연지를 조성한 장본인이었다는 것도 다시 주목되고 있다. 이러한 단계에서 만하루에 대한 여러 내용을 종합, 재정리 소개하는 것이 본고의 목적이다.

한편 공산성 내의 유적 중에는 '만하루'와 유사한 '만아루지(挽阿樓址)'가 명단에 올라 있다. 만하루와 별도로 '만아루'라는 누정도 있었다는 것인데, 이는 관련 기록에 대한 잘못된 해석에 근거한 것이어서, 본고에서 이와 관련한 의견도 아울러 제시하고자 한다.

1. 공산성의 연못과 만하루(挽河樓)

공주사대 박물관에 의하여 공산성내 만하루의 터가 확인된 것은 1982년 공산성내 건물지 발굴조사 작업에 의해서였다. 1978년 공산성에 대한 간략한 지표조사를 통하여 주목되었던 것이 성 안 연못의 존재였다.[6] 이때의 지표조사는 '백제문화권 개발'의 기초조사로서 공주지역 유적 전반에 대한 것이었다.

당시 성안의 연못은 지표상에서는 확인되지 않은 상태에서, 공북루 앞과 영은사 밖의 2개소로 보고되었다. 공북루 앞의 연못에 대해서는 "지(池): 또 성 안

---

4) 민정희, 「만하루」『금강의 누정문화』, 충남향토연구회, 2011, pp.186-192.
5) 민정희, 「만하루, 전쟁 없는 평화로운 세상을 염원하다」『웅진문화』 25, 2012.
6) 공주사범대학 백제문화연구소, 『백제문화권의 문화유적-공주편』, 1979, pp.25-26.

공주지역 문화재 지표조사 관련 자문회의(동학산장, 1978)
(우측으로부터 안승주, 김영배, 지건길, 김정기, 김정배, 한 사람 건너 필자)

북쪽에 있으며 둘레 50장 깊이가 3척인데, 가물면 물이 마른다"[7]라고 하였다. 또 『공산지』(1859)에는 '성 동북쪽 사이 수구문 밖'에 위치한 또 하나의 지(池)에 대하여 언급하면서 "사방 둘레가 64장, 깊이가 2장"이라 하였다. 이것이 이후 발굴 조사에 의하여 확인된 만하루 연못이다.

　『공산지』에서 언급한 영은사 북측 강변의 석축 연못과 만하루에 대한 정확한 기록은 『여지도서』에 있다. 이에 의하면 만하루와 연못은 1754년(영조 30) 충청도 관찰사 김시찬(金時粲, 1700~1767)에 의한 것이었다. 관련 자료는 『여지도서』의 충청도 감영에 들어 있어서 공주목 자료만 보고 놓치는 경우가 많다. 기록은 다음과 같다.[8]

---

7) 『공산지』 성지 쌍수산성.
8) 『여지도서』 충청도 감영, 성지 쌍수산성.

진남관 앞에 연못 하나가 있다. 둘레 64장, 깊이 2장이다. 건륭 갑술년(1754, 영조 30)에 관찰사 김시찬이 성안에 물이 없음을 걱정하여 수구문 밖에 연못 하나를 파고 강물을 끌어들였다. 둘레는 50장이고 깊이는 7장이다. 이어 외성을 쌓았는데 길이 35장, 높이 6장, 여장이 35개이다. 좌변 익성은 길이 25장, 높이 2장, 여장이 31개이다. 우변 익성은 좌변익성과 같다. 암문 1칸을 석축 하였으며, 연못 가에 만하루(挽河樓) 6칸을 지었다.[9]

이에 의하면 공북루 앞에 예전부터 둘레 64장, 깊이 2장의 연못이 있었는데, 성안에서 필요로 하는 용수의 양이 부족하여 항상 불편하였다. 이 때문에 영은사 앞 수구문 밖 금강변에 새로운 연못을 만들었는데 둘레가 50장이고, 깊이는 7장, 여장은 35개로 아주 깊은 연못이었다. 연못의 외측, 금강변으로는 길이 35장, 높이 6장 규모의 성을 축성하였다. 강변의 신축 외성과 기왕에 축성된 성벽을 연결하기 위하여 좌, 우로 다시 각 25장, 높이 2장, 여장 31개의 석축을 조성하여 서로 연결하였다. 마지막으로 기존 성에서 연못으로 나가는 곳에 1칸 크기 암문을 석축하고, 금강쪽 연못의 북측에 6칸 규모 만하루를 건축하였다는 것이다.

1982년 이 연못의 발굴조사 결과에 의하면 상면에서 바닥까지의 깊이가 10.2m, 둘레는 대략 67m였다(동서 22m, 남북 11.5m). 연못 가에서 노출된 누정의 건물은 기록 그대로 6칸 크기였다. 공북루 남측에 있던 원래의 연못이 2장 깊이인 것에 비하여 만하루의 연못은 7장에 이르고 있어서, 평면 대비 깊이의 비율이 3배나 더 깊게 조성되어 있다. 그만큼 공사가 어려웠을 것을 짐작할 수 있는데, 좁은 면적에 많은 용수를 확보하기 위한 고육지책이었을 것이다.

만하루의 연못은 자기 이름을 가지고 있지 않다. 그것은 이 연못이, 조경용의 연못을 만든 것이 아니라 군사용의 집수 시설로 만들었기 때문이다. 그러나 그

---

9) "鎭南館前 有一池 周回六十四丈 深二丈 乾隆甲戌 監司金時粲 爲慮城中之無水 於水口門外 鑿一池 引入江水 周回五十丈 深七丈 仍築外城 長三十五丈 高六丈 堞 三十五堞 左邊翼城 長二十五丈 高二丈 堞三十一堞 右邊翼城 與左邊翼城同 石築 暗門一間 池邊建挽河樓六間"

만하루와 금강, '만하지'의 모습

냥 이것을 '연못'이라 부르기에는 격에 맞지 않다. 그래서 필자는 이 연못 축조의 뜻을 따라서 '만하지(挽河池)'로 부르는 것이 좋겠다는 제안을 한 바 있다. 이하 '만하지'라는 이름으로 칭하고자 한다.

2. 박윤원의 '만하루기(挽河樓記)'

만하루에 대해서는 민정희가 기왕에 새로운 자료를 소개하였다. 내용은 박윤원(朴胤源, 1734~1799)의 문집인 『근재집(近齋集)』(권21)에 실려 있는 '만하루기'를 비롯하여, 그의 동생 박준원의 '만하루' 시(『錦石集』 권2), 『일성록』(1822년 8월 24일 순조 공청우도 암행어사 이언순 진서계별단)의 기록 등으로 되어 있다.

만하루기를 남긴 공주판관 박사석(朴師錫)의 장남 박윤원(朴胤源, 1734~1799)은 만하루의 연못에 대하여 다음과 같이 설명하고 있다.[10] 만하루기의 한글 번역은 오승준의 번역이다.

> 만하루는 공주 쌍수성 동북쪽에 있어 곧바로 금강이 내려다 보인다. 그 아래에 몇 길 정도 깊이의 연못을 파서 강물을 나란하게 하고 성 밖으로 통하는 구멍을 만들어 강물을 끌어다가 성 안에 물을 대었다. 수십 층으로 돌을 포개어 연못을 둘러 튼튼하게 만들고 또 산기슭에 백여 보 되는 외성을 쌓아 두루 연못을 보호 하였다. 성을 지킬 때에 군사와 백성이 길어다 마실 수 있게 만든 것이다. 고인이 된 관찰사 김공이 계획한 것이고, 누대의 이름은 두공부(杜工部)가 지은 <세병마행(洗兵馬行)> 시에서 취한 것이라고 한다.[11]

만하지의 물은 강물을 끌어들인 것이고, 성 밖의 연못에 출입할 수 있도록 암문(暗門)을 내었으며, 무엇보다 이 연못의 기능이 성 안에 상주하는 군사와 백성이 마실 물을 공급하는 것임을 분명하게 밝히고 있다. 이같은 시설을 기획한 것은 관찰사 김시찬 자신이었으며 두보의 시에서 '만하루'라는 이름을 가져온 것이라 하였다.[12] 또 연못이 왜 꼭 필요한 것인지에 대해서는 다음과 같이 설명하면서 관찰사 김시찬의 공을 칭찬하고 있다.

> 성안의 샘과 우물이 거의 드물어 거주하는 백성이 항상 강으로 내려와 물을 길으니 혹시 도적이 이르러 북쪽 언덕에 의지하여 진을 친다면 백성들은 나와서

---

10) 민정희, 「만하루, 전쟁 없는 평화로운 세상을 염원하다」 『웅진문화』 25, 2012, pp.114-117.

11) "挽河樓 在公州雙樹城之東北 直臨錦江 其下鑿池數丈許 與江水齊 作穿穴通于城外 引江水而注 諸ㅌ內 累石數十層 環池以爲固 又築外城百餘步于山之趾 周衛于池 蓋爲城守時 軍民取飮而設也 故觀察使金公之所規畵 而樓之名 取杜工部洗兵馬詩云"

12) 두보가 지은 '洗兵馬'의 마지막 구에 "安得壯士挽天河 靜洗甲兵長不用"이라 하였다. "어찌하면 장사를 얻어 은하수를 끌어다 갑옷과 무기를 깨끗이 씻어 영원히 쓰지 않게 할 수 있을까."(민정희, 앞의 「만하루, 전쟁 없는 평화로운 세상을 염원하다」, p.118)

물을 길을 수 없고, 군사들은 물을 마실 수 없어 잠깐 사이에 목이 말라 죽게 되고 성도 보존하지 못하게 될 것이니 어찌 나라의 큰 걱정거리가 되지 않겠는가. 공이 이 점을 걱정하여 마침내 이 연못을 파서 생각지 못한 일에 대비하고 이 누대를 세워 그 뜻을 붙였으니 깊이 근심하고 멀리 생각하여 나랏일을 도모함에 충성스런 분이라고 이를 만하다.[13]

민정희는 김시찬의 '만하루'가 "전쟁 없는 평화로운 세상을 염원한" 것이라 하였다. 전쟁에 대비하는 것을 평화를 파괴하는 행위로 생각하는 이도 없지 않다. 그러나 평화로운 세상에의 염원 때문에, 전쟁을 대비한 것이 김시찬이었고 그것이 바로 만하루의 연못, 만하지였던 것이다.

큰 일을 하려고 하면, 예나 지금이나 말이 많았던 것 같다. 만하지의 조성을 둘러싼 여러 가지 뒷말에 대해서 박윤원은 조목조목 이를 논박하고 있다. 그것은 말하자면 관찰사 김시찬의 마음을 대변하는 것이기도 하였다. 이 공사를 하는데 비용이 수만 섬이 들어갔는데 "지금도 물이 말라 가득 차지 않는데, 난리가 났을 때 무엇이 도움이 되겠는가?", 이에 대한 박윤원의 답은 이렇다. "우물 물은 수맥이 있어서, 길어 쓰면 생기고 긷지 않으면 마르는 법이다. 지금 이 연못은 시대가 태평하여 쓰지 않기 때문에 물이 말라 차지 않는 것이다. 만약 유용한 때를 만나 거듭 판다면 물이 솟아나와 가득 찰 것이다."

또 이렇게 말하는 자도 있었다. "적이 만일 한신(韓信)이 모래주머니를 사용한 꾀를 이용한다면 어찌하려는가." 박윤원의 답이다. "이때를 당해 우리 군사들이 영문(營門)을 닫고 졸고 있겠는가, 반드시 막아낼 것이다." 또 말한다. "적이 만일 농지고(儂智高)가 독약을 사용한 꾀를 사용한다면 또 어찌하려는가." 박윤원이 답한다. "적들도 이 강물을 마실테니 절대 독을 풀지는 못할 것이다." 김시찬이 이 일을 추진하는 당시에 있어서는 또 얼마나 많은 논란이 있었을 것인가를 짐작하게 하는 대목이다. 일이 어려운 것은, 일 때문이 아니라 사람이 어렵기 때문이다.

---

13) "而城中泉井絶小 居民常俯汲江流 脫有寇賊至 據北岸以陣 則民不得出汲 軍不得 勺水 枯死於須臾之頃 以城且不保矣 豈不爲國家大患哉 公用是憂焉 遂鑿斯池 以 備不虞 建斯樓以寓其志 可謂優深思遠 以忠於謀國者矣"

공산성 지당('만하지') 발굴(공주대 박물관) 모습(윤용혁 사진)

박윤원(朴胤源)은 부친 박사석(朴師錫)이 공주 판관을 역임하는 동안(1769~1771) 공주에 살면서 만하루기를 지었다고 한다. 박윤원의 동생 박준원(朴準源, 1739~ 1807)도 '만하루'라는 시 한 수를 남겼다. 문희순의 번역이다.[14]

손으로 은하수 당겨 갑병을 씻어 내고　　　　手挽天河可洗兵

은물결 내리 쏟아 비단강 맑았구나　　　　　銀波倒瀉錦江淸

샘은 은미한 혈을 따라 깊게 늪을 만들고　　泉從隱穴深爲沼

누대는 높은 망루처럼 멀리 성 밖이 아련하네　樓似危譙逈出城

우리들이 공산에 들어 질탕함을 이루나니　　吾輩入山成跌宕

옛사람 자취 따라 경영을 일궈내었구나　　　古人隨地費經營

좋은 시대 중군장에게 한마디 부치나니　　　時淸寄語中軍將

관방을 지켜내어 삼가고 가벼이 말기를　　　護取關防愼勿輕

---

14) 민정희, 「만하루, 전쟁 없는 평화로운 세상을 염원하다」 『웅진문화』 25, 2012, p.217.

박윤원과 박준원의 글은 만하루와 연못에 얽혀 있는 대공사의 이면을 전하는 것으로, 이 사업이 김시찬이 아니면 가능하지 않았던 일이었음을 알려주고 있다. 김시찬은 김상용의 후손이라는 이름에 걸맞게 직언을 삼가지 않는, 대가 센 인물이었고 이 때문에 관직에 있을 때 두 번이나 귀양을 경험했던 인물이다.

공산성 영은사 앞의 깊은 연못은 어느 때인가 메꾸어지고 만하루는 무너져, 1982년의 조사에 의하여 그 터가 모습을 드러낼 때까지 여기에 연못이 있었는지 짐작조차도 전혀 할 수 없게 되었다. 기록이 남겨져 있지는 않지만 만하지가 메꾸어진 것은 1907년 이후의 시점일 것으로 추정한다. 1907년 8월 1일 일제에 의하여 대한제국의 군대가 해산되었다. 이에 의하여 공산성이 가지고 있던 군사적 기능도 정지되었고, 성은 사실상 폐성 되었기 때문이다. 군사적 필요에 의하여 만들어진 만하루의 연못 또한 함께 그 기능이 정지되었을 것이다. 만하지는 그 구조 특징 때문에 지속적 관리가 필요한 것이었고, 관리에 손이 많이 가는 구조로 되어 있다. 1907년 공산성이 폐성되면서 더 이상 이를 관리해야 할 이유도 기관도 존재하지 않게 되었던 것이다.

만하지는 비교적 짧은 시간에 메꾸어졌으며, 이 때문에 연못의 석축이 비교적 온전하게 잔존할 수 있었다. 그리고 못이 메꾸어질 때는 홍수에 의하여 유입된 금강의 모래가 축적된 것으로 보인다. 실제 발굴 당시 만하지 안에는 상당히 많은 양의 모래가 쌓여 있었다. 이렇게 보면 만하지는 1908년에서 1909년경 여름의 홍수에 의하여 급격히 매몰되었다고 생각된다. 그리고 1910년, 일제강점의 역사가 공산성에서도 시작된 것이다.

3. 조선통신사 콘텐츠로서의 만하루

공산성 내 석축의 연지가 처음 확인되었을 때, 이것이 백제시대의 연못이라는 매스컴의 대대적 보도가 있었다. 공산성이 백제시대의 성곽이라는 선입관 때문에, 지금도 이 연못이 백제시대의 것이라는 막연한 인식이 없지 않다. 그러나 이것이 백제시대가 될 수 없는 이유는 연못의 개착에 대한 구체적 기록이 남겨져 있기 때문이다. 만일 『여지도서』의 기록이 없었다면, 이 연못은 백제시대의 유적으로 정리되었을 것이다.

만하루 건물은 발굴 결과에 근거하여 복원되었다. 그러나 한 가지 의문으로 남는 것은 만하루가 복원된 지금 모습처럼 단층의 건물이었을까 하는 것이다. 우선 '만하루'라는 이름으로 볼 때 중층의 누정 건물이었을 것으로 생각되기 때문이다. 만하루가 표시된 『충청도읍지』, 『공산지』의 지도 및 <공주목지도>에는 단층인 것처럼 그려져 있다. 그러나 이것이 반드시 만하루가 단층임을 말하는 것은 아니다. 2층 문루를 가지고 있던 중군영 등도 단층인 것처럼 표시되어 있기 때문이다.

복원된 만하루에 오르면 연못과 강의 수면, 영은사 쪽에 구축된 성벽 높이에 비하여 건물이 낮다는 느낌을 갖게 된다. 영은사 측 성벽에서 내려다보는 만하루의 건물 모습 역시 주변 경관에 비하여 낮은 감이 있다. 위에서 인용한 박준원의 시에도 만하루의 "누대는 높은 망루처럼 멀리 성 밖이 아련하다(樓似危譙逈出城)" 하였지만, 주변과의 조화를 생각할 때 이 누정은 중층의 누정 건물이 적정한 것이 아닌가 생각된다.

근년 공산성의 만하루와 연못에 대하여 내가 다시 관심을 갖게 된 것은 조선 통신사와의 관련 때문이다. 만하루와 연못을 축조한 충청도관찰사 김시찬(金時粲, 1700~1767)이, 2017년 유네스코 세계기록유산에 등재된 『신미통신일록』의 저자 김이교(金履喬, 1764~1832)의 조부가 되기 때문이다. 이들은 역시 세계기록유산에 등재된 『일동장유가』의 저자 퇴석 김인겸(1707~1772)과 같은 안동김씨 인척 관계에 있는 인물이기도 하다. 김인겸은 김시찬보다 4년 연하여서 거의 동년배에 가깝다. 김시찬에 의하여 만하루와 연지가 조성된 1754년(영조 30) 당시 김인겸도 공주에 거주하고 있었던 터라, 혹 두 사람이 개인적 교분이 있었을 가능성도 적지 않다. 사실의 확인은 어렵지만 윤여헌 선생에 의하면, 퇴석은 만년에 시내 중학동 174번지, 공주고등학교 뒤쪽 마을에서 거주하였다고 한다. 퇴석이 통신사의 일원으로 일본에 가게 된 것은 만하지가 만들어진 지 10년이 지난 1763년(영조 39)의 일이었다.

김시찬은 병자호란 때 강화도에서 순절한 김상용(金尙容)의 현손으로 홍주 출신

관찰사 김시찬의 손자, 제11차 통신정사 김이교의 묘소(예산군 죽천리, 이강렬 사진)

의 인물이고, 김이교의 아버지가 되는 아들 김방행(金方行, 1738~1793)은 대흥군 출신
이다. 묘소는 예산군 신양면 죽천리에 있는데 김이교의 묘소가 근년에 김방행의
묘 앞으로 이장되었다.[15] 김영한에 의하면 안동김씨 김상용의 아들 김광현(金光炫)
이 홍주로 입향하여 그 후손 가운데 김복한, 김옥균, 김좌진 등 저명 인사가 배출되
었고, 김상헌(金尙憲)의 후손이 공주 유구를 중심으로 세거하였다고 한다.[16]

4. 만하루(挽河樓)와 '만아루(挽阿樓)'

공산성 내에는 영은사 앞 금강변의 만하루 이외에, 동문 밖 외성의 토축 위에

15) 서흥석, 「공주 · 충남의 조선통신사 관련자료」『공주 · 충남 지역브랜드로서의 조
    선통신사』(학술세미나 자료집), 충청남도역사문화연구원 · 공주향토문화연구회,
    2019, pp.21-23 참조.
16) 김영한, 「충청도 세거 안동김씨의 가계와 인물」『일동장유가의 퇴석 김인겸』(학술세
    미나 자료집), 공주대 백제문화연구소, 2005, pp.15-27.

'만아루'라는 유사한 이름의 누정이 있었던 것으로 되어 있다. 그러나 이 '만아루'는 '만하루'와 혼동하여 잘못 정리된 것이었다.

　동문 밖 '만아루'에 대해서는 1980년 공주대 백제문화연구소에서 발굴조사를 실시한 바 있는데,[17] "토성의 높이를 낮추어 정지한 후, 서측에는 잘 다듬어진 장방형 석재를 써서 축대를 쌓고 그 위에 누를 건립하였다"고 하였다. 또 "누지의 크기는 길이(남북) 18m, 너비(동서)는 가장 넓은 부분이 6.6m", "축대 내에는 잡석으로 채워져 있었고, 단 한매의 초석도 원위치에 없이 전면이 교란되어 있었다"고 하였다. 즉 백제시대 축성된 토축 위에 어느 시기엔가 누정을 건축하였다는 것이다. 출토 유물은 백제 연화문와당 3점을 비롯하여 통일신라와 고려의 와

1980년 '만아루' 등 공산성 건물지 발굴조사 보도 자료(중앙일보 11.25)

---

17)　1980년 10월 7일부터 이듬해 4월 15일까지 진행된 공산성내 건물지에 대한 제1차 발굴조사는 '만아루지'를 비롯하여, 임류각지, 동문지, 장대지, 연지(영은사 앞 만하지) 등 5개 지점이 대상이 되었다. 이 작업에는 필자도 조사원의 1인으로 참여하였다.

당편, 조선조로 추정한 '공주관' 등의 문자 기와 등 백제로부터 조선에 이르는 다양한 시기의 유물이 검출되었다.[18]

동문 밖 백제 토성 위의 이 건물지를 '만아루'라 한 것은 1978년도 백제문화권 개발을 위한 문화재 현황조사의 보고서에 근거한 것이다. '만아루지'에 대한 보고서 내용 일부를 인용하면 다음과 같다.

> 만아루지는 동문지 밖, 문지로부터 동쪽 20m 지점 백제 토성의 토루상에 위치하여 있다. 루상에 건물지가 있고 장대석 등의 석재가 지표로 약간 노출된 채 매몰되어 있는데 공주 시가를 한 눈에 관망할 수 있는 위치이다. 이 건물지가 만아루지라 함은 구공산지의 지도상에 표시된 위치와 여지도서에 '재성동곽루대(在城東郭壘臺)'라 한 점에서 확실시 되어진다.[19]

그러나 이 건물지를 '만아루지'라 한 것은 『공산지』 혹은 『여지도서』 등의 지도 자료를 잘못 읽은 것이었다.[20] 우선 『공산지』 공주지도에 표시된 '만아루'는 '만하루'를 지칭한 것이며, 여러 자료를 종합하면 '만하루'가 올바른 표기이다. 그리고 그 위치는 영은사 앞 연지 북측이다. 따라서 영은사 앞의 만하루와 별도로 동문 밖에 '만아루'가 있었다는 것은 성립할 수 없다. 이 동문 밖 '만아루'라 지칭한 건물지의 성격에 대해서는 앞으로의 검토를 필요로 하는 것이지만, 본고에서는 일단 그 이름이 관련 자료를 잘못 읽은 데 기인한 오류임을 지적해 두는 것으로 그치고자 한다.

* 본고는 공주향토문화연구회, 『웅진문화』 33, 2020에 실린 것을 보완한 것임.

---

18) 공주사범대학 백제문화연구소, 『공주공산성내 건물지 발굴조사보고서』, 1982, pp.51-60.

19) 공주사범대학부설 백제문화연구소, 『백제문화권의 문화유적 −공주편』, 1979, p.27.

20) 1978년도 조사 보고서(1979년 간행)에는 보고서 집필자가 명시되어 있지 않으나, 보고서의 원고는 당시 조사의 실무를 맡았던 필자가 작성한 것이다.

제3장 비석으로 보는 공주 역사
공산성 성안 및 주변의 비석

　공산성과 그 주변에는 많은 수량의 비석이 있다. 쌍수정사적비, 명국삼장비 등 그중의 일부는 비문이 자세히 소개되고 널리 알려진 것이지만, 대부분은 19세기의 선정비들이어서 문화재로서 별로 주목받지 못하던 것들이다.[1] 공주대 역사박물관에서 이들 비석에 대하여 모두 탁본을 뜨고 자료화하는 작업을 진행하고 있다. 만시지탄의 감이 있지만, 꼭 필요한 작업이라 할 수 있다.

　공산성 주변의 비는 시내 여러 곳에 흩어져 있던 것을 도시 개발과 관련한 이러저러한 계기로 옮겨서 모아둔 것이다. 따라서 이들 비석이 원래 어디에 있었던 것인가 하는 것부터 문제가 된다. 성 안의 명국삼장비, 쌍수정사적비는 정유재란이 끝나는 1598년, 그리고 인조의 공주 파천이 있었던 1624년의 역사와 맞닿아 있지만, 그렇다고 그 당시에 만든 비석은 아니다. 서문밖 금서루 입구에 도열하고 있는 선정비들도 17세기부터 20세기, 심지어 근년에 이르기까지 그 시기

---

1) 공산성 서문 금서루 입구의 선정비에 대해서는 이를 활용가치가 있는 학술적 자료로서 주목한 논문이 있다(김재숙, 「공산성 비석군의 문화유산적 성격과 활용방안」, 공주대 문화유산대학원 석사학위논문, 2014). 다른 지역의 조선조 말 선정비에 대해서는 임용한의 논문(「조선후기 수령 선정비의 분석-안성 · 죽산 · 과천의 사례를 중심으로」『한국사학보』 26, 2007)이 있다.

적 편차가 적지 않고, 선정비가 아닌 비석도 섞여 있다. 거리는 조금 떨어져 있지만 공산성의 금강 건너 공주대 캠퍼스 남측 도로변에는 장깃대나루에서 옮겨온 비석이 사람들의 눈길을 끌지 못한 채 풀꽃처럼 세워져 있다. 이인역의 선정비군도 두 차례로 자리를 옮겼지만 사람들의 주의를 끌지 못하고 있다.

이 글에서는 이러한 이들 비석들과 관련하여 원 위치, 건립 연혁, 성격 등 몇 가지 사항을 정리 검토하고자 한다. 이글이 이들 비석 자료의 자료화 작업에 조금이라도 도움이 되었으면 하는 기대를 갖는다.

1. 공산성 주변 비석의 분포와 이동

현재는 공산성 안, 밖(서문 입구와 서남측), 그리고 금강 건너 공주대 앞의 대략 3개소에 비석이 모아져 있다. 현재 파악된 자료에 의하면 공산성 서문 금서루 입구 47건, 공산성 남서측 기슭(금성동)에 7건, 그리고 공주대 앞에 7건 등이다. 공산성 안의 것을 제외하면 대부분 근년에 이전된 것들이다.

가장 많은 수량이 늘어선 있는 곳은 공산성 서문, 금서루 입구이다. 서문 앞으로 선정비를 대거 이동시킨 것은 1970년대의 일이었고, 이들 비석의 대부분은 구공주박물관(현재의 충남역사박물관)이 있는 오르막길 양측에 세워져 있었다. 이 길은 영명고 교문으로 이어지는 길이기도 한데, 엣날에는 공주박물관과 영명학교가 같은 도로를 이용하여 각각 진입하였던 것이다.

필자가 대학에 재학하였던 1970년대 초에, 여기에 비석들이 세워져 있었던 기억이 있다. 1974년에 간행된 『한국지명총람』에는 '공주박물관 앞'에 있는 비석으로 30건의 선정비와 2건의 제민천 관련 비석의 이름이 올려져 있다.[2] 이후

---

2) 32건의 비석 목록은 다음과 같다. 조두순, 조득림, 정태화, 김응근, 민치상, 남일우, 민영상, 이범조, 조병현, 심의신, 김수근, 이근우, 한상국, 심의면, 이겸재, 신억, 김병시, 이형덕, 정지현, 조희철, 최관석, 조겸희, 임주환, 박병, 윤치응, 민치서, 이원필,

공산성 서문(금서루) 입구의 선정비군

1978년에 백제문화권개발을 위한 기초조사 사업으로 공주지역 유적에 대한 지표조사를 실시하였는데, 이때 선정비들은 이미 공산성의 서문 앞으로 옮겨져 있었다. 당시 필자가 조사했던 결과에 의하면 서문 입구에는 43기의 선정비류의 비석이 세워져 있었다.[3] 그 수량은 1992년대 안동김씨 문중에서 추가로 세운 4건의 선정비를 제외한 수량과 정확히 일치하는 수량이기도 하다. 1971년 무령왕릉의 발굴에 따라 국립공주박물관이 신축 개관한 것은 1973년의 일이었다.[4] 공

조병로, 민두호, 심건택의 선정비와 제민천교 관련 비 2건(한글학회, 『한국지명총람』 4(충남편 상), 1974, p.46). 이중에는 선정비가 複數로 조성된 인물이 있기 때문에 실제 비석의 수는 32건보다 많았을 것이다.

3) 공주사범대학 백제문화연구소, 『백제문화권의 문화유적-공주편』, 1979, p.24.

4) 구공주박물관은 왕릉 발굴 1년 뒤인 1972년 6월 공사비 1억 5천만원으로 공영토건에 의하여 착공되어 그해 12월에 건물이 완공되었으며, 1973년 10월 12일 개관하였다. 그리고 1975년에 '국립박물관 공주분관'에서 '국립공주박물관'으로 직제 개정되었다. 박방룡, 「공주와 박물관 이야기」 『공주와 박물관』, 국립공주박물관, 2009, p.192 참조.

주박물관의 신축으로 진입로가 변경되었으며, 박물관 주변 정비 차원에서 이 무렵 무질서하게 세워진 선정비들을 공산성 서문으로 옮기게 된 것으로 보인다. 따라서 금서루 앞에 선정비가 옮겨진 것은 1970년대 중반의 일이었다고 생각된다.

그러나 구공주박물관 입구도 원래 선정비가 있던 자리는 아니었다. 공주박물관 설립 이후에 시내에서 이들 비석을 박물관 입구로 옮겨 정리한 것이라 할 수 있다. 그러면 이들 비석이 원래 세워져 있던 자리는 어디일까. 주목되는 곳이 옥룡동 버드나무골(柳洞) 부근의 '비선거리'이다. 비가 세워져 있는 마을이라 '비선거리'인 것이다.[5] 서문 금서루 입구로 옮겨진 비석중 김효성 비가 1984년 도문

옥룡동 363번지에서 발견된 유하선정비
(신용희 사진, 2005)

공산성 진남루 안쪽의 선정비(1911)[6]

---

5) '비선거리(비석거리)'에 대해서는 "일제시대 전에 비석이 많이 있었고 효자비가 있어서 비석거리라 명명하였다"고 하였다. 공주대학교 지역개발연구소, 『공주지명지』, 1997, p.110.

화재 지정시 주소가 '옥룡동 363'으로 되어 있음이 주목된다. 실제 서문 앞으로 이전된 뒤이지만, 문서상의 정리가 안된 채 '옥룡동 363'으로 남아 있는 것이다. '옥룡동 363'은 버드나무골의 북쪽에 해당한다.

비선거리의 비석과 관련하여, 공산성 남서측 금성동비석군에 포함되어 있는 우영장(右營將) 유하(柳賀) 선정비의 원위치가 옥룡동의 비선거리였다는 사실도 참고가 된다.7) 공주에서 우영장을 역임한 유하(1651~?)의 선정비는 1706년(숙종 32) 전후에 건립된 것으로 일제강점기에 옥룡동 303번지 주택으로 옮겨져 장독대 같은 용도로 사용되다 묻힌 것을, 2005년 류씨 종친회가 우영터로 이전한 것이다.8) 옥룡동 303번지가 비선거리 근접지라는 점에서 원래 비선거리에 세워졌던 비석임을 추정할 수 있다. 우영터가 발굴되고 공영주차장이 들어서면서 이 비석은 다시 '금성동비석군'에 합류하게 된 것이다. 옥룡동 비선거리에 다수의 선정비가 세워진 것은 장깃대나루와의 관련이다. 현재의 공주대교 남측에 장깃대나루(남쪽)가 있었고, 거기에서 시내로 진입하는 중도에 비선거리가 조성된 것이다.

공산성 안에는 현재 1기의 선정비가 이전되지 않은 채 공북루 옆에 남겨져 있다. 도순찰사 권상신(權常愼, 1759~1824)의 선정비이다. 1817년 충청도관찰사를 역임하였으며, 뒤에 병조판서를 지낸 인물이다. '무인 7월' 건립이라 하였으므로, 1818년(순조 18)에 건립된 것임을 알 수 있다. 원래는 공산성 안, 특히 남문인 진남루 안쪽에 다수의 선정비가 있었다. 이 사실은 1911년 공주를 방문하여 찍은 노르베르트 베버(Norbert Wever) 신부의 사진 가운데서 확인된다.9)

---

6) 노르베르트 베버(박일영 · 장정란 역), 『고요한 아침의 나라』, 분도출판사, 2012, p.312.

7) 윤여헌, 「중동 소재 '우영장 유공하 치병선정비'에 대하여」 『고도 공주를 다시 본다』, 디자인금강, 2016, pp.86-87.

8) 이준원, 「'우영장 유공하 치병선정비'에 대한 보완」 『웅진문화』 33, 2020, pp.29-37.

9) 베버 신부가 공산성에 오른 것은 1911년 4월 23일의 일이었다. 사진상으로는 대략 5기 정도의 비석이 확인된다. 이들중 일부가 현재 공산성 서문 입구에 포함된 것인지, 아니면 이들 비석 모두가 지금은 없어진 것인지 파악하기 어렵다.

공주대의 남측 담장 앞 대로변에 있는 비석들은 장깃대나루(북측)에서 옮겨진 것이다. 대전으로 가는 국도 개설 공사로 나루의 흔적이 없어지면서 나루의 길가에 있던 것들이 공주대 앞의 도로변으로 옮겨진 것이다.

2. 공산성 일대에서 가장 오래된 비석은?

공산성 안팎에 산재한 이들 비석 가운데 가장 오래된 비석은 어떤 것일까. 정유재란이 끝나는 1598년에 닿아 있는 명국삼장비, 그리고 인조의 공주 파천이 있었던 1624년의 역사와 닿아 있는 쌍수정사적비가 당연히 가장 이른 시기에 조성된 비석이 될 것이다. 그러나 막상 알고보면 그 사정은 단순하지 않다.

1) 명국삼장비

1598년 공주에 주둔한 명나라 세 장수 제독 이공(李公), 위관 임제(林濟), 유격장 남방위(藍芳威)의 업적을 기리는 송덕비이다. 1599년(선조 32)에 처음 세웠으나[10] 홍수로 매몰되고 글씨가 망가져서, 1713년(숙종 39)에 관찰사 송정명(宋正明)이 다시 만들어 세운 것이다. 송정명은 비석을 다시 세우면서 '망일사은비' 비문을 통하여 '제독 이공'이 부총병 이방춘(李芳春)을 지칭하는 것으로 추측하였다. 비가 처음 세워진 장소는 공산성 성내가 아니고 성 밖의 금강변, 아마 옥룡동 장깃대나루와 연결되는 지점이었던 것으로 생각된다.[11]

---

10) 3개의 비는 원래 모두 1599년에 세운 것이지만, 망일사은비는 3월 1일(季春朔日), 남방위비는 4월 2일(孟夏旣朔日), 위관임제비는 3월 15일(三月望日) 등으로 건립일이 다르게 표시되어 있다. 공주대학교 역사박물관, 『돌에 새긴 기억의 역사展』, 2022, pp.80-91 참조.

11) 비가 처음 세워진 위치에 대해서는 망일사은비에 '금강의 동쪽(錦水之東)', 혹은 '금강 남쪽(錦之南)' 등으로 언급되어 있는데 공산성의 동문 밖, 옥룡동 일대라면 금강의 동쪽이기도 하고 남쪽이기도 하다.

위관 임제의 비는 공주의 치안을 바로 잡는 등 민생을 안정시킨 임제의 공을 기린 것으로, 다시 비를 세우게 된 내력을 추기하였다. 남방위 송덕비는 명장 남방위의 공적을 칭송한 원문에 이어, 공주목사 송규현(宋奎鉉) 등이 적은 개수 과정에 대한 추기를 첨가하였다. 일제강점기에는 비석에 쓰여 있던 왜구(倭寇)라는 글자를 지우고 공주읍사무소 뒤뜰에 묻어두었던 것을, 1945년 광복이 되면서 현재의 위치로 옮겼다.[12] 다시 세우는 과정에서 남방위 비는 원래의 기단석이 아닌, 공산성의 석재를 재활용 하였다. 기단석에 층급이 나타나 있어 원래는 다른 용도로 제작된 것이었음을 알 수 있다.[13]

요컨대 명국삼장비는 1599년에 처음 세웠지만, 현재의 비석은 1713년에 다시 만들어 세운 비석인 것이다.[14] 비석을 성안에 세우게 되면 진남루와 쌍수정 부근이 가장 유리한 장소이지만, 여기에는 수년 전인 1707년에 세운 쌍수정사적비가 있었기 때문에, 이를 피하여 광복루 앞 광장의 현 위치를 선택한 것으로 보인다.[15]

2) 쌍수정사적비

조선시대 인조가 이괄의 난(1624)을 피하여 공주 공산성에 머물렀던 일을 기록하여 새긴 것으로, 1708년(숙종 34)에 관찰사 이선부(李善溥)가 세운 비이다. 난이 진압된 당시와 현종 9년(1668) 비를 세우려는 두 번의 시도가 있었으나 제대로

---

12) 1930년대까지는 '청정(가등청정) 행장(소서행장) 장군의 비' 등으로 불리면서 산성 안에 그대로 세워져 있었기 때문에, 비석을 폐기한 것은 전쟁에 대하여 감정적으로 예민해진 1940년대의 일이었던 것으로 보인다.

13) 안승주, 「공산성내의 유적」『백제문화』11, 1978, p.30.

14) 명국삼장비와 쌍수정사적비는 충청남도, 『문화유적총람』(금석문편 상), 1991에 탁본과 번역문이 실려 있다.

15) 명국삼장비에 대해서는 최근 최명진의 논문이 발표되었는데, 특히 1713년 비석을 세운 인물들에 대한 상세한 분석이 이루어지고 있다. 이에 대해서는 최명진, 「임진왜란 참전 명 장수 기념비 건립의 지역적 의미 고찰 –명국삼장비를 중심으로」『한국사학사학보』48, 2023 참조.

매듭지어지지 않았으므로, 현재 사적비는 1708년(숙종 34)에 세워진 것이다. 인조 때 영의정을 지낸 신흠(申欽)이 비문을 짓고, 숙종 때 영의정을 지낸 남구만(南九萬)이 글씨를 썼다. 그리고 이에 뒤이어 쌍수정의 고사 즉 이괄의 난으로 인한 국왕의 파천에서 역사적 교훈을 찾아야 한다는 송시열의 기문이 첨가되고, 마지막으로 비석의 건립 경위에 대한 설명이 있다.

여기에서 주목되는 것은 남구만의 비문 글씨가 조선 서단에서 흔히 볼 수 없는 안진경체(顔眞卿體)라는 점이다. 당대 안진경의 충절정신을 반영하고자 한 것이라는 것이다.[16] 또 한 가지 흥미 있는 사실은 쌍수정사적비의 건립 시기가 봉황산 아래 충청감영의 신축과 거의 같은 시기의 일이라는 점이다. 충청감영의 선화당과 포정사 문루의 신축이 1706년(숙종 32) 관찰사 이언경(李彦經)이 착공하여 이듬해 1707년(숙종 33) 관찰사 허지(許墀)에 의하여 준공되었기 때문이다.[17] 그리고 쌍수정사적비가 이듬해 1708년에 세워진 것이다.

3) 공산성 서문 앞의 선정비들

공산성 서문 앞의 선정비들은 건립 시기에 큰 편차가 있지만 대부분은 19세기 비석이다. 그 가운데 이른 시기의 것으로 추정되는 것은 관찰사 정태화(鄭太和)의 비, 목사 박병(朴炳)의 비, 목사 김효성(金孝誠)의 비 등이다. 모두 귀부를 갖추고 비석 위쪽을 이수 모양으로 처리하는 한편 대리석으로 조성한 것이어서 일반적인 선정비와는 형태부터 구별되고 있다.[18]

정태화(鄭太和, 1602~1673)는 1649년 우의정, 그리고 1673년까지 5차례 영의정

---

16) 김병기, 「쌍수정사적비의 서예적 고찰」 『웅진문화』 4, 1991, pp.28-43.

17) 윤용혁, 「충청감영시대의 공주 유적」 『공주, 역사문화론집』, 서경문화사, 2005, pp.245-250.

18) 김효성 비는 귀부 대신 대석이 비신을 받치고 있지만, 이는 근년에 귀부가 파손된 때문에 교체된 것이었다. 김효성 비가 귀부를 갖춘 것이었음은, 1978년 조사에서 다음과 같이 밝혀져 있다. "화강암의 귀부는 비교적 정교하게 다듬어져 있으나 前足 부분이 파손되었고, 이수와 비신이 1매의 대리석으로 조성되었다."(공주사범대학 백제문화연구소, 『백제문화권의 문화유적-공주편』, 1979, p.24)

을 지낸 인물이다. 충청관찰사에 재임 했던 시기는 1642~1643년으로서, 선정비 건립 시기 '갑신 정월'은 1644년(인조 22)에 해당한다. 이른 시기의 선정비인 것이다.

목사 박병(朴炳, 1587~1663)은 정태화 관찰사와 비슷한 시기인 1644년(인조 22)경 공주목사에 재임하였다. 비석은 1648년(인조 26)에 해당하는 '무자년 겨울' 건립한 이후, '숭정후 재무오(再戊午)'에 '개각(改刻)' 하였다고 적혀 있다. 백 년 뒤인 1738년(영조 14)에 다시 새겼다는 이야기이다.

김효성(金孝誠, 1585~1651)은 1644년(인조 22) 공주목사에 부임하였다. 아마 박병의 후임이었던 것으로 보인다. 비석의 건립이 '무자 12월'이라 하였으므로, 1648년(인조 26) 건립임을 알 수 있다. 그럼에도 불구하고 안내문과 모든 관련 자료에는 이 비가 1828년(순조 28)에 건립된 것이라 하였다. 왜 이같은 오류가 발생하였을까. 그 출발은 1978년의 최초 조사 때의 착오에서 비롯된 것이었다.[19] 선정비들이 19세기의 것이 많기 때문에, '무자년'을 19세기의 무자년으로 생각한 것이다. 결국 김효성의 비와 박병의 비는 1648년 같은 시기에 건립된 비이다. 김효성은 공주목사 이후 1649년에 청주목사로 부임하였으며, 1651년에 세상을 떴다.[20] 1650년(효종 1) 건립된 선정비가 청주시 중앙공원에 남아 있다.[21]

정태화, 박병, 김효성의 비는 거의 같은 시기인 1644년과 1648년 인조년간에 세워졌지만, 구태여 따지자면 1648년의 정태화 비가 가장 빠르다. 그리고 그것은 쌍수정사적비의 1708년, 명국삼장비의 1713년보다 훨씬 이른 시기이기도 하다.

서문 앞의 여러 선정비 중에서는 김효성 비만이 1984년(5.17)에 충청남도 문화재자료로 지정되었다. 그것도 '1828년'이라는 늦은 시기로 인식된 것인데도 불

---

19) 공주사범대학 백제문화연구소, 『백제문화권의 문화유적-공주편』, 1979, p.24.

20) 한국학중앙연구원 <한국민족문화대백과> 및 <국조인물고> 김효성. 김효성은 "오랜 외직 생활동안 선정을 베풀어 청빈한 목민관으로 이름을 떨쳤으며 강직한 성품의 소유자였다"고 하였다.

21) 청주의 김효성 선정비는 비석에 건립시기를 '순치8년 경인12월 일'이라 하였다. 순치 8년은 1651년 신묘년이고, 경인년은 순치 7년 1650년이어서 1년의 혼선이 있다. '경인년'이라는 기년에 더 신빙성을 둔다면 비석의 건립 시기는 1650년일 것이다.

금서루 입구의 선정비; 관찰사 정태화(좌) / 목사 박병(중) / 목사 김효성(우)

구하고 문화재로 지정된 것이다. 아마 공산성 서문 앞의 40여 기 비석을 일괄하여 문화재로 지정하기 어려운 사정 때문에, 이를 대표하여 김효성 비를 지정한 것이 아닌가 한다.[22]

3. 제민천교비와 일인 묘비

1) 옮겨진 제민천교비

공산성 서문 금서루 입구의 비석군중에는 제민천에서 옮겨진 제민천 관련 비석 2점이 포함되어 있다. '제민천교영세비'와 '제민천교명'이 그것이다. '제민천

---

22) 1984년(5.17)에는 '문화재자료'라는 지정 항목이 처음으로 적용되면서, 충청남도에서 200건이 넘는 다량의 '문화재자료' 지정이 한꺼번에 이루어졌다. 충청남도,「문화재목록」, 2004 참조.

교영세비'는 1817년(순조 17) 홍수로 말미암아 무너진 것을 다시 건축한 것을 기념한 비석이다. 다리 건설에 3천여 량의 재정이 소요되었는데, 정부에서 9백 량, 자체 조달 1천 2백여 량, 인근 군(연기, 부여)에서 5백 량, 기타 개인 출연에 의하여 8월에 다리를 완공하고, 이듬해 1818년(순조 18) 4월 제방공사를 마무리했다는 전말을 담고 있다.[23]

'제민천교명(濟民川橋銘)'은 일제강점기 제민천교가 무너졌을 때 김윤환(金閏煥)이 거금을 출연하여 다리를 새로 놓게 된 것을 포장(褒獎)하는 의미에서 세운 일종의 송덕비이다. 비석의 건립 주체와 건립 연대는 명기되어 있지 않은데, 1918년으로 추정된다. 김윤환이 제민천교의 건설 비용을 부담한 것이 1918년의 일이기 때문이다.[24] 비문을 쓴 사람은 '전(前) 승정원 도부승지 신응선(申應善)'이라 하

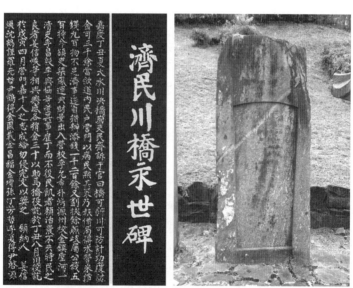

'제민천교영세비'의 앞면과 뒷면 탁본[25], '제민천교명' 비석(우)

---

23) 윤용혁, 「공주의 옛다리 −백제 웅진교와 제민천교, 금강교」『공주, 역사문화론집』, 2005, pp.130-132.
24) 『중간 공산지』(1923) 4, 慈善.

였고, 비문을 지은 '충청남도장관'의 이름은 지워져 보이지 않지만, 당시 도장관은 구와하라(桑原八司)였다.[26] 김윤환은 보령 감포(甘浦) 출신으로 구한말에 내장원경(內藏院卿)을 역임하고, 일제강점기 공주에서 '자선, 봉사활동'으로 명망을 얻은 인물이다.[27]

금서루 입구의 비석군 중에는 김윤환에 대한 송덕비는 2기가 더 있다. '전 참판 김공윤환 구휼 송덕비(前參判金公閏煥救恤頌德碑)'와 '청암 김부경윤환 기행비(淸菴金副卿閏煥紀行碑)'가 그것이다. 전자의 경우는 '소화 2년 6월'이라는 건립 연대가 적혀 있다.[28] 1927년에 해당한다.

2) 일인 부자 묘비

공산성의 동문 밖(옥룡동 임 363-7)에는 일제강점기 공주 거주 일인 칸 다츠타로(菅辰太郎, 1868~1928) 부자의 묘비가 있다.[29] 다츠타로는 에히메현(愛媛縣) 출신으로 1870년대에 한국에 건너와 뒤에 처음으로 공주에 정착한 일인이다. 비석에는 앞면에 4인(自光院梅譽實翁居士/智光院松譽心月大姨/正道院德譽直心居士/心光院勝譽妙操大姨)의 이름이 있고 뒷면에 칸과 관련한 비문이 적혀 있다.

윤여헌에 의하면 다츠타로는 독신이고 후손이 없는 것으로 되어 있다. 이는 윤여헌이 칸의 출신지 에히메현(愛媛縣) 도요시(東豫市, 원래는 周桑郡)의 시청에 서면으로 문의하여 확인한 것인데, 이 때문에 윤여헌도 비석에 적힌 4인이 과연 어떤

---

25) 충청남도, 『문화유적총람』(금석문편, 상), 1991, p.54.

26) 공주군 유도회, 『공주군지』(1957), 역대관찰사 명단.

27) 지수걸, 「자선 · 봉사활동의 정치사회적 의미 -내장원경 김윤환의 자선 · 봉사활동」 『한국의 근대와 공주사람들』, 공주문화원, 1999, pp.245-256 참조.

28) '소화 2년'의 '소화'는 글씨가 인위적으로 뭉개져 있는 상태이다.

29) 이에 대해서는 서봉식, 「공주 일본인 묘비 고찰」 『향토연구』 8, 충남향토연구회, 1990; 윤여헌, 「옥룡동 소재 '일본인묘' 재론」 『웅진문화』 19, 2006; 윤용혁, 「칸(菅), 그리고 아메미야 히로스케(雨宮 宏輔) -공주 역사 속의 일본인」 『공주, 역사와 문화 콘텐츠』, 공주대 출판부, 2016 등의 글이 있다. 필자의 글에서는 칸의 이름을 '칸 신타로'로 읽었으나, '칸 다츠타로'로 수정한다.

옥룡동 일인(菅辰太郎) 묘비(앞면, 뒷면, 옆면, 공주대 박물관 사진)

관계의 인물인지에 대해서 의문을 표시한 바 있다.[30]

그런데 2022년도 공주대박물관의 조사 결과 옆면에 있는 작은 글씨가 새로 확인되었다. 양 측면에 각각 기록되어 있는 사항은 다음과 같다.[31]

自 大正三年二月五日亡 辰太郎父梅吉
行年八十四歳
智 明治四十五年四月十二日亡 辰太郎母ナミ
行年七十八歳

---

30) 東豫市 시청의 회신 자료에 의하면, 다츠타로는 1868년 1월 6일생으로, 菅 梅吉의 2남 4녀 중 차남이라고 한다. 윤여헌, 「옥룡동 소재 '일본인묘' 재론」『웅진문화』 19, 2006, p.9 참조.

31) 공주대학교 역사박물관,『돌에 새긴 기억의 역사展』, 2022, p.113.

正 昭和三年一月十七日亡 菅 辰太郎
　　　　　行年六十一歳
心 大正三年二月六日亡 同人妻勝子[32]
　　　　　行年三十一歳

이에 의하면 이 묘비는 칸 부자(梅吉과 辰太郎)의 부부 묘이다. 아버지(梅吉)는 1914년(대정 3, 2월 5일) 84세로 사망하였고, 어머니(나미)는 1912년(명치 45, 4월 12일) 78세로 사망하였다. 다츠타로(辰太郎) 본인은 1928년(소화 3, 1월 17일) 61세로 사망하였는데 그의 처(勝子)는 일찍 1914년(대정 3, 2월 6일) 31세 젊은 나이에 사망한 것으로 되어 있다. 요컨대 옥룡동의 일본인 묘는 칸(菅) 부자 부부의 묘인 것이다. 본적지의 호적에 다츠타로가 독신으로 되어 있는 것은 혼인 신고를 하지 않은 상태에서 일찍 세상을 뜬 탓임을 짐작할 수 있다. 이 때문에 자식도 없었지만, 다츠타로는 재혼을 하지 않고 이후 독신으로 살았던 것이다.

묘비의 앞면에 적힌 자광원매예실옹거사(自光院梅譽實翁居士), 지광원송예심월대이(智光院松譽心月大姨)는 아버지 우메요시(梅吉) 부부이고, 정도원덕예직심거사(正道院德譽直心居士)와 심광원승예묘조대이(心光院勝譽妙操大姨)는 다츠타로(辰太郎) 부부라는 것도 알 수 있다. 한 가지 눈에 뜨이는 것은, 처(勝子)가 사망한 것이 1914년 2월 6일로서, 시아버지(梅吉)가 사망한 바로 이튿날이라는 점이다. 다츠타로가 재혼하지 않고 이후 독신으로 생을 마친 것과도 이러한 아픈 사연과 연관이 있지 않을까 하는 생각이 든다.[33]

---

32) 위의 책에서는 '同人妻勝子'를 '同人士女勝子'로 잘못 읽었다.

33) <황성신문> 1904년 10월 1일자 기사에 의하면, 다츠타로(菅辰太郎)는 시내에서 沙器廛을 운영하는 일인 상민(商民)으로 이름이 나온다. 또 같은 해 10월 4일자에는 공주 地方隊 병정이 다츠타로의 집 담에 방뇨하는 바람에 서로 구타하고 집 건물이 훼손되는 등 싸움이 일어나 결국 일병이 출동하는 사건으로 비화하였다. 이듬해 1905년(4.14) 정부가 사건 해결을 위해 일인 피해자에게 1천엔을 배상했다는 기사(『고종시대사』 4)가 있다(공주향토문화연구회, 『공주 근현대사 연표 및 주요 기사 색인』, 2012). 공주지방대 소속 군인은 다츠타로의 집 담에 고의로 방뇨한 것으로 보이는데, 일제 강점 직전, 외국인 신분으로 거주하면서 공주 사람들과 불편을 야기

4. 공산성 주변 비석의 문화재 지정

문화재의 효율적 보전의 한 방법이 문화재 지정이다. 이상 언급한 공산성과 주변의 비석들 중 현재 문화재로 지정되어 있는 것은 쌍수정사적비(도 유형문화재 35호, 1976.1.8. 지정), 명국삼장비(도 유형문화재 36호), 목사 김효성의 비(도 문화재자료 71호, 1984.5.17. 지정), 제민천교영세비(공주시 향토문화유적) 등이다. 비석의 효율적 관리를 위하여 앞으로 추가 지정이 필요한 자료들이 있다.

우선적으로 지정이 필요한 것은 공주대 앞의 장깃대나루 비석들이다. 장깃대 나루의 역사를 간직하고 있다는 점에서 일차적으로 지정이 시급한 자료이다. 공

공주대 앞으로 옮겨진 장깃대나루 비석

했던 사정을 보여준다.

두 차례나 옮겨진 이인역 비석

산성 서문 입구의 비석 중에서는 목사 김효성의 비와 같이 이른 시기에 조성된 관찰사 정태화, 목사 박병의 비가 지정 가치가 있는 것으로 생각된다. '1828년(순조 28)'이라는 김효성비의 건립 시기도 180년을 소급한 '1648년(인조 26)'으로 수정되어야 할 것이다.

공주대의 남측 담장 앞 대로변에 있는 비석들은 장깃대나루(북측)에서 옮겨진 것이다. 이 비석들은 자리가 이동된 것이기는 하지만, 가능하면 도 지정 문화재로, 금서루 입구의 비는 시의 향토유적으로 지정할 필요가 있다는 생각이다. 공산성 남서측 금성동 비석군 중에서는 우영장 유하의 비를 시 향토유적으로 지정하는 것을 제안한다. 그리고 이번 조사 범위에는 포함되어 있지 않지만, 이인면의 선정비들도 일괄하여 시의 향토유적으로 지정하면 어떨까 한다. 이인면의 선정비는 자리가 옮겨지기는 했지만,[34] 이인역과 관련한 것들로서, 특히 찰방비가 많이 포함되어 있어 나름의 지역적 특성을 가지고 있다.

* 이 글은 공주대학교 역사박물관, 『돌에 새긴 기억의 역사전(展)』, 2022에 실린 것을 수정 보완한 것임.

---

34) 이인역 선정비의 원 위치에 대해서는 윤여헌, 「이인찰방역」『고도 공주를 다시 본다』, 디자인금강, 2016, p.94 참조.

제3부
콘텐츠로서의 공주 역사

제1장 효향(孝鄕)으로서의 공주와 신라 향덕

공주는 어떤 고장인가, 그 가운데 하나는 공주가 효자를 많이 낸 도시, 효향 (孝鄕)이라는 것이다. 그 공주의 효자 가운데 가장 앞 자리에 위치한 인물이 바로 향덕이다. 향덕이 효자의 첫 자리를 차지하는 이유는 8세기, 가장 이른 시기의 효자라는 점 때문이다. 역사 기록상으로는 공주에서 가장 이른 시기가 아니라, 우리나라에서 가장 이른 시기의 대표 효자이기도 하다.

향덕 이후로 1천 년 이상 효는 우리나라 교육의 가장 중요한 키워드로서 중시되었지만, 시대가 바뀌어 지금 우리 시대에는 가장 애매한 덕목 가운데 하나가 되었다. 효는 부모의 은혜를 기억하고 부모를 잘 모시자는 것이지만, 지금은 부모가 자녀를 잘 모셔야 하는 시대가 되었기 때문이다. 그럼에도 불구하고 은혜를 기억하고 어른을 공경하는 효의 덕목이야말로 여전히 소중한 한국의 미덕이지 않으면 안 될 것이다. 그런 의미에서 1300년 전 공주의 효자 향덕의 효행은, 시대의 변화에도 불구하고 여전히 귀중한 공주의 가치임에 틀림없다.[1]

---

1) 향덕에 대해서는 기왕에 다음과 같은 논문이 발표된 바 있다. 본고를 작성하는 데도 많이 참고하였다. 윤용혁, 「신라효자 향덕과 그 유적」『백제문화』 11, 1978(『공주, 역사문화론집』, 서경문화사, 2005); 이기백, 「신라 불교에서의 효관념」『동아연구』

1. 통일신라 향덕의 효행

향덕은 웅천주(공주)의 '판적향(板積鄕)' 사람이다. 판적향은 지금의 공주시 소학
동, 효가리 일대에 해당하는 행정단위 이름이다. 향덕의 아버지는 이름이 선(善),
자(字)가 반길(潘吉)이라고 하였다. 천성이 온순하고 착하여 평소 마을 사람들로
부터 칭찬을 받았다. 아들 향덕도 역시 아버지를 닮아 사람들의 칭찬을 많이 받
았다. 때는 백제가 멸망하고 난 후 100년이 지난 뒤였다.

경덕왕 14년(755) 봄 심각한 기근이 전국을 휩쓸었고 거기에 설상가상으로 전
염병까지 돌기 시작하였다. 경덕왕대에 들어서면서는 유난히 흉년과 기근이 자
주 농민들의 생활을 위협하고 있었다. 경덕왕 4년(745) 음력 4월에 서울에 계란
크기만한 우박이 내렸다. 그러더니 연년 가뭄이 이어졌고 겨울에는 눈조차 내리
지 않았다. 백성들이 먹을 것이 없어 굶주린 것은 당연한 일이었다. 거기에 그치
지 않고 전염병까지 돌았다.

경덕왕 13년(754)에는 "8월에 가뭄이 들고 황충(蝗蟲)이 일어났다"고 적고 있
다. 결국 이해의 가뭄과 병충해는 이듬해(경덕왕 14년) 봄의 전국적인 기근을 몰고
왔던 것이다. 이에 대하여『삼국사기』는 "14년(755) 봄에 곡식이 귀하여지고 백성
들이 굶주렸다"고 기록하고 있다.

이와 같이 전국적으로 기근이 만연하자 향덕은 부모 공양의 길이 막연해지게
되었다. 더군다나 거기에 역병까지 겹쳐 부모가 모두 굶주림과 질병으로 빈사
상태에 빠지고 말았다. 이에 향덕은 부모의 공양과 치유를 위하여 전력을 다하
는데『삼국사기』에서는 이러한 향덕의 행적을 다음과 같이 기록하고 있다. "향
덕이 밤낮으로 옷도 풀지 않고 정성을 다하여 위안하였으나 봉양할 수가 없었
다. 이에 자기의 넓적다리 살을 베어먹이고 또 어머니의 종기처를 입으로 빨아내

2, 1983; 윤용혁, 「8세기의 효자, 향덕과 그 유적-백제고지에 대한 유교적 교화책」
『공주,역사문화논집』, 서경문화사, 2005; 김수태, 「삼국유사 '향득사지'조로 본 신라
인의 효행」『신라문화제 학술발표논문집』, 동국대 신라문화연구소, 2009.

향덕의 전설이 서린 혈흔천 풍경(신기동)

어 모두 평안하게 되었다." 부모를 봉양하느라 자신의 살을 베어 드리고, 또 어머니의 종기를 치료하느라 환부를 입으로 빨아 낫게 했다는 것이다.[2] 종기는 옛날에는 죽음에 이를 수 있는 큰 병이었는데, 이를 치유하는 데는 입으로 직접 고름을 빨아내는 것이 가장 큰 처방으로 생각하였던 듯하다. 여하튼 자기 신체를 훼손하면서까지 부모를 봉양한 향덕의 효행은 효로서는 다소 극단적인 행동이라 할 수도 있다. 이 때문에 향덕의 효행을 일반적으로 권할 수 있는 효행이라고 할 수 있을지에 대해서는 다른 의견도 없지 않았다.

---

2) "向德 熊川州板積鄉人也 父名善 字潘吉 天資溫良 鄉里推其行 母則失其名 向德亦以孝順 爲時所稱 天寶十四年乙未 年荒民饑 加之以疫 父母飢且病 母又發癰 皆濱於死 向德日夜不解衣 盡誠安慰 而無以爲養 乃肉以食之 又母癰 皆致之平安 鄉司報之州 州報於王 王下敎 賜租三百斛·宅一區·口分田若干 命有司立石紀事 以標之 至今 人號其地云孝家里"(『삼국사기』 48)

향덕의 효행에 대해서는 '혈흔천'의 이야기도 전한다. 금강의 지류인 마을 앞의 북으로 흐르는 내가 있는데, 이것이 '혈흔천'이라는 이름의 하천이다. 향덕이 넓적다리 살을 벤 후 상처가 아직 아물기 전인데 부모 공양을 위해 이곳에서 물고기를 잡았고, 그때 다리 살 베인 곳에서 피가 흘러내려 간 데서 '혈흔(血痕)'이라는 내 이름이 붙게 되었다는 것이다. 근년까지도 마을 앞 내에서 송사리며 붕어며 물고기를 잡아 찌개 거리를 마련했던 것을 생각하면, 향덕이 이 내에서 물고기를 잡았다는 것은 당시 실제의 생활 모습을 전하는 것이라 할 수 있다.

향덕의 효행이 특별한 것이기는 하지만, 그 보다 더 특별한 것은 이러한 향덕의 효행을 신라 왕이 알고, 상을 주고, 정려를 내려 기리게 하였다는 사실이다. 아직 효행이 크게 강조되거나 사회적으로 현창되지 않았던 시기였기 때문에, 이것은 특별한 일로 다가온다.

2. 신라 경덕왕은 왜 향덕을 표창하였나

향덕이 효행으로 세상에 그 이름이 드러나 것은 당 천보(天寶) 14년, 즉 통일신라 경덕왕 14년(755)의 일이다. 이 무렵은 백제가 멸망한 지 약 1세기가 되며 통일신라시대의 전성기에 해당한다. 판적향의 향사(鄕司)에서 이 일을 웅천주에 보고하였고 웅천주에서는 다시 중앙 정부에 이를 보고한다. 향덕의 효행에 대하여 알게 된 경덕왕은 곧 향덕에 대한 포상을 지시하였다. 향덕에게 조(租) 300곡(穀), 집 1채와 구분전(口分田) 약간을 내렸다. 또 관계 기관에 명하여 '문려(門閭)를 정표(旌表)'하도록 하고, 석비를 세워 사실을 기록하여 알리게 하였다.[3] 가히 파격적인 조치라 할 수 있다.

---

3) 『삼국사기』 48, 향덕전 및 신라본기 경덕왕 14년 참조. 포상 내역에 대해서 『삼국유사』에서는 조(租) 500석(碩)이라 하였다.

향덕은 웅천주의 판적향(板積鄕) 사람인데, 『삼국유사』에서는 그를 '사지(舍知)'라는 신라의 관위(官位)를 가진 인물이라고 하였다.[4] '사지(舍知)'는 신라 17관등 중 13위이며, 골품으로서는 대략 4두품의 관위에 해당한다. 향덕이 '사지'라는 관등의 소유자였다는 것은 그가 원래 판적향의 유력한 인물이었으며 신분상으로도 일반농민과는 구별되는 지위에 있었음을 의미한다. 향덕이 '사지'라는 관등을 갖게 된 배경이 무엇인지는 분명하지 않다. 혹 효행에 대한 포상으로 받은 것인지, 아니면 백제 귀족의 후예로서 그 선대가 신라에 '귀순'함으로써 일정한 사회적 처우를 받았던 것인지도 알 수 없다. 문무왕 13년(673) 신라가 내투한 백제인에 대한 처우 규정을 만들 때 '사지'(13등)는 백제의 한솔(扞率, 16관품 중 제5품)에 대응하는 관등이었다. 그리고 아버지 반길이 판적향 향사(鄕司)의 업무에도 관계하고 있었던 때문에, 그의 효행이 바로 웅천주 관아에 보고되는 것이 가능하였다고 생각된다.

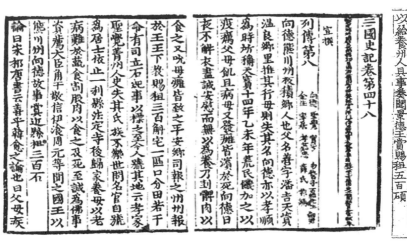

『삼국사기』와 『삼국유사』의 향덕 기록

---

4) "熊川州向得舍知者 年凶 其父幾於餒死 向得割股以給養 州人具事奏聞 景德王賞賜租五百碩"(『삼국유사』 5, 孝善 9, 向得舍知割股供親 景德王代)

경덕왕이 향덕의 효행 사실을 특별히 기록하여 정려를 세우도록 조치한 것은 대민교화(對民敎化)를 목적으로 한 일종의 정표(旌表) 교화시책으로서 우리나라에 있어서 그 시원(始原)이라 할 수 있다. 이러한 점에서 향덕에 대한 포상은 일반적 행정 사항은 아니었다. 여기에서 제기되는 의문은 경덕왕은 왜 멀리 웅천주 시골에 있는 향덕을 주목하고 특별 포상 조치를 시행하게 되었을까 하는 점이다. 향덕의 효행이 극진했기 때문이라는 것만으로는 그 포상의 이유가 이해되지 않는다. 확실한 이유를 알 수는 없지만, 다음과 같은 몇 가지를 그 배경으로 생각해보게 된다.

첫째, 향덕에 대한 포상 조치가 한화정책(漢化政策) 추진이라는 당시 경덕왕의 정책 방향에 부합하는 것이었다는 점이다. 경덕왕은 주군현 지방제도의 명칭을 고치고, 관부를 개편하는 등 일련의 한화정책(漢化改策)을 추진하였고, 당과의 밀접한 교류관계를 유지함으로써 한문화의 적극적인 수용 정책을 일관하였다. 이러한 차원에서 종래의 국학(國學)을 '태학감(太學監)'으로 개칭하면서 박사(博士)와 조교(助敎)를 두어 교육을 강화하기도 하였다. 유교적 통치이념을 지향하는 정책적 방향에서, 향덕 효행에 대한 장려는 유교적 교화정책을 심화시키는 계기로서 유효했다는 것이다.

둘째, 민심의 동요가 우려되는 어려운 상황 속에서 향덕의 효행에 대한 포상을 통하여 재해에 의하여 야기될 수 있는 민심의 이반을 억제하는 효과를 기대한 것이었다고 생각된다. 향덕에 대하여 포상을 후하게 하고 문려(門閭)를 정표(旌表)하도록 한 그 해 7월, 경덕왕이 죄인을 사면하고 노질자(老疾者)와 환과고독(鰥寡孤獨)을 찾아 곡식을 내린 것은 향덕의 효행에 대한 포상과 동일한 맥락의 조치였을 것이다.

여기에 한 가지 더 주목하고 싶은 것은 포상의 대상자인 향덕의 지역이 백제의 왕도였던 웅천주라는 점이다. 향덕의 시대는 신라에 의한 백제 병합이 아직 1백 년이 지나지 않은 시점이고, 따라서 웅천주는 백제에 대한 회고지심이 어느 지역보다 강한 지역이었다고 생각된다. 향덕의 효행에 대한 신라 정부의 각별한 조치는 결국 구 백제지역 민심을 추스르는 효과도 계산에 있었던 것이 아닐까하는 생각이다.

향덕의 효행 사실은 고려시대에 만들어진 『삼국사기』와 『삼국유사』에 모두 실려 있다. 하나는 유교적 역사서이고, 또 하나는 불교적 역사서로서 성격이 다른 책이다. 두 책에 향덕 이야기가 모두 실려 있다는 것은 고려시대 향덕에 대한 역사적 평가를 보여주는 것이라 할 수 있다. 두 책에 실린 기록은 같은 내용이지만 동일하지는 않다. 『삼국사기』의 경우가 더 상세한 내용을 담고 있고, 포상의 내용도 양자 간에 약간의 차이가 있다. 그런데 더 눈에 뜨이는 것은 이름의 표기가 '향덕(向德)'과 '향득(向得)'으로 다르게 되어 있다는 점이다. 『삼국사기』는 향덕, 『삼국유사』에는 향득이라 하였다.

3. 향덕인가 상덕인가

'향덕(向德)'과 '향득(向得)'으로 되어 있는 것은 기록상의 과정에서 야기된 차이로 이해되고 있다. 그런데 향덕과 관련하여 그를 '향덕', '향득'이 아닌 '상득'이라 불러야 한다는 견해가 있다. 강헌규 교수에 의하면 向德(향덕)과 向得(향득)은 모두 '상득'으로 발음되었을 것으로 보았다. 德(덕)과 得(득)은 15세기(『동국정운』『월인천강지곡』)에 모두 '득'으로 발음되었으며, 따라서 신라시대 한자음 역시 모두 '득'이었을 것으로 보았다.[5]

이러한 의견과 관련하여, 윤여헌 선생은 '향덕'을 '상덕'이라 하는 것이 옳다고 하였다. 향덕의 '향'은 성이며, 성일 때는 향이 아닌 '상'으로 읽어야 한다는 것이다. 여기에서 문제는 '향'이 성인가 하는 것인데, 향덕의 '향'이 성이라는 근거로 향덕 아버지의 이름이 '선(善)'으로 기록되어 있다는 점을 들었다. 이름만 적은 것은 향덕과 같은 '상(向)'씨이기 때문이라는 것이다.[6] 주장만이 아니고 실제 '향덕'

---

5) 강헌규, 「삼국사기와 삼국유사에 나타난 효자 '向德·向得'에 대하여」『백제문화』 18·19합집, 1989.

6) 윤여헌, 「상덕(向德) 논의」『월당 윤여헌의 공주이야기』, 공주문화원, 2019, pp.129-

을 '상덕'으로 읽은 경우도 있다. 동방미디어의 전자판『삼강행실도』<향덕규비
(向德刲髀)> 번역에서 "상덕(向德)은 웅천주(熊川州)사람인데, 효행이 있다고 일컬었
다"라고 하여 향덕(向德)을 '상덕'으로 읽은 것이다. 여기에는 향덕에 대한 다음과
같은 찬시도 덧붙여 있다. 번역문만을 옮기면 다음과 같다.

> 양친 모신 방은 차고 끼니도 끊겼는데, 어머니는 더구나 중병에 걸렸도다
> 넓적다리 살을 베어 아침상에 올리고, 종기 빨아 마침내 쾌유하게 하였네
> 이 사람의 높은 의리 천지를 감동시켜, 삼백 곡의 벼를 내린 은사가 컸네
> 하사한 집 한 채는 터도 없어졌으나, 지금까지 마을 이름 효가라 불려 오네

위와 같은 견해에 근거하여 최근에는 지역에서 효자 향덕을 '효자 상덕'으로
바로잡는 수정운동을 해야 한다는 주장도 제기되고 있다.[7] 여기에서의 논점은
두 가지이다. 첫째는 '向德'의 '향'이 성인가 하는 문제이고, 둘째는 '향덕'을 정말
'상덕'으로 읽어야 하는가 하는 점이다.

향덕을 '상덕'으로 부르기 위해서는 먼저 '向'이 성씨라는 점이 입증되어야 한
다. 그러나 이를 입증하기는 어렵다.『삼국사기』에서는 향덕 아버지의 자(字)가
'반길(潘吉)'이라 하였다.『신증동국여지승람』에서는 향덕의 아비가 세상을 뜨
자 묘비를 세웠는데 '번길(番吉)'의 묘라 하였다. 사견으로는 이 '반길' 혹은 '번
길'이야말로 원래 아버지의 이름이고, 향덕의 이름은 '향득'이었다고 생각된다.
두 사람의 이름은 처음부터 문자로 지어진 것이 아니고 '반길(번길)'과 '향득'이라
하였는데, 나중에 '반길(潘吉 혹은 番吉)'과 향득(向得)으로 기록되고, 그것이 다시 시
간이 지나 선(善)과 덕(德)이라는 이름으로 정리된 것으로 생각된다. 이점에서 만
일 '向'이 성이었다고 하면 후대에 지어진 성이라고 할 수 있지만, 실제 그러했던
것인지는 역시 확정하기가 어렵다.

향덕의 이름과 관련하여, 조선시대에 그 이름을 '상덕'이 아닌 '향덕'으로 기록

130.

7) 윤여헌, 위의 책, p.130의 '편집자 주'.

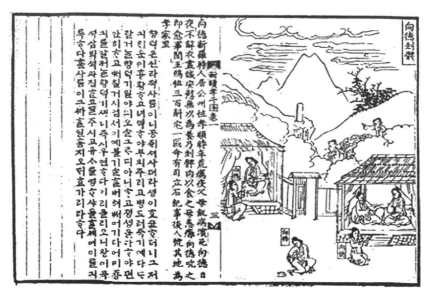

『동국신속삼강행실도』의 '향덕' 소개

한 전례가 있다는 점을 참고할 필요가 있다. 공주에서 첫 번째 충청도관찰사를 역임한 류근(柳根, 1549~1627)은 1627년 왕명을 받아 『동국신속삼강행실도』를 편찬하였는데 이 책은 한문과 함께 한글 텍스트를 실은 것이 특징이다. 그런데 여기에 향덕(向德)을 '향덕'이라고 한글로 기록하고 있는 것이다.[8] '향덕'과 '상덕', 어느 것이 바른가 하는 문제와는 별도로, 여러 가지 현실적 여건에서도 향덕을 '상덕'으로 읽는 것은 동의하기 어렵다는 생각을 갖게 된다.

---

8) "향덕은 신라적 사람이니 공주서 살더라. 성이 효순하더니 그 해 운이 흉황하고 여역하여 부모 주리고 병들어 죽기에 다다랐거늘 향덕이 일야의 옷을 갈아입지 아니하고 정성을 다하여 편안히 하고 드릴 것이 없어 이에 볼기살을 베어 먹이다. 어미 종기를 앓거늘 향덕이 빠니 즉시 우연하다 일이 들리오니 왕이 곡식 삼백 석과 집 한 곳을 주시고 유사를 명하사 돌을 새겨 이를 기록하다. 훗 사람이 그 땅을 이름 짓되 효가리라 하다."(『동국신속삼강행실도』) (철자법은 요즘에 맞추어 조정함)

4. 또 한 사람의 향덕, 신효거사

향덕이 왕으로부터 정표와 특별한 포상을 받은 이후 어떻게 살았는지 대해서는 잘 알 수 없다. 그런데 『신증동국여지승람』(공주목 명환조)에 웅천주의 조교(助敎) 한서의(韓恕意)라는 인물이 "웅천주 사람 번길(番吉)의 묘비문을 지었는데 지금의 효가리에 그 비가 있다"고 하였다. 시기는 당의 천보(天寶) 년간이라 하였다. 한서의가 비문을 지은 웅천주의 '번길(番吉)'은 향덕의 아버지 '반길(潘吉)'을 말하는 것이다. '조교'란 유학을 가르치는 교수로서, 중앙으로부터 파견되었던 사실을 말해준다. 웅천주 조교 한서의가 향덕의 아버지가 세상을 떴을 때 그 묘비문을 지었다는 것은 향덕의 가정 생활이 행복하였고, 만년의 반길이 평안히 세상을 떠났음을 암시한다고 생각된다. 웅천주 조교가 비문을 지어줄 정도라면, 향덕의 집안은 지역의 유지와 같은 지위를 가졌던 것으로 보인다.

위의 기록에서 흥미를 더하는 것은 향덕 아버지의 묘소가 마을에 가까운 '효가리'에 있었으며, 한서의가 비문을 지은 묘비가 조선 초 당시에도 현지에 남아 있었다는 사실이다. 아깝게도 반길의 묘비는 현재 그 행방을 알 수 없다. 향덕의 집안이 이주하거나 절손(絶孫)된지 오래되면서 정려와 묘비 등은 점차 돌아보는 사람이 없어지자 피폐하게 된 것 같다. 아마도 묘비는 흙 속에 묻혔을 것인데, 혹시는 앞으로 발견될지도 알 수 없는 일이다. 지명 자료에 의하면 신기리의 욧골 뒤에 '시묘곡(侍墓谷)'이라는 골짜기가 있는데 향덕이 이곳에 부모 산소를 모시고 3년 시묘를 살았다는 것이다. 이에 의하면 향덕의 아버지 반길의 묘는 신기리 욧골 뒤쪽 구릉에 소재했던 셈이다.[9]

향덕의 만년의 생활과 관련하여, 그가 출가하여 독실한 불도의 삶을 살았던 것이 아닌가 추측이 가능한 자료가 있다. 『삼국유사』의 신효거사(信孝居士)에 대한 이야기가 그것이다.

---

9) 한글학회, 『한국지명총람』 4, 공주군 계룡면 신기리, p.33.

2021년 5월의 '공주 인물 향덕' 행사 포스터

오대산 월정사 구층탑과 공양상

(『삼국유사』에서는 공주 출신의 신효거사(향덕?)가 이 절에 주석했다는 기록을 전하고 있다)

　(신효거사의) 집은 공주에 있었는데 어머니를 봉양함에 효성을 다하였다. 그의 어머니는 고기가 아니면 식사를 하지 않았으므로 거사는 고기를 구하려 산과 들로 나다니었다. 길에서 학 다섯 마리를 보자 쏘았더니, 학 한 마리가 깃을 떨어뜨리고 가버렸다. 거사가 그것을 집어 눈을 가리고 사람을 보았더니 사람이 모두 짐승으로 보였다. 그래서 고기를 얻지 못하고 자기의 넓적다리 살을 베어 어머니께 드렸다. 뒤에 출가하여 자기 집을 내놓아 절로 삼았는데 지금의 효가원(孝家院)이다.[10]

　신효거사 역시 공주사람으로서 어머니를 봉양하기 위하여 자신의 넓적다리 살을 베어 드렸던 인물이다. 그는 후에 출가하여 자기 집을 절로 삼았다는데, '효가원'이 신효거사의 집이었다는 것은 향덕의 동리가 '효가리'가 되었던 것과 상

─────────────

10) 『삼국유사』 탑상 4 「臺山月精寺五類聖衆」.

통한다.[11] 따라서 향덕은 만년에 스님이 되었고 자신의 집을 절로 내놓은 것은 아닐까 하는 생각을 갖는다.[12] 그리고 그 절이 후대에 '효가원'이라는 원(院) 시설로 이어졌다고 생각되는 것이다. 근년 최명진은 향덕 관련 자료를 재검토하는 과정에서 신효거사로서의 향덕에 대하여 심층적 논의를 진행한 바 있다. 그리하여 『삼국유사』의 기록을 근거로 향덕(신효거사)이 오대산 월정사에 머물게 되는 것으로 정리하였다.[13]

5. 소학동에 서 있는 향덕의 비석

향덕의 비는 현재 공주시 소학동, 공주-논산간의 23번 국도변에 위치하여 있다. 비석은 표석으로 보이는 중수비(重竪碑: 舊碑)와 조선시대 새로 건립한 신비(新碑)가 나란히 세워져 있다. 1978년 공주사대 백제문화연구소에서 이에 대한 지표조사를 실시하였고, 이를 토대로 1982년 '공주 소학리 효자향덕비'가 충청남도 유형문화재로 지정되었다.

현재 남아 있는 구비는 절단된 채 아랫부분만 잔존하여 있는데, 음각(陰刻) 종서(縱書)로 된 명문은 중앙에 '之閭(지려)'라 한 것과 좌측의 '丑三月日重立(축삼월일중립)'이라는 글자만이 남아있을 뿐이다. '지려(之閭)'라 한 것은 '孝子向德之閭(효자향덕지려)'를 의미한 것일 것이며 「丑三月日重立(축삼월일중립)」은 중수(重竪)의 시기를 밝힌 것이라 생각되지만, 어느 시기에 세워진 것인지 알기는 어렵다. '중립

---

11) 신효거사의 효가 "『법원주림(法苑珠林)』에 나오는 석가의 전생담에서 유래한 습속"으로 보는 견해가 있다. 이희덕, 『고려 유교정치사상의 연구』, 일지사, 1984, pp.185-186.

12) 신효거사가 향득(향덕)과 동일 인물일 것이라는 것에 대해서는 차광호, 『고려시대 역사서의 신이성과 삼국유사』(역사산책, 2018, p.216)에서 동의한 바 있다.

13) 최명진, 「다시 쓰는 향덕이야기」『웅진문화』 33, 2020, pp.88-94.

구비(좌)와 1741년에 세워진 향덕비 정려비 탁본[14](옆면, 앞면)

(重立)'이라 한 것에서 생각하면 신라 당시의 것은 아닌 것 같고, 거칠고 다듬어지지 않은 형태에 절단되기까지 한 것을 보면 조선시대 이전, 고려시기에 세워진 것은 아닐까 추측해 볼 수 있는 정도이다.

그 옆의 신비는 영조 17년(1741)에 건립되었다. 비신(碑身)을 8각의 대석(臺石) 위에 올리고 있는 이 비석은, 앞면 중앙에「新羅孝子向德之閭(신라효자향덕지려)」라 하고, 그 하단부에 향덕의 효성을 찬양하는 다음과 같은 명(銘)을 잔 글씨로 음각해 놓았다. 번역문을 함께 기재하면 다음과 같다.

允矣孝子	미쁘도다 효자여!
克全彝性	능히 천성을 온전히 하였구나!
旣刲其股	그 다리를 가르고
亦厥吮慶	또한 종기를 빨았도다.
王庸是嘉	왕이 이를 아름다이 여기시어
爾田爾宅	밭을 주고 집을 주셨도다

---

14) 충청남도, 『문화유적총람』(금석문편, 상), 1991, p.67.

地以人名	그 이름으로 지명을 삼으니
百世不泐	백세토록 멸하지 않으리라.

신비의 건립 연대는 정려 이후 987년이 지난 영조 17년(1741)이라는 것, 마을 사람들과 창고지기(庫直)인 오막(吳幕)에 의하여 비석이 건립되었다는 것, 당시 충청도관찰사 조영국(趙榮國)이 명을 하고 공주판관 이덕현(李德顯)이 글씨를 썼다는 것 등을 말해주고 있다. 이것으로 보면 비석의 건립을 주도한 것은 오막(吳幕)이라는 인물이었는데, 아마도 오막은 향덕의 마을 효가리 사람이었을 것이다. 오막은 향덕의 역사적 흔적이 사라져가는 것을 한스럽게 생각하여 마을 사람들을 설득하여 비석 건립을 추진한 것으로 보인다. 관찰사와 목관아 판관의 협력을 얻어 1741년에 비를 건립한 것이다. '孝子向德之閭(효자향덕지려)'라 새긴 것을 보면 이 비석은 향덕 정려 옆에 세웠던 것이라 할 것이다.

비석의 전면 좌우로는 통일신라 양식의 건물 초석 2매가 있는데 이 초석은 본래의 자리가 아니고 수습하여 옮겨 놓은 듯하고, 따라서 향덕의 유적과 직접 연결되는 것처럼 보이지는 않는다. 그러나 향덕의 효행과 시대 같은 통일신라시대에, 매우 정교하게 다듬은 초석이라는 점에서 소홀히 여길 수 없는 자료인 것은 물론이다.

755년에 건립된, 지금은 남아 있지 않은 원래 비석에는 향덕의 효행을 기록하고 표창하는 내용이 적혀 있었을 것이다. 『삼국사기』의 열전의 기록이 대략 이 원래 비석의 내용을 전하는 것일 것으로 김수태 교수는 추측한 바 있다.[15] 향덕의 비석과 관련하여 제기되는 의문은 755년에 건립된 원래의 향덕 비석이 어디로 갔을까 하는 점이다. 구비의 경우도 파손된 채 남아 있는데, 그 파손의 이유도 이해할 수 없는 일이다. 신라 이래 효는 고려, 조선으로 시대가 지날수록 더욱 높게 평가되는 덕목이었고 마을의 자랑이었을 것인데, 훼손과 멸실의 이유를 이해하기 어려운 것이다.

---

15) 김수태, 「삼국유사 '향득사지'조로 본 신라인의 효행」 『신라문화제 학술발표논문집』, 동국대 신라문화연구소, 2009, p.95.

6. 향덕의 효가리는 어디인가

마지막으로 또 한 가지 문제가 남아 있다. '효가리'로 불렸다는 향덕이 살던 마을은 어디인가 하는 점이다. 『삼국사기』에 의하면 판적향(板積鄕)은 향덕 이후로 '효가리(孝家里)'로 불렸다. 『여지도서』 등 조선조의 읍지류에도 '효가리'가 등장하고 있어 향덕 이후 근년에 이르기까지 내내 지명으로 그 사실이 전해 내려옴을 알 수 있다. 소학동에서 국도를 따라 남쪽 논산방면으로 멀지 않은 공주시 신기동에 '효포' 등의 지명이 남아 있는데 이곳이 '효가리'로 불리는 곳이다.[16] '신기리'라는 지명은 1914년 행정구역 폐합에 의하여 새로 지어진 이름이다.

효가리에는 조선시대에 '효가리원'이 있었다. 원(院)이라는 것은 중요한 교통 요지에 시설된 일종의 교통 숙박 시설이다. 이 지역이 호남에서 서울로 연결되는 대로상의 위치이고, 공주의 금강을 건너기 직전이라, 역원제에 의하여 효가리원이 설치되었음을 알 수 있다. 15세기 무렵 정추(鄭樞)가 지은 시라 하여, 향덕의 마을에 대한 다음과 같은 시가 전한다.[17]

단풍잎 몰아치고 원(院) 마을 비었는데	黃葉成堆 院落空
산 앞에 있는 옛 빗돌 석양에 붉었네	山前古碣 夕陽紅
넓적다리 살 베인 효자 지금은 어디 있느냐	割髀孝子 今何在
밤마다 저 달빛이 거울 속에 떨어지네	夜夜銀蟾 落鏡中

이에 의하면 15세기 당시에 효가리의 원에는 향덕의 옛 비가 여전히 서 있다고 하였다. 비석의 위치도 효가리였던 것이다. 그럼에도 불구하고 지금 향덕의 비석은 효가리(신기리)가 아닌 소학동(소학리)에 소재해 있다. 두 지점의 거리는 대략 1.5km로서 하나의 지역으로 보기는 어렵다.

---

16) 효가리에 대해서는 18세기 『여지도서』(공주목 방리)에 "孝家里 自官門東距十里 編戶二百四 男二百七十九口 女二百五口"라 하였다.

17) 『신증동국여지승람』 17, 공주목 역원.

'효가리' '효포'라는 지명은 행정구역 통합에 의하여 1914년 이후 신기리로 편제되었다. 원이 소재한 곳이라고 하면, 비석이 있는 소학동보다는 신기리의 효가리 마을이 적합하다. 규모 있는 마을과 시설이 입지할 수 있는 지형을 갖춘 곳이 신기리 쪽이기 때문이다. 18세기 『여지도서』(공주목 방리)에 "효가리는 관아에서 동쪽 십리 거리에 위치하고, 호수는 204호, 남자 279구, 여자 205구"라 하였다. 대단히 큰 마을인데, 이것은 신기리에는 적합하지만 소학동 향덕비의 소재지에는 적합하지 않다. 또한 신기리는 웅천주 치소였던 공주 시내로 길이 이어지는 곳이다. 논산 방면에서 공주로 올라올 경우 신기리에서 능치라는 산길을 넘으면 금학동에 이르게 되어 있어서 예로부터 사람들의 통행이 많은 길이었다. 공주 시내에 가까운 또 하나의 원(院) 시설인 보통원과 효가리원의 거리 간격을 생각하더라도 신기리 방면이 유리하다. 그럼에도 불구하고 향덕의 비석은 신기리가 아닌 소학동에 있다. 그 불일치가 어디에서 야기된 것인지는 아직 풀리지 않은 의문으로 남는다. 다시 말해서 향덕의 마을은 소학동이었나 아니면 신기리였는가 하는 문제가 제기되는 것이다.

  2009년 충남역사문화연구원에서는 소학동의 비석 주변을 시굴 조사하였다. 혹 향덕과 연관된 유구의 존재가 확인될 수 있을지도 모른다는 기대 때문이었다. 시굴 결과 고려시대로 추정하는 건물지의 존재가 인정되었고, 이 시기 와류와 청자편이 수습되었다. 제한된 면적에 대한 간략한 조사여서 전체적 상황을 파악하기는 어려웠지만 역원과 같은 규모 있는 시설, 혹은 통일신라시대의 유구는 있는 것 같지 않았다.[18]

  2016년 '효향 공주'를 상징하는 '효심공원'이 충남역사박물관 옆에 조성되었다. 고려 효자 이복과 관련한 전설의 장소 국고개를 콘텐츠화한 것이다. 효심공원은 고려 이복과 함께 신라 향덕을 함께 소재로 하여 공원을 조성하고 효자 향덕의 2기의 비석을 그대로 재현하여 세우기도 하였다. 향덕의 효행 내용이 선명하게 부각되어 있지 않은 것은 아쉬운 점이다. 2019년에는 옥룡동의 주민들이

  ---

  18) 충청남도역사문화연구원, <공주 소학동 효자향덕비 주변지역내 문화유적 시굴조사>, 2010.

2016년에 조성한 공주 효심공원(신용희 사진)

중심이 되어 향덕의 비석이 있는 소학동의 현지에서 제1회 향덕 추모제를 거행하였다.[19]

'공주 인물'로서 향덕에 대하여 다시 검토하면서 향덕과 관련한 몇 가지 의문과 문제를 다시 확인하였다. 그리고 무엇보다 신라시대 향덕의 비석, 아버지 반길의 묘비, 원래는 향덕의 거처였다는 효가리원의 유적을 찾는 것이 우리에게 남겨진 과제라는 점을 확인하는 기회가 되었다.

* 본고는 공주문화원, 『공주의 인물』 7, 2020에 실린 같은 제목의 글을 보완한 것임.

19) 소학동은 행정적으로는 공주시 옥룡동에 속하는 지역이다.

제2장 공주 지역콘텐츠로서의 조선통신사

머리말

공주는 475년 웅진 천도에 의하여 백제의 왕도로서 도시가 부각된 이후 근대에 이르기까지 충청지역의 행정 거점으로서 중심적 위치를 가지고 있었기 때문에 백제를 비롯한 다양한 역사 문화 콘텐츠를 자원으로 가지고 있다. 2015년 유네스코 세계유산으로 '백제역사유적지구'(송산리고분군과 공산성)가 지정된 이후, 2018년에는 '한국의 산지승원'으로서 마곡사가 역시 세계유산으로 지정되었다. 2건의 세계유산 이외에 2017년 유네스코 세계기록유산으로 지정된 '조선통신사 기록물'에는 공주 소재 충청남도역사문화연구원 소장 자료인 김이교의 『신미통신일록』이 포함되어 있다.

『신미통신일록』은 일견 평범하게 보이는 19세기의 서책이기 때문에 세계기록유산 지정 초기에 지역에서 별다른 주목을 받지 못하였다. 문화재의 지정 레벨도 충청남도 유형문화재였다. 주목받을 수 있는 요소가 많지 않았던 것이다. 그러나 공주는 『일동장유가』를 지은 김인겸, 『해사록』을 지은 신유 등 조선통신사와 관련한 유력한 인물들의 연고지이기도 하다. 이들의 저작과 시문이 역시 세계기록유산의 목록에 등록되어 있고, 이들의 묘소가 있는 등 조선통신사 관련의 다양한 자료와 공주는 인연을 가지고 있는 것이다. 고대 '백제의 왕도'로 인식되어 있는 공주이지만, 근세 조선통신사 콘텐츠를 지역의 문화 자원으로 주목하는 일은 이점에서 전혀 무리한 발상이 아니라는 것을 알 수 있다. 더욱이 조선통신사의 교류정신은 백제의 개방적 교류의 역사와 그대로 맥이 이어지는 것이기도 하다. 백제 정신의 계승의 관점에서 근세 조선통신사를 조명할 수 있다는 것이다.

조선통신사는 서울에서 육로로 부산을 거쳐 일본에 사행하였기 때문에 관련 콘텐츠는 거의 서울에서 부산에 이르는 지역과 연고를 맺는다. 경기 이남의 한반도 서부 지역에서의 조선통신사는 매우 독특한 콘텐츠라고 볼 수 있다. 이러한 점에서 공주의 조선통신사 콘텐츠를 충남의 콘텐츠로 확산 부각하여 활용을 극대화하는 것도 가능한 것이다.

이상과 같은 문제의식에서 본고는 공주에서 찾을 수 있는 조선통신사 관련의 여러 내용 요소를 종합 정리하고, 동시에 향후 그것이 지역 발전과 국제화에 기여하는 새로운 공주의 콘텐츠로서 자리잡도록 하는 방안들을 제안하려고 한다.

1. 조선통신사와 공주

1) 『신미통신일록』의 유네스코 기록유산 등재(2017)

조선통신사 관련 자료를 공주와 충남의 지역 콘텐츠로서 활용할 수 있는 동력을 얻게 된 것은 역시 2017년 유네스코 세계기록유산에 충남역사박물관 소장 『신미통신일록』 등재가 결정적이다. 세계기록유산으로서의 '조선통신사 기록물'은 총 111건 333점으로 구성되어 있는데, 그 가운데 김이교의 『신미통신일록』은 한국측 등재 대상 63건 124점 중의 1건 3점에 해당한다.[1]

---

1) 기록은 외교, 여정, 문화교류의 기록 3가지로 분류되는데, 외교기록은 5건 51점, 여정기록은 65건 136점, 문화교류기록은 41건 147점이다. 국가별로는 한국은 외교기

김이교 유물이 충청남도 유형문화재 제222호 '김이교 유물 일괄'(20점)로 지정된 것은 2013년 4월 22일의 일이었다. 『신미통신일록』(천, 지, 인 전3권)을 비롯한 영정, 인장, 호패, 종묘배향 공신조서가 포함되어 있다.[2]

김이교 유물은 조선통신사기록물 111건 중의 1건이라는 점에서는 작은 비중으로 생각할 수 있지만, 여기에는 놓쳐서는 안되는 주목해야 할 점이 있다. 한국 측 등재 대상 63건 124점의 지역별 분포를 살펴보면 서울권이 48건, 부산이 14건이고, 거기에 지방으로는 유일하게 충남 공주 김이교 자료 1건이 포함되어 있기 때문이다.[3] 다시 말해서 유네스코 기록유산으로서의 조선통신사 자료를 활용할 수 있는 지역은 서울과 부산을 제외하면 충청남도 공주가 유일하다고 할 수 있는 것이다.

2) 퇴석 김인겸, 기념비 건립(1989)과 세미나 개최(2005)

공주에서 조선통신사 관련 인물에 대한 최초의 기억은 35년 전, 김인겸의 기념비가 공주에 세워진 일이다. 1989년 7월, 『일동장유가』를 읽고 공부하던 서울의 학인들이 공주사람들을 추동(推動)하여 지금 금강철교 부근 강가에 세운 '김인겸 가비(歌碑)'가 그것이다.[4]

이 기념비의 앞면에는 『일동장유가』의 마지막 장, 마지막 구절이 새겨져 있

록 2건 32점, 여정기록 38건 67점, 문화교류기록 23건 25점으로 총 63건 124점, 일본은 외교기록 3건 19점, 여정기록 27건 69점, 문화교류기록 18건 121점으로 총 48건 209점이다. 김이교의 신미통신일록은 여정기록에 속한다. 이에 대해서는 한일문화교류기금 편, 『조선통신사 기록물의 'UNESCO 세계기록문화유산' 등재』, 경인문화사, 2018의 발간사(손승철) 및 부록 '조선통신사 유네스코 세계기록유산 목록' 참조.

2) 이상균, 「조선통신사 김이교, 세계기록유산으로 되살아나다」 『고마나루』 20, 공주시, 2017, pp.24-29.

3) 김이교 자료를 제외한 자료의 소장처의 구체적 내역은, 서울대 규장각 6건, 국립중앙도서관 23건, 국사편찬위원회 5건, 고려대학교 도서관 4건, 국립중앙박물관 7건, 국립고궁박물관 3건, 그리고 국립해양박물관 4건, 부산박물관 10건 등이다.

4) 건립자의 명단에는 임헌도와 조동길, 구중회, 김진규 등 공주사람의 이름이 포함되어 있다.

다. 최강현이 짓고, 심재완이 글씨를 쓴 뒷면의 비문은 퇴석의 『일동장유가』에 버금하는 문재를 자랑한다. 그 가운데 선생의 성품에 대해서는 다음과 같이 묘사되어 있다. "선생은 성품이 곧고 굳으며, 의협심이 강하고 행실은 맑고 깨끗하였다. 나라와 겨레를 사랑하고 멋과 익살을 즐긴 풍류객이셨다." 유머가 풍부한 인물이기도 하였다는 것이다.

공주에서 퇴석 김인겸에 대하여 일찍 관심을 가졌던 분은 오랫동안 공주향토문화연구회 회장을 지낸 윤여헌 교수와, 현대문학 전공의 조동길 교수였다. 윤여헌 교수는 '무릉동을 빛낸 사람들'이라는 글을 통해 퇴석 김인겸이 공주시 무릉동 출신의 인물이라는 점을 강조하였으며,[5] 조동길 교수는 『문차여향(文嵯餘響)』이라는 일본의 고서에 실린 김인겸의 한시 12수를 소개한 바 있다.[6]

이후 공주 사람들이 공주의 인물로서 김인겸에 대하여 주목하여 세미나를 개

1989년에 건립된 '김인겸 가비'와 2005년 공주의 김인겸 세미나의 자료집

5) 윤여헌, 『고도 공주를 다시 본다』, 디자인 금강, 2016, pp.91-92 참조. 이 글의 원 게재지와 시기는 밝혀져 있지 않다.
6) 조동길, 「김인겸과 그의 在日 漢詩」 『웅진문화』 5, 1992, pp.41-53 참조. 52帳 분량, 상하 2권의 『文嵯餘響』은 1764년(明和 원년) 9월 일본에서 간행된 것으로, 윤여헌 교수를 통하여 입수한 것이라 하였다.

최한 것은 2005년 12월, 김인겸 가비 건립 이후 16년이 지난 뒤의 일이었다. 공주시 주최, 공주대 백제문화연구소 주관, 공주의 인물 세 번째 시리즈에서 <일동장유가의 퇴석 김인겸>이라는 주제로 세미나가 개최된 것이다.[7] 이때 세미나와 병행하여, 발표자이기도 한 안동김씨 김영한 선생의 안내로 무릉동의 김인겸 묘소를 답사하였다. 김인겸 묘소는 2013년 12월, 유구읍 거주 안동김씨 문중 김종한 씨와 이성순 씨의 안내에 의하여 다시 확인되었다.

3) 시민 주도 통신사 콘텐츠 만들기 운동(2016~2020)

시마무라(島村初吉) 조선통신사 후쿠오카 대표가 공주대 공주학연구원에서 조선통신사 관련 특강을 한 것은 2016년의 일이었다. 후쿠오카에서의 세계기록유산 등재를 위한 노력을 소개하는 내용이었다.[8] 2017년 조선통신사기록물이 유네스코 세계기록유산에 등재되고 여기에 충남역사박물관 소장 유물인 김이교의 『신미통신일록』이 포함되자, 충남역사문화연구원의 이상균 박사를 초청하여 그 내용을 청취하게 되었다. 이것이 조선통신사를 공주와 충남의 콘텐츠로 만들고자 하는 시민운동의 출발점이 되었다. 이후 지역 콘텐츠로서의 조선통신사 만들기를 위한 일련의 학습 운동이 이어졌는데, 이를 간략히 정리하면 다음과 같다.

- 2016. 시마무라(島村初吉, 조선통신사 후쿠오카 공동대표) '조선통신사 기록을 유네스코 세계기록유산으로' (장소 공주학연구원)
- 2017.12.5 이상균(충남역사문화연구원) '유네스코기록유산에 등재된 조선통신사기록 김이교의 <신미통신일록>' (장소 공주학연구원, 백제포럼 · 무령왕국제네트워크 주관)

---

7) 이 세미나에서는 김영한 「충청도 세거 안동김씨의 가계와 인물」, 최강현 「영조시대 배일 의사 -퇴석 김인겸론」, 강헌규 「일동장유가의 언어문화적 특징」, 민덕기 「일동장유가로 보는 김인겸의 일본 인식」 등이 발표 되었다.

8) 島村 회장은 2012년 초 필자가 큐슈대학에 체재할 때 알게 되었고, 한국에 오는 기회에 무령왕국제네트워크협의회 초청으로 공주에서 한일관계사 특강을 하게 된 것이었다.

- 2018.5.14. 고세키 카츠야(小關克也, 시즈오카현 한국사무소장) '시즈오카 발견!' (장소 공주학연구원, 무령왕국제네트워크 · 백제포럼 주관)
- 2018.5.16. 조동길(공주대 명예교수) '일동장유가의 공주학적 의미와 가치' (장소 공주학연구원, 공주향토문화연구회 주관)
- 2018.7.24. 손승철(강원대 명예교수) '조선통신사와 한일 교류' (장소 공주학연구원, 공주향토문화연구회. 무령왕국제네트워크 주관)
- 2018.11.8. 심규선(서울대 기금교수) '지역콘텐츠로서의 조선통신사' (장소 공주대 국제회의실, 공주대 문화유산대학원 주관)
- 2019.4.16. 시마무라(島村初吉, 후쿠오카조선통신사회 공동대표) '세계기록유산으로서의 조선통신사 재발견' (장소 국립공주박물관, 국립공주박물관회 · 무령왕국제네트워크 주관)
- 2019.5.20. 하우봉(전북대 명예교수) '계미통신사행의 문화교류 양상과 특성' ; 문경호(공주대 교수) '김인겸의 생애와 계미통신사 사행길' (장소 공주학연구원, 공주향토문화연구회 주관)
- 2019.10.14. 남궁 운(무릉동 거주) '무릉동의 지명과 역사' (장소 및 주관 공주학연구원)

위의 행사 중 특히 2019년 5월의 행사는 <5월의 공주인물, 퇴석 김인겸 학술강연회>로서 이루어진 것인데, 하우봉, 문경호 두 분의 강연[9]에 이어 필자의 사회로 김정섭(공주시장), 조동길(공주대), 홍제연(충남역사문화연구원) 등이 토론하였으며, 부대 행사로서 김인겸 묘소가 있는 무릉동 답사를 병행하였다.

김이교 유물의 세계기록유산 등재를 계기로 공주의 조선통신사 자료에 대한 관심이 서서히 일어나기 시작하였다. 이에 무령왕국제네트워크협의회와 공주향토문화연구회를 중심으로 이의 지역 콘텐츠화를 위한 기반 작업을 시작하였다. 우선은 통신사 관련 행사 참가와 유적 답사가 중심이었다.

- 시즈오카 조선통신사 유적 답사(2018.10.22.-25)
- 국립해양문화재연구소(목포) 조선통신사선 진수식 참가(2018.10.26.)

---

9) 공주향토문화연구회, 『웅진문화』 32, 2019에 실린 하우봉, 「계미통신사행의 문화교류 양상과 특성」, 문경호, 「김인겸의 생애와 계미통신사 사행길」이 강연 원고이다.

시즈오카 조선통신사행렬 참가(2019)

- 부산박물관 조선통신사 특별전 관람(2018.11.7.)
- 조선통신사 부산 축제 및 학술세미나 참가(2019.5.4.-5)
- 조선통신사 복원선 승선 체험(2019.10.25.) 국립공주박물관회 주관
- 무령왕국제네트워크와 공주향토문화연구회 공동으로 2019년 10월(18~21일)
  시즈오카 조선통신사 축제 참가

　이러한 과정에서 가장 인상적이었던 것은, 5월 부산의 통신사축제, 그리고
2018, 2019년 두 차례에 걸친 시즈오카 답사였다. 시즈오카 답사에서는 2회에
걸쳐 통신사 답사를 기타무라(北村欽也) 선생의 안내를 받았고, 2019년에는 시즈
오카 아유드림의 초청으로 오키츠(興津) 동조궁(東照宮)에서의 조선통신사 재현행
렬에 참가한 일이었다. 콘텐츠로서의 조선통신사의 의미를 충분히 인식하는 계
기가 된 것이다.10)

　2019년 공주향토문화연구회와 무령왕국제네트워크, 두 단체가 공동으로 '조

---

10)　신용희, 「성신교린, 조선통신사 발자취를 찾아」『웅진문화』 31, 2018; 「성신교린, 조
　　선통신사 발자취를 찾아」 2, 『웅진문화』 32, 2019; 「공주의 조선통신사 콘텐츠와 한
　　일민간교류」『웅진문화』 34, 2021 참조.

선통신사충청남도연구회'라는 소모임을 조직하였다. 통신사 콘텐츠의 개발과 타지역 통신사단체와의 교류를 위해서는 '통신사'를 표방하는 단체가 반드시 필요하다는 생각 때문이었다. 연구회가 만들어진 직후(2019.10.29.)에 충청남도역사문화연구원과 공주향토문화연구회가 공동으로 주최하는 국제학술세미나 <공주·충남 지역브랜드로서의 조선통신사>(장소 공주학연구원)에 '조선통신사충청남도연구회'라는 이름을 같이 넣었다. 이 세미나는 지역의 콘텐츠로서 조선통신사를 부각하려는 의도의 첫 학술회의였다는 점에서 일정한 의의가 있으며, 한일간의 교류역사라는 의미를 살리기 위하여 열악한 환경에서도 2명의 일본측 발표자를 초청하였다.[11]

공주에서의 통신사 콘텐츠는 세계기록유산에 등재된 김이교의 『신미통신일록』이 그 핵심 기반이 된다. 따라서 김이교와 『신미통신일록』의 학술적 검토가 우선적인 작업이 아닐 수 없었다. 그러나 2020년 코로나 팬데믹이 시작되었고,

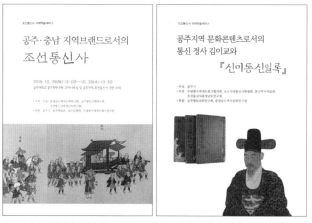

2019년과 2021년, 공주에서 열린 조선통신사 학술세미나(자료집 표지)

11) 발표자는 서흥석('공주·충남의 조선통신사 관련자료'), 와타나베 야스히로(渡辺康弘, '조선통신사와 청견사'), 사카이 마사요('조선통신사 易地通信 교섭과 조일교류'), 윤용혁('공주·충남 지역콘텐츠로서의 조선통신사') 등이며, 이해준, 임선빈, 이귀영, 민정희, 장경준 등이 토론자로 참여하였다.

이에 따라 활동은 정체기를 맞았다. 계획되었던 학술세미나는 이듬해 2021년 (5.12)에 많은 어려움 속에서 공주시의 지원을 받아 가까스로 추진이 가능하였다. 중심 주관단체는 무령왕국제네트워크협의회, 학술회의의 주제는 <공주지역 문화콘텐츠로서의 통신정사 김이교와 '신미통신일록'>이고 기조강연을 포함하여 발표자 7명에 이르는 규모 있는 학술회의가 이루어졌다.[12] 2019년, 2021년, 두 차례의 학술세미나는 공주에서의 통신사 콘텐츠 활용사업의 기초를 다진 기반 작업이었다.

4) 충남역사문화연구원의 조선통신사 활용 사업(2021~2023)

2020년부터 코로나 팬데믹을 거치면서 관련 행사는 다소 위축되었다. 그러나 이 시기에 충남역사문화연구원에서는 조선통신사 콘텐츠를 지역콘텐츠로 활용하기 위한 노력에 착수한다. 그 결과가 문화재청의 세계기록유산 활용사업 공모사업 채택으로 이어졌다.

2021년 충남역사문화연구원(충남역사박물관)에서는 문화재청의 지원에 힘입어, '조선통신사, 공주에 납시었네' 행사를 개최하였다. 행사의 주요 내용은 '집콕, 일동장유가 필사'(고전 따라쓰기), '조선통신사의 길, 평화를 걷다'(답사와 공연), '조선통신사 인문한마당'(종합문화행사, 10.30-31, 충남역사박물관 일원), '조선통신사 콘텐츠 활용 학술세미나'(10.18, 고마아트센터) 등이었다. 세계기록유산으로 등재된 통신사 자료를 활용한 공주에서 처음으로 시도된 종합 문화행사였던 셈이다.[13]

2022년은 조선통신사 활용사업의 2차년도 사업으로 '찾아가는 조선통신사학교', 조선통신사 답사 행사, 조선통신사 사진전, 조선통신사 아카데미,[14] 조선통

---

12) 발표자는 손승철(기조강연, '조선통신사의 역사적 의의와 신미통신사'), 서흥석('세계기록유산으로서의 신미통신일록과 김이교 자료'), 임선빈('조선시대 관인으로서의 김이교'), 문경호('1811년 신미통신사선과 사행로'), 이귀영('조선통신사선의 제작과 활용'), 민정희('김이교 관련 콘텐츠 개발 및 기념사업 계획'), 윤용혁·사토나오토('<김이교 별>의 지정과 등록 가능성') 등이다.

13) 민정희, 「김이교 관련 콘텐츠개발 및 기념사업 계획」 『웅진문화』 34, 2021, pp.84-96.

14) 조선통신사 아카데미는 전문가를 초청하여 시민 대상 통신사 특강을 진행하는 것

충남역사문화연구원의 조선통신사 활용사업 홍보물

신사 인문한마당(통신사축제, 4.2-3. 충남역사박물관 일원) 등을 열어서 통신사와 관련한 다양한 행사를 개최하였다.15) 2023년에는 조선통신사 아카데미16)와 인문한마당 이외에, 쓰시마 통신사 축제 단체 참가, 일본 시즈오카에서 조선통신사 특별

으로서, <조선통신사와 공주>라는 주제로, 윤용혁('조선통신사와 충남') · 구지현('조선이 바라본 이웃나라 일본') · 문경호('조선통신사들이 탄 선박') · 김덕진('통신사 행렬비용은 어떻게 부담할까') · 장진엽('조선과 일본, 시와 글로 대화하다') · 심민정('일본인들이 경험한 통신사행과 그들에 대한 인식') · 박태규('조선통신사가 일본에서 대접받은 공연은?') · 원재린('신미통신일록의 가치') 등의 강의가 10월 18일부터 11월 29일까지 진행되었다.

15) 민정희, 「2022년 조선통신사 활용프로그램 운영성과와 과제」 『추포 황신 통신사행과 일본인식 기념학술세미나』, 2022, pp.109-122.

16) 2023년도 조선통신사 아카데미는 <조선통신사와 한일교류>를 주제로, 정은주('기록화로 본 조선통신사') · 이주영('조선통신사 복식 소개') · 홍순재('조선통신사 정사 기선 구조') · 문광균('대일외교의 무역품, 인삼과 공작미') · 김정신('조선통신사 한일 교류와 상호인식') · 이승민('조선후기 조선의 대일 의원 파견') · 정성일('조선통신사 선원의 선상생활과 치료') · 구지현('신미통신일록의 길을 걷다') 등 4월 12일부터 7월 27일까지 8차에 걸쳐 진행되었다.

전 전시[17] 등 해외 전시 행사를 진행하였다. 시즈오카 전시는 충청남도와 시즈오카현 우호협약 10주년을 기념하는 계기로 이루어진 행사였다. 2021년 이후 공주에서의 통신사 관련 행사는 충남역사문화연구원(충남역사박물관)에서 주도적으로 전개하고 있다.

5) '조선통신사 문화교류협의회'의 출범

공주시는 2019년부터 '이달의 공주 역사인물' 제도를 시행하였다. 관련하여 2019년 5월 인물로 김인겸이 선정되었고, 뒤이어서 2020년 8월에 신유, 그리고 2022년 12월 황신이 공주 역사인물로 선정된 것이다. 이러한 과정에서 학술세미나가 개최됨으로써, 관련 자료를 정리하는 기회가 되었다.

공주학연구원에서 개최된 신유 세미나(2020.813)는 임선빈('신유의 생애와 계미통신사행'), 허경진('국내의 통신사 기록과 신유의 해사록'), 이규춘('신유와 금강록')에 의한 3개의 주제 발표와 토론(이해준, 신경식, 문경호, 윤용혁, 조동길)으로 이루어졌다.[18] 2022년(12.7) 황신 세미나는 허경진('조선전기에 파견된 통신사의 성격'), 임선빈('추포 황신의 관직생활과 정보활동'), 방기철('황신의 일본사행과 대일인식'), 문경호('추포 황신의 외교활동'), 민정희('2022년 조선통신사 활용 프로그램 운영성과와 과제') 등이 발표 하였으며, 이해준, 홍제연, 이동재, 안운호, 이용호 등이 토론자로 참여하였다.[19] 모두 공주시의 '이달의 공주 역사인물' 사업의 일환으로 이루어진 일들이다.

통신사 콘텐츠의 개발과 확산을 위해서는 자료의 근거를 확보하는 일이 매우 중요하다. 충청남도역사문화연구원에서는 근년 통신사 관련 자료를 지속적으로 출판하는 데 노력을 기울였다. 2021년에는 필사집 자료 김인겸의 『일동장유가』를 간행한 데 이어, 유네스코세계기록유산 등재 자료인 『신미통신일록』의 번

---

17) 전시회의 제목은 '성신교린의 재발견', 내용은 백제와 고대 한일교류사, 충청감영, 호서예학의 본산, 조선통신사, 충청남도와 시즈오카의 미래 등으로 구성되었다.
18) 공주시, 『2020 8월의 공주역사인물 학술세미나, 신유』, 2020.
19) 공주시, 『추포 황신 통신사행과 일본인식 기념학술세미나』, 2022.

이달의 공주 역사인물: 김인겸(2019.5), 신유(2020.8), 황신(2022.12)

역 사업을 추진하여, 2022년에 『국역 신미통신일록』(전 3권)을 간행하였다. 번역 작업은 김용흠, 원재린, 김정신 등이 담당하였다. 2023년에는 충청남도와 관련이 있는 조선통신사 인물들을 자료로 정리한 『조선통신사 학술자료총서, 충남 인물』을 간행하였다. 또 고령신씨 귀래정공파 안협공 도사공 종중과 협력하여 죽당 신유의 문집인 『죽당유고』(전 3권)를 번역하여 출간하였다. 『죽당유고』는 공주의 지역사를 탐구하는 데도 크게 기여할 것으로 평가되고 있다.

　일본에서는 조선통신사연지연락협의회('緣地連')가 조직되어 활동중에 있는데, 이에 상응하여 국내에서도 조선통신사 관련단체가 협의회를 만들어야 할 필요성이 높아졌다. 2021년 공주(충남역사문화연구원)[20]와 부산(부산문화재단)에서의 2차에 걸친 워크샵을 거쳐 2022년 10월 7일 부산문화재단의 주도로 '조선통신사 문화교류협의회'라는 이름의 단체 협의회가 출범하였다. 가입 기관 단체는 도합 10개이고, 그 가운데 충청남도와 공주시에서는 충청남도역사문화연구원, 조선통신사충청남도연구회, 그리고 공주학연구원이 회원단체로 가입되었다.

---

20) 충청남도역사문화연구원 외, 『조선통신사 콘텐츠 활용세미나』, 2021.

2. 공주지역의 조선통신사 자료

1) 세계기록유산에 등재된 공주 관련 자료

2017년 유네스코 세계기록유산으로 '조선통신사 기록물'이 등재 되었다. 한국 측 등재 목록은 총 63건 124점, 일본측 등재 목록은 총 48건 209점이다. 특기할 것은 그 가운데 공주의 충청남도역사박물관 소장 자료인 『신미통신일록』(천, 지, 인 3권)이 있고, 그밖에도 공주와 관련된 자료가 다수 포함되어 있다는 사실이다.

공주의 조선통신사 관련 콘텐츠는 『신미통신일록』 이외에 통신사 사행에 참여하였던 두 사람의 공주 인물이 있다. 신유(申濡, 1610~1665)와 김인겸(金仁謙, 1707~1772)이 그 두 사람의 인물이다. 김이교의 '신미통신일록(辛未通信日錄)' 이외에 충청남도 공주 출신 인물 김인겸(1763년 사행)의 기록물 4건(1건은 서울대 규장각 소장, 3건은 靜岡市 淸見寺 소장), 신유(申濡, 1643년 사행)의 기록물 3건(1건은 서울 국립중앙도서관, 2건은 岡山縣 소재)이 포함되어 있다. 유네스코 세계기록 유산의 조선통신사기록물에 포함된 공주 관련의 자료 내역을 간략히 표로 정리하면 다음과 같다.

유네스코 세계기록유산으로 지정된 공주 관련의 조선통신사 자료

사행	관련 인물	유네스코 기록물	소장 기관	비고
5차 1643(인조21)	종사관 신유	시문 2점	오카야마현 본련사	공주시 이인면 달산리에 묘소
		해사록	서울 중앙도서관	
11차 1764(영조40)	서기 김인겸	시문 3점	시즈오카현 청견사	공주 금강변 노래비 공주시 무릉동에 묘소
		일동장유가	서울대학교 규장각	
12차 1811(순조11)	정사 김이교	신미통신일록 (전3권)	충남역사박물관 (공주)	조부 김시찬 충청관찰사 공산성내 만하루, 연지 축조

2) 죽당 신유 관련의 자료

죽당(竹堂) 신유(申濡, 1610~1665)는 본관이 고령, 신말주(申末舟)의 11대손이며 1636년 별시 문과에 급제, 사간원 정언, 사헌부 지평, 홍문관 부교리, 이조 좌랑 등을 역임하였다. 1643년 통신사의 종사관으로 일본에 다녀왔으며, 이후 동부승

공주시 달산리 소재 신유 묘소와 『죽당 유고』 번역본(표지)

지, 우승지를 거쳐, 1650년(효종 1) 도승지가 되었다. 대사간을 거쳐 1652년 사은 부사로 청에 다녀왔으나, 1657년 강계, 천안 등으로 유배 되었다. 1661년(현종 2) 형조 참판에 오르고, 이어 호조와 예조의 참판을 역임한다.

신유가 공산현감(공주목사)에 재직한 것은 38세 되던 1647년 봄부터 1648년 겨울까지, 대략 2년에 걸치는 기간이다. 통신사의 서장관으로 일본에 다녀온 지 얼마 되지 않은 때의 일이었다. 1665년 56세를 일기로 타계 하였는데, 이단하(李端夏, 1625~1689)는 신유의 사제문(賜祭文)에서 "재주는 문장으로 빛나 비단처럼 휘황하고 지조는 깨끗하고 절개가 있으며 행실은 효성스럽고 우애하였다"고 되어 있다.[21]

신유의 일본 사행록인 『해사록』(서울 중앙도서관 소장)이 세계기록유산에 등재되었고, 『죽당집』에 포함된 『금강록』은 공주와 관련된 작품이 주로 모아져 있다. 글만이 아니고 그림(문인화)에도 뛰어나 산수도 10곡(曲)이 소개된 바도 있다.[22]

---

21) 이원복, 「죽당 신유의 畵境」『미술자료』 68, 2002, p.62.

22) 위의 논문, pp.67-78.

신유(申濡)의 묘소는 공주시 이인면 달산리에 소재한다. 묘소 중앙에 아버지 신기한(申起漢, 1588~1644), 향우측에 동생 신혼(申混, 1624~1656), 그리고 향좌측에 신유의 묘가 배치되어 있다. 묘소의 전면은 대나무를 식재하여 죽림을 형성하고 있어, '죽당'이라는 호의 의미를 살리는 등 묘소가 잘 정비되어 있다.

3) 퇴석 김인겸 관련 자료

퇴석(退石)이라는 호를 가진 김인겸(金仁謙, 1707~1772)은 한글 서사시 『일동장유가(日東壯遊歌)』의 작가로 널리 알려진 인물이다. 『일동장유가』는 1763년(영조 39)에 출발하여 이듬해 귀국한 일본 견문을 담은 기행 서사시인데, 특히 한글로 쓰여진 시라는 점이 의미가 깊다. 쉬운 한글을 '언문'이라 하고, 아녀자들의 문자로 하시(下視)하였던 지식인들의 분위기를 생각하면, 한글 서사시로 『일동장유가』를 지었다는 것은 특별한 용기 없이는 가능하지 않은 일이다.

김인겸이 일본에 가게 되는 것은 조선통신사의 종사관으로 파견되는 김상익(金相翊, 1722~?)의 '서기(書記)'로 발탁된 때문이었다. 문재(文才)가 특별한 인물이었음을 말해준다. 당시 서기로는 문장이 뛰어난 네 사람의 인물이 발탁되었는데 김인겸 이외에 남시온(1722~1770), 원중거(1719~1790), 성대중(1732~1809) 등 쟁쟁한 인물들이 포함되었다.

김인겸은 김상헌(金尙憲, 1570~1652)의 4대손(현손)이고, 영의정을 지낸 김창집(1648~1722)의 5촌 당조카이기도 하다. 김상헌이라면 병자호란 때 끝내 주전론을 주장하다 청에 붙들려 간 '척화파'의 대표 인물이다. 인조 때 청나라 군에 의하여 강화도가 함락되면서 순절했던 김상용(金尙容)은 상헌의 형이다. 이 김상헌의 손자, 퇴석의 할아버지 되는 수능(壽能)이 유구에 입거하면서 김씨 집안이 공주에 터를 잡게 된다. 무릉동에서 태어난 퇴석은 14세 때 아버지를 여의고 가난에 시달려 학문에 전념하지 못하다가 47세 때인 1753년(영조 29)에야 비로소 초시에 합격하여 진사가 되었다. 일본에 통신사의 수행원으로 다녀온 이듬해인 1764년 『일동장유가』를 지었으며, 그후 잠깐 지평(경기도 양평) 현감 등의 벼슬을 지내기도 하였다.

조엄(趙曮)이 정사로 임명된 김인겸의 조선통신사는 마침 계미년에 파견된 것

김인겸의 시, 세계기록유산 등재 자료(청견사 소장)

이어서 '계미통신사'로 불리기도 한다. 1763년 8월 3일 서울을 출발하여 10월 5일까지 부산에 도착, 체류하였다. 10월 6일 부산을 출발하여 이듬해 1764년 사행의 끝에 3월 10일까지 에도(동경)에 이르러 머물렀다. 그리고 3월 11일 에도를 출발하여 6월 23일까지 부산, 6월 24일 부산 출발하여 7월 8일에 서울 궁궐에서 복명한다. 이것이 거의 1년에 걸친 계미통신사의 간략한 일정이다.[23] 477명으로 편성된 이 계미통신사는 선원이 사망하는 인사사고를 비롯하여 수행원의 피살 사건까지 일어나, 그야말로 다사다난한 여정을 경험하게 된다. 미야케(三宅英利)는 이 계미통신사만큼 힘든 사행은 일찍이 없었다고 하고, '분쟁으로 세월을 보낸 1764년 통신사'라고 정리하였다.[24]

4) 죽리 김이교 관련 자료

김이교(金履喬, 1764~1832)는 안동김씨 관찰사 김방행(金方行)의 아들이다. 강화도에서 순절한 김상용이 그 5대조이다. 병자호란을 계기로 선조 김광현(金光炫)이 홍주로 낙향하였고, 그 일부가 예산으로 분가하게 된다.

김이교는 자가 공세(公世), 호가 죽리(竹里), 1789년(정조 13) 문과에 급제하였다. 1791년 연행사 김이소(金履素)를 따라 청에 다녀왔다. 1800년 순조가 즉위하면서

---

23) 조엄 저(박진형 · 김태주 역), 『해사일기』, 논형, 2018.
24) 미야케 히데토시(三宅英利), 김세빈 외 역, 『조선통신사와 일본』, 지성의샘, 1996, pp.102-112.

함경도 명천에 유배되었고 1806년 강원도 관찰사로 나갔다가 1810년 성균관 대사성에 오른다. 이듬해 1811년 신미통신사의 정사로 3월 부산을 출발, 쓰시마에 도착한다. 사명을 다한 김이교는 7월 조선으로 귀국하였다. 이후 사헌부 대사헌, 도승지, 한성부 판윤을 거쳐 이조, 예조, 공조의 판서를 역임하였다. 그리고 1831년에는 우의정으로 국정을 총괄하였다. 이때 영의정과 좌의정은 공석이었다.[25)]

충청남도유형문화재 김이교 유물 일괄에는 김이교 영정, 인장, 호패, 『신미통신일록』, 종묘 배향 공신교서 등 20여 점의 다양한 유물로 이루어져 있다. 『신미통신일록』(3책)은 1811년(순조 11) 마지막 통신사의 정사로 파견된 김이교가 저술한 사행 기록이다. 쓰시마에 통신정사로 다녀온 기록, 일정과 업무, 교류 인물 등에 대한 내용이 기록되어 있다. 충청남도역사문화연구원에서는 2022년에 신미통신일록을 번역한 『국역 신미통신일록』(전 3권)을 간행하였다.

2023년 충남역사문화연구원 시즈오카 특별전에 전시된 김이교의 <신미통신일록>

---

25) 김이교에 대해서는 임선빈, 『조선후기 통신삼사의 국내활동』, 경인문화사, 2024, pp.410-437 참조.

조선통신사 관련의 한국 측 자료는 수도권과 부산에만 집중되어 있다. 공주에 있는 김이교의『신미통신일록』은 말하자면 서울 수도권과 부산 이외에, 지방에 소재한 유일한 조선통신사기록물이라는 점이 특기할 사항이다.

5) 충남 연고의 통신사 인물

충남역사문화연구원에서는 2023년에 충청남도와 관련이 있는 조선통신사 인물들을 목록으로 정리한『조선통신사 학술자료총서, 충남인물』을 간행하였다. 통신사 충남 관련 인물을 망라한 소개서인 셈이다. 여기에는 정사(9), 부사(8), 종사관(4)을 비롯하여 군관(29), 제술관(4), 서기(6) 등 도합 62명의 명단이 있다. 그 가운데 공주 관련 정사, 부사의 인물로서는 여우길(呂祐吉, 1567~1632), 정립(鄭岦, 1574~1629), 조형(趙珩, 1606~1679), 홍계희(洪啟禧, 1703~1771), 경섬(慶暹, 1562~1620), 유창(俞瑒, 1614~1690), 이언강(李彦鋼, 1648~1716) 등을 들 수 있다. 모두 충청도관찰사를 공주에서 지낸 사람들이다.[26] 홍주목사를 지낸 경섬은 홍주읍성 안에 선정비가 세워져 있다. 여우길[27]과 경섬은 1607년 임란 이후 첫 통신사의 정사와 부사를 맡아 사행을 다녀왔는데 시즈오카현 청견사(淸見寺)에는 그때 이들이 지은 시가 현판에 새겨 걸려 있다.[28]

---

26) 충청남도역사문화연구원,『조선통신사 학술자료총서, 충남인물』, 2023, pp.16-47.

27) 여우길은 통신사행 이전인 1599년부터 수년을 공주목사로 재임하였으며, 1618년부터 1620년까지 충청관찰사를 역임하였다. 임선빈,『조선후기 통신삼사의 국내활동』, 경인문화사, 2024, pp.121-125.

28) "蓬島茫々落日愁　　봉래섬 망망하게 지는 해 서글프고
　　　海雲飛尽白鴎洲　　구름 걷힌 바다에는 하얀 갈매기
　　　東来不過清山寺　　동쪽 땅 건너와 들르게 된 청견사
　　　孤負扶桑此壮遊　　일본 땅에서의 이 특별한 느낌"(정사 여우길의 칠언절구)
　　　"屋後瑶泉九曲来　　절 뒤에는 요천구곡(瑤泉九曲)이 있고
　　　門前滄海十洲廻　　문전(門前)으로는 창해(滄海)가 펼쳐진다
　　　桂子天香明月夜　　하늘로부터 계수나무 향 가득한, 보름달 뜬 밤
　　　悅然高臥玉京台　　깜짝 놀라보니 옥경대에 누워 있네"(부사 경섬의 칠언절구)
　　　이에 대해서는 渡辺康弘,「조선통신사와 청견사」『웅진문화』34, 2021, pp.22-25.

시즈오카 청견사에 걸려 있는 1607년 여우길, 경섬의 칠언절구 시

군관 가운데는 인조의 공주 파천 때 왕을 호종했던 우상중(禹尙中, ?~1652), 공주 출신의 류진항(柳鎭恒, 1720~1801), 공주영장을 지낸 구의화(具毅和, 1758~?)와 허승(許乘, 1769~1813) 등이 포함되어 있다. 묘소가 충남 지역에 남겨져 있는 인물은 김이교 이외에도 신계영(辛啓榮), 정충신(鄭忠信), 정수송(鄭壽松), 이길유(李吉儒) 등이 있는데, 서산인 정충신 이외에는 모두 예산군에 묘소가 집중되어 있는 것이 특징이다. 공주에 묘소가 있는 인물은 앞에 언급한 바와 같이 김인겸과 신유가 있다. 1763년 계미통신사에서 부사 이인배의 부방(副房)으로 참여한 류진항의 묘소는 세종시 장군면에 소재하여 있다.[29]

3. 지역콘텐츠로서의 자료 활용

1) 죽당 신유 자료

① 『죽당집』의 번역 출간

죽당 신유는 1647년(인조 25) 공산현감으로 부임하여 공주에서 목민의 직을 수행한 바 있다. 이것이 인연이 되어 죽당과 선친 및 동생의 묘가 이인면 달산리에

---

29) 류진항에 대해서는 본서의 「1763년 계미통신사행과 류진항」 참조.

자리 잡게 되었다.[30) 당시 신유의 직이 '공주목사'가 아니고 '공산현감'으로 되어 있는 것은 공주목이 일시 공산현으로 낮추어져 있었기 때문이다. 공주목이 공산현이 된 것은 1646년(인조 24) 3월에 일어난 이산현(논산시 노성) 사람 유탁(柳濯)의 난 때문이었다. 그 징계 조치로 공주목은 공산현이 되고 공청도가 홍청도로 바뀌게 된 것이다.[31)

『죽당집』 가운데 수록된 『금강록』은 신유가 공주목사(공산현감)로 재직하는 동안 지은 것이어서 문학적 작품으로서만이 아니라 공주 역사에 대한 사료로서도 매우 중요하다. 금강록의 시는 이규춘 박사에 의하여 2016년부터 공주문화원에서 격월로 발행하는 <공주문화>에 해설과 함께 게재되었다. 충청남도역사문화연구원에서는 2022년 고령신씨 귀래정공파 안협공 어은공 도사공 종중과 협력하여 죽당 신유의 문집인 『죽당유고』(전 3권)를 번역하여 출간하였다.

② 공주목 관아의 활용

죽당 신유가 공주목사(공산현감)로 재직한 시기는 1647년 8월부터 1649년 12월까지, 대략 2년 반의 짧지 않은 기간이다. 공주목사 재임 기간 그의 중심 공간은 공주목 동헌과 관아였다.

공주목 동헌은 1980년대 초 철거하여 황새바위에 옮겼으나 화재로 거의 소실된 것을 현재의 한옥마을 부근에 다시 옮겨지었다. 관아 자리에는 근대 자혜의원이 운영되어 공주간호학교와 충남도립병원으로 이어지다가,[32) 충청남도의료원의 웅진동 신축 이전에 따라 2019년 콘크리트 건물을 해체하고 발굴 작업을 진행한 후 공주목 동헌 건물을 이 자리에 다시 옮겨 복원하였다. 시에서는 현재 공주목 관아의 복원과 활용을 위한 사업을 진행중에 있다.[33)

---

30) 조선통신사현창회의 신경식 사무국장에 의하면 원래 선친의 묘소는 남원에 임시 안장하였는데 공산현감 재임시에 달산리에 선영을 조성하게 되었고 이것이 자신의 묘가 함께 조성되는 배경이 되었다고 한다.

31) 『인조실록』 47, 24년 5월 1일.

32) 공주대 공주학연구원, 『공주의료원 추억전』, 2019.4.

33) 충청남도역사문화연구원, 『공주목 복원정비의 체계적 방향설정을 위한 학술세미

복원 정비사업이 진행중인 공주목 관아

공주목 관아의 복원 정비와 관련하여, 여기에 조선통신사 콘텐츠를 포함하는 것은 어떨까 한다. 말하자면 공주의 '조선통신사 공원'의 개념을 목관아 정비에 활용하는 방안이다. 제2금강교의 공사가 확정됨에 따라 금강변 김인겸 비의 이전도 시급한 시점이 되었다. 목관아에 김인겸의 비를 옮겨오고, 공주목사 신유의 콘텐츠를 함께 조합하여 공주의 조선통신사 공간으로 활용하는 것도 하나의 방안이 되지 않을까 한다.

③ 달산리 신유 묘소 정비

이인면 달산리의 신유 묘소는 고령신씨 문중에 의하여 관리되고 있다. 묘소는 신유 이외에 아버지 신기한, 동생 신혼의 묘가 함께 조성되어 있다. 묘소 자체는 잘 관리되고 있지만, 묘소에 이르는 연결로와 안내판, 교통 표지, 주차 시설 등 정비가 필요한 부분이 있다. 신유 묘소는 2022년에 공주시 향토문화유적으로 지정되었다.

나』, 2019.8.

④ 공주십경시

죽당 신유는 공산현감(공주목사)으로 재임하는 동안 공주에 관한 많은 시를 남겼다. 그 대표적인 작품이 공주 '십경시'이다. 서거정의 십경시와 구분하여 흔히 '공주 후십경시'로 불린다. 십경시에서 10경의 대상이 된 명승은 동월명대, 서월명대, 정지사, 주미사, 영은사, 봉황산, 공북루, 안무정, 금강진 나루, 고마나루 등이다.[34]

2) 퇴석 김인겸 자료

① 김인겸 기념비의 이전('통신사 기념공원' 조성)

원래 이 비석은 무릉동의 금강변 오얏나루 언덕에 세우려 한 것이었다. 그런데 그것이 금강철교가 있는 전막의 강변에 세워진 것인데, 필시 무릉동의 여건에 부닥쳐, 대안으로 많은 사람들의 눈에 가깝게 보이도록 한 것이었을 듯하다. 그러나 도시 여건의 변화 때문에 접근이 사실상 불가능한 환경이다. 앞으로 제2금강교 공사도 앞두고 있기 때문에 차제에 기념비를 이전하여 '통신사 기념공원'을 조성하는 것이 필요한 시점이 되었다.

② 김인겸 묘소의 정비

김인겸의 묘소는 현재 무릉동 뒷산의 능선부에 위치한다. 원래는 무덤 앞에 망주석이 있었다 하나 현재는 상석만 남아 있어 피장자를 확인하는 시설은 남아 있지 않다. 그러나 십 수년 전까지도 안동김씨 집안에서 시제를 지내는 등 행사가 이루어졌기 때문에 김인겸의 묘소라는 점을 증언하고 있다. 묘소의 관리와

---

34) 신용호 교수는 신유의 공주십경시를 소개하면서, "동월명대, 서월명대, 안무정 등에서는 풍류를, 정지사, 영은사에서는 부처의 공덕을, 주미사에서는 인생의 허무를, 봉황산에서는 지방관의 선정을, 공북루에서는 국왕에 대한 충성을, 錦江津에서는 백성의 곤고를, 고마나루에서는 역사의 변이를 주제로 하여 시를 썼으면서도 전체적으로는 주관과 감정을 절제하고 實景의 성실한 묘사에 노력한 것이 그 특징"이라 평하였다. 신용호, 「공주 후십경시 考釋」『웅진문화』 2 · 3합집, 1990, p.16 참조.

문화유산으로서의 가치 부각을 위하여 시 향토문화유적으로서의 지정이 시급히 요구된다.

③ 조선통신사와 고구마

조선통신사 교류 과정에서 유입된 대표적 물품이 고구마라고 하는 것은 널리 알려져 있다. 이 고구마가 조선에 유입된 것은 1763년 김인겸이 참가하였던 계미통신사행 때의 일이었다. 쓰시마에서 고구마의 유용성을 착안한 정사 조엄은 고구마에 대하여 의류 혁명의 시발점이 되었던 문익점의 목화씨를 상기할 정도로 사명감을 느꼈다. 쓰시마 사스우라에서 종자로 쓸 고구마 두 말을 구하여 부산진에 먼저 보냈고, 귀로에도 역시 쓰시마에서 다시 구하여 동래에 보낼 생각을 한 것이다. 김인겸의 일동장유가에도 고구마에 대한 관심과 언급이 구체적으로 표현되어 있다. 조엄만이 아니고 김인겸에 있어서도 고구마는 관련 콘텐츠로서 활용이 가능한 것이다. 조엄에 의하면 1764년 쓰시마에서 돌아올 때 "일행 중에서 많은 사람들 역시 그것을(고구마를) 구해간 자가 있었다(行中諸人 亦有得去者)"

무릉동에서 고구마 캐기(2021)

고 한다.[35]

④ 지역 예술 콘텐츠로서의 활용

공주지역 미술 동호회인 '바탕 W'(회장 이종옥)에서는 2019년 특별전시회의 주
제를 '일동장유가'로 하여 전시회를 열었다.[36] 회화와 공예 등의 다양한 장르로
'일동장유가'를 구현한 점에서 매우 시사적인 시도였고, 지역의 문화 예술이 지
역 콘텐츠를 구체적으로 천착하고 활용하는 사례로서 주목되어야 할 작업이었
다. 이러한 시도를 토대로 하여 이미정갤러리에서는 2022년부터 2024년까지 3
회에 걸쳐 지역 작가의 참여를 토대로 조선통신사전을 개최하였다. <조선통신
사, 만남전(展), 2022.10.24.~28>, <조선통신사, '문화의바람'전(展), 2023.9.12.~
25>, <조선통신사, '예술을 남기다'전, 2024.9.17.~22> 등이 그것이다. 지역이 토
대가 되어 역사와 예술을 접목하는 시도인 셈이다. 2022년 공주문화관광재단에
서는 어린이용 교육교재로서 <조선통신사> 워크북을 제작 배포하였다.[37]

바탕W의 '일동장유가'전(2019), 공주문화관광재단 <조선통신사> 워크북(2022), 이미정갤러리의 '조선
통신사'전(2022)

---

35) 조엄, 『해사록』, 1764년 6월 18일.
36) 기간 2019.9.25.~10.15, 장소는 이미정 갤러리.
37) 공주문화관광재단, 『평화와 교류의 상징 조선통신사』, 2022.

3) 죽리 김이교 자료

① 『신미통신일록』의 번역 출간

통신사 관련 기록은 『해행총재(海行摠載)』에 많이 실려 있고 민족문화추진회가 1974년부터 1981년에 걸쳐 12권으로 번역 출간한 바 있다.

한편 김인겸의 한글 서사시 『일동장유가』도 여러 곳에서 번역 출간되었다. 그러나 세계기록유산으로 지정된 『신미통신일록』은 그동안 번역 작업이 이루어지지 않아 이를 활용하기 어려운 실정이었다. 자료를 소장하고 있는 충남역사문화연구원에서는 공주시의 지원을 받아 2022년에 『국역 신미통신일록』(전 3권)을 간행하였다. 번역 작업은 김용흠, 원재린, 김정신 등이 담당하였다.

② 『신미통신일록』의 문화재 재지정

충청남도 유형문화재 '김이교 유물 일괄'에는 김이교 영정, 인장, 호패, 『신미통신일록』, 종묘 배향 공신교서 등 20여 점의 다양한 유물로 이루어져 있다. 2013년 4월 22일 지정 되었는데, 유네스코 세계기록유산으로 지정된 『신미통신일록』은 이 20여 점의 일부인 것이다.

『신미통신일록』의 세계기록유산 지정에 따라 그 지정문화재로서의 위상을 다시 정립해주어야 할 필요성이 있다. 충청남도 유형문화재 '김이교 유물 일괄'에서 『신미통신일록』을 빼내어 별도로 도 유형문화재 지정을 해야 할 것이다.

③ 조선통신사 유네스코 기록유산등록 기념 표지석 설치(충남역사박물관)

유네스코 세계기록유산으로서의 김이교 자료는 충남역사박물관에 전시되어 있다. 자료의 특성상 실내 전시의 유물이기 때문에 이에 대한 특별한 지식을 가지고 있지 않는 한 일반인들은 여기에 세계기록유산이 전시되어 있다는 사실을 알 수 없다. 공산성, 무령왕릉 앞에 유네스코 세계유산 표지석을 세우듯, 충남역사박물관 구내에 기록유산 지정 표지석을 세우는 일도 필요하였다. 2023년에 충남역사박물관의 조경 정비사업이 이루어지면서, 세계기록유산 표지석을 제막하였다.

충남역사박물관 유네스코 세계기록유산 표지석 제막식(신용희 사진, 2023.6.28.)

④ 조선통신사 전시실의 구성

충남역사박물관에는 김이교 자료가 전시되어 있다. 그러나 김이교 자료만이 아니고, 세계기록유산에 등재된 신유, 김인겸 등 공주와 관련 있는 통신사 관련 자료의 모사본을 제작하여 함께 전시, 조선통신사 특별실을 운영해야 할 필요성이 높아졌다. 이같은 요구가 반영되어 2024년, 충남역사문화연구원 출범 20주년에 맞추어 충남역사박물관 전시실의 개편이 새롭게 이루어졌다.

⑤ 세계유산 공산성과의 콘텐츠 연계

세계유산 공산성 안에는 영은사 북측 성밖에 만하루(挽河樓)와 연지가 있다. 조선왕조 영조 30년(1754)에 충청도 관찰사 김시찬(金時粲, 1700~1767)에 의하여 만들어진 것인데, 관찰사 김시찬은 공산성 안에 '물이 없음을 염려하여' 수구문 밖에 못을 만들었다고 한다. 그리고 연못에 더하여 연못과 강 사이의 축대에 '만하루'를 건축한 것이다.[38]

---

38) 만하루에 대해서는 본서의 「공주 만하루에 대하여」 참조.

만하루와 연지를 조성한 김시찬은 죽리 김이교의 조부가 된다. 만하루와 연지를 조성한 1754년이라면 김인겸이 48세 나이, 공주에서 살고 있던 때의 일이기도 하다. 이 무렵 김인겸은 충청감영에서 지척의 거리인, 공주시 중학동에서 거주하고 있었다는 이야기가 있다.[39] 김이교-김시찬에 의하여, 공주의 유네스코 세계기록유산을 유네스코 문화유산과 연계하여 스토리를 만드는 것이 가능하다.

4) 그 밖의 자료

① '조선통신사의 길' 프로그램

공주에 소재한 여러 통신사 관련 자료를 연계하여 답사 코스를 만들고, 이를 역사 학습과 관광에 활용하는 방안이다. 무릉동 김인겸 묘소-퇴석 기념비-이인 달산리 신유 묘소-공주목 관아터-충남역사박물관-공산성 연지와 만하루를 잇는, '조선통신사의 길' 코스가 된다.

② 조선통신사 활용 국내외 네트워크 형성

조선통신사는 국내외에 다양한 관련 기관과 단체, 혹은 정기적 행사가 운영되고 있다. 부산의 경우 매년 5월 초 조선통신사 축제가 부산문화재단이 중심이 되어 행사를 개최하고 있다. 부산시는 2003년 조선통신사문화사업회라는 조직을 만들었고 2009년 부산문화재단 설립 이후 이를 재단으로 통합한다. 2011년 4월에는 재단 산하에 조선통신사박물관을 설립하는 등 국내에서는 조선통신사 관련 콘텐츠 활용의 중심에 자리 잡고 있다.[40] 학술단체로서는 <조선통신사학회>가 있다. 2005년 발족하여 학회지 발간과 학술회의를 주최한다. 2007년 창립한 조선시대통신사현창회는 조선통신사로 직접 사행에 참여했던 분들의 후손 모임이다. 이러한 여러 단체, 기관들과의 협력 관계를 구체화하여 조선통신사 지역브랜드화 사업에 도움을 받는 일도 유의해야 할 것이다.

---

39) 공주시, 『일동장유가의 퇴석 김인겸』, 2005, p.8.

40) 심규선, 『조선통신사, 한국 속 오늘』, 도서출판 월인, 2017, pp.190-193.

③ 조선통신사 복원선 활용

목포 소재 국립해양문화재연구소에서는 2018년 조선통신사선을 복원, 10월 26일 준공식을 가졌다. 2015년부터 시작된 통신사선 복원을 위한 연구와 작업에는 <근강명소도회 조선빙사(近江名所圖繪 朝鮮聘使)> <조선통신사선도(朝鮮通信使船圖)>를 비롯한 각종 회화자료와 문헌자료가 이용되었는데, 주요 이용 자료의 하나가 김이교의 『신미통신일록』이다.[41] 승선 인원은 119명(노군 50명, 사절단 69명) 기준으로 설계 되었다.

국립해양문화재연구소는 이 복원 선박을 조선통신사 행사에 활용하는 한편[42]

조선통신사 복원선 승선 체험(국립해양문화재연구소, 2019.10)

41) 홍순재, 「조선통신사 정사기선에 관한 연구」『해양문화재』 11, 국립해양문화재연구소, 2018, pp.44-45; 이귀영, 「조선통신사선의 재현과 활용방안」『웅진문화』 34, 2021, pp.63-78.
42) 조선통신사선은 2019년 이후 부산에서의 조선통신사 축제에서 승선 체험에 활용하고 있고, 2023년 8월 쓰시마, 2024년 시모노세키의 조선통신사 행사에 참여한 바 있다.

평시에는 월 목포 언인 답시의 체험 활동에 이용한다. 공주에서는 나소 시리가 있지만, 당일 체험 참여가 가능하여 국립공주박물관회에서는 공주 시민들의 단체 참가를 추진, 그 첫 답사 행사를 2019년(10.25)에 시행하였다. 향후 공주와 목포를 축으로 하는 백제지역의 조선통신사 콘텐츠 네트워크 구축의 동력으로 작용할 것이 기대된다.

④ 조선통신사 네트워크의 백제문화제에서의 활용

조선통신사 콘텐츠의 특성은 한국, 일본 두 나라의 많은 지역과 콘텐츠 활용을 통한 네트워크가 가능하다는 점이다. 기왕에 구축된 이러한 네트워크를 활용하여 백제문화제 홍보에 유용하게 활용할 수 있으며 백제문화제에 대한 관심자의 확대 및 참여지역의 범위를 크게 확산시킬 수 있는 잠재적 가능성을 포함하고 있다. 백제문화제와의 연계와 활용을 단계적으로 진행하여 백제문화제의 배후를 두텁게 하는 방안의 추진이 요구된다. 조선통신사의 정신이 곧 백제정신의 계승이라는 관점에서 적극적 시도가 필요하다.

4. 지역콘텐츠로서의 조선통신사의 의미

1) 지역 기반 콘텐츠로서의 의미

조선통신사의 다양한 가치와 활용성이 있지만, 필자가 특히 주목하고자 하는 것은 지역 콘텐츠로서의 활용성이다.

심규선 교수는 우리나라에서 조선통신사를 지자체 브랜드로 부각하는 대표 도시로서 5개 도시를 거론한 바 있다. '조선통신사 브랜드의 종주 도시'로서의 부산, '마상재에 거는 꿈'의 영천, '이예의 고향에 이예로가 생기다'는 울산, '고구마 전래자 조엄을 기리다'는 원주, '전별연, 그리고 청녕헌과 제금당'의 충주 등

이 그것이다.[43]

부산시는 2001년부터 조선통신사 행렬을 재현하고 조선통신사를 대표적 문화브랜드로 키워왔다. 2003년 설립한 조선통신사문화사업회는 2010년 부산문화재단에 통합하여 5월 초에 열리는 통신사 행사를 동 재단에서 주관하고 있다. 지금은 중단되었지만, 영천시의 영천예술제에서는 통신사 행렬과 함께 마상재(馬上才)가 재현되어 주목을 끌었다. 조선통신사 관련 행사는 서울에서 부산에 이르는 통신사 행렬 관련 지역에서 이루어지지만, 원주시의 경우는 계미통신사의 정사 조엄의 묘소가 소재한 연고로 지역브랜드로서 기능하고 있다. 원주시는 2007년에 묘소 인근 도로를 '조엄로'로 명명하고, 2014년에는 조엄의 묘역(강원도 기념물 76호)에 조엄기념관과 사당인 문익사를 조성하였다.[44]

조선통신사의 활용과 지역 브랜드화 사업은 거의 서울에서 부산에 이르는, 조선통신사 이동의 경로지역과 관련되어 있다. 공주의 경우는 이러한 경로 지역과 별도의 지리적 여건을 가지고 있으면서, 충청 및 호남의 옛 백제지역의 희소한 연고지로서의 특성을 가지고 있다. 참고로 임진왜란 이후 12차에 걸친 통신사 파견의 내역을 옮기면 다음과 같다.

임진왜란 이후 근세 조선통신사 파견[45]

	연대	정사	인원	특징	기행 자료
1	1607(선조29)	여우길	504	죽음을 무릅쓴 통신사	<해사록>
2	1617(광해 9)	오윤겸	428	이에야스 사후 일본을 탐색한 통신사	<동사일기> <부상록>
3	1624(인조 2)	정립	460	장군 취임을 축하하는 통신사	<동사록>
4	1636(인조14)	임광	478	비극의 통신사	<해사록>
5	1643(인조21)	윤순지	477	아시아의 안정을 굳힌 통신사	<해사록>
6	1655(효종 6)	조형	485	비운의 국왕때 보내진 통신사	<부상일기>

---

43) 심규선, 『조선통신사, 한국 속 오늘』, 2017, pp.152-186.

44) 위와 같음.

45) 미야케 히데토시(三宅英利), 『조선통신사와 일본』, 지성의샘, 1996의 표를 참고하여 필자 재작성.

	연대	정사	인원	특징	기행 자료
7	1682(숙종 8)	윤지완	473	평화의 상징인 통신사	<동사일기>
8	1711(숙종37)	조태억	500	변화와 분쟁의 통신사	<동사록>
9	1719(숙종45)	홍치중	475	국교 안정 후기의 통신사	<해유록>
10	1748(영조24)	홍계희	477	평화시대의 통신사	<봉사일본시견문록>
11	1764(영조40)	조엄	477	분쟁으로 세월을 보낸 통신사	<일동장유가>
12	1811(순조11)	김이교	328	마지막이 된 통신사	<신미통신일록>

2) '백제 계승'으로서의 통신사 콘텐츠

백제는 원래 교류를 통하여 성장한 나라이고, 고대 동아시아 세계의 형성에 크게 기여하였다. 일본에 선진 문물을 전파하여 일본 고대문화 발전에 크게 기여하였던 것도 잘 알려진 일이다. 교류왕국, 문화국가로서의 백제의 국가적 역할과 정신은 조선통신사의 한일교류와도 그대로 맥이 이어진다. 고대 백제의 개방적 교류는 1천 년 후 근세 조선왕조와 일본과의 통신사 교류의 역사적 기원이

시모노세키 조선통신사 행사에 참가한 통신사 복원선(2024.8)

기도 하는 셈이다.

조선통신사를 공주 및 충남의 지역 콘텐츠로서 개발할 경우, 공주와 충남의 대표적 역사 이미지인 '백제'와 충돌을 일으켜 의미의 분산을 가져오는 것이 아닐까 하는 염려도 없지 않다. 그러나 '백가제해(百家濟海)'의 동아시아 교류왕국이었던 백제의 콘텐츠는 한일간의 선린 우호를 도모했던 조선통신사의 정신과 그대로 합치하고 있다. 백제를 통하여 일본 열도에서 유행하였던 '한류'의 양상이, 근세 조선통신사를 통하여 일본에서 재연되었던 것도 동아시아 평화 교류의 세계를 구축하려 했던 동일한 정신의 발현이었다고 할 수 있다. 이러한 점에서 조선통신사의 정신과 한류 전파는 고대 백제 정신의 근세적 계승이었던 것이다.

공주는 고대 동아시아 세계에서 백제문화를 평화적 문화 콘텐츠로 확립했던 무령왕의 도시이다. 공주라는 도시의 역사적 기초는 무령왕이라 할 수 있다. 근세 조선왕조 역사에서 조선통신사로부터 이 무령왕의 정신을 확인할 수 있다는 점에서 백제와 무령왕의 문화적 이미지는 조선통신사의 콘텐츠와 어울리는 것이기도 하다. 요컨대 조선통신사를 백제 정신의 근세적 계승이며 확산이라고 정리할 수 있는 것이다.

3) 국내외 지역 연대 연결고리로서의 의미

조선통신사 콘텐츠는 서울, 부산, 충주, 영천, 울산, 원주, 목포 등 여러 관련 지역과의 지역 연대와 연결 매체로서 유효하다. 이들 지역 대부분이 공주 혹은 백제 콘텐츠와 연관성이 별로 없는 지역이지만 조선통신사를 통해서는 긴밀한 유대감을 증진하는 것이 가능하다. 다시 말해서 조선통신사 콘텐츠를 통하여 공주와 충남의 백제유적, 백제 역사, 백제문화제 홍보가 가능해지는 것이다.

조선통신사는 일본의 여러 지역을 거쳐 지금의 동경까지 이르는 사신단의 행렬이었다. 이 때문에 한국 이상으로 이 콘텐츠는 일본의 여러 지역과 관련되어 있다. 이 때문에 일본에서는 쓰시마가 중심이 되어 조선통신사연지(緣地)연락협의회를 조직하여 지역간 협력과 소통을 활성화하고 있다. 2019년 현재 92개의 단체가 이에 가입되어 있으며 지역적으로는 쓰시마를 중심으로, 잇키에서부터

부산문화재단의 조선통신사 우호교류 국제행사(신용희 사진, 2022)

토쿄와 닛코에 이르는 광역의 네트워크가 형성되어 있다.[46]

국내외 지역간 조선통신사 네트워크에 합류함으로써 공주를 조선통신사만이 아니고 백제를 홍보하고 널리 알릴 수 있는 다양한 기회를 가질 수 있다. 이러한 점에서 공주에서의 조선통신사 콘텐츠의 활용은 매우 가성비 높은 유용한 작업이라고 하지 않을 수 없다.

맺는말

본고에서는 2017년 유네스코 세계기록유산으로 지정된 충남역사박물관의 김이교 자료를 계기로, 공주의 여타 조선통신사 관련 자료와 엮어서 지역 콘텐츠로서 활용하여야 한다는 점을 강조하고, 그 구체적 실천 방안에 대하여 의견을 제안하였다.

지역콘텐츠로서의 활용 가능성은 김이교 자료만이 아니고, 다른 시기 역시 통신사의 일원으로 사행하였던 신유, 김인겸 등의 통신사 자료가 다양하게 확인

---

46) NPO法人 朝鮮通信使緣地連絡協議會, 『誠信交隣21 緣地連だより』, 22, 2019.

되는 점에 있다. 그중의 일부는 타지역, 혹은 일본에 소재한 것이지만 오히려 이를 국내외 지역간 연계의 고리로서 활용할 수 있다는 점에서 유용하다고 할 수 있다.

조선통신사의 선린 우호의 정신은 국제 평화의 인식에서 고대 동아시아 세계 구축에 기여 했던 백제의 정신에 상응하는 것이며, 이러한 점에서 '백제'를 중심점에 두는 공주와 충남의 문화적 정신적 토대 구축에 기여할 수 있는 자원이 된다. 이점에서 필자는 조선통신사의 정신을 고대 백제 정신의 계승과 확산의 관점에서 이해해야 한다는 점을 강조하였다.

김이교 자료의 세계기록유산 등재로 공주의 조선통신사 콘텐츠 활용의 근거가 마련되었지만, 이를 위한 또 하나의 축이 필요하고 그것이 바로 공주에서의 조선통신사공원의 조성이라고 생각된다. 김인겸 기념비의 이전을 계기로, 정비 중인 공주목관아의 활용방안의 하나로서 통신사 콘텐츠의 채용을 제안하였다.

본고에서는 조선통신사 콘텐츠의 활용과 관련한 여러 가지 제안을 시도하였고, 특히 조선통신사 콘텐츠의 활용이 공주 백제를 키워드로 하는 국내외 네트워크 구축에 매우 유용하다는 점에서 향후 관광 공주 혹은 백제문화제의 홍보에도 크게 기여할 수 있을 것으로 보았다. 조선통신사 콘텐츠의 안정적 기반이 구축되면, 다음 단계로 통신사와 백제를 연계하는 융합콘텐츠를 다양하게 만들어 갈 수 있을 것이다.[47] 지금은 조선통신사라는 새로운 지역브랜드의 구축과 활용을 위한 시민들의 적극적 관심, 그리고 시 당국의 활용 의지가 요구된다.

* 본고는 2019년(10.29) 충청남도역사문화연구원과 공주향토문화연구회가 공동 주최한 학술세미나 <공주·충남 지역브랜드로서의 조선통신사>에서 발표한 후, 『충청학과 충청문화』28, 2020에 게재한 것을 다시 보완한 것임.

---

47) 2021년(6.30) 공주향토문화연구회, 무령왕국제네트워크 회원들과 함께 목포의 조선통신사선 승선 체험에 참가 하였을 때, 차중에서 회원들이 '조선통신사'를 화두로 오행시를 짓는 즉석 이벤트를 하였다. 필자는 그때 다음과 같은 오행시를 지었다. "조상대로 내려온/ 선선한 기후에 비옥한 땅/ 통일백제를 꿈꾸었는데/ 신라가 당나라 끌어들여/ 사정없이 역사 망가뜨렸네." 공주에서는 조선통신사 콘텐츠도 결국 백제로 수렴되어야 한다는 필자의 생각이 반영된 것이다.

1763년 계미통신사행과 류진항(柳鎭恒)

조선통신사는 조선시대 일본에 보낸 사신단으로서, 특히 2백년 간 조선과 에도막부 간의 평화를 담보했던 역사였다. 통신사는 한양에서 육로를 경유하여 부산에 이르고 부산에서는 선편을 이용하였기 때문에 공주와의 인연이 개재할 이유가 별로 없는 것 같다. 그런데 그 통신사를 콘텐츠로 하는 축제가, <조선통신사, 공주에 납시었네>라는 주제로, 2021년부터 충남역사문화연구원(충남역사박물관) 주관으로 공주에서 열리고 있다.

1) 공주 · 충남의 새로운 역사콘텐츠 조선통신사

공주에서 '조선통신사'가 지역의 콘텐츠로 떠오르게 된 것은 2017년 유네스코 세계기록유산으로 '조선통신사 기록물'이 등재되면서였다. 조선통신사 기록물은 한국측 자료 63건 124점, 일본측 자료 48건 209점, 총 333점이 등록되었다. 그 가운데 공주의 충청남도역사박물관 소장 자료인 『신미통신일록』(천, 지, 인 3권) 1건 3점이 포함된 것이다. 『신미통신일록』은 1811년(순조 11) 마지막 통신사의 정사로 파견된 김이교(金履喬)가 저술한 사행 기록이다. 마침 공주는 2015년에 공산성과 무령왕릉이 유네스코 세계유산에 등록된 직후였기 때문에 세계유산에 대한 관심이 높았던 때의 일이었다.

공주의 조선통신사 관련 콘텐츠는 『신미통신일록』 이외에 통신사 사행에 참여하였던 두 사람의 공주 인물이 있다. 공주에 연고가 있고 지금도 묘소가 남아 있는 신유(申濡, 1610~1665)와 김인겸(金仁謙, 1707~1772)이다. 김이교의 '신미통신일록(辛未通信日錄)' 이외에 김인겸(1763년 사행)의 기록물 4건(1건은 서울대 규장각 소장, 3건은 靜岡市 淸見寺 소장), 신유(申濡, 1643년 사행)의 기록물 3건(1건은 서울 국립중앙도서관, 2건은 岡山縣 소재)이 유네스코 세계기록 유산에 포함되어 있다.

공주 이외, 충남 지역에 산재하는 조선통신사 콘텐츠로 지목된 것은 부여 창강서원, 예산 김이교 묘소, 홍성 경섬의 선정비 등이었다. 또 통신사행에 참여한 후 충청관찰사로 공주에 근무했던 여우길, 경섬, 홍계희 등에 대해서도 별도의 검토 기회가 기대된다. 추포(秋浦) 황신(黃愼, 1562~1617)은 임진왜란이 끝나지 않은 1595년(선조 28) 강화 회담을 위하여 명 사신과 함께 8월부터 11월까지 일본을 다녀와 사행일기인 『일본왕환일기(日本往還日記)』를 남겼다. 황신을 배향한 부여읍 창강서원(滄江書院)은 원래 황신이 정치적으로 불우했던 1607년에 우거했던 곳이다. 2022년 12월에 통신사행에 초점을 맞추어 학술세미나를 열었다.[48]

1811년 최후의 통신사 죽리 김이교의 묘소는 원래 예산군 대흥면 금곡리에 있었는데 2014년에 부근 신양면 죽천리 마을회관 뒷산 정상으로 이장하였다. 이장 때 출토한 복식은 한국전통문화대학에, 관은 대전시립박물관에서 인수하였고 석물은 새 묘소로 옮겨왔다. 홍주읍성 내에 이전된 선정비 가운데 홍주목사를 지낸 칠송(七松) 경섬(慶暹, 1562~1620)의 선정비가 포함되어 있다. 경섬은 1607년 정사 여우길(呂祐吉)과 함께 부사로 통신사로 다녀왔다. 임진왜란이 끝난 후 첫 통신사였다. 사행록인 『해사록』이 유네스코 기록유산에 등재되었고, 시즈오카현 청견사(淸見寺) 본당에는 정사 여우길 등과 함께 나란히 쓴 시문의 현판이 걸려 있다. 홍주읍성의 선정비는 1613년 4월에 세운 것인데, 통신사로 다녀온 몇 년 뒤 홍주목사로 부임한 것이다.

2) 1763년 계미통신사행과 류진항

금호(錦湖) 류진항(柳鎭恒, 1720~1801)은 2022년 1월의 공주 인물 류충걸(柳忠傑,

---

48) 공주대 공주학연구원 외, 『추포황신 통신사행과 일본인식 기념학술세미나』, 2022.

1588~1665)의 5대손이다. 종묘봉사 류종기(柳宗基)의 아들로 재종숙인 증좌참찬 류세기(柳世基)에게 출계했다.[49] 1720년 공주 장기면(지금은 세종시 장군면)에서 출생한 인물로서 1753년(영조 29) 무과에 급제하여 1755년(영조 31) 장흥부사, 1764년 (영조 40) 홍주 영장, 1774년(영조 50) 경상좌수사, 1780년(정조 4) 경상좌병사를 거쳐 1784년(정조 8) 삼도수군통제사에 오르고 이듬해에는 포도대장을 지낸 당대의 무반 저명 인사이다. 1763년에는 계미통신사의 일원으로 정사 조엄(1719~1777), 부사 이인배를 수행하여 삼병방(三兵房)의 부방(副房)으로서 통신사행을 다녀왔다.

477명으로 편성된 계미통신사는 1763년 8월 3일 한양 출발, 10월 6일 부산을 출항하여 이듬해 1764년 2월 16일 에도(江戸)에 도착하고, 3월 11일 에도를 떠나 7월 8일 한양에 되돌아온 일정이었다. 출항후 선상사고로 1명 사망, 아이노시마에서 풍랑으로 배가 침수하고, 오사카에서 소동 1명이 병사, 귀로에는 수행원인

세종시 장군면 대교리 소재 금호 류진항의 묘역
(좌측에 묘소, 맨 우측 끝에 신도비가 보임)

49) 진주류씨대종회, 『진주류씨 역대인물전』, 2006, p.589.

최천종이 쓰시마번 통사에게 살해 당하는 사건까지 일어나는 등 통신사중 가장 어려움이 많았던 사행으로 알려져 있다.[50]

조엄의 『해사일기』에 의하면 상방(上房)은 김상옥(金相玉), 종사관의 삼방 병방은 임흘(任屹)이었다. 이들은 오사카 성에서 최천종 살인 사건의 범인 전장(傳藏)의 처형 현장에 임석하였다.[51] 류진항은 5월 7일 이해문과 함께 선래(先來) 군관으로 먼저 오사카를 출발하였다. 이후 류진항은 통신정사 조엄이 서울에 올라오는 도중 이천에서 인사차 일행을 찾았다. 7월 5일의 일이었다.

류진항은 원래 학문에 재능이 있었으나 격비증(膈痞症, 폐질환)으로 책을 가까이 할 수 없게 되어 말타기와 활쏘기를 익혀 무과에 응시한 것이라 한다. 제주도에 큰 흉년이 들자 1756년(영조 32) 장흥부사 재임중 양곡 운송을 담당하는 독운관(督運官)으로 발탁되었다. 이 일을 책임 맡은 홍양호(洪良浩, 1724~1802)는 류진항에 대하여 "금성(나주)에서 만나 계획을 논의해보니 공의 나이는 젊은 데도 일 계획하는 것이 민첩하고 자상하여 여유 있기가 마치 미리 외워둔 것 같았다"고 하였다. 또 "공은 훤칠하고 큰 체구에 태도도 여유만만 하였다. 재능은 일을 처리하는 솜씨가 있었고 아량은 사물을 포용할만 하였다"고 하였다.[52] 탐라 진휼 당시 류진항의 선운 활동에 대해서는 홍양호가 지은 신도비문에 다음과 같이 묘사되어 있다.

> 이 때 바람은 높고 물은 차가운데 바다 길은 험하고 멀어서 여러 군읍이 서로 꺼리는 것을 공은 몸소 점검하고 감독하여 기한 내에 준비하여 출발하고 하나도 뒤쳐짐 없이 수 십척의 해양선이 돛을 나란히 하고 일제히 나아가서 돛대도 손상 없고 한 말의 곡식도 훼손시킴 없이 이틀만에 제주에 정박하니 섬 사람들이 모두 전날에 없었던 일이라고 칭찬하였다.

홍양호는 신도비의 찬문에서 "영주(瀛州) 바다에 곡식을 운송할 때 닻과 노가

---

50) 손승철, 『조선통신사 –평화 외교의 길을 가다』, 동북아역사재단, 2022, pp.121-123.
51) 조엄, 『해사일기』(박진형 · 김태주 역), 논형, 2018, p.509(1764년 5월 2일).
52) 홍양호 찬, 류진항 신도비문.

류진항 신도비와 통신사행 내용이 적힌 비문

손상됨이 없었고, 일본을 두루 관람하여 부상(扶桑)의 나무를 손으로 꺾었네"라
고 칭찬하였다. 류진항의 1756년 제주도 식량 운송에의 경험은 1763, 4년의 통
신사행에 큰 도움이 되었을 것임을 짐작할 수 있다. 신도비문에 당시 항해의 위
기에서 류진항이 침착하게 대처함으로써 상황을 안정시켰던 사실을 다음과 같
이 소개하고 있다.

> 계미년 항해할 때 중류(中流)에서 태풍을 만나 돛대가 꺾어지고 파도가 진탕
> (震蕩)하니 배 위의 사람들이 두려움에 사색이 되었는데, 공만은 오직 태연히 흔
> 들림 없이 '죽고 사는 것은 천명이니 조용히 명을 기다림이 나으리라' 하였다. 그
> 제서야 군중의 마음이 조금 안정되고 파도가 다시 진정되니 사람마다 공의 대담
> 함에 감복하였다.

류진항은 담력 있고 침착하기도 하지만, 또 매우 의리 있는 인물로 평가되어
있기도 하다. 어떤 재신이 통신사에 동행으로 돌아온 후 참소로 인하여 먼 곳으

로 귀양가니 누구도 감히 방문하지 못하였는데, 선천(宣川)에 있던 류진항은 가노를 보내 후하게 먹을 것을 전하여 주어 듣는 이들이 그 높은 의리에 감복하였다고 한다.

3) 세종시 소재 류진항의 묘소

2012년까지 공주시의 장기면 지역이었던 세종시 장군면 대교리산1-1번지에 조선 수군통제사를 지낸 류진항(柳鎭恒, 1720~1801)의 묘소가 있다. 1801년(순조 1)에 건립한 신도비와 석물들이 함께 잘 보존되어 있다. 주변은 류형, 류충걸, 류호원 등의 묘소가 있는 진주류씨 묘역이다.

대제학 홍양호(洪良浩)가 지은 신도비와 2.2m 높이의 장명등, 석양(石羊), 망주석 등의 석물이 남아 있다. 묘소의 표석은 높이 146cm인데, '유명조선국숭록대부 행지중추부사겸 오위도총부도총관 류공진항지묘 정경부인 능성구씨부좌(有明朝鮮國崇祿大夫 行知中樞府事兼 五衛都摠府都摠管 柳公鎭恒之墓 貞敬夫人 綾城具氏祔左)'라 쓰여 있다. 특히 장명등은 2m가 넘는 규모일 뿐 아니라 장명등의 옥개형 개석

금호 류진항의 묘소 근경

위에 연봉을 높이 강조한 매우 화려한 조각이어서, 조선 후기 조각으로서도 일정한 가치를 가진 것으로 생각된다. 이 때문에 이들 석물들은 도굴꾼에 의하여 도난당하였는데, 2009년에 다행히 회수된 사실도 있다.

신도비(높이 2.94m)는 정방형 받침대 위에 정사각형 오석을 사용하였으며, 팔작 지붕 형태의 지붕 위에 큰 보주형의 장식을 올린 특이한 형태이다. 1801년(순조 1) 12월 건립한 것인데, 대사헌을 거쳐 이조·예조·호조·병조판서를 역임한 홍경모(洪敬謨, 1774~1851)의 글씨이다. 홍경모는 홍양호의 손자이다.[53]

류진항은 통신사행에 참여하였던 무반 군관의 사례로서 주목된다. 무반은 자신의 기록을 가지기 어려운 점 때문에 통신사와 관련한 논의에서 별로 주목을 받지 못하였기 때문이다. 그러나 대규모 인원의 장기간에 걸친 이동 과정에서 군관의 역할도 작은 것이 아니었고, 이에 참여한 인물의 수도 적지 않다. 군관으로서 통신사행에 참여하였던 인물로서는 류진항 이외에 공주영장을 지낸 구의화(具毅和, 1758-?))와 허승(許乘, 1769-1813)이 확인된다. 두 인물은 1811년 마지막 통신사인 김이교의 신미통신사행에 함께한 인물이다. 구의화는 1809년, 그리고 허승은 1810년 각각 공주영장을 지냈다.[54]

* 이 글은 공주향토문화연구회, 『웅진문화』 36, 2023에 게재된 것임.

---

53) 신도비를 비롯한 묘소의 석물에 대한 실측치는 진주류씨 금사공 종중에서 제작한 『향토문화재 신청자료집』을 참고함.
54) 이에 대해서는 충청남도역사문화연구원, 『조선통신사 학술자료총서, 충남인물』, 2023, pp.116-121 참조.

제3장 공주『공산지』의 편찬과 자료적 성격

머리말

조선시대에는 지방 행정의 효율성을 도모하는 차원에서 지리지 혹은 군현별 읍지가 편찬되었다. 읍지는 지역에 대한 가장 기본되는 자료에 속하는 것이어서 이에 대한 면밀한 검토 작업은 지역사 연구의 필수적 기초가 된다. 읍지는 관에서 직접 편찬하는 경우가 있는가 하면, 개인적 작업으로 읍지가 만들어진 경우도 있다.

『공산지(公山誌)』는 영조조의 구읍지를 바탕으로 철종 10년(1859)에 주로 편찬 작업이 이루어진 공주의 사찬 읍지이다. 전6권 2책 160장 분량으로 구성되어 있으며, 공주의 유력 향반들이 중심이 되어 제작한 것이다.[1] 그러나 사찬이면서도 관과의 일정한 교감 속에서 여러 사람에 의한 공동작업이 이루어졌다는 특징이 있다.

---

1) 본고 작성에 대본으로 사용한 『공산지』는 고려대 도서관 소장본으로서 전 6권 2책이다. 이 책의 표지 안쪽에는 '公州 李東鎬', 혹은 '公州郡 正安面 雙達里居 李碩仁' 등 책주의 이름이 묵서되어 있다.

이 글에서는 『공산지』가 만들어지는 맥락과 시기, 책의 구성 및 자료적 가치에 대하여 기왕의 논고를 바탕으로 다시 정리함으로써 조선조 후기 사찬 읍지의 한 사례를 소개하는 한편 본 자료 이용에 대한 편의를 도모하고자 한다.[2]

1. 『공산지』 이전의 공주읍지

1) 영조조의 '구지'

우리나라에서 지방 사림들이 주도하는 사찬의 읍지들이 편찬되기 시작한 것은 16, 17세기부터의 일이다. 충남의 경우, 홍주의 『홍양지』, 홍산의 『홍산현지』 등이 그 예이나, 이들은 현전하지 않는다.[3] 현전하는 것은 서산의 『호산록』 (1619), 보령의 『신안지』(1748), 천안 목천의 『대록지』(1779), 아산의 『신정아주지』 (1819) 등이 그 예이다. 공주의 경우 본고에서 중점적으로 논의하고자 하는 철종 10년(1859) 편찬의 『공산지』도 그 가운데 하나이다.

『공산지』의 편찬은 1859년(철종 10)의 일이지만 이것이 처음 만들어진 공주읍지는 아니었다. 실제로 『공산지』에서 구지(舊誌)를 부분적으로 발췌, 인용하고 있어서 『공산지』에 앞선 구지가 있었던 것은 분명한 일이다. 즉 『공산지』의 권5에서 「구지인물질(舊誌人物秩)」이라 한 것이나 권6에서 「효자질(구지)」 혹은 「구지절효녀」라 제(題)한 대목은 모두 구읍지에서의 인용 부분임을 알 수 있는 것이다.

---

2) 필자는 오래 전에 「조선후기 공주읍지의 편찬과 공산지」(『논문집』 19, 공주사범대학, 1981)라는 제목으로 『공산지』에 대한 검토와 소개를 시도한 바 있다. 그 후 이해준 교수가 『공주의 지리지 · 읍지』(공주문화원, 2001)에 『공산지』를 포함하여 소개하였고, 다시 이를 번역하여 『국역 공산지』(공주대 백제문화연구소, 2008)를 간행하였다. 뒤의 책에서 필자는 「공산지의 편찬과 사료적 성격」이라는 제목으로 『공산지』에 대한 짧은 소개 글을 실은 바 있다. 본고는 기왕의 이러한 논고를 바탕으로 하여, 내용을 다시 정리하고 보탠 것이다.

3) 양보경, 「16-17세기 읍지의 편찬 배경과 그 성격」 『지리학』 27, 1983, pp.59-60.

그러면 『공산지』 편찬 당시에 참조, 활용하였던 이 구지(舊誌)는 언제 편찬된 읍지일까? 정확한 연대를 확인할 수 없으나, 충청관찰사 김응근(金應根)의 『공산지』 서문에는 "옛날에 읍지가 있었는데 백여 년이 되었다(舊有誌 且百有年)"고 하였고, 이산현감(尼山縣監) 임준상(林準相)도 같은 책의 발문에서 "읍지를 만들지 않은 지 지금 백여 년이 되었다(而誌之未修 今爲百許年之久)"고 하여 1859년으로부터 100여 년 전, 즉 18세기 영조 연간에 구지가 편찬되었던 사실을 전하고 있다. 이 영조대의 구지가 기록상 확인되는 최초의 공주읍지라 할만한 것이다. 그런데 구지가 편찬되는 거의 같은 시기에 지방읍지의 종합정리적 성격을 가진 『여지도서』가 편찬되었다. 여기에는 전국 각 읍의 자료가 망라되어 있는데, 그중 공주목의 자료도 포함되어 있다.

『여지도서』는 영조조 1757~1765년에 왕명에 의해 전국 각 읍에서 편집하여 올린 읍지를 정리 편찬한 것으로, 원래 『신증동국여지승람』의 속성(續成)을 위한 기초작업으로 행해진 것이었다. 각도 읍지의 상송(上送)이 명령된 것은 영조 33년(1757)의 일인데 이 책에 수록된 각 읍의 호구·전결 관계 통계는 거의 '기묘 장적', 즉 영조 35년(1759)의 통계를 기준으로 작성되고 있다. 이재두에 의하면 영조조의 읍지 편찬 작업은 1757~1759년의 '제1차 사업'과 1759~1760년의 '제2차 사업'으로 나누어지며, 홍문관의 범례를 기준으로 전국 각 읍지의 항목 수록 기준, 서술 방식 등을 어느 정도 통일한 것이 '2차 사업'의 결과라고 한다.[4]

『여지도서』의 공주목 자료 역시 그 통계자료가 '기묘 장적'에 기초하고 있으므로 이 역시 1759년경의 자료라 할 수 있다. 이는 『공산지』가 편찬된 1859년으로부터 정확하게 햇수로 100년 전에 해당한다. 『공산지』로부터 '백여 년 전'에 구지가 간행되었다는 앞서의 기록에 근거해 볼 때, 구지와 『여지도서』의 공주목 자료는 거의 같은 시기에 작성된 것이며 『여지도서』의 것은 그 내용에 있어서 구지와 밀접한 상관성을 가지고 있을 것임이 틀림없다. 그렇다면 『여지도서』의 내용은 『공산지』의 구지의 내용이 반영된 것은 아닐까 하는 생각을 갖게 된다.

---

4) 이재두, 「영조대의 제1, 2차 읍지 편찬 사업(1757-1760)」 『장서각』 41, 2019 참조.

2) 『여지도서』의 공주목 인물 자료

영조조 『여지도서』의 공주 자료가 구지의 내용을 반영한 것이라는 가설을 확인하기 위해서 『여지도서』의 자료가 구지와 내용상 어느 정도 일치하고 있었는가 하는 점을 검토하고자 한다. 마침 『공산지』의 수록 자료 가운데는 구지로부터의 전재(轉載)임이 일부 자료에 밝혀져 있다. 전체에 대한 확인은 어렵지만, 제한된 범위의 이들 구지 전재 자료가 『여지도서』의 것과 어느 정도 상통하는가 하는 것은 이에 의하여 대조 분석이 가능하다.

『공산지』에 구지로부터의 전재임이 명기된 것은 인물편에 한정되어 있다. 구체적으로는 「구지 인물질」(권5), 「효자질(구지)」, 「구지 절효녀」(이상 권6), 그리고 「신구 열녀질」 등이 그것이다. 여기에 수록된 인물은 다음과 같다.

〔舊誌人物秩〕 李明德 · 李文挺 · 李伯由 · 林穆 · 李穆 · 徐起 · 林頲 · 李景鼎 · 尹文擧 · 權諰 · 李惟泰

〔忠臣〕 禹從吉 · 柳珩 · 鄭天卿 · 金澥 · 僧 靈圭 · 盧應晫 · 盧肅 · 禹尙中 · 申垃 · 禹鼎 · 李廷煥

〔淸白〕 李世璋 · 韓祉 · 姜栢年 · 韓德弼

〔孝子秩〕 新羅 向德, 高麗 李福 · 李長生 · 姜成, 本朝 金慶遠 · 金用錫 · 池鳳輝, 李景高 · 景益(兄弟), 禹聖瑞 · 崔珵 · 朴重澤 · 崔湜 · 崔益恒 · 柳善基

〔舊誌節孝女〕 鄭召史 · 金挺五之家

〔新舊烈女秩〕 高麗 高氏, 本朝 高氏(梁漢弼 妻) · 金氏(張曾文 妻) · 金氏(禹鼎 妻) · 李氏(李世命 女) · 朴氏(李漢詳 妻) · 權氏(崔百福 妻) · 尹氏(李元彬 妻) · 李氏(柳就章 妻) · 盧氏(金弘淵 妻) · 金氏(李度仁 妻) · 姜氏(崔性源 妻) · 金召史(趙善同 妻)

이상 『공산지』 중에서 구지(舊誌) 인용 부분의 인물을 나열하였다. 이를 『여지도서』의 공주 인물편과 대비한 결과 두 자료는 놀라울 정도로 일치하고 있다. 다만 다음과 같은 미세한 차이가 발견 된다.

① 구지의 「인물」에 속해 있던 임목(林穆) · 임정(林頲)이 『여지도서』에는 「청백」에 편성되어 있음.

② 구지 「절효녀」의 「김정오지가(金挺五之家)」는 『여지도서』에 등장하지 않음.

③ 구지 「청백」에 있는 강백년(姜栢年)과 한덕필(韓德弼)이 『여지도서』에 없음.

④ 구지에 없는 임언승(林彦升)이 『여지도서』 「효자」에 등장함.

이중 ①은 편집상의 문제이기 때문에 문제될 것이 없고, ②는 당해 인물의 성씨가 구체적으로 나타나 있지 않아 누락된 것 같으며, ③은 원래 『공산지』에서도 구지 인용 여부를 명기하지 않은 부분이어서 '신증'된 것으로 판단된다. 이렇게 볼 때 실질적으로 차이가 있는 것은 ④의 임언승이라는 인물 1인에 국한되고 있을 뿐이다. 각 인물에 대한 설명 기사는 상호 약간의 출입이 있기는 하나 원문의 부분적인 취사 선택에 따른 차이인 듯하고 특히 등장인물은 그 범위와 수록의 순서까지 거의 완전히 일치하고 있어서 양자의 일치점이 예상보다 훨씬 높다는 점이 확인된다.

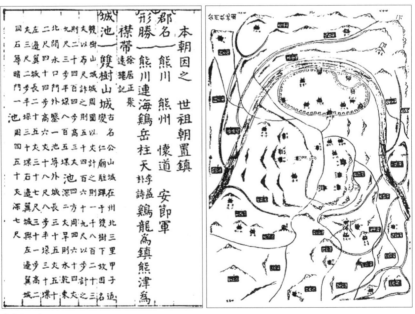

『여지도서』 공주목조

3) '구지'를 반영하고 있는 『여지도서』 자료

이러한 인물편의 분석을 확대 해석할 경우 소위 영조조 편찬의 구지란 것은 『여지도서』의 「공주목」조와 거의 동일한 내용이었으리란 결론에 도달하게 된다. 양자의 동일성에 대해서는 『공산지』의 내용 분석에서 더욱 확실시된다. 양자의 내용상의 일치는 『여지도서』의 「공주목」조가 곧 사실상의 구지에 해당하는 것이 아닌가 생각하게 한다. 이점에 대해서는 다시 후술하겠지만, 어떻든 우리는 『공산지』에 인용 수록된 구지 인물편의 분석을 통해 '영조조의 구지'란 것이 『여지도서』의 공주목 자료와 흡사한 것이었음을 확인하게 되었다. 여기에서 '공산 구지'로서의 『여지도서』의 수록 내용을 잠깐 소개하고자 한다.

『여지도서』 공주목 자료의 주요 수록 내용을 열거하면, 방리와 방리별 호구수, 건치연혁 · 군명 · 형승 · 성지 · 관직 · 산천 · 성씨 · 풍속 · 단묘 · 공해 · 제언 · 창고 · 물산 · 교량 · 봉수 · 누정 · 사찰 · 고적 · 인물, 그리고 전결 · 진공 · 조적 · 전세 · 대동 · 규세 · 봉름 · 군병 등의 통계자료이다. 이는 기본적으로 『신증동국여지승람』과 같은 체제라고 볼 수 있지만 실제 기사 내용은 상이한 점이 많다. 특히 『신증동국여지승람』에서 많은 비중을 차지하는 제영과 기문들이 여기에서는 생략되고 있고, 대신 방리와 방리별 호구통계의 상세한 자료제시는 『여지도서』의 특징이라 할만하다. 이 통계에는 당시 공주의 면리 편성 내역에 따른 호수와 인구수가 리별로 집계되어 있어 흥미 있는 자료가 되고 있다. 이같이 상세한 통계는 분량이 많은 후대의 읍지에서도 보기 어려운 것으로 『여지도서』가 행정적 필요에 의하여 만들어졌음을 반영해주는 것이라 생각된다.

2. 『공산지』의 편찬과 간행

1) 1859년 『공산지』의 편찬

앞에서 영조조의 구지(舊誌) 편찬에 대해 약간의 고찰을 가해 보았거니와 이후 100년이 지난 철종 10년(1859)에 『공산지』가 만들어진다. 『여지도서』의 것이 25

장의 분량이었던 데 비해『공산지』는 6권 2책 약 160장의 분량으로서 비교되지 않을 정도의 많은 분량이다. 다른 지역에서의 읍지 편찬에 자극되어 추진된듯한 『공산지』 편찬은 감사·판관 등 관의 협력하에 공주지방의 유력 향반들이 중심이 되어 이루어지게 된다.[5] 책의 말미에 있는 「공산지 명록」의 다음 인물들은 공주의 토착 양반들로서『공산지』편찬의 중심인물이었다.

庠生:林挺會·李益亨·吳欽·盧基雄·鄭秀浚·林寅奎·李福亨·盧基定·
　　　李萬遠·盧基信
鄕官:吳鈴·朴敬孝

이들 중에서도 앞의 4인 즉, 임정회(林挺會)·이익형(李益亨)·오흠(吳欽)·노기웅(盧基雄)이 편찬자의 대표격에 해당하는 인물이었던 것으로 보인다. 읍지 편찬

『공산지』와『국역 공산지』의 표지

5) 林挺會가 쓴『공산지』續跋文에서는 이러한 사정을 "於是 鄕中章甫 同心協力 鳩財傭工"이라 표현하였다.

의 작업은 대략 1857년(철종 8)경부터 시작되어 1858년까지 주요작업의 거의 진전되고 이듬해인 1859년(철종 10)에 마무리가 되어 그해 연말 쯤에는 일단 작업이 완결 되었던 것으로 보인다. 대략 3년의 작업이 되었던 셈이다. 이 3년의 기간은 충청도 관찰사 김응근(金應根), 공주목 판관 이정재(李定在)의 재임 기간에 해당하는 것으로서 읍지 편찬은 이들에 의해 얼마간 뒷받침을 받았던 것 같다.[6]

이렇게 해서 빛을 보게된 『공산지』는 철종 12년(1861)에 부분적인 개수 작업이 있게 된다. 이와 같은 사실은 이로부터 60여 년 후에 편찬된 『중간공산지(1922)』의 「범례」에서 다음과 같이 언급되어 있다.

> 『공산지』가 언제 처음으로 만들어졌는지는 알 수가 없고, 또 세월이 오래되어 유실되어버린 상태였다. 그러다가 지난 기미년(1859년)에 이르러 2책을 만들었는데, 역시 소루(疏漏)함이 많아 신유년에 다시 몇 장을 속성(續成) 하였으나 완질(完帙)을 이루지 못하였다.

여기에서의 '신유년'이란 철종 12년(1861)을 말하는데 이 해에 『공산지』를 부분적으로 보완했다는 것이다. 아마도 이것은 읍지 편찬에 있어서 가장 관심의 사항인 인물편에 대한 부분적인 보완이 아니었는가 생각되거니와, 『공산지』자체의 내용이나 성격에는 전혀 영향이 없었을 것으로 보아진다. 만일 현재의 『공산지』가 1861년에 부분적으로 보완된 것이었다고 한다면 권6의 말미에 있는 「추단질(追單秩)」이 바로 그 보완된 부분에 해당하리라 생각된다. 『공산지』는 그 5, 6권에서 인물을 여러 가지로 분류하여 명단을 싣고 있거니와 명단의 제일 끝에 있는 「추단질」은 서두의 「목록」에도 없는 것이고 그 내용 체계가 일정치 않으며 「추단(追單)」, 즉 추가 인물 명단이라는 항목명 자체에서도 그러한 의미를 읽을 수 있기 때문이다. 이렇게 본다면 『공산지』의 실제 간행 시기는 1862년(철종 12)이 될 가능성이 많다. 필자의 의견으로는 철종 10년(1859)까지 『공산지』의 편

---

6) 관찰사 김응근은 철종 8년(1857) 10월 충청도관찰사에 부임하여 동 10년(1859) 11월 형조판서로 자리를 옮길 때까지 2년 여를 공주에서 재임하였다. 이후 공조판서, 광주부(廣州府) 유수 등을 지낸다.

집이 완결되었으나 조판 등에 다시 시일이 소요되고 인쇄 직전 철종 12년에 「추단질」이 추가되어 간행된 것은 아니었을까 생각한다.

2) 『공산지』 편찬과 지역 정체성

『공산지』의 편찬에 있어서 필자의 흥미를 끄는 것은 그것이 지역 정체성에 대한 의식에 의해 뒷받침되고 있었다는 사실이다. 이점은 『공산지』의 발문을 통해 대강 엿볼 수 있는데 가령 홍문관 교리 이경부(李敬溥)가 그 발문에서

> 사람이 있으면 보(譜)가 있고 읍이 있으면 지(誌)가 있는 법이어늘 우리 공주만이 읍지가 없는 것은 도이(島夷)가 창궐할 때 잿더미가 되어버린 때문이다. 더욱이 공주는 일조의 으뜸으로서, 지(誌)가 없다는 것은 있을 수 없는 일인 것이다.

라 한 것이나 이산(노성) 현감 임준상(林準相)이 "공주는 호서 제일의 도회이기를, 신라로부터 고려를 거쳐 본조에 이르기까지 상하 수천 년 동안이어서 옛날에 있었던 말과 지나간 일들을 기록하여 전해야 할 것이 다른 군현의 비할 바가 아니다"라고 한 것이 그것이다. 이경부와 임준상은 공주 출신임에 틀림없거니와 여기에서는 모두 공통적으로 공주가 호서 제일의 도읍으로서 다른 어느 지역보다도 읍지의 필요성이 높은 지역임을 강조하고 있다. 이것은 당시 공주인들의 지역에 대한 자긍심과 정체 의식이 투영된 일면이라 생각되는 것이다.

조선조 후기에 이르면 읍지 편찬은 고을의 가장 기본적인 작업으로 일반화하였다. "사람이 있으면 족보가 있고 고을이 있으면 읍지가 있는 법"이라고 한 『공산지』의 발문에서의 홍문관 교리 이경부의 언급은 바로 이같은 흐름을 전하는 것이다. 특히 백제 이래 호서 제일의 웅부(雄府)를 자랑하는 공주에서 읍지가 없는 것은 "있을 수 없는 일"이었다. 현전하는 가장 오랜 공주읍지라 할 수 있는 『공산지』는 바로 이같은 맥락 속에서 만들어졌다.

전6권 2책 160장 분량으로 구성된 『공산지』는 제1~2권이 공주의 제반 사정에 대한 기초 자료이고 3권은 기문과 절목 등의 규정을 수록하였다. 4권에는 관찰사, 목사 등의 명단이 실려 있고 5~6권은 지역의 인물 편으로서, 전체적으로 인

물 수록의 비중이 높다고 할 수 있다. 편찬 작업은 임정회(林挺會), 이익형(李翼亨), 오흠(吳欽), 노기웅(盧基雄) 등이 담당하였고 당시 충청 관찰사 김응근(金應根)의 서문과 이산현감 임준상(林準相), 홍문관 교리 박경부(朴敬溥), 전 공주목 판관 이정재(李定在) 등의 발문을 붙였다. 서문과 발문의 작성 시기는 모두 철종 10년(1859) 10월로 되어 있어서 편찬 작업이 이 시기에 종료되었음을 말해준다. 『공산지』의 편찬 시기를 1859년이라 하는 것은 이에 근거한 것이다.

3) 1861년 『공산지』의 보완과 간행

『공산지』는 1859년에 모든 편찬 작업이 끝났지만, 철종 12년(1861)의 부분적인 개수 작업이 뒤따랐다. 이것은 『중간 공산지(1922)』의 「범례」에서 "지난 기미년(1859)에 2책을 만들었으나 역시 소루한 점이 많아 신유년(1861)에 약간을 갱속(更續)하였다"[7]고 한 것에서 알 수 있다. 여기에서 '소루(疏漏)'했다는 것은 인물편

관찰사 김응근의 『공산지』 서문과 김응근 선정비(공산성 서문 앞)

---

7) "往在己未 編成二冊 亦多疏漏 辛酉更續若干 張而猶未成完帙"(『중간 공산지』, 범례)

일 가능성이 많은 것으로 생각된다. 『공산지』 제6권의 '추단질'은 「목록」에 나와 있지 않은 것으로서 작업이 끝난 다음 누락된 인물을 추가로 편집, 첨부한 것이다. 1259년 이후 보완된 자료로 보인다.

『공산지』의 보완 이후 추가된 발문은 신미년, 즉 1861년에 쓰여진 것이다. 이것은 1859년 『공산지』 편찬 2년 뒤의 일이어서, 『공산지』가 바로 보완된 사실을 알려준다. 특히 속발문자인 임정회는 1859년 『공산지』 편찬을 담당한 대표 인물이었다. 이로써 보면 1861년 『공산지』의 수정 보완은 1859년 편찬 주체의 용인 하에 이루어진 것이었다. 임정회의 속발문에 의하면 『공산지』에 대한 보완 작업은 박현규(朴顯圭)가 주도하였다. "빠뜨린 것을 수습하고 그 전말을 기록하여 속편으로 부쳤다"는 것이다.

그렇다면 1859년 편찬된 『공산지』는 부분적인 수정 보완을 거쳐 1861년에 간행되었을 가능성이 많은 것처럼 보인다. 만일 1859년에 『공산지』가 간행되었다면, 2년 뒤 곧 바로 보완이 이루어지는 일은 어려웠을 것이기 때문이다. 임정회의 속발문에도 당시 사정에 대해서 "이에 향중(鄕中)의 선비들이 마음을 같이하고 협력하여 경비를 모으고 공정을 준비하였는데" 해가 바뀌면서 "소루하다는 아쉬움이 있어" 이를 보완하게 되었다는 것이다.[8] 임정회에 의하면 1859년 편찬된 『공산지』는 바로 간행되지 못한 것이었고, 결국 2년 뒤 1261년에 간행되었다고 생각된다.

『공산지』 간행 시기에 대해서는 여전히 한 가지 의문이 남는다. 실제로 간행된 『공산지』는 박현규, 임정회의 속발문이 포함되지 않은 채 간행되었고 1861년의 속발문은 1923년 『중간 공산지』에만 실려 있기 때문이다. 의문이 남아 있기는 하지만 1859년 편찬된 『공산지』는 1861년 약간의 보완 과정을 거쳐 비로소 간행된 것으로 일단 의견을 정리한다.

---

8) "於是 鄕中章甫 同心協力 鳩財僝工 歲一週 而工告訖然 而地廣人稠 猶有疏漏繼 之 以朴羅州顯圭 收拾遺闕記其顚末 附之續編"(『중간 공산지』, 임정회의 속발)

3. 『공산지』의 구성과 내용

1) 『공산지』의 구성

앞에서 언급한 것처럼 『공산지』는 전6권 2책 160장 분량으로 구성되어 있다. 제1~2권은 공주의 제반 사정에 대한 기초 자료이고, 3권은 기문과 <견역절목(蠲役節目)>, <민역절목(民役節目)> 등의 규정을 수록하였다. 4권에는 관찰사, 목사 등의 명단이 실려 있고, 5~6권은 지역의 인물 편으로서, 전체적으로 인물 수록의 비중이 높다고 할 수 있다. 이제 『공산지』의 구성을 권별로 소개하면 다음과 같다.

<1권> 강역 · 연혁 · 성지 · 부방 · 방리 · 도로 · 군명 · 성씨 · 풍속 · 형승 · 산천 · 토산 · 봉수 · 역원 교량 · 제언(堤堰) · 진공(進貢) · 조적(糶糴) · 전세 · 고적 · 학교 · 제기(祭器) · 서책 · 즙물 · 器皿(기명) · 서원 · 부조묘 · 단묘 · 능침

『공산지』의 목차

<2권> 흥학 · 명석묘 · 사찰 · 공해 · 진보 · 전결 · 사마소 · 향사당 · 장시 · 진
선 · 창사 · 누정 · 원 · 명환 · 사적 · 충현원사적
<3권> 기(記) · 십경(十景) · 견역절목(蠲役節目), 민역절목(民役節目)
<4권> 영문선생안 · 도사선생안 · 본부선생안
<5권> 구지인물 · 신증인물 · 청백 · 충훈 · 음사 · 무직 · 연방(蓮榜) · 증기(贈耆)
<6권> 효자 · 절효녀 · 열녀 · 추단질(追單秩) · 제영(題詠)

　여기에서 보면 6권 중 4~6권이 인물편이어서 인물 비중이 매우 높다는 점, 유
학(향교)에 대한 항목을 극히 세분하여 게재하는 등 유학 관련 내용의 비중이 높
다는 특징이 있는데, 이는 편찬 주체의 의도가 반영된 것이라 할 수 있다. 제3권
의 <견역절목> <민역절목> 등의 자료는 공주 지역 세정 운영과 지방 행정에 대
한 중요한 자료이다. 이같은 점을 감안하면서 『공산지』의 수록 내용에 대하여 항
목별로 간략히 소개하고자 한다.

2) 『공산지』의 내용

　　〔0-1〕 공산지 서문 : 기미년(1859: 철종 10) 10월 충청도 관찰사 김응근(1793~
1863)의 서문으로 본문이 목활자로 된 것과 달리 서문만은 판각이다. 필체는 김
응근의 자필인 듯
　　〔0-2〕 공주지도(판각) : 공주목의 지도
　　〔1-1〕 강역 : 공주의 경계(동서 159리, 남북 110리)와 인근 군현과의 거리 표시
　　〔1-2〕 건치연혁 : 백제 이래 공주의 행정구획으로서의 위치, 읍호의 변화 약술
　　〔1-3〕 성지(城池) : 공산지와 성내에 있는 2개의 연못에 대한 설명
　　〔1-4〕 부방 · 방리 : 공주의 면리 편성 내역
　　〔1-5〕 도로 : 주요도로의 거리 표시
　　〔1-6〕 군명 · 성씨 · 풍속 · 형승 · 산천 · 토산 · 봉수 : 거의 『신증동국여지승람』
에서 전재
　　〔1-7〕 역원 : 공주의 주요 역과 노비 · 마필 수 표시
　　〔1-8〕 교량 · 제언 : 공주의 주요 교량과 저수지의 위치 크기 표시
　　〔1-9〕 진공 · 조적 · 전세 : 구체적인 수량제시
　　〔1-10〕 고적 : 대부분은 『신증동국여지승람』에서 전재
　　〔1-11〕 학교 · 제기 · 서책 · 즙물 · 기명 : 공주 향교의 연혁과 그 비품, 소장 서

채 목록이 제시

〔1-12〕서원 : 공주지방의 서원을 소개한 것으로 2개 서원, 7개 서사(書舍) 등장

〔1-13〕부조묘(사우) · 단묘 · 능침 : 개인 사우와 제단 및 숙종 태실에 대한 약술

〔2-1〕흥학 : 공주 향교의 각종 건물 중수 등 학교진흥 사실

〔2-2〕명석(名碩) 묘소 : 명인들의 묘 위치 제시

〔2-3〕사찰 : 공주의 주요 사찰 목록

〔2-4〕공해(公廨) : 선화당을 비롯한 공주의 주요 관아 건물과 당시의 이속 · 관노들의 수가 자세히 밝혀져 있어 지방관아의 실태를 파악할 수 있는 자료임

〔2-5〕진보(鎭堡) : 공주에 주둔하고 있던 군부대인 우영, 중영 등의 건물과 이속(吏屬)의 수 등이 제시되어 있음

〔2-6〕사마소 · 유향소 : 소속 전답, 건물에 대한 간략한 설명

〔2-7〕전결 : "수전 5,1777결 61부 2속, 한전 5,474결 10정 2속"이란 총계 수치

〔2-8〕장시 : 공주지방의 15개 장시(읍시 · 경천 · 모로원 · 대전 · 대교 · 이인 · 유구 · 동천 · 감성 · 유성 · 광정 · 장진 · 공암 · 건평 · 부강시)의 개시 일자가 제시되어 있음

〔2-9〕진선(津船) : 나루터의 일람

〔2-10〕창사(倉舍) : 공주지방 창고명 목록. 공산성내에 소재한 것은 별도로 표시되어 있어 성내 창고 건물의 내역을 알 수 있는 자료가 된다.

〔2-11〕누정 · 원 : 공주의 누정과 원에 대한 간략한 소개

〔2-12〕명환 : 『동국여지승람』에서 그대로 인용한 부분

〔2-13〕사적 : 공산지에 있는 명국삼장비와 쌍수산정주필사적비의 비문(전문) 게재

〔2-14〕충현원사적 : 광해 4년(1612) 홍문관 대제학 이정구(1564~1635)의 충현서원 사적기문이 실려 있음.

〔3-1〕기문 : 정이오 · 서거정의 「취원루기」, 세종조 남수문의 「독락정기」가 『신증동국여지승람』으로부터 전재되어 있고 그밖에 이재(1678~1746)의 「운산서숙기」, 송시열(1607~1689)의 「공북루중수기」, 정조조 관찰사 홍억의 「쌍수정 중수기」등이 실려 있음

〔3-2〕십경 : 『신증동국여지승람』제영조에서 서거정의 시문 전재

〔3-3〕견역절목 · 민역절목 : 조선후기 공주 지방에 설치된 민고의 일종인 견역청 · 민역청의 운영 규약으로서 당시대 사회경제사의 좋은 자료로서의 가치를 지닌다.

〔4-1〕 영문선생안(營門先生案) : 역대 관찰사(종2품)의 명단인 도선생안(道先生案)으로서 도임한 해가 간지로 표시되어 있다.

〔4-2〕 도사선생안(都事先生案) : 관찰사의 보좌관인 도사(종5품)의 명단. 관찰사·목사·판관의 명단은 후대의 읍지에 계속 전재되고 있으나 도사선생안은 그렇지 않다.

〔4-3〕 공주목선생안 : 공주의 역대 목사(정3품)·판관(종5품) 등 수령의 명단이며 기묘년(숙종 25년 : 1699) 정월 24일 공주목사 허수의 「읍선생안서문」이 첨부되어 있음

〔5-1〕 구지 인물질 : 구 읍지에 실린 22명의 인물을 전재한 것

〔5-2〕 신증인물(문과) : 성몽정(1471~1517)외 69명의 문과급제자 명단

〔5-3〕 청백·충훈·음사·무직·연방질(蓮房秩)·증기질(贈耆秩) : 분류에 따른 인물 명단. 이중 「연방질」은 소과 급제자의 명단임

〔6-1〕 효자질(구지)·신증효자·구지절효녀·신구열녀질 : 효자·효녀·열녀들의 명단

〔6-2〕 추단질(追單秩) : 「목록」에 나와 있지 않은 것으로서 작업이 끝난 다음 누락된 인물을 추가로 편집, 첨부한 것

〔6-3〕 제영 : 『신증동국여지승람』제영조의 것을 앞에 전재한 다음 목사 노혁화, 대사성 오점, 임도, 전예, 박팽년(1417~1456), 이승소(1422~1484), 김상용(1561~1637), 관찰사 윤헌주(1661~1729), 김이영, 박종정, 윤광안(?~1815), 원재명, 홍석주(1774~1842), 오연상, 박종경, 송규렴, 박윤수, 홍수주(1642~1704), 권상신(1759~1824), 조진순 등의 시문을 실음

〔6-4〕 공산지 명록 : 공산지의 편찬을 담당했던 것으로 보이는 인물 12명의 명단

〔6-5〕 발(跋) : 『공산지』의 발문 3편으로 찬자와 그 시기는 다음과 같다.

홍문관 교리　　박경부(朴敬溥)　무오년 12월

전 공주목판관 이정재(李定在)　기미년 10월

이산 현감　　　임준상(林準相)　기미년 겨울

이상 『공산지』의 구성과 그 수록 내용을 간략히 제시하였지만 그 가운데는 흥미 있는 자료적 가치를 지닌 기록들을 포함하고 있다. 이러한 자료들에 대하여 몇 가지 예를 들어 소개하고자 한다.

4. 『공산지』의 주요 수록 자료

1) 1850년대 공주의 면리 편성

『공산지』 권1 방리조는 『공산지』 편찬 당시의 공주목 행정구획 편성 내역을 정리한 것이다. 이에 의하면 당시 공주목은 26개면 206개리로 편성되어 있었고, 총 호수 16,349호를 기록하고 있다. 당시의 면은 대략 10개리 미만의 단위로 구성되고 있으나, 면에 따른 진폭이 커서 최소 4개 면리로부터 최대 14개리까지도 1면에 편성시키고 있다.

호수에 있어서는 1750년대에 15,602호(『여지도서』)이던 것이 『공산지』에서는 16,349호로서 100년 동안 공식적으로 약 4.8%의 증가를 보여준다. 그러나 19세기의 호구 파악이 18세기보다 그 누락율이 많았으리라는 전제 아래 본다면 실제 증가 수치는 4.8%보다 약간 높아진다고 보는 것이 좋을 것 같다.[9]

2) 조선후기 공주의 민고 운영 자료

『공산지』 제3권에는 앞에서 공주의 「견역청추절목(蠲役廳追節目)」, 「민역청절목(民役廳節目)」 등 민고 관계 자료를 수록하고 있다. 민고(民庫)란 조선조 후기 농민들의 과중한 무세의 부담을 경감시키는 방안의 하나로 각 지방관청에서 지방민과 협의하여 읍사례에 의해 자치적으로 마련, 운영하던 기구이다. 그리하여 지방민들이 자금을 모으고 이 자금의 이자 수입을 각종 세에 충당함으로써 일시에 많은 세금을 부담해야 하는 고통을 덜고자 한 것이었다.

『공산지』에 수록된 「견역청추절목(蠲役廳追節目)」, 「민역청절목(民役廳節目)」이란 바로 조선조 후기 공주에 설치되어있던 이같은 민고의 운영내용과 규약 등을 기록한 것이다. 공주의 경우 그 최초의 설립은 견역청이 정조 6년(1782), 민역청이 숙종 42년(1716)인 듯한데, 『공산지』에 수록된 것은 아마 순조 원년(1801)에 개정

---

9) 『공산지』에 나오는 당시 면리 편성의 구체적 내용은 윤용혁, 「조선후기 공주읍지의 편찬과 공산지」 『논문집』 19, 공주사범대학, 1981, pp.339-340의 표를 참조.

보완된 것으로 보인다. 이 절목은 원래 감영에서 30건을 만들어 감영과 읍아에 각 1건, 향교와 향청에 각 1건을 두고 나머지 26건은 공주의 26면에 보관한 것으로 되어 있는데 그 내용을 『공산지』에 전재한 것이다.[10]

3) 공산성 관계 기록

『공산지』에 나타난 공산성 관계기록은 이제까지 알려지지 않거나 모호한 상태에 있던 성곽, 문루, 사원, 창고, 연못 등 성내의 각종 시설 등 공산성에 대한 자료들을 보완해주고 있어서 중요한 자료적 가치를 지니고 있다.[11] "성 동북문 수구문 밖"에 있었다는 연못에 대한 기록은 만하루지와 공산성 연지 유적 발굴의 결정적인 단서를 제공한 바 있다.

4) 공주목의 인물

공주목의 주요 인물 77인이 '구지인물질'과 '신증인물문과'로 나누어져 수록되어 있다. 전자는 여러 인물의 선조, 후자에는 비교적 가까운 시기 문과 급제자를 중심으로 구성되어 있다. 이들을 분석하면 『세종실록지리지』에 게재된 토성 중 오직 공주 이씨만이 남겨져 있어서 지역사회 변화가 적지 않았음을 암시한다. 다만 토성의 소멸 요인의 하나는 본관의 개관(改貫) 때문인 것으로 생각된다. 희성, 벽성에 대한 멸시 관념으로, 개관이 적지 않았다는 것이다.[12]

---

10) 이 자료에 대해서는 윤여헌이 「공주목 견역청에 대하여」(『웅진문화』 8, 공주향토문화연구회, 1995), 「공주목 민역청에 대하여」(『웅진문화』 9, 공주향토문화연구회, 1996) 등을 통하여 소개한 바 있다. 이후 송양섭이 「18-19세기 공주목의 재정구조와 민역청의 운영 -『민역청절목』·『견역청(추)절목』을 중심으로-」(『동방학지』 154, 2011)라는 논고를 통하여 집중 분석하였다.

11) 『공산지』의 공산성 관련 기록에 대한 검토는 윤용혁, 「조선후기 공주읍지의 편찬과 공산지」『논문집』 19, 공주사범대학, 1981, pp.341-345 참조.

12) 이에 대해서는 김경란, 「조선후기 충청도 공주목의 유력 성씨와 향촌 지배세력의 추이 -『향안』, 『거접명록』의 분석을 중심으로」『역사와 담론』 92, 호서사학회, 2019, pp.259-263 참조.

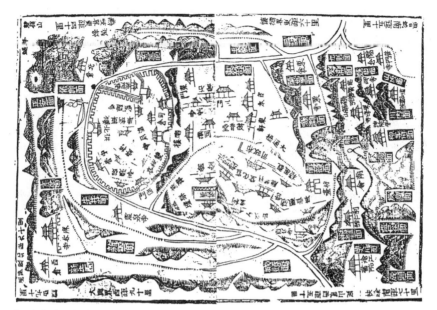

『공산지』의 공주 지도

5) 19세기의 공주 지도

　『공산지』에는 서문과 목차 사이에, 목판에 판각 인쇄한 공주지도가 삽입되어 있다. 이 지도는 오늘날 지도와 같은 정밀성은 물론 없으나 당시로서는 상당히 세밀하게 여러 사항을 기재한 것이어서 『여지도서』 수록의 지도와 함께 조선 후기 공주 관아의 위치 파악, 공산성내의 유적 위치 등을 추정하는 데 있어서 대단히 중요한 자료로 평가된다.

　『공산지』의 공주목지도는 32.7×21.6cm 크기의 판각인데 지도의 사방 외곽에 동서남북의 방향을 표시하고 공주읍내 지역을 중심으로 관내의 전 지역을 지도 안에 집어넣고 있다. 여기에 면명 · 도로 · 창고 · 관아 · 사찰 · 서원 · 봉수 · 학교 · 누정과 공산성내의 건물에 대해서까지 자세히 명기하고 있어서 이에 의하여 대략적이나마 당시 각 면의 위치, 관아의 위치 등을 짐작할 수 있다.[13]

---

13)　필자는 『공산지』 소재 공주 지도를 비롯하여 주로 지지류에 실린 공주 지도를 종합

5. 『공산지』 이후, 『중간 공산지』와 『조선환여승람』

　1859년 『공산지』의 편찬 이후, 식민지하의 1923년 『중간(重刊) 공산지』가 간행된다.[14] 『중간 공산지』라는 책 이름이 암시하듯이 이 읍지는 철종조 『공산지』를 부분적으로 수정하고 보완한 작업의 결과였다. 전체를 6권으로 구성하고 1면에 세로로 10칸을 구획하고 각 칸에 22자를 넣은 기본 틀이 앞의 『공산지』와 그대로 일치하고 있다. 특히 서문과 발문에서 철종조 『공산지』의 서문과 발문도 함께 전재 수록하고 있는 것은 『중간 공산지』가 앞의 『공산지』를 기본으로 하여 수정 보완한다는 취지임을 말해준다.

　『중간 공산지』는 인쇄소와 발행소가 모두 공주향교로 되어 있어, 공주향교가 이 읍지의 편찬과 간행의 주체였음을 명시하고 있다. 서문은 도지사 김관현(金寬鉉)이, 발문은 공주의 유지였던 김윤환(金閏煥)[15]을 필두로 공주향교의 장의(掌議)인 노경(盧檠), 유병각(劉秉珏), 한정명(韓鼎命)과 양주인(楊州人) 조봉의(趙鳳儀) 등 5인이 각각 썼다. 서문과 발문 뒤에는 철종조 『공산지』의 서문과 발문을 그대로 옮겨 실었다. 그런데 이 발문 뒤에 박현규(朴顯圭)와 임정회(林廷會)가 각각 쓴 『공산지』의 속발문(續跋文)을 마지막으로 이어서 실었는데 이것은 앞의 『공산지』에 없던 것이다.

　『공산지』와 비교할 때 수록 내용이 많이 달라진 부분은 1914년 행정구역 개편의 결과와 식민지시대 행정 조직상의 변화를 반영하고, 철종조 『공산지』의 특

　　적으로 검토한 바 있다. 윤용혁, 「조선조 공주 고지도 5종의 비교 분석」『백제문화』 18 · 19합집, 공주사대 백제문화연구소, 1989(『공주, 역사문화론집』, 서경문화사, 2005 재수록) 참조.

14) 일제강점기에 많은 지역에서 읍지가 편찬 되었는데, 1923년은 비교적 빠른 시기에 해당한다. 충남에서는 공주 이외에, 논산 · 연기 · 서산 · 홍성 · 보령 · 부여 · 서천군에서 읍지가 편찬되었다. 양보경 · 김경란, 「일제 식민지 강점기 읍지의 편찬과 그 특징」『응용지리』 22, 성신여대 한국지리연구소, 2001, p.94 참조.

15) 김윤환의 직관은 '從二品 嘉善大夫 前行內藏院卿'이라 하였다.

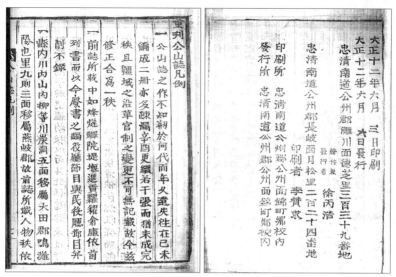

『중간 공산지』 범례와 간기

별 자료인 견역절목, 민역절목 등은 삭제되었다. 이와 관련,『중간 공산지』의 범례에서는 "강역의 연혁, 관제의 변경을 기재하지 않을 수 없다"고 하여 이러한 행정적 변화상을 정리하는 것이 중요한 편찬 목적이었음을 언급하고 있다.16) 제영 가운데 서거정의 공주십경시만이 아니고 죽당 신유(申濡)가 지은 '후십경시'까지 게재한 점이 눈에 뜨인다.

인물의 경우 그 비중이 상대적으로 매우 크다. 전6권 중 4~6권이 인물편이다. 『공산지』가 5~6권이 인물편인 것에 비하더라도 인물의 비중이 더 늘어난 것임을 알 수 있다.『중간 공산지』의 인물편의 구성은 다음과 같다.

〔권4〕 儒賢(附 隱逸), 名臣, 忠臣, 節義, 淸白, 學行(附 才行), 孝行, 烈行, 慈善
〔권5〕 文科, 司馬, 蔭仕
〔권6〕 武職, 壽職, 贈職

16)『중간 공산지』, 범례.

『조선환여승람』의 산실, 공주시 이인면 목동리 303번지(좌) / 『환여승람』 공주편의 간기(우)

　『공산지』의 인물편과 많이 달라져 있어 인물편의 정리에 많은 관심이 있었음을 반영하고 있다. 권4의 '자선(慈善)'과 같은 항목은 매우 특이하다. 특정인에 대한 홍보적 성격을 갖기 때문이다. 그 가운데는 제민천교를 가설하고 공주고보에 '15만금'을 출연하였다는 김윤환(金閏煥)에 대한 장황한 설명도 포함되어 있다. 지수걸에 의하면 『중간 공산지』 간행에는 김윤환의 많은 후원이 있었다고 한다.[17]

　1923년 중간 『공산지』와 관련하여, 직후 주로 1930년대에 공주에서 만들어진 지리지로서 『조선환여승람』이 편찬된 사실을 마지막으로 부기한다. 『조선환여승람(朝鮮寰輿勝覽)』은 송석(松石) 이병연(李秉延, 1894~1977)이 편찬한 전국 읍지이다. 주로 1930년대에 만들어졌으며 전국 241개 군중, 공주를 포함한 129개 군에 대한 자료가 편찬되었다. 그는 우리나라의 인문지리서의 최고봉이 『동국여지승람』이며, 『조선환여승람』이 이 『동국여지승람』의 '속편'을 편찬하는 작업이라는 자부심을 가졌다.[18] 일제강점기에 간행된 『조선환여승람』은 그 방대한 작업의

---

17)　지수걸, 『한국의 근대와 공주사람들』, 공주문화원, 1999, pp.247-256 참조.

18)　『조선환여승람』과 편찬자 이병연에 대해서는 김경수, 「조선환여승람의 편찬과 그

양도 그렇지만, 그 제작이 바로 공주시 이인면(목동리)에서 이루어졌다는 사실이 특기할만하다. 이를 위하여 이병연은 목동리 303번지 자택에 보문사(普文社)라는 출판사를 설치하였다. 출판된 책을 판매하여 경비를 충당하는 상업적 출판으로 작업이 이루어졌다는 점도 매우 특별한 일이다. 2023년 11월 공주에서 처음으로 관련한 특별강좌 행사가 우리문화융합진흥원 주관으로 열려 그 가치를 알렸다.[19] 『조선환여승람』은 보령, 원주, 충주, 대전, 순창, 성주, 창원, 통영, 완도, 강릉, 천안, 경산, 양주, 칠곡, 김천, 청주, 의령, 경주 등 많은 지역에서 당해 지역에 해당되는 부분이 번역되었다. 공주편의 번역도 속히 이루어져서 『조선환여승람』 산실로서의 공주가 지역에서부터 알려져야 할 것이다.

맺는말

본고는 현존하는 조선시대 공주 유일의 사찬읍지라 할 수 있는 『공산지』의 내용을 둘러보고 그 성격에 대하여 검토한 것이다.

철종조 『공산지』 이전에 공주에는 '구지'가 있었으며, 그것은 『공산지』로부터 100년 전 18세기 영조년간에 편찬된 것이었다. 이 영조대의 구지가 기록상 확인되는 최초의 공주읍지라 할만한 것이다. 그러나 이 구지의 자료는 남아 있지 않다. 그런데 구지와 같은 시기에 만들어진 『여지도서』의 공주목 자료는 거의 구지과 큰 차이가 없는 것으로 보인다. 따라서 『여지도서』 자료에 의하여 영조조 구지의 대강을 파악할 수 있다.

의미」 『한국사학사학보』 47, 2023; 허경진 · 강혜종, 「조선환여승람의 상업적 출판과 전통적 가치 계승 문제」 『열상고전연구』 35, 2012; 최영성, 「송석 이병연의 삶과 학문정신」 『조선환여승람의 학술적 가치와 의미』(세미나 자료집), 충남대 한자문화연구소 · 전주대 한국고전학연구소, 2022 등 참조.

19) 우리문화융합진흥원 주관, <조선환여승람의 가치를 알다>라는 주제의 특별강좌는 6차시(강사 이향배, 최영성, 윤용혁, 이성배, 문경호, 임덕수)로 진행되었다.

『공산지』는 1859년에 편찬되었다. 이 때문에 같은 해에 간행된 것으로 파악되어 왔다. 그러나 철종조의 『공산지』가 실제 간행된 것은 2년 뒤인 1261년의 일이었던 것으로 보인다. 1923년에 간행된 『중간 공산지』에 실린 『공산지』의 속발문 자료가 저간의 사정을 전한다.

사찬읍지라 하더라도 한여현 등이 지은 『호산록』과 같이 순수한 개인 작업으로 이루어진 경우와 달리 『공산지』는 현직 관찰사의 서문이 실리고, 공주의 유력 양반이 중심이 되어 공동의 작업으로 이루어진 것이다. 간행비의 경우도 관으로부터 일정 부분 보조가 이루어졌을 가능성이 있다. 순수한 개인적 작업은 아니고, 어느 정도 관을 배경으로 하면서 작업이 이루어진 것으로 보인다. 『공산지』에 공적 규약에 속하는 「견역청추절목(蠲役廳追節目)」, 「민역청절목(民役廳節目)」의 문서가 실려 있는 점도 이러한 『공산지』의 특성을 보여주는 것이다.

읍지가 관이나 공적 조직의 일정한 도움을 받아 편찬되는 이러한 전통은 1923년 일제강점기의 『중간 공산지』로 이어졌고, 그리고 어떤 점에서는 이후까지 이어진 측면이 없지 않다. 『중간 공산지』의 발행이 공주 향교, 그리고 1957년의 『공주군지』가 공주군 유도회(儒道會)의 편찬으로 간행되었던 점이 이러한 점을 암시한다.

* 본고는 충남대학교 국사학과 주최 세미나(<조선시대 충청도의 사찬읍지>, 2020.10.30.)에서 구두 발표하고, 웅진사학회, 『역사와 역사교육』 45 · 46합집, 2023에 게재한 것을 보완한 것임.

제4장 감영시대의 천주교 순교지, 황새바위

필자는 예산으로 이사하기 전, 1980년대의 10년을 교동 황새바위 가까운 옛 형무소의 터에서 살았다. 그 무렵 황새바위가 천주교의 순교성지로서 막 정비되기 시작하던 무렵이었다. 어느 날 그 황새바위 언덕에는 사람들 눈에 잘 뜨이는 곳을 골라 한옥 건물이 들어섰다. 중동에서 철거되어 팔려나간 공주목 동헌 건물이 여론에 몰려 급하게 재건축된 것이었다. 또 어느 날 쳐다보니 그 건물이 갑자기 사라져버렸다. 앞의 어느날은 1984년, 그리고 뒤의 어느날은 1986년의 어느날이었는데, 노숙자가 기거하던 중 야간에 실화로 불타버렸다고 한다. 낡고 낡은 함석 철판으로 임시 막사를 만들고 철조망을 두르더니, 불에 검게 탄 목자재를 오랫동안 현장에 보존하고 있었다. 겨우 순교탑이 세워지기는 했지만, 그것이 그때의 황새바위 풍경이었다.

2015년 공산성과 무령왕릉이 유네스코 세계유산으로 등재되면서, 그 사이에 있는 황새바위는 특별한 공간이 되었다. 황새바위는 공산성도 볼 수 있고, 왕릉도 잘 조망할 수 있는 특별한 장소가 되어 있다. 근대사의 극적 현장에서 세월을 거슬러 또 다른 역사 현장인 백제를 볼 수 있다는 것은 특별한 것이다. 그러나 황새바위에서 150년 전, 200년 전에 있었던 역사적 사건은, 1500년 전 백제 못지않게 그 자체가 특별하다. 천주교의 역사로서만이 아니라, 역사도시 공주가 가

지고 있는 여러 얼굴의 한 공간으로서 황새바위에 대한 시민적 관심이 요구된다는 것이다.[1]

1. 감영시대 공주의 천주교와 황새바위

충남지역은 지방민의 자진구도(自進求道)에 의하여, 서울에 이어 두 번째로 천주교회가 창설된 지역이다. 그 중심에는 여사울(예산군 신암면 신종리) 사람 이존창(李存昌)에 의해 1785년 형성된 여사울 신앙공동체가 있다. 이존창의 입교 시기는 1784년, 이익의 제자인 권철신, 일신 형제와의 관계 속에서 이루어진 것이었다. 이에 의하여 충남 서부지역, 내포에는 천주교 신앙이 급속 전파되었다.

내포지역에서의 천주교 확산은 당연히 공주에 영향을 미쳤다. 공주의 첫 천주교 신자는 1791년 김명주, 홍철·인철 부자로서, 이존창의 전교에 의한 것으로 알려져 있다. 이존창은 1791년에 이어, 다시 1795년 말부터 1799년까지 공주 감옥에 갇혔는데, 이때 나막신 장사 고윤득이 이존창으로부터 신앙을 전수받았다. 내포 지역 신도가 무성산 등 공주로 이주해 온 경우도 있었고, 공주 출신 신자가 다른 지역으로 옮겨 살다 체포되거나 순교한 경우도 있었다.[2]

1801년 이후 공주에는 신자 가정을 중심으로 한 신앙공동체가 형성되었는데, 기록상 첫 공주의 교우촌이 신풍면 봉갑리의 수리치골이다. 박해 기간중인 1846년 10월 제3대 조선교구장 페레올 주교와 다불뤼 신부가 수리치골에서 만

---

1) 본고와 관련하여 필자는 「충청감영의 공주옥에 대하여」『공주, 역사문화론집』, 서경문화사, 1991 및 「순교유적으로서의 공주 향옥과 그 위치」『공주, 역사와 문화콘텐츠』, 공주대출판부, 2016 등의 글을 발표한 바 있다. 본고의 정리에 기왕의 논고가 많이 활용되었다.

2) 이존창과 공주 지역 초기 천주교사에 대해서는 김수태, 「조선후기 내포지역 천주교의 확산과 이존창」『지방사와 지방문화』 7-1, 2004: 김수태, 「초기 천주교사와 공주」『역사와 담론』 73, 2015 참고.

공주 황새바위 순교유적 원경(1990년경에 찍은 사진)

낳고, 이에 의하여 11월 2일 '성모성심회(聖母誠心會)'라는 신앙 단체가 창설되었다. 이것이 공주에서의 첫 공소에 해당한다. 박해에도 불구하고 신자 수는 꾸준히 증가하여, 1866년 병인 박해 직전 충남 지역 신자 7,500명, 그중 공주지역이 약 4,335명(58.8%)에 이른다는 추산이 있다.[3]

공주는 천주교 박해 시절 가장 많은 순교자가 발생한 지역이다. 충청감영 때문에 공주 이외의 주변 지역에서 잡혀온 신도들도 감영이 있는 공주로 옮겨져 죽임을 당하였기 때문이다. 공주에서 특히 순교자가 대거 발생한 것은 1866년 병인박해 이후이다. 공주에서 순교한 신도들의 수를 정확히 파악하기는 어렵지만, 황새바위성지에 처음 기록된 명단이 248명, 거기에 이상원은 89명을 추가하여 337명의 순교자 명단을 제시하고 있다.[4] 이같은 순교자의 규모는 전국에서

---

3) 차기진, 「충남 지역 천주교의 흐름과 공주 천주교회의 위치」 『충청학과 충청문화』 8, 2009, p.127. 당시 전국 신자는 2만 3천으로 추산하고 있어서, 충남 거주 신자는 32.6%를 차지한다고 하였다.

4) 이상원, 「공주의 천주교 순교유적, 황새바위와 공주 향옥」 『웅진문화』 27, 2014. 한

단위 지역으로는 가장 많은 수의 순교자 규모에 속할 것이다. 이름을 알 수 없는 순교자의 수가 이보다 훨씬 많았을 것은 물론이다. 차기진은 최대 순교자수의 추산치를 공주 1,503명으로 잡고 있다. 이는 홍주 692명, 해미 405명을 합한 것보다도 더 많은 수치이다.[5]

공주의 천주교 순교지 가운데 가장 널리 알려진 곳이 공주시 교동, 공산성 서문이 가까운 제민천 하류의 황새바위이다. 최대 규모 순교지라 할 공주를 대표하는 천주교 유적으로, 2008년에 '공주 황새바위 천주교 순교유적'이라는 이름으로 충청남도 기념물로 지정되었다.

'황새바위'의 지명 유래는 확실하지 않다. 죄수들의 형구인 '항쇄(項鎖)'에서 유래했다는 견해도 있지만,[6] 아무래도 이것은 나중에 덧붙여진 이야기일 것 같다. 『병인치명사적』에는 향옥에서 교수형을 당한 순교자의 시신 매장지의 하나로 '황새바위골'이 언급되어 있다.[7] 순교자가 있기 이전에 이미 '황새바위'라는 지명은 있었던 것이다.

순교자들의 매장지로서 등장하는 '황새바위골'은 황새 때문에 생긴 이름일 것이다. 금강 가에는 얼마 전까지도 백로, 혹은 왜가리 같은 조류가 종종 출현하였고, 가까운 우성면 안양리에는 '황새 공주'에 대한 황새바위 전설도 전하고 있다.[8] 황새는 몸 길이가 1미터가 넘는, 우리나라 텃새 가운데 몸집이 가장 큰 새

편 천주교대전교구 황새바위순교성지 · 내포교회사연구소, 『황새바위 순교성지(인물편)』, 2020에는 공주에서의 순교자 명단 298+32명, 공주 출신 타지역 순교자 22명, 거주지 등 공주를 거쳐간 순교자 31+26명 등의 명단이 정리되어 있다.

5) 차기진, 앞의 「충남 지역 천주교의 흐름과 공주 천주교회의 위치」, p.131.

6) 이충우, 『한국의 성지』, 분도출판사, 1981, pp.140-142

7) "이 아폴로는 이 안드레아의 조카라. 삼촌의 시체를 30일만에 거두려고 보니, 신체가 조찰하기 생시와 같은지라, 즐거이 여기며 신체를 거두어 황새바위골에 안장하고 내려와 수개 월 후에 서천 동뫼로 이거하여 지냈다."(『병인치명사적』 17권, pp.12-15; 서종태, 「천주교 순교지로서의 공주 향옥」 『천주교 순교사적으로서의 공주 향옥』(세미나 자료집), 공주대학교 지역개발연구소, 2011, p.8 재인용)

8) '황새바위'라는 이름의 암석 전설이 있다고 한다. 옛날 아름다운 공주가 궁에서 도망하여 안양리에 숨었는데, 딸을 찾아나선 임금이 바위 위에 있는 딸을 황새로 오인

이다. 행복, 평화, 조화를 상징하는 새이고, 예로부터 황새가 깃들면 그 마을에 복이 온다고 믿었다. 황새는 먹거리보다 품위를 중시하고, 생태계가 잘 보존되어 있는 청정한 환경을 요구한다. 6.25 이후 개체 수가 급격히 감소하더니 1971년 충북 음성에 서식하던 마지막 황새 수컷이 밀렵꾼의 총에 맞아 죽었고, 남은 '과부 황새'는 1994년에 생을 마감하였다. 이것이 우리나라 텃새 황새의 종말이다. 금강과 제민천이 만나고, 미나리깡이라는 저습지와 야산의 구릉이 만나는 황새바위는 말하자면 지금은 멸종된 이 지역 황새의 역사를 지명으로 증언하고 있는 셈이다.[9]

공주에서의 순교유적은 황새바위가 유명하지만, 천주교 순교지는 황새바위만은 아니었다. 향옥(감영시대의 감옥)과 관아(감영, 우영), 그리고 장깃대나루도 천주교도의 순교지였기 때문이다.[10]

2. 공주의 천주교 순교지

1) 공주 향옥

1911년 공주를 방문한 성 베네딕도회 상트오틸리엔 수도원의 독일인 신부(총아빠스) 노르베르트 베버(Norbert Wever)는 4월 25일 황새바위에 앞서 먼저 '공주 감옥'을 찾았다.[11] 조선시대 감옥을 그대로 사용한 이 감옥은 직경 약 30m 크기

하여 죽였다는 것이다. 공주문화원, 『공주의 맥』, 1992, pp.959-960.

9) 윤용혁, 「순교자의 피가 뿌려진 곳, 황새바위」 『고마나루 이야기』 12, 2015, p.25.

10) 공주의 천주교유적에 대한 개황은, 오영환 · 박정자, 『순교의 맥을 찾아서』, 가톨릭출판사, 2009, pp.104-115에 잘 설명되어 있다.

11) 노르베르트 총아빠스의 상트 오틸리엔 수도원은 1884년에 외방 선교를 목적으로 설립되었다. 한국에는 1909년 서울 백동(현재의 혜화동 가톨릭대학 자리)에 수도원을 설치 하였으나, 1927년 원산 인근 덕원으로 이전하였고, 1952년 왜관에 정착하여 성 베네딕도회 왜관수도원을 설립하여 오늘에 이른다. 이같은 인연으로 상트 오

의 둥근 평면의 감옥(圓獄)이었다. 베버 신부가 감옥을 찾은 이유는 이곳이 공주의 대표적 순교 장소의 하나였기 때문이다. 베버 신부는 이 감옥에서 로마의 카타콤에서와 같은 특별한 느낌을 받았다고 술회하였다. "독실한 순교자들의 인고와, 굳건한 신앙을 비는 뜨거운 기도와, 하느님에 대한 무한한 신뢰와 영웅적 기상에 대해 풍우에 씻긴 감옥의 돌들은 입을 열어 증언하고 있었다." 높은 담벽 안으로 들어가는 옥문은 가로 70cm, 세로 120cm 크기인데, 두 짝의 판자문으로 되어 있었다. "얼마나 많은 그리스도인이 만신창이가 된 몸으로 이 문턱을 넘었던가!"[12]

이 감옥은 원래 조선시대 '향옥(鄕獄)'이라는 감옥이었다. 고종 9년(1872) 제작의 「공주목지도」에는 이 감옥의 모양이 그림으로 표시되어 있는데,[13] 요행히도 일제 초에 촬영된 감옥의 사진 자료가 남겨져 있다.[14] 공주옥의 전체 모습을 보여주는 사진은 둥근 담장을 가진 공주옥이 있고 그 위쪽으로는 멀리 공산성과 진남루가 정면으로 눈에 들어온다. 감옥 주변은 모두 논밭이며, 중앙도로와 감옥의 중간쯤에 제민천이 흐르고 있다. 지금은 오래 전 도심으로 변한 곳이지만, 당시에는 논밭이 연이어진 들이었던 것이다. 감옥을 둥근 평면의 원옥(환옥)으로 시설한 것이 특이한데, 이것은 고대 이래 매우 유서 깊은 전통을 가진 듯하다. 『삼국지』 위지 동이전의 부여조에서 "부여에서는 성(城)을 만드는데, 그 모양이 둥글어 뇌옥(牢獄)과 같다"라 한 것이나, 고려시대의 『고려도경』에서 "영어(圖圖)

틸리엔 수도원에는 한국의 많은 유물과 자료들이 보존되어 있다. '금강산도'가 있는 겸재 정선의 화첩이 대표적 자료인데, 겸재의 화첩은 2005년 영구대여 형식으로 한국으로 반환, 왜관수도원에 소장되어 있다. 이에 대해서는 전진희, 「독일 상트 오틸리엔 기행」『웅진문화』 30, 2017 참조.

12) 노르베르트 베버(박일영 · 장정란 역), 『고요한 아침의 나라』, 분도출판사, 2012, pp.334-335.

13) 윤용혁, 「공주목지도에 나타난 공주 문화유적」『백제문화』 24, 1995.

14) 사진은 여러 곳에 실려 많이 유포되어 있지만, 그 출전은 朝鮮治刑協會에서 1924년에 간행한 『朝鮮刑務所寫眞帖』이다. 공주교도소, 『1500년의 시간과 공간 ─공주교도소사』, 2020, p.37 참조. 『朝鮮刑務所寫眞帖』은 2020년 한글번역본이 발간되었다.

공주 향옥 원경(『조선형무소사진첩』)

의 형태는 그 담장이 높아 모양이 환도(環堵)와 같고 중앙에 집이 있으니, 대개 옛
날의 환토(環土)와 같이 만든 것이다"[15]라 한 것이 그러하며, 이는 중국에서도 그
기원을 찾을 수 있다.[16]

---

15) 『고려도경』 16, 囹圄.

16) 1926년 10월 28일 <동아일보>에는 '세계에 유례없는 조선의 원형감옥'이라는 제목
   으로 다음과 같이 공주의 감옥이 소개되고 있다. "300년 전 이조시대의 원형 감옥이
   경북 경주와 경남 울산과 충남 공주와 평남 안주 등에 남아 있는 것을 법무국 토거
   (土居) 행형과장이 출장하여 탐사하고 사진을 찍어가지고 돌아왔는데, 이 원형 감
   옥은 동양은 물론 구미제국에도 일찍이 보지 못한 것으로 옥도 그간 풍우에 맡겨두
   어 옛 자취를 그대로 찾을 수 없음은 조선 고대의 문화와 역사적으로 보아 아까운
   것이라 하여 원형의 십분의 일이나 또는 백분의 일로 축소하여 모형을 만들어 박물
   관이나 또는 도서관에 장치하여 영구히 보존하기로 하였는데 원형 감옥의 창조는
   본래 죄수를 지면에 둥그런 줄을 긋고 그 안에 세워두어 줄 밖으로 나가지를 못하게
   하는 형식을 본떠 담을 둥그렇게 하는 원형감옥을 건축하게 된 것인 듯하다."(공주
   교도소, 『1500년의 시간과 공간 -공주교도소사』, 2020, p.37)

사진 자료에 의하면 원옥 안에는 일자형의 옥사가 자리잡고 있다. 공주의 경우는 일자형이지만, 평양은 ㄴ자형, 경주는 병렬형, 전주의 경우는 ㅁ자형이었다고 한다.[17] 병렬형인 경주옥은 동서 2동의 옥사를 갖추었는데, 동편 옥사(건물지 2)는 동서 11m×남북 15m, 서편옥사(건물지 1)는 동서 8m×남북 12.5m의 평면 넓이였다. 경주의 경우 옥사 건물이 서로 대소간 약간의 차이가 있는 것에 착안하여 남녀간 성별에 따른 용도로 추정되었다.[18] 공주옥의 옥사는 건물의 두 칸마다 작은 문이 설치되어 있다. 문의 위쪽에는 사람 얼굴보다 약간 큰 구멍이 있어 음식 등의 투입구로 사용한 것 같다. 건물의 높이는 사람 크기의 두 배에 가까우며 대략 3m 이상이다.

사진으로 보아 담장을 쌓은 재료는 주로 석재였다. 이점은 1912년 베버 신부가 확인한 사실과 일치하는데 토축으로 할 경우 건축은 보다 용이하지만 파괴 역시 보다 용이하기 때문에 특별히 석축한 것이라 하겠다. 경주옥의 경우를 참고하면, 담장의 너비는 1~1.1m이고, 담장 기초석의 너비가 2.8~2.9m에 이르고 있다. 감옥으로서의 특성을 반영한 것인데, 공주옥 담장의 경우도 이와 유사하였을 것이다.[19]

서종태에 의하면, 공주에서 가장 많은 순교가 이루어진 장소는 황새바위가 아니고 향옥이었다. 장소가 확인되는 239인 중 황새바위 36명(15.1%), 감영이나 진영(우영) 6명에 대하여, 향옥의 순교자는 197명(82.4%)에 이르고 있다. 황새바위가 참수형이었던 데 비하여, 향옥은 주로 교수형이었다는 점에서 장소는 순교의 형태와 관련이 있다. 공주 순교자 239인 중 참수형 36명(15.1%), 교수형 193명

---

17) 임재표, 「조선시대 경주 원형옥에 관한 연구」 『교정』 1998년 4월호, p.32의 주 23.

18) 국립경주문화재연구소, 『경주서부동 19번지유적 발굴조사보고서』, 2003, p.72 및 pp.258-259. 공주옥이나 여타의 향옥에서도 2동 옥사의 병렬형이 일반적이었을 것이나, 그렇지 않다는 점에서 남녀별 옥사라는 의견은 검토의 여지가 있다,

19) 공주 향옥의 건축적 제요소에 대해서는 김문수, 「공주 향옥의 건축 양식 분석 및 복원 방안」 『천주교 순교사적으로서의 공주향옥』(세미나 자료집), 공주황새바위성당, 2011 참조.

(80.8%), 기타 10명이라는 통계가 그 상관성을 보여주고 있다.[20]

달레의 책에는 내포 출신 신자 전사베리오와 이요한이 공주로 잡혀와 관찰사에게 심문을 당한 후 순교한 것과 관련하여, "귀찮은 절차와 오랜 지연을 피하기 위하여 옥중에서 교살하라는 명령을 내렸다"고 하였다.[21] 순교지가 향옥임을 암시하는 것이다. 그리고 당시 옥에서의 형 집행의 방식에 대하여 이렇게 설명하고 있다. "형 집행은 보통 다음과 같이 행하여진다. 옥의 벽에는 높이 한 자 남짓 되는 곳에 구멍이 하나 뚫려 있다. 고리 매듭으로 된 밧줄 고리를 수인(囚人)의 목에 씌우고 밧줄 한 끝을 구멍으로 내보낸다. 그리고 옥 안에서 신호를 하면 밖에 있는 사형 집행인이 갑자기 밧줄을 힘껏 잡아당긴다."[22]

공주 향옥은 지금은 도심의 일부가 되어 있지만, 사진 등을 통하여 그 위치를 대략 짐작할 수 있다. 조선총독부에서 1913년에 제작한 '충청남도 공주 시가 약도'와 1916년 제작의 지도에는 '외감옥', 혹은 '감옥서 작업장'이라고 표시되어 있다. 이상원은 향옥 추정지역 일대에 대한 지적도를 검토하여 향옥의 위치를 더 구체적으로 확정하였다. 향옥의 터로 추정되는 위치에, 비교적 넓은 면적이 한 필지의 '대지'(교동 114-1, 2)로 등재되어 있는 것을 옛 향옥의 대지로 본 것이다.[23] 2002년, 향옥터에 가까운 교동 성당에서는 향옥에서의 순교를 기억하게 하는 '순교 현양'이라는 기념 표지석과 설명판을 성당 구내에 세웠다. 그리고 2024년에는 당진 솔뫼성지에 있던 내포교회사연구소가 향옥터의 건물로 이전하고 향옥터 정비와 활용을 위한 사업을 구체화 하였다.[24]

---

20) 서종태, 「천주교 순교지로서의 공주향옥」 『천주교 순교사적으로서의 공주향옥』(세미나 자료집), 공주황새바위성당, 2011.

21) 샤를르 달레(안응렬·최석우 역), 『한국 천주교회사』 하, 분도출판사, 1980, pp.381-383.

22) 위의 책, p.383.

23) 이상원, 「공주의 천주교 순교유적, 황새바위와 공주 향옥」 『웅진문화』 27, 2014: 윤용혁, 「순교유적으로서의 공주 향옥과 그 위치」 『공주, 역사와 문화콘텐츠』, 공주대출판부, 2016.

24) 내포교회사연구소는 최근(2024.6.27.) 공주 이전에 따른 명판 제막식을 갖고 <공주

2) 감영과 우영(진영)

황새바위가 초기 천주교 신도들에게 순교의 터가 되게 된 것은 이 시기 천주교 신앙이 특히 충남지역에서 급속히 확산한 탓에서 연유한다. 체제에 대한 위협으로 지목되어 체포된 이들 신도들은 현지의 관아에서 혹은 병영이나 수영 같은 데서 처결되었지만, 많은 수가 공주로 옮겨져 행형 절차를 밟았기 때문이다. 공주에는 행정에서 군사, 사법에 이르는 전권을 가진 충청관찰사의 감영이 소재하고, 지역 관할의 군 부대인 우영(右營)까지 있었다. 체포 이송된 이들 신도들은 대개 지금 사대부고가 있는 자리의 충청감영에서의 재판을 거쳐 공주 감옥(향옥)에 수감되었다.

우영의 진영은 객사(중동초등학교)의 북쪽, 충남역사박물관 4거리에 위치해 있었는데,[25] 1백 명 내외의 관속이 4천여 명의 병력을 관할하면서 군사적 역할 뿐만 아니라 도둑을 잡거나 역적을 체포하는 치안과 같은 경찰업무까지 담당하였다. 17세기 이후 군사제도 개편에 의하여 1654년(효종 5) 충청도에 5진영 체제가 확립되었는데, 이에 의하여 홍주(전영), 해미(좌영), 청주(중영), 공주(우영), 충주(후영)의 5영이 설치된 것이다. 공주 우영의 우영장은 정3품의 무관직으로 공주를 중심으로 옥천, 전의, 은진, 회덕, 진잠, 연산, 노성, 부여, 석성, 연기 등 11개 군현을 관할구역으로 하였다.

감영과 우영에서의 천주교도 취체 과정에서 피의자가 치명하는 경우도 발생하였다. 이 때문에 향옥과 황새바위 외에도 감영과 진영이 순교지에 포함되는 것이다.

의 천주교 순교와 향옥>이라는 주제로 기념학술회의를 개최하였다. 여기에서는 서종태('천주교 순교지로서의 공주향옥'), 홍제연('사학징의를 통해본 신유박해 시기 충청감영과 공주의 천주교인'), 고순영('공주향옥의 존재 양태와 정비 방향') 등의 발표가 있었다.

25) 공주 우영(右營)의 터는 2015년에 조사되었다. 조사 결과 통일신라 이후 건물이 이어졌음이 확인되었다. 근대에 이 터에는 엽연초생산협동조합의 양식 건물이 들어섰고 이 때문에 실제 우영 건물의 흔적은 이미 훼손된 상태였다. 충청남도역사문화연구원, 『공주 우영터』, 2017 참조.

3) 장깃대나루

공주에서 죄인들에 대한 처형장의 하나로 알려져 있는 곳이 장깃대나루이다. 이 때문에 '장깃대'라는 지명도 죄수들을 처형한 데서 유래한 것이라는 이야기가 많이 일반화해 있다. "장깃대나루: 이산 남쪽 금강에 있는 나루. 이조 때 이곳에 사형을 집행하는 장깃대가 서 있었음",[26] "예전에 죄인을 나무에 달아 사형을 집행하는 장깃대가 있었다"[27]는 등의 설명이 그것이다. 장깃대나루는 지금의 신관동과 옥룡동 양쪽에 걸쳐 있지만, 처형장과 관련한 '장깃대' 지명은 옥룡동 쪽에 해당한다.

동학혁명과 청일전쟁이 일어난 1894년 7월에 파리외방전교회 소속 프랑스의 죠조(Moyses Jozeau, 趙得夏, 1866~1894) 신부가 청나라군에 의하여 순교한 곳은 옥룡동의 금강변이었다. 죠조 신부는 1889년 조선에 들어와 1893년 4월에 전라북도 완주 고산에 있는 배재(梨峴)성당에 부임하였다. 1886년 조불통상조약에 의해 선교사들의 종교 활동이 허용되고 있던 시기였는데, 1894년 7월 동학군으로 인하여 성당이 피해를 입고 신변이 위험해지자 죠조 신부는 서울로 올라가고 있었다. 상경하던 신부는 7월 29일(음력 6월 27일), 일본군과의 전투에서 패배한 청나라 군대에 붙들려 다시 공주로 내려온다. 그리고 장깃대나루를 건넜는데 오후 5시경 옥룡동 금강변에서 동행했던 마부와 함께 살해된 것이다. 죠조 신부의 순교 장면에 대한 다음과 같은 묘사가 있다.

> 순간 중국 군인들이 신부를 붙잡아 끌어내려 자기들의 배로 옮긴 후 먼저 강을 건넜다. 강 건너편(옥룡동 쪽)에 이르자 군인들은 즉시 신부를 바싹 에워쌌다. 주위에는 읍내에서 많은 구경꾼들이 모여 들었다. (중략) 순간 한 군인이 신부 뒤로 다가서더니 신부의 머리를 두 손으로 붙잡고 공중으로 들어올리는 시늉을 했다. 군중은 칼이 잘 들게 신부의 목을 뻗치게 하는 줄로 생각했다. 그러나 갑자기

---

26) 한글학회, 『한국지명총람』 4, 충남 4, 1974, p.93.
27) 정환영, 『공주 지명지』, 공주대 지역개발연구소, 1997, p.111.

죠조 신부 순교지, 장깃대나루의 금강 남안(옥룡동)

신부의 몸이 공중으로 튀어 올랐다.[28]

죠조 신부 순교지 가까운 곳에 죄수들의 처형과 관련된, '칼못(刀池)'이라는 지명이 전한다. 연못 한쪽에 통나무를 세우고 거기에 사람을 붙들어매 참수했다는 것이다. 1813년에 공주로 압송되어 순교한 장대원, 원 베드로 등의 순교 현장이 장깃대나루라고 하는 것은[29] 순교지로서의 장깃대나루에 대한 재인식을 환기하는 것이다.[30]

---

28) 최석우, 『한국 천주교회의 역사』, 한국교회사연구소, 1982, pp.250-252. 죠조 신부의 순교 사건과 관련해서는 프랑스외무부문서, 『뮈텔주교 일기』 등 다양한 자료가 있다. 이 책에 실린 「공주 금강의 옛나루, 장깃대나루」 참조.

29) 차기진, 「충남 지역 천주교의 흐름과 공주 천주교회의 위치」『충청학과 충청문화』 8, 2009, p.129.

30) 1894년 죠조 신부의 순교에 대해서는 본서 제4부 제2장의 「공주 금강의 옛나루, 장깃대나루」에서 언급됨.

3. 순교 성지로서의 황새바위

황새바위의 특별한 역사성을 가장 먼저 주목한 사람은 이역의 독일인 신부 노르베르트 베버(1870~1956)였다. 그는 1911년 한국 방문 기간에 특별히 일정을 만들어 공주를 방문하고, 황새바위 현장을 직접 찾았다. 그는 황새바위의 의미를 누구보다 제일 먼저 인지하고 있었고, 그래서 자신의 방문을 자세한 기록으로 남겨 전하였다.

황새바위는 참수형을 받은 이들의 처형장이었다. 황새바위를 순교자의 공간으로 만드는데 역할을 한 초기 인물은 '내포의 사도'라 불리는 이존창으로 알려져 있다. 1801년 신유박해가 일어나자 이존창은 체포되어 서울에서 사형 선고를 받았고, 곧 공주로 이송되어 2월 28일 황새바위에서 참수되었다. 충청지역에서의 천주교의 확산을 막기 위한 과시적 조치였다고 할 수 있다.[31]

공주에서의 순교자 239인 중 참수형을 받은 이가 36명이라는 언급이 있었지만, 실제 처형자 수는 이 수치보다 훨씬 많았다. 이름이나 근거를 알 수 없는 순교자의 수를 그 5배 이상으로 추산하고 있기 때문이다. 노르베르트 신부가 황새바위를 찾았던 것은 1911년이었기 때문에 가장 많은 순교가 있었던 병인년 박해 1866년으로부터 50년이 안되는 시점이었다. 그의 기록에는 '황새바위'라는 이름은 명시되어 있지 않지만, 감옥으로부터 "나를 따라 몇 백 미터를 내려간다"는 위치가 적혀 있고, 황새바위에서 공산성이 바라보이는 스케치를 남기고 있어서, 그가 방문한 순교의 현장, 처형장이 황새바위였음은 의심의 여지가 없다.

"숱한 시신이 가까운 언덕에 매장되어 무덤이 온 언덕을 뒤덮었다." 노르베르트는 황새바위 주변의 모습을 그렇게 묘사하였다. 이들 가운데는 향옥에서 순교한 이들의 무덤도 포함되어 있었다. 향옥에서 치명한 이들은 그 주변의 밭이나

---

31) "사학 죄인 이존창을 (2월) 28일에 서울에서 압송하여 왔는데, '금강의 모래밭'에서 참수하여 충청도의 여러 사학 무리로 하여금 알게 하라'는 관문(關文)이 도착하였다."(『노상추 일기』 1801년 3월 3일)

나무숲에 버려지거나 묻혔는데, 4, 50명을 한 구덩이에 파묻는 경우도 있었다. 이들이 묻힌 향옥 주변이 황새바위까지도 포함한 것이었음은 1868년 향옥에서 순교한 이아플로의 시신을 친족들이 거두어 '황새바위골'로 안장하고 나중에 서천으로 다시 옮겼다는 『병인치명사적』의 기록이 이를 말해준다.[32]

황새바위 순교유적의 문화재 지정된 구역은 교동 1-20번지이다. 지금 황새바위 성지의 서남쪽 일대에 해당한다. 이 구역에 순교 기념탑은 포함되어 있지만, 경당과 기념 입석 등은 문화재 구역에서 벗어나 있다. 이와 관련하여 실제 당시의 순교 현장은 어디였을까, 그리고 순교자들의 무덤은 어디에 있었을까 하는 문제가 제기된다. 문화재 지정구역은 상징적 편의적 여건을 고려하여 이루어진 것으로 보이기 때문이다.

베버 신부가 그린 황새바위와 주변(공산성) 풍경[33]

32) 서종태, 「천주교 순교지로서의 공주향옥」 『천주교 순교사적으로서의 공주향옥』(세미나 자료집), 공주황새바위성당, 2011, pp.8-9.

33) 노르베르트 베버(박일영 · 장정란 역), 『고요한 아침의 나라』, 분도출판사, 2012, p.336.

처형장의 위치에 대해서 한성준은 '제민천의 하류 부근', 그리고 황새바위 성지는 순교자의 '매장지'였다고 파악하였다.[34] 민현준 등은 1911년 베버 신부가 그린 황새바위 스케치와 관련 기록을 분석하여 더 구체적인 결론을 도출하였다. "(황새바위 성지 남서측의) 주택지들이 무덤터였으며" "(황새바위 성지) 주차장으로 사용되고 있는 제방 부분에 황새바위가 있었을 것이다"라고 하였다. 베버 신부가 스케치한 장소는 무덤터였는데, 그 고도는 대략 33m로 추정되며(제민천변은 14m, 황새바위 성지는 42m) 이에 해당하는 지점이 성지 남서쪽의 주택지라는 것이다.[35]

무덤이 있었던 곳이 성지보다 조금 남서쪽, 주택지 일대라는 것, 그리고 처형의 현장을 '제방'에 비정한 의견에 대해 나는 대체로 동의한다. 그곳이 실제 '황새바위'라는 바위가 있는 곳일지는 의문이지만, 요컨대는 산줄기 능선이 제민천과 맞닿는 지점의 모래사장으로 생각된다. 무덤이 있었던 위치와 관련해서는, 제민천 건너편에서 멀리 무덤을 바라보고 그린 노르베르트의 수채화 그림이 있다. 그 그림은 무덤의 위치에 대한 민현준 등의 의견이 적절하다는 점을 확인하는 데 도움을 준다.[36]

황새바위 처형장과 관련한 중요 사료로 사용되는 노르베르트 신부의 스케치는 황새바위 무덤에서 공산성의 서문 방향을 그린 것이다. 문은 남아 있지 않지만 성벽의 모습이 확연히 그려져 있고 서문 쪽으로 오르는 구부러진 길이 보인다. 무덤은 대소 5기가 그려져 있고, 무덤 저편 아래로는 제민천의 물줄기가 보

---

34) 한성준, 「조선후기 공주지역의 천주교 박해와 신자들의 생활」 『웅진문화』 7, 1994, p.130.

35) 민현준 · 정승환, 「천주교 성지 조성에 관한 연구 -공주 황새바위 성지를 중심으로」 『지역사회발전논문집』 35-1(73호), 2010, p.98.

36) 이 그림은 노르베르트 베버(박일영 · 장정란 역), 『고요한 아침의 나라』, p.304에 실려 있다. 그림의 제목은 '산마루의 쌍묘, 수채화'라 하였는데, 공주 도착 전인 4월 21일자에 실려 있어, 황새바위 관련의 그림이라는 것을 인식할 수 없게 되어 있다. 이것이 노르베르트가 그린 황새바위 순교자의 무덤이라는 것을 확인한 것은 전진희였다(전진희, 「독일 상트 오틸리엔 기행」 『웅진문화』 30, 2017, p.103). 다만 그림에 대하여, "현재의 황새바위 위쪽 능선에서 바라보이는 순교자의 무덤과 공산성을 표현한 것으로 판단" 하였으나, 현지 검토 결과 그 방향은 반대 쪽이었다.

베버 신부의 황새바위 수채화 그림[37]

인다. 노르베르트는 현장을 묘사하면서, "내를 따라 몇 백미터 더 내려가면 좁은 평지에 성긴 숲이 나타난다. 이곳이 형장이다"라고 하였다. 스케치의 제목을 "참수당한 이들의 무덤에서 바라본 공주 형장"이라 하였는데, 스케치에서는 제민천과 함께 '성긴 숲'이 그려져 있다. 말하자면 이 스케치는 황새바위 순교 현장에 대한 사실적 그림인 것이다. 그 성긴 숲은 제민천변에 형성되어 있는 숲이다.

노르베르트 신부는 황새바위 순교 현장에 대해 이렇게 묘사한다. "냇물이 넘치면 피에 젖은 모래가 나무 밑까지 쓸려 왔다. 목 잘린 시신들이 묻히지도 못하고 뒹굴었다. 장마에 냇물이 불으면 시신들은 물살에 떠밀려 모래톱에 파묻히거나 가까운 금강까지 떠내려갔다." 제민천에 가까운 천변의 모래사장이었던 것이다.

황새바위는 충청감영으로부터 북쪽으로 대략 1.5km 거리에 있는데, 그 중간에 향옥이 있어서 자연스러운 '순교의 길'을 형성하고 있다. 황새바위 일대가 순

---

37) 노르베르트 베버(박일영 · 장정란 역), 『고요한 아침의 나라』, 분도출판사, 2012, p.304.

교의 터가 된 것은 이곳이 버려진 땅이었기 때문이다 향옥에서 금강 쪽으로 가게 되면 제민천 지류의 내 하나를 건너 왕릉 쪽에서 뻗어내린 구릉의 지맥에 도달한다. 그러나 이곳까지는 아직 시내와 연접된 공간이다. 이 산 구비를 돌아 두 번째 만나는 산 구비가 바로 황새바위이다. 말하자면 이 황새바위는 공주의 북쪽 끝이고, 여기에서부터는 금강으로 이어지는 제민천의 하구이다. 중심 공간으로부터 가장 멀고 감추어진 곳, 요즘으로 하면 환경 처리장 같은 시설이 자리할 법한 폐쇄적 입지인 셈이다.[38)]

노르베르트 베버 신부가 황새바위를 찾아간 날은 4월 25일의 봄날이었다. 베버 신부는 황새바위에서 50년 전 순교자들의 고난을 기억하며, 다음과 같은 마지막 감회를 덧붙였다. "무덤가에 수줍게 핀 푸른 제비꽃이 숨은 영웅들의 고귀한 정신을 상기시켜 주려는 듯 달콤한 향기를 뿜었다. 향은 우리 알프스 제비꽃과 비슷했다. 여기 영웅들이 잠들어 있다. 우리는 그들의 소리 없는 인사를 알아들었다. 이 제비꽃을 집으로 가져가 여기 잠든 순교자와 죄 없는 아이들의 굳은 신앙을 기억하려 한다."

4. 문화유산으로서의 황새바위

1866년 순교의 시간을 정점으로, 20년 후 우리나라는 신교의 자유를 얻게 되었다. 그리고 21세기 지금 대한민국은 천주교와 개신교를 포함하는 아시아의 대표적인 기독교 국가가 되어 있다. 그 역사를 거슬러 오르면 이같은 신앙의 활력은 1866년의 순교에 뿌리를 대고 있는 것이라 할 수 있다. 황새바위 성지는 이러한 신앙의 원점에 자리한 유적인 것이다.

황새바위의 특별한 역사적 의미를 토대로 이에 대한 성역화 사업은 1980년

---

38) 윤용혁, 「순교자의 피가 뿌려진 곳」 『고마나루 이야기』 12, 2015, p.26.

2008년에 충청남도기념물로 지정된 황새바위 순교성지

중동성당에서 부지 2,410평을 구입하면서부터 시작되었다. 노르베르트 신부가 황새바위를 주목한 지 70년이 지난 뒤의 일이다. 1985년에는 순교탑과 경당이 제막되었다. 이에 의하여 공주에서 황새바위는 순교 역사의 공간으로 비로소 자리잡는다.

황새바위의 역사에서 새로운 전환점이 된 것은 2008년에 충청남도의 문화유산(기념물)으로 지정된 일이었다. 문화유산이라 하면 흔히는 유형적인 역사적 구조물이 요구되는 것처럼 생각된다. 황새바위는 박해 사건과 관련한 아무런 흔적이 남겨져 있지 않다. 더욱이 정비되기 이전의 황새바위는 그저 작은 잡목만이 덮혀 있는 지극히 평범한 구릉이었던 것이다. 그러나 역사적 사건이 이루어진 공간이라는 '무형의 가치' 만으로 문화재 지정이 이루어졌고, 이에 의하여 황새바위는 새로운 차원의 정신사적 유적으로 가꾸어가는 것이 가능해진 것이다.

황새바위 성지는 2012년 이후 수년 동안 대대적인 정비계획이 추진되었다. 성당이 건립되고, 순교의 역사를 기념하고 표현하는 여러 기념물이 세워졌다. 뿐만 아니라 황새바위의 공간 구역도 크게 확장되어, 이제 황새바위는 세계유산으로 지정된 무령왕릉, 공산성과 어깨를 겨루며, 두 유적을 연결하는 중계 구역이 되었다.[39] 성사되지는 않았지만, 2014년 프란치스쿠 교황 방문시의 방문지의 하나로 추가하도록 많은 노력을 기울였던 것도 이같은 황새바위의 새로운 정비에 의하여 가능했던 일이다. 황새바위 성지가 병인박해의 순교자만이 아니라, 1801년 신유사옥 이존창의 순교지이고, 1911년 노르베르트 베버 신부의 방문이 있었던 곳이라는 사실을 오늘 우리들에게 기억할 수 있도록 하는 일도 필요하다고 생각된다.

한 가지 기억해야 할 것은, 황새바위가 두 얼굴을 가지고 있다는 점이다. 천주교 순교성지로서의 황새바위가 그 하나이고, 지역의 문화유산으로서의 황새바위가 다른 하나의 얼굴이다. 문화유산의 지정은 자원의 공공성에 대한 선언이다. 순교성지로서의 황새바위 못지않게, 문화유산으로서의 황새바위의 모습을 다듬는 것은 앞으로의 남겨진 과제일 것이다. 신앙을 갖지 않은 사람들에게도, 황새바위가 동일하게 소중한 공간이 되어야 할 것이기 때문이다. 113년 전 4월 25일, 노르베르트 베버 신부를 감동시켰던 그 제비꽃을, 지금의 황새바위에서는 볼 수 없다는 사실도 참고로 기록해 둔다.

* 본고는 충청남도역사문화연구원, 충청감영아카데미(<충청감영의 사건들>)(2023.6.15.) 에서의 강의 원고를 재정리한 것임.

---

39) 황새바위 순교성지의 정비과정에 대해서는 천주교대전교구 황새바위순교성지·내포교회사연구소, 『황새바위 순교성지』 자료편, 「연표로 보는 황새바위순교유적」, 2020, pp.123-135 참조.

제4부
금강의 문화사

제1장 고려 통일전쟁기 태조 왕건과 금강

머리말

충남 공주와 부여는 금강을 성장 동력으로 공유하였던 '백제 고도'이다. 660년 부여 함락과 의자왕의 항복을 전기로 하여, 통일신라시대 250년간 공주와 부여는 서로 대조되는 다른 길을 걷게 된다. 통일신라의 9주 5소경 체제의 정비에 따라 웅천주가 지금 충남지방의 수부 역할을 하였기 때문이다.

그럼에도 불구하고 금강을 배경으로 백제시대 왕도로서의 역사를 공유한다는 점에서 공주와 부여는 '백제 고도'라는 역사적 동질성을 함께하고 있다. 고려와 후백제가 쟁패를 다투는 10세기 초의 상황에서 공주와 부여는 처음 궁예, 다음은 견훤, 그리고 마지막에 고려의 지배로 전환되는 우여곡절을 겪었다. 백제의 고도라는 지역적 정체성은 후백제와 고려 모두에게 관심을 갖게 하는 요소가 되지 않았을까 한다. 다른 한편 군사적 혹은 교통상의 중요성이 컸던 금강의 도시라는 점에서 군사적 전략 요충으로서의 측면을 생각해 보게 된다. 특히 936년 고려군의 후백제 공격에서 고려군은 왜 공주, 혹은 부여에서 후백제를 직공하지 않았는지 하는 문제가 다시 의문으로 떠오른다. 금강을 건너면 바로 후백제의 수도 전주로의 직공이 가능한 위치였기 때문이다. 이러한 문제를 해명하기에는 관련 자료가 너무 빈약한 것이 사실이지만, 일단 의문을 제기하는 것은 필요한 일일 것이다.

본고에서는 고려 통일전쟁기 공주 금강을 무대로 활동하였다는 전의이씨 시조 이도, 부여 임천에 족적을 남긴 왕건의 측근 유금필, 그리고 부여 석성에서 언급되어 있는 왕건 관련 기록의 검토를 통하여 이 시기 금강을 둘러싼 정세에 대하여 검토해 보고자 한다. 결론을 가져가기에는 한계가 있지만, 문제를 거론하여 상황을 점검해 보는 것은 나름의 의미가 있지 않은가 하는 생각이다.

1. 충남지역에서의 고려 통일전쟁 추이

892년 전라도 광주를 점거하고 사실상 독립정부를 수립하였던 견훤은 900년 전주에 도읍하고 국호를 후백제라 하였다. 경상도 문경 출신의 견훤은 일찍이 신라의 중앙군에 편입되어 출세를 도모하였던 인물이었다. 장교로서 전남의 서해안에 근무를 하던 견훤은 옛 백제지역의 민심 동향을 파악하고 신라로부터의 자립을 꿈꾸었던 것이다. 그는 옛 백제 지역민의 민심을 끌기 위하여 국호를 백제로 칭하면서 다음과 같은 교서를 반포하였다.

> 내가 삼국의 기원을 상고해보니 마한이 먼저 일어나고, 나중에 혁거세가 발흥했으므로 진한, 변한이 따라 일어났다. 이에 백제는 금마산(전북 익산)에서 개국해서 600여 년이 지났는데, 당나라 고종이 신라의 청원을 받아들여 소정방을 보내 병사 13만으로 바다를 건너게 했다. 신라의 김유신도 황산을 거쳐 사비에 이르기까지 휩쓸어, 당군과 합세하여 백제를 멸망시켰다. 지금 내가 완산에 도읍을 정했으니 어찌 감히 의자왕의 원한을 풀어주지 아니할 것인가? (『삼국사기』 50, 견훤전)

견훤은 신라로부터의 자립, 즉 자신의 왕위 즉위를 백제국의 재건이라는 명

태조 왕건 세미나(논산, 2018)와 견훤 특별전(전주, 2020)

분으로 합리화하였다. 그리고 후백제의 건국은 의자왕의 원한, 백제 멸망의 한
을 설욕하기 위한 것임을 표방하였다. 이것이 백제 유민들의 오랜 한(恨), 그리고
신라왕조로부터 이미 멀어져버린 민심을 수렴하기 위한 것이었음은 말할 필요
도 없다.

그런데 '백제국의 재건', 의자왕의 원한을 설원하는 것이라면 도읍을 옛 백제
의 도읍 부여로 정하는 것이 옳았을 것이다. 그러나 그는 부여에 도읍을 정하는
대신, 오히려 "백제가 금마산(익산)에서 개국하여 600년"이라 하여, 백제 도읍을
전주의 관할권에 있는 익산으로 규정하고 전주에의 정도(定都)를 합리화하였다.
견훤의 이른바 백제 멸망의 한을 설욕하겠다는 후백제 건국의 논리가 다분히 정
치적인 표방이었음을 잘 읽을 수 있다. '백제 고도'라 할 공주와 부여는 아직 견
훤의 지배권이 충분히 미치지 않고 있었던 것이다.

후백제 건국 이전인 892년 견훤은 무진주를 점령한 다음 스스로를 '신라서면
도통지휘병마제치지절도독 전무공등주사 행전주자사(新羅西面道統指揮兵馬制置持

節都督 全武公等州事 行全州刺史)'를 자칭하였다. 이에 근거하여 이 무렵 이미 공주지역도 후백제에 호응한 것으로 파악하는 견해가 있다.[1] 그러나 '전무공등주사(全武公等州事)'에서의 '공(公)'은 아직은 선언적 성격이 강한 것이었다고 생각된다.

905년 공주 지역은 궁예의 세력권에 편입되었다. 905년 7월 '공주 장군' 홍기(弘奇)의 궁예 귀부가 그것이다.[2] 공주 장군 홍기의 궁예 귀부에는 그해 상주 등 30여 주현을 점령하고 청주민 1천 호를 철원으로 옮기는 등 충북지역에 대한 지배가 현실화한 데서 영향을 받은 것으로 보인다. 그후 공주는 궁예 휘하의 이흔암(伊昕巖)에 의하여 점거된다. 이흔암이 "궁예 말년에 군사를 거느리고 웅주를 습격하여 취하고 이곳에 진수하였다"[3]는 것이 그것이다. 궁예에게 귀부한 공주를 궁예 휘하의 이흔암이 '습취(襲取)'했다는 것은 무엇인가. 공주장군 홍기 지배하의 공주가 견훤에게 넘어갈 것을 우려한 후고구려의 강공책을 말한 것이 아닌가 한다. 그리하여 이때 이흔암은 홍기에 이어 금강변에 위치한 공산성을 거점으로 삼아 공주를 관리하였을 것이다.[4]

918년 궁예가 왕건에 의하여 쿠데타로 축출되자, 궁예를 지지하던 충청 지역은 크게 동요 하였다. 공주를 관리하던 이흔암은 왕경 철원으로 급히 돌아갔고, 그 틈에 공주는 후백제의 휘하에 넘어가게 되었다. "웅주(공주)·운주(홍주) 등 10여 주현이 배반하여 백제에 귀부하였다"[5]는 것이 그것이다. 이에 의하여 충남 지역에 있어서 견훤의 지배력은 크게 신장되었고, 이것은 왕건에게 큰 부담이었다.

태조 왕건은 즉위 직후 시중을 지낸 김행도를 바로 아산에 파견하였다. '동남도초토사 지아주제군사(東南道招討使 知牙州諸軍事)'라는 직책이었다. 이는 아산을 교두보로 삼아 잃은 지역을 다시 회복하려는 기도였다. 919년(태조 2) 8월, 오산현

---

1) 김갑동, 『고려의 후삼국통일과 후백제』, 서경문화사, 2010, p.128.
2) 『삼국사기』 50, 궁예전.
3) 『고려사』 127, 이흔암전.
4) 김명진, 「고려 태조 왕건의 공주 일대 공략 과정 검토」 『한국중세사연구』 56, 2019, pp.20-21.
5) 『고려사』 1, 태조세가 원년 8월.

(烏山縣)을 예산현(禮山縣)으로 이름하고 애선(哀宣)과 홍유(洪儒)를 파견, 예산 지역 유민(流民) 5백여 호를 다시 모아 살게 하였다. 그리고 925년(태조 8) 10월, 고려 정서대장군(征西大將軍) 유금필(庾黔弼)은 예산 임존성(대흥면)을 공격, 함락하는 데 성공한다. 당시의 임존성 전투는 얼마나 치열하였는지 죽이고 포로로 잡은 자가 도합 3천 여 명에 이르렀다고 한다. 이어 927년 3월 홍성의 운주성주 긍준을 쳐서 격파한다. 충남의 북부, 서부를 장악하게 된 이 상황이 고려 고려 건국 초 충남지역의 2단계 상황이다. 이에 의하여 태조는 충남지역에서의 열세를 일단 만회하고 후백제와 맞설 수 있는 상황을 만든 것이다.

충남의 남부지역에서는 역시 공주가 관건이었다. 백제의 왕도로서의 전통도 있지만, 통일신라 250년 웅천주의 치소였고, 경기지역에서 호남지역으로, 혹은 호남에서 경기지역으로 진입하기 위해서는 반드시 확보해야 하는 지리적 요충이기도 하였기 때문이다.

926년(태조 9) 견훤은 공주(웅진)로 진격하여 북진하려 했다. 왕건이 유금필을 내려 보내 서부 내포 지역을 차례로 먹어 들어왔기 때문에, 고려의 확장세에 대한 견제책이었다. 견훤의 북진에 대하여 왕건은 여러 성에 명하여 성문을 굳게 지켜 나가 싸우지 않도록 하였다고 한다. 이때 공주에서의 후백제 군사 거점은 역시 금강 남쪽, 웅천주 치소가 있던 공주의 도심 지역이었을 것이다. 결국 금강을 건너 차령을 돌파하여 고려를 압박하려 한 후백제의 작전은 성공하지 못했던 것이다.

이듬해 927년(태조 10) 3월(10일), 왕건은 직접 군을 이끌고 운주(홍주)에서 성주 긍준을 격파한 데 이어 4월 웅주(공주)를 직접 공격하고 나섰다. 그러나 공주를 둘러싼 공격은 아직 여의치 않았다.[6] 내포 지역에서의 고려의 승세와는 달리, 이 무렵 공주와 금강 일대에서의 상황은 고려, 후백제 어느 쪽도 더 이상의 진척을 보이지 못한 채 전선이 교착 상태에 빠졌음을 알 수 있다. 대략 금강의 수로교통권을 후백제가 장악하는 정도에서 전선이 고착된 것 같다.

---

6) 『고려사』 1, 태조세가 10년 4월.

충남지역에서의 3단계는 934년(태조 17) 홍주에서의 왕건과 견훤의 군사적 대결이었다. 그해 5월 태조는 예산진에 이르러 조서를 내리고 민심을 위무한 다음, 9월(20일)에는 운주를 직접 공략하였다. 이 전투에 의하여 운주성주 긍준은 왕건에 대하여 완전 복속하고, 왕건은 충남 지역에서의 주도권 장악에 성공한다.[7]

전체 국면에서 왕건과 견훤의 대결은 크게 3개 지역에서 전개되었는데, 경북지역, 충북지역, 그리고 충남지역이 그것이다. 그 가운데 가장 어려움을 겪었던 것이 충남 지역이었는데, 934년 운주 전투에서의 승리가 충남 지역에서의 승기를 잡게 되는 전투였던 것이다. 이러한 점에서 930년 고창(안동) 전투가 전체 전국(戰局)의 분수령이었다고 한다면 934년 운주 전투는 왕건이 충남에서 승기를 잡은 것으로, 왕건의 후삼국 통일을 굳히는 결정적 전투였다고 평가할 수 있다. 태사공 이도의 등장은 태조 왕건이 통일을 눈앞에 두고 있었던 바로 이 무렵의 일로 생각된다. 그는 금강을 기반으로 고려 태조의 통일전쟁에 기여하고 통일의 2등공신에 책봉된 인물이다.

2. 이도와 공주

고려 초의 인물 이도(李棹)는 전의이씨(全義李氏)의 시조이다.[8] 이도에 대해서는 『신증동국여지승람』에 "태조(왕건)가 남쪽을 정벌하러 금강에 이르렀는데 물이 넘치므로 도(李棹)가 보호하여 건너는 공이 있었다. 이에 이름을 내려 '도(棹)'라

---

7) 태조 왕건의 운주(홍주)전투에 대해서는, 김갑동, 「고려초기 홍성지역의 동향과 지역세력」『사학연구』 74, 2004; 윤용혁, 「나말여초 홍주의 등장과 운주성주 긍준」『한국중세사연구』 22, 2007; 김명진, 「고려 태조 왕건의 운주전투와 긍준의 역할」『군사』 96, 2015 등 참조.

8) 지역 인물로서의 이도에 대해서는 윤용혁, 「이도, 금강에서 고려 통일공신으로」『공주의 인물』 4(충신편), 공주문화원, 2017, pp.113-126 참조.

하고 벼슬이 태사 삼중대광에 이르렀다"[9]고 소개되어 있다. 다른 자료에 의하면 배를 가지고 군사를 건네주는 역할을 하였으며,[10] 원래는 '치(齒)'라는 이름이었고 통일 2등공신에 봉해진 것으로 되어 있다.[11]

여기에서 태조 왕건이 건넜다는 '금강'은 공주의 금강을 지칭하는 것이다.[12] 왕건으로부터 하사받은 그의 이름 '도(棹)'의 글자 뜻은 배의 운항에 사용하는 기구인 '노'를 의미한다. 즉 동력선이 없는 옛날에 인력으로 저어 배를 전진하게 하는 노를 가리키는 것이다. 이도가 왕건을 호위하여 때마침 물이 넘치는 금강을 건너 후백제를 물리치고, 마침내 고려 통일을 이루게 되었다는 이야기라고 할 수 있다.

전의이씨 이도의 활동 공간은 '금강'으로 되어 있다. '금강'은 원래 공주 인근 금강에 대한 제한적인 이름이었던 것이 근대에 이르러 강 전체를 대표하는 이름이 되었다. 예로부터 금강은 구간에 따라 다양한 이름이 붙여져 있었기 때문이다. '금강'의 이름에 대한 첫 기록은 15세기, 『세종실록지리지』부터의 일이다. 비슷한 시기 15세기 기록에서 자주 확인된다. 조선 초 15세기에 금강이라는 강 이름이 사용된 것은 분명한데, 고려시대에는 '공주강'이라는 이름이 사용되었다. 15세기에서 조금 거슬러 오르는 고려 후기 14세기경에 '금강'이라는 이름이 보편화된 것이 아닐까 생각된다.

태사공 이도가 고려 공신으로 이름이 드러난 것은 10세기 고려의 통일과정

---

9) "太祖南征 至錦江 水漲 棹護涉 有功 賜名棹 官至太師三重大匡"(『신증동국여지승람』 18, 전의현 인물)

10) "李棹 以舟楫濟師 故賜名棹"(이수광, 『지봉유설』 하, 雜事部 姓族)

11) "王 南征時 至錦江 水漲 李棹護涉 有功 拜太師 策統合翊贊功臣二等"(『증보문헌비고』 217, 職官考 4)이라 하였는데, 이도는 삼한공신 2등에 봉해진 것으로 추정되고 있다. 김갑동, 「왕건의 후삼국통일과 이도」 『충청학과 충청문화』 36, 2024, pp.47-52 참조.

12) '금강'의 이름에 대한 첫 기록은 15세기, 『세종실록지리지』부터의 일이다. 비슷한 시기 15세기 여러 기록에서 그 이름은 자주 확인된다. 서거정(1420~1488)의 시에도 '錦江春遊'라는 시가 있다. 이로써 보면 고려 후기에는 '금강'이라는 이름이 일반적으로 쓰인 것으로 생각된다.

때의 일이지만, 그 선대는 아마 대대로 공주, 금강변에서 터를 잡고 살던 인물이었을 것이다. 뱃일에 종사하는 이도라는 평범한 인물이 아연 전의이씨의 시조가 된 배경에는 선친의 묘지 풍수 덕분이었다는 다음과 같은 이야기가 전해지고 있다.

충청남도 공주군 장기면 공주에서 약 2리 금강변에 이도산이라는 금강에 임한 형승의 산이 있다. 이 산에는 전의이씨 조상의 묘가 있는데, 이 묘지는 이 지방에서 유명한 길지로 알려져 있고 다음과 같은 전설이 있다. 그것은 지금으로부터 수 백년 전이나 되는 일, 부근에 사는 금강의 뱃사공에 이도라는 사람이 있었다. 이 사람은 그 성품이 관용 인애하고 대단히 동정심이 많아 어려운 사람을 보면 가진 것 없는데도 물건을 베푸는 사람이었다. 공주 부근에 떠도는 거지들조차 이도를 신처럼 존경하는 것이었다. 어느날 이도가 나루에서 손님을 기다리고 있는데, 한 초라한 행색의 스님이 와서 태워달라고 하여 이도는 부탁대로 건너 편으로 배를 건네주었는데 금방 다시 와서 배를 태워달라고 하여 하루 몇 차례나 왕복하는 것이었다. 보통의 사공이라면 여러 번 귀찮게 한 데 대해 화를 냈을 것이지만 이도는 조금도 싫은 기색을 하지 않고 친절히 건네 주었다. 그 스님은 찬찬히 이도의 얼굴을 쳐다보더니, 보자 하니 상중(喪中)인 것 같은데 좋은 묘자리라도 찾았느냐고 묻자 이도는 아버지가 돌아가신지 3년이 되었지만 좋은 곳이 없어 그대로 두고 있는데 어디가 좋은 터인지 알면 곧 장사지내고 싶다고 하였다. 이에 그 스님이 말하기를 강 저쪽 편에 보이는 저 산이 길지이므로 빨리 묘지로 삼아 장사 지내는 것이 좋으나 대단한 길지이기 때문에 다른 권력 있는 자에게 알려져 도로 파여지면 자손만대의 운이 끊어지기 때문에 파지 못하도록 석회 1천 가마니로 단단히 다져야 한다고 하였다. 또 종이에 '남래요사박상래 단지일절 지사 미지 만대영화지지(南來妖師朴相來 單知一節之死 未知萬代榮華之地)'라 적어 이를 돌에 새겨 묘지 상층에 파묻도록 가르치고 자취도 없이 사라져버렸다. 이렇게 해서 생긴 것이 이 묘로서 그후 자손이 번영하고 고관이 나와 현재 이 가문은 5만여 명에 달하고 있다고 한다(1928년).[13]

공주시 신관동 금강홍수통제소 뒷산, 장군산의 맥이 흘러 금강에 닿는 곳에

---

13) 村山智順, 『朝鮮の風水』, 朝鮮總督府, 1931, pp.350-351.

전의이씨 시조 선대의 묘소가 있다. 이 산은 예로부터 '이산(李山)'으로 전한다. 이씨의 산소가 있기 때문일 것이다. 무령왕릉과 그 부근의 산, 송산(宋山), 박산(朴山), 한산(韓山) 등에 비견되는 지명인 것이다.[14] 문제는 태사공 이도가 태조 왕건과 언제 만날 수 있었는가 하는 문제이다. 이에 대해 앞의 『신증동국여지승람』 기록은 태조(왕건)가 "남쪽을 정벌하러 금강에 이르렀으" 때였다고 한다. 여기에서 왕건이 '정벌'하려 했다는 '남쪽'은 물론 후백제를 지칭하는 것이다.

고려 태조 왕건이 후백제와 쟁패를 겨룰 때 공주는 북과 남, 두 세력의 교두보에 해당하는 요충이었다. 따라서 당연히 금강은 중요한 전략적 요지였다. 방어 측에서는 유효한 방어선이 되고 공격 측에서는 어려운 장애 지대가 되었던 것이다. 당시 태조 왕건은 공격적 입장에 있었기 때문에 금강의 장애를 극복하기 위

---

14) 공주시 신관동 이도 선대 묘소가 있는 이산 기슭에 전의이씨 재실이 있다. 영모재(永慕齋)라는 이름의 재실이다. 이 재실 곁에는 '진양각(眞陽閣)'이라는 이름의 작은 제각이 하나 세워져 있고 안에는 '석승상(石僧像)' 하나가 모셔져 있다. 그리고 이 석상과 관련하여 이도의 선대라는 '이방이'에 대한 설명이 안내판에 다음과 같이 소개되어 있다. 통일신라기 '주호(朱昊)'라는 중국의 승려가 공주에 이르렀다가 '이방이(李芳伊)'라는 사공의 효행과 적덕에 감동하여 명당을 점지하여 주었다는 전설이다. 구전의 내용이 비슷하지만, 묘소의 점지와 관련한 다음과 같은 이야기도 있다. "공주에서 약 1리 조치원 가도에 면하여 작은 부락이 있다. 부락 앞을 금강 물이 유유히 흐르고 후방은 산이 병풍을 이루고 있다. 지금으로부터 백년도 전의 일이다. 이 부락에 가난한 사공 한 사람이 살고 있었다. 가난 하기는 했지만 마음이 바른 선량한 사람이었다. 이름을 이씨라고 하였다. 어느날의 일이었다. 사공이 배를 띄워 집으로 돌아오는 도중 이름을 알 수 없는 한 노인이 영은사에서 나와 그를 불러 세우는 것이었다. 사공은 가는 도중인데도 불구하고 급히 배를 돌려 노인을 태우고 다시 강을 건너가는데, 노인이 말하기를 잊어버린 물건이 있어서 다시 탔던 데로 돌아가 달라는 것이었다. 사공은 마음씨 좋게 그렇게 하였다. 이러기를 서너 번, 노인이 말하기를 당신은 아주 가난하게 보이지만 마음은 바른 사람이다. 나는 당신을 위하여 가족 자손을 위하는 것을 가르쳐 주겠다. 바로 저기 보이는 높은 산을 올라 침을 보면 아까 장소를 향하게 하고 당신이 죽으면 거기에 묘를 쓰도록 하라고 하였다. 사공은 산에 올라 침을 찾고자 하는데 보이지 않았다. 그래서 온 가족이 침을 찾는데 그중 아들이 가장 영리하여 침에 빛이 닿으면 번쩍거린다는 것을 알고 곧 장소를 확인할 수 있게 되었다. 그 후 사공이 죽었는데 그곳을 묘소로 정하였다."(公州高普同窓會, 『忠南鄕土誌』, 1935)

이도의 무대, 공주 금강(1980년대 사진)

해서는 현지인의 도움이 필수적이었다. 이도가 금강을 무대로 활동하던 공주사람으로서 왕건의 고려군을 도와 통일전쟁에 공헌하였다는 것은 이러한 점에서 역사적 맥락에 부합하는 것으로 생각된다. 그러나 그 구체적인 시기는 여전히 불확실하다.

　태조 왕건이 후백제를 공격하는데 금강의 물이 넘쳐 난관에 봉착하였을 때, 이 문제를 해결한 인물이 태사공 이도라고 한다. 금강은 여름이 되면 홍수로 물이 넘치는 일이 자주 있었다. 따라서 '물이 넘치는' 문제의 발생 시기는 음력으로 6, 7월경이었을 것이다. 그러나 그 연대는 가늠하기가 쉽지 않다. 『고려사』에 이도의 행적을 입증할 자료가 보이지 않기 때문이다. 왕건은 918년에 고려를 건국하고 거의 20년 만인 936년에 후백제를 격파하여 통일을 성취하였다. 936년 9월 왕건이 후백제를 칠 때는 천안에서 출발하여 경상도로 진출, 경북 선산에서 후백제군을 격파하고 이어 이들을 추격하여 연산(논산시 연산면)에 이르고 있다. 통일전쟁 당시 왕건은 남하 과정에서 직접 공주를 경유하지 않았던 것이다. 그러나 이 일이 공주를 공격할 때였다고 생각되지는 않는다.

이같은 사정에서 김갑동 교수는 왕건이 이도의 도움을 받은 것이 927년(태조 10) 4월, 공주를 공격할 때였다고 하였다. "왕(태조)이 웅주를 공격하였으나 이기지 못하였다"라는 기록을 주목하여 이때에 이도가 왕건에게 도움을 주었다고 본 것이다.[15] 927년이 왕건과 공주 금강의 이도가 만날 수 있는 구체적 상황이었다는 점에서는 긍정되는 바가 있다. 그러나 이때 왕건의 군사 작전은 실패한 전투였고, 결과적으로 고려의 후백제 통합은 10년을 더 기다려야 했다. 더욱이 금강물이 범람하는 때(錦江水漲)에 강을 건너 공주를 공격을 했다는 것도 이해되지 않는다. 전략상 일단 대단히 무리한 일이기 때문이다.

934년 9월 홍주에서 왕건이 후백제군을 격파하자 '웅진 이북 30여 성'이 고려에 항복하였다고 한다. 비로소 공주가 고려의 지배권 하에 들어서는 셈이다. 그리고 이듬해 935년 3월 아들 신검에 의하여 금산사에 유폐되었다가 6월에 고려에 망명하게 된다. 고려의 대군이 후백제에 대한 대공세를 감행하는 것은 936년 9월의 일이다. 결과적으로 금강의 이도, 이도의 금강 주도권이 현실적으로 가능했던 시점은 934년 하반으로부터 936년 전반까지, 대략 935년을 전후한 시기이다. 다만 이 시기 왕건이 직접 금강 현장을 점검하였던 것인지는 확실하지 않다. 때문에 이도의 고려 왕건에 대한 협력은 후백제 공격시의 일이 아니라 후백제와의 본격적 대결을 위한 준비 단계에서의 협조였던 것이 아닌가 생각한다. 혹 왕건과 이도의 첫 만남이 927년의 일이었다 하더라도, 이후의 공이 축적되어 공신 책봉에 이르게 되었다고 보아야 할 것이다.[16]

금강의 이도(李棹)는 태조 왕건에 의하여 '도'라는 이름과 함께 공신호를 받고 '태사 삼중대광'에 임명되었다고 한다. 이도는 전의이씨의 시조인데, 그가 태조에 의하여 '도'라는 이름을 받았다는 『고려사』의 기록은 없다. 그러나 조선 건국 직후에 만들어진 『신증동국여지승람』에 이러한 사실이 언급되어 있는 것을 보

---

15) 김갑동, 「왕건의 후삼국통일과 이도」 『충청학과 충청문화』 36, 2024, pp.41-42.

16) 김명진은 공신으로 책봉되는 이도의 공에 대해, 그것이 왕건이 공주를 공격했던 927년, 그리고 934~936년까지의 일이었다고 추정하였다. 김명진, 「고려 태조 왕건의 공주 일대 공략 과정 검토」 『한국중세사연구』 56, 2019, p.30 참조.

이도의 묘소와 묘비(세종시 전의면 유천리)

면, 그 역사적 사실로서의 가능성은 일단 높다고 생각된다. 고려 태조대의 공신 중 '태사 삼중대광'이 추증된 경우는 면천의 박술희(朴述熙), 왕식렴(王式廉) 등에서 확인된다.

　태사공 이도와 관련하여 세종시 전의면 유천리에 이도의 묘소가 있고,[17] 전의면 신방리와 송성리에 이도가 거처했다는 이성(李城)이라는 성이 있다.[18] 아마도 태사공 이도가 공신호를 받은 후 이성을 거점으로 하여 전의면 일대를 식읍으로 하사받은 것이 아니었을까 추측한다. 지표조사 결과 이성의 둘레는 486.5m이며, 성내의 면적은 약 13,800㎡로 계측되었다.[19] 2021년 이성의 건물

---

17) 묘비는 1578년(선조 11)에 세운 구비와 1707년(숙종 33)에 세운 구비가 있다. 묘소는 풍수상으로 복호형(伏虎形)이라 일컬어진다. 1948년에 세운 이도 신도비는 귀부와 이수를 갖춘 것으로, 비신의 높이만 거의 3m에 이른다. 묘소의 '복호형' 지세에 맞추어 묘소 부근에 호랑이의 먹이에 해당하는 '개바위(狗巖)'라는 것이 있는데, 여러 차례 철거의 위기를 지역 주민들의 협력으로 모면하였다고 한다.

18) "李城 在雲住山北峰 石築 世傳李棹故居 其中寬敞 周一千一百八十四尺 內有一井 今廢"(『신증동국여지승람』 18, 전의현 고적); "山頂平廣 中有平壇 麗朝太師李棹所居有基 嘗增之南北各置一亭 冬則居南 夏則居北亭云"(『충청도읍지』 전의현 성지조)

19) 백제고도문화재단, 『이성지표조사보고서』, 2017.

지에 대한 발굴조사 결과 "7세기 백제시대에 세워진 다각다층(多角多層) 건물터"가 확인되었다고 발표 되었지만,[20] 필자는 이들 건물터가 10세기 고려 초 이도와 관련한 유적일 것으로 생각하고 있다.

3. 유금필과 부여 임천

금강의 중요 거점인 부여군 임천 성흥산성(가림성)에는 고려 초의 장군 유금필의 사당인 유태사묘(庾太師廟)가 있다. 유금필은 고려의 통일전쟁과 관련하여 임천에 주둔하며 피폐한 민심을 위무하고 빈궁한 주민들을 구제하여 사람들을 안정시켰다고 한다.[21] 1929년에 간행된 『부여지』의 「성흥산성실기」에는 이에 대해 다음과 같이 언급되어 있다.

> 백제가 망하자 왕자 풍이 이 성에 들어와 웅거하였으나 일이 끝내 이루어지지 못하였다. 그후 고려 태조 때에 유태사 금필이 진남장군(鎭南將軍)으로 전라도 순천군 산성으로부터 바야흐로 송도(개성)를 향하여 가던중 임천에 오게 되었다. 유금필 장군은 이 성(성흥산성)에 올라 주민 가운데 빈궁한 자를 진휼하였다. 그후 주민들이 그 은덕을 잊지 못하여 사당을 세우고 제사하였다.[22]

유금필이 전라도 '순천의 산성'에서 개성으로 가던 도중에 임천을 경유하게

---

20) <연합뉴스> 2021.11.23.

21) 산성은 1963년 '성흥산성'으로 사적으로 지정되었으나 2011년 '가림성'으로 명칭이 변경되었다. '성흥산성'은 백제 이래 근대에 이르는 전 시기를 포괄하는 명칭이지만, '가림성'은 백제 이후의 역사를 배제하는 배타적 명칭이라는 점에서 문제가 있다는 생각이다.

22) "及百濟亡 王子豊 來據此城 事竟不成 其後 高麗太祖時 庾太師黔弼 以鎭南將軍 自全羅道順天郡山城 將向松都 路出嘉林 庾將軍登此城 賑恤居民之貧寡者 其後 居人不忘其恩德 立祠祀之"(『扶餘誌』(1929) 元林川郡 「聖興山城實記」)

되었다는 것은 잘 이해되지 않는 대목이다. 그러나 적어도 고려 초 유금필이 성흥산성에 주둔하고 임천 사람들을 '구휼'하였다는 것만은 사실일 것이다. 성흥산성을 '유금필산성'으로 칭하기도 했다는 점이 이를 뒷받침하기도 한다.[23]

유금필(?~941)은 태조 왕건이 극진히 아꼈던 전공이 뛰어난 장군이었다. 황해도 평산 사람으로 고려 태조 왕건을 섬겨 마군장군(馬軍將軍)이 되었으며 후삼국 통일전쟁에 참가하여 수많은 공을 세웠다. 유금필의 딸은 태조의 제9비 동양원부인(東陽院夫人)이 되었는데, 이것으로도 태조와의 각별한 관계를 짐작할만하다.

유금필이 고려 통일전쟁기에 임천의 성흥산성(가림성)에 주둔한 이유는 무엇이었을까. 그리고 그 시기는 구체적으로 언제였을까. 고려가 충남지역에서 완전히 승기를 잡은 것은 홍성지역에서 견훤을 대파한 934년 9월의 일이었다. 이에 의하여 공주 이북 30성이 고려에 복속하게 되었다고 한다. 935년 신라 경순왕이 왕건에 복속하였으며 936년 왕건은 망명한 견훤을 앞세워 후백제군을 연산에서 대파하고 통일작업을 완수하였다. 이같은 추이에 비추어 유금필의 임천지역 주둔은 934년부터 936년 사이, 935년경의 일이 아니었을까 하는 것이 필자의 추측이었다.[24] 이에 대해 김갑동 교수는 당시에는 유금필이 임천에 '한가로이' 들를 여유가 없었으며, 임천이 아직 후백제 영역에 속해 있어서 임천을 들러 구휼할 수 있는 상황이 아니었다고 하였다. 그리하여 이를 936년 후백제의 항복 직후의 일로 추정하였다. 그리고 유금필이 이때 순천으로 나간 것은 936년 2월 왕건에 복속한 견훤의 사위 박영규와 그 가족을 개경으로 데려오기 위한 것이 아니었을까 추측하였다.[25] 김효경도 유금필의 임천 주재 시기를 936년 이후로 보고 있다. 지역 내의 반고려적 분위기를 그 이유로 들었다.[26]

---

23) 1826년에 판각된 『풍양조씨세보』(서울역사박물관 소장)에 趙益祥의 墳山圖와 함께 그 위치를 "墓在忠淸道 林川紙匠洞 庚黔弼山城下"라 기록되어 있다(김영관, 「백제 백강과 주류성의 위치」『위례와 주류성』, 광진문화원, 2017, pp.296-297).

24) 윤용혁, 「고려시대 백제구도 부여의 회생」『충청역사문화연구』, 서경문화사, 2009, pp.83-84.

25) 김갑동, 『고려의 후삼국 통일과 후백제』, 서경문화사, 2010, pp.244-246.

26) 김효경, 「부여 임천군 성황사와 유금필」『역사민속학』 26, 2008, p.310.

그런데 문제는, 936년 통일전쟁 종료 이후로 임천 주둔 시점을 설정한다면 구태여 이 시기에 유금필이 '한가롭게' 임천에 있어야 하는 이유가 없다는 점이다. 유금필의 임천 성흥산성 주둔은 후백제의 영역으로부터 새로 확보한 이 지역에 대한 지배력을 확실히 함으로써 후백제를 압박하는 거점화 작업이었다고 보아야 하기 때문이다. 934년 9월 운주에서의 대결에서 승리함으로써 왕건은 충남 지역에서의 주도권을 확보하였고, 이를 계기로 후백제의 영향력 하에 있던 '웅진 이북 30여 성'이 고려에 복속하였다. 유금필의 임천 주둔은 새로 확보된 이들 지역에 대한 지배력을 다지기 위한 중요한 민심 회유책이었다고 생각되는 것이다. '지역 내의 반 고려적' 분위기라는 것도 바로 그런 점 때문에 오히려 유금필의 주둔과 민생 위무가 필요했던 것이라 할 수 있다.

934년 고려에 복속한 30여 성의 구체적 지명은 기록되어 있지 않지만, 오늘의 서천군, 보령시, 부여군, 청양군, 공주시, 대전시, 세종시 등의 지역에 걸치는 것으로 생각된다. 이 지역은 대개 금강을 축으로 하여 묶여져 있는 지역으로서, 백제의 고도 공주와 부여가 그 중심을 차지하고 있다. 그리고 그 가운데 임천은 가장 중요한 전략 요충이었다. 임천의 확실한 안정화는 바로 회복한 30여 성에 대

고려 초 유금필의 역사가 전하는 부여 성흥산성(가림성)과 대조사 석불

한 영향력뿐만 아니라 후백제를 겨냥한 수륙 양면의 전진 기지로서의 전략적 중요성을 가지고 있는 것이다. 이러한 점에서 유금필의 임천 주둔은 운주(홍성)전투가 벌어진 934년 9월부터 후백제의 신검군이 항복한 936년 9월 사이의 일로 보아야 하지 않을까 한다.[27]

유금필의 성흥산성(가림성) 주둔과 관련하여, 인근 부여읍 쪽에 가까운 장암면 장하리에 유금필 장군의 또 하나의 사당이 있다는 사실은 퍽 흥미 있다. 장하리의 진산인 태성산(台城山, 해발 110m) 정상에 태사각이라는 사당이 있다. 1970년대까지 당제를 지냈다고 한다. 1980년대 초 불이 나 타버리자 주민 강상모 씨가 움막 형태의 가건물을 지어 놓았다. 원래는 높이 50cm 정도의 유금필 장군과 부인 두 명 등 목상 세 개가 모셔져 있었다고 한다.[28] 그렇다면 유금필은 임천을 거점으로 하여 부여 도성 인근까지 영향력을 미쳤다는 이야기가 된다. 바로 강 건너 석성지역 태조 전승과 함께 흥미 있는 자료가 아닐 수 없다.

4. 부여 석성에서의 태조 왕건

고려의 후삼국 통일전쟁에 있어서 금강과 관련하여, 부여 석성의 '태조산'(太祖山, 혹은 태조봉)의 존재도 주목할 점이 있다. 부여군 석성면 정각리 소재 해발 224미터의 태조산은 임천의 건너편 금강의 남쪽에 위치한다. 이에 대해서는 조선조

---

27) 유금필은 견훤의 실각(935.3) 전후 시기인 고려 태조 18년(935) 전반기에 해로를 통하여 두 차례에 걸쳐 나주를 왕래하고 있다. 「성흥산성실기」에서 유금필이 "진남장군(鎭南將軍)으로 전라도 순천군 산성으로부터 바야흐로 송도(개성)를 향하여 가던 중 임천에 오게 되었다"는 것은 바로 이 무렵의 일을 가리키는 것이 아닐까 필자는 생각한다. 왜 '진남장군'이고 왜 '순천'인가에 대한 해명 때문에 김갑동 교수는 이를 936년 통일 직후의 일로 보았지만, 근거 기록인 「성흥산성실기」가 아주 늦은 시기의 자료라는 점에서 기록과 사실이 세세하게 일치하지 않을 수 있다고 생각한다.

28) 소종섭, 『백제의 혼, 부여의 얼- 부여의 역사인물 이야기』, 황금알, 2012, pp.169-171.

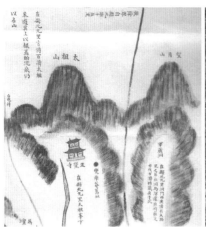

19세기 석성 지도에 기재된 '태조산' 산 이름(좌) / 태조산 정각사의 마애삼존불(우)

의 읍지류에 "석성현 서북쪽 9리에 있다. 백제 태조가 이 산에 와서 놀면서 은배(銀盃)로 샘물을 마셨으므로 (태조산이라는) 이름이 붙게 되었는데, 지금도 옛 우물이 남아 있다"고 하였다.[29] 여기에서 태조를 '백제 태조'라 하였지만, 백제가 아님은 물론이고, 아마 고려 태조일 것이다. 조선의 태조라면, 조선시대의 읍지에서 '백제 태조'라 하지는 않았을 것이기 때문이다.

위의 기록은 고려 태조 왕건이 어느 때인가 석성지역에 온 적이 있다는 것인데, 그것이 사실이라면 그것은 고려 초 통일전쟁시 후백제에 대한 공격을 강화하는 막바지의 시점이었을 것이다. 태조 왕건이 군사적 거점을 삼았던 천안에 '태조산'이 남아 있는 것을 생각하면, 부여에도 태조산(태조봉)이 있다는 사실은 매우 흥미 있는 일이며, 이는 역사기록에 남겨져 있지 않는 고려 초기 부여의 역

---

29) "太祖山: 在縣北九里 諺傳百濟太祖 來遊此山 以銀盃酌泉 故仍以名焉 而古井至今尙存"(『호서읍지』(1871, 제13책) 「석성읍지」 산천). 태조산에 대한 기록은 조선조의 읍지류(석성현)에 널리 등장하고 있는데, 태조산(태조봉) 자체는 15세기 기록인 『신증동국여지승람』(석성현 산천조)에 이미 기록되어 있어, 이 산이 오래 전부터 유서 있는 산이었음을 입증한다.

사를 복원하는 데도 의미 있는 자료라 생각된다.

석성현의 태조산 바로 인근에 '군장동(軍藏洞, 藏軍洞)', 혹은 '파진산(波鎭山, 破鎭山)'이라는 지명이 있는 점도 주목된다. '군장동(장군동)'에 대해서는 소정방이 백제를 정벌할 때 군대를 주둔시킨 것이라는 전언이 있다. 석성은 백제시대 사비도성의 동쪽 관문에 해당한다. 석성으로부터 남쪽으로는 넓은 호남평야가 전개된다. 통일전쟁시의 상황에서 보면 후백제에 대한 공격과 방어의 교두보가 되는 위치이다. 석성과 금강을 사이로 서쪽에 위치한 임천은 좀 더 일찍 왕건의 심복인 유금필 장군이 장악하고 있었다. 임천에서 금강을 건너 한걸음을 내치면 석성이지만, 석성은 후백제에 대한 공격적 교두보라는 점에서 임천과 차이가 있다. 임천 장악 이후 어느 결정적 시점에 태조 왕건이 부여 석성에까지 내려와 후백제와의 일전을 점검했으리라는 추측이 가능해진다.

이상 공주, 임천, 석성의 자료는 고려의 통일전쟁 직전, 대략 935년경 금강의 교통권을 장악한 왕건이 후백제를 직접 공격하기 위한 작업을 진행하고 있었다는 심증을 갖게 한다. 그러나 막상 936년 후백제에 대한 마지막 대공세를 취하는 왕건의 고려군은 경북의 선산 등지를 우회하여 일리천에서 전투를 치르고 연산의 개태사 부근에 이른다. 천안에서 공주를 거쳐 직접 전주 방향으로 내려가는 상식적인 노선을 취하지 않았던 것이다. 그 이유에 대해서는 여러 가지 추측이 있기는 하지만,[30] 여전히 이해하기 쉽지 않은 대목이다.

문제는 934년 이후 공주, 부여를 포함하는 충남의 남부 지역에서 후백제에 대한 적극적 공세를 준비하는 조치가 분명히 취하여졌을 것이라는 점이다. 공주에서의 이도, 임천에서의 유금필, 석성에서의 '태조'(왕건)의 등장은 바로 이같은 조치를 취하는 과정에서의 일일 것이다. 그렇게 본다면 충남 남부지역에서의 이들

---

30) 의표를 찌른 고려의 전략(池內 宏), 물자와 병력 보강을 위한 고려의 작전(정경현), 경상도지역을 선점하려는 고려의 전략(김갑동), 고려의 공세에 맞선 후백제의 전략(유영철) 등이 그것이다. 필자는 김갑동의 의견을 토대로, 후백제군을 경상도로 끌어내어 후백제의 방어체계를 붕괴시키는 효과를 얻은 고도의 전략이었다는 의견을 낸 바 있다. 윤용혁, 「고려의 통일전쟁과 논산 개태사」『충청 역사문화 연구』, 서경문화사, 2009, pp.263-266 참조.

세 인물의 행적이 일정 부분 역사적 사실로서의 개연성을 갖는 것이 아닌가 생각된다.

태조 왕건이 공주, 부여지역에 등장하여 후백제에 대한 공격을 준비하였음에도 불구하고 공주를 경유하지 않고 멀리 경상도로 우회한 것은 여러 가지 종합적 판단에 의한 것이었을 것이다. 왕건이 금강을 건너 후백제를 압박하게 될 때 가장 어려운 문제는 전투를 후백제 땅에서 치러야 한다는 점이다. 이미 고려와의 대결 때문에 공주에서 전주에 이르는 이 노선은 가장 핵심적 전략지역이었다. 그 전선을 곧바로 돌파한다는 것은 많은 희생을 무릅쓰지 않으면 안되는 어려움이 있는 것이다. 금강 도하 문제도 현실적으로 간단한 문제는 아니다. 기록에 의하면 당시 후백제를 친 고려 3군의 규모는 8만 7천 5백에 이르는 대군이었다. 그 가운데 마군(馬軍)이 4만, 기병이 9천 8백으로, 거의 5만이 기병 중심의 군이었다. 이들이 일거에 금강을 건너는 것도 쉽지 않은 일이었을 것이다.

이상과 같은 점을 전제로 보면, 다음과 같은 하나의 가설이 만들어진다. 934년 이후 고려는 공주, 석성, 임천 등 금강의 주요 요충의 전략적 토대를 점검하면서 차후 있게 될 후백제에 대한 주의를 집중시켰다. 그리고 936년 9월의 실제 공격에서는 천안으로부터 경상도지역으로 우회함으로써 후백제 방어군을 경상도의 제3의 지역으로 끌어내는 데 성공하였다. 이에 의하여 후백제 땅에서 치러야 하는 전투보다 훨씬 수월한 조건에서 전투를 치를 수 있게 되었다는 것이다. 이러한 점에서 생각하면, 934년 이후 태조가 공주에서 도강할 수 있는 선편을 준비하고, 석성에 군사를 주둔시키는 등 위장 전술을 벌여 후백제의 판단에 혼선을 주었다는 것이다. 이것은 하나의 가설이므로, 향후 함께 검토해 볼 문제로서 제안해 두는 것이다.

맺는말

후삼국시대는 백제, 고려, 신라의 3국의 국호가 다시 등장하여 한반도 주도권과 통일을 다투었던 시기이다. 이때 신라를 대신하는 새로운 주도권 싸움은 백제와 고려, 견훤과 왕건의 경쟁이었다고 할 수 있다. 의자왕의 원한을 풀어주고 백제를 계승한다는 후백제에 있어서 백제의 왕도였던 부여와 공주는 다른 지역과는 다른 의미를 갖는다. 다만 이들 지역이 고려와의 접경 지역에 가까운 탓에 견훤은 '익산 왕도설'을 내세워 전주에 도읍하였다. 공주와 부여, 백제 구도가 왕건의 지배하에 들어온 것은 934년 운주 전투 이후의 일이었다.

934년 운주 전투 이후에 금강의 수로 교통권은 비로소 고려에 의하여 장악된 것으로 보인다. 이에 의하여 금강 연변의 백제의 옛 도읍이 군사적 전략 지역으로 부각하였으며, 그 과정에서 공주의 이도, 임천의 유금필 등이 등장하며, 아마 태조 왕건이 석성에까지 이르러 직접 현지 상황을 점검하였던 것으로 추측한다.

부여가 회복된 직후, 태조 왕건의 가장 비중 있던 무장이었던 유금필은 부여의 외곽 금강변의 거점인 임천에 머물면서 대민 회유의 시책을 펼쳤다. '백제'로부터 '고려'라는 시대적 변화를 적극적으로 선전하였던 것이다. 그리고 아마 여기에서 멀지 않은 시기 태조는 부여의 또 다른 외곽지역인 석성현에 등장한다. 임천이 수로상의 외곽이라 한다면, 석성은 후백제 방향으로 열린 육로상의 외곽이라는 점에서 그 전략적 요충성이 부각된다. 왕건의 석성현 등장은 정확한 역사 기록이 아니고 다분히 구전 형태로 내려오다가 조선조에 간략한 기록으로 남겨졌기 때문에 그 역사성을 확정하는데 어려움이 있는 것이 사실이다.

그러나 금강 연변의 백제 구도 지역을 전략적으로 활용하는 군사적 작업은 실제 시도되지 않았다. 대신 태조 왕건은 936년 후백제군 주력을 경상도로 끌어내 선산에서 일전을 결하고 사실상의 승패를 결정지었다. 이에 대한 여러 가지 추측이 있기는 하지만, 역시 태조 왕건의 전략적 승부수에 후백제군이 말려든 것이 일리천 전투였다는 생각이다. 결과적으로 금강의 도시 공주, 부여 지역 일대에서 934년 이후에 보여준 일련의 고려 측의 움직임은 후백제를 혼란시키는 양동작전의 일부였다는 것이 필자의 생각이다.

* 이 논문은 「고려 통일전쟁기 태조 왕건과 공주 · 부여」라는 제목으로 웅진사학회, 『역사와 역사교육』 42, 2021에 실린 것을 수정 보완한 것임.

제2장 공주 금강의 옛 나루, 장깃대나루

금강을 끼고 있는 공주에는 금강변의 여러 나루가 교통상 중요한 기능을 담당하였다. 공주 금강상의 여러 나루 중 그 기능이 가장 중요했던 나루의 하나가 장깃대나루이다. 서울에서 호남을 연결하는 호남대로의 목에 설치된 나루이기 때문이다. 그럼에도 불구하고 장깃대나루에 대해서는 읍지, 지지류에 거의 언급되어 있지 않다. 그 이유를 잘 알 수는 없지만, 혹 나루의 이름이 바뀐 탓으로 '장깃대'라는 이름이 기록에 없는 것이 아닌가 추측해 본다. 여하튼 이 때문에 입에 오르내리는 여러 가지 이야기에도 불구하고 장깃대나루는 실제 텍스트로 정리된 내용이 풍부하지 않다.[1]

강과 나루가 갖는 교통상의 기능과 중요성은 이제 상실된 지 오래되었다. 기능은 상실되었지만, 그러나 이를 공주의 역사를 설명하는 자료로서 간직하는 일은 필요한 일이다. 그것은 지금도 공주 역사의 중요한 일부분이기 때문이다. 이 글은 이러한 배경에서, 공주 장깃대나루에 대한 여러 사항들을 모아 정리한 것이다.

---

1) 장깃대나루에 대한 글은 매우 드물지만, 그 가운데 잘 정리되어 있는 것이 이해준의 「장깃대나루 이야기」(공주시, 『고도 공주 고마나루 이야기』 20, 2017, pp.18-23)이다.

1. 호남대로의 목이었던 장깃대나루

1) 교통로로서의 장깃대나루

공주의 금강에는 강을 건너는 많은 나루들이 있었다. 서쪽으로는 고마나루가 유명하고 동쪽으로는 장깃대나루가 대표적이다. 그 중간에는 공산성으로 이어지는 음암나루가 있었다. 장깃대나루는 공주로부터 호남대로를 연결하는 나루라는 점에서 가장 중요하고 붐비던 나루였다. 그것은 공주가 갖는 육로 교통상의 중요성을 그대로 반영하는 것이기도 하다.

지금의 공주 신관동(新官洞)은 금강을 건너 남쪽 지방으로, 아니면 공주로 들어가는 길목이 된다. 이 때문에 일신역(日新驛), 금강원(錦江院) 같은 역원 시설이 설치되어 있었다. 지금도 지명이 남아 있는 '전막(前幕)'도 그러한 지리적 특성이 반영된 것이다. 이러한 교통 시설은 물론 오래전에 흔적조차 찾을 수 없도록 인멸되었지만, 일신역과 관골(官洞)을 합친 이름이 '신관동'으로 그 흔적을 남기고 있는 것이다.[2]

한편 옥룡동의 공주대교 주변은 금강 남쪽의 장깃대나루가 된다. 그 동남쪽에 근접하여 보통원(普通院)이 있었다. 지금은 신진가든(웨딩홀)과 아파트가 있는 계곡지대이다. 강북의 금강원에 상대하는 역원 시설이라 할 수 있다. 이곳에는 고려시대에는 영춘정(迎春亭)이라는 큰 건물이 있었다. 장깃대나루에서 상륙하여 공주 시내 쪽으로 들어갈 수 있지만, 많은 사람들은 논산으로 가는 길을 이용하여 남으로의 길을 재촉하게 된다. 마찬가지로 호남에서 올라오는 이들은 장깃대나루를 거쳐 시목동, 매산동, 일신역, 관골 등의 신관동을 거쳐 모로원, 광정으로 올라갈 수 있었던 것이다. 김정호의 <대동여지도>에 보면 천안에서 장깃대나루를 건너 논산으로 내려가는 길이 정남향의 직선으로 그어져, 금강에서 장깃대나루를 이용하는 것이 남북을 연결하는 최단의 직선도로였음을 보여주고 있다.

---

2) 서흥석, 「일신역」『충남의 역원과 역로』, 충남향토연구회, 2014, pp.75-76.

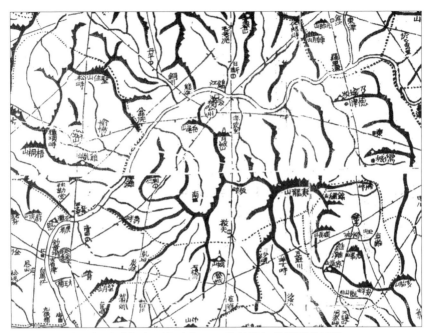

<대동여지도>에 보이는 호남대로(금강을 사이로 모로원, 일신역, 경천역 등이 보임)

2) '장깃대나루'의 이름

'장깃대(장기대)'의 나루 이름이 어디에서 나온 것인지는 잘 알 수 없다. 가장 일반화된 이야기는 '장깃대'가 죄수들을 처형하는 장소였던 데서 유래한다는 것이다. "장깃대나루: 이산 남쪽 금강에 있는 나루. 이조 때 이곳에 사형을 집행하는 장깃대가 서 있었음",3) "예전에 죄인을 나무에 달아 사형을 집행하는 장깃대가 있었다"4)는 등의 설명이 그것이다. '장대(杖臺)'는 "장형(杖刑)을 집행할 때 죄인을 엎드리게하여 팔다리를 매던 틀"이다. 그러나 이것이 사형 집행 기구는 아니다. 이 때문에 '장깃대'가 처형장의 표시로 깃발을 세운 데서 나온 말이라고도 설명

---

3) 한글학회, 『한국지명총람』 4, 충남 4, 1974, p.93.
4) 정환영, 『공주 지명지』, 공주대 지역개발연구소, 1997, p.111.

한다. 장깃대나루가 처형장과 연관된 지명이라는 것은 비교적 일반화한 이야기 이기는 하지만, 실제 죄수들에 대한 처형장으로 이용된 곳이었는지에 대해서도 이를 뒷받침하는 자료가 명확한 것은 아니다. 이 때문에 강 북쪽 나루는 예전에 장기면(長岐面)에 속하는 것이어서, 장깃대의 '장기'가 혹 그 지명과 관련이 있는 것인지, 아니면 '장기대(將旗臺)'라는 이름이 혹 '장대(將臺)'와 연관이 있는 것은 아 닌지, 여러 추측이 나온 것도 사실이다.

'장깃대'의 의미가 불분명하고 문자 기록이 거의 없는 탓인지, '장기대'에 대한 한자 표기도 여러 가지이다. '將旗臺', '長岐臺', '杖基臺', '將基臺', '將基垈', '將 旗垈' 등이 그것이다. 다만 지지류의 표기를 참고한다면, '장기대'를 한자로 표기 할 경우 '將基臺'라고 하는 것이 가장 안전한 표기라고 할 수 있다.

'장깃대'의 지명이 어떤 의미를 갖는 것인지는 불확실하지만, 옥룡동 공산성 기슭 방면으로 '장기대'라는 이름의 마을이 있었다는 사실이 주목된다. 『조선지 지자료』(1914)의 장기대(將基垈), 『중간 공산지』(1922)의 장기대리(將基臺里) 등이 그 것이다.[5] 1895년의 공주목지도(규장각)에서도 금강의 나룻배와 함께 '장기대(將基 臺)'라는 표기가 보인다. 그런데 '장기대' 마을은 1789년 『호구총수(戶口摠數)』에서 는 동부면(東部面)의 '장대리(將垈里)'로 나온다. 그렇다면 '장기대(장깃대)'는 '장대(將 垈)'에서 나온 것이고, '장대(將垈)'는 '장대(將臺)'에서 기원한 것이 아닐까 한다. '장 대(將臺)'는 지휘소나 망대와 같은 군사 시설이다. 『공산지』(1895) 지도에 의하면 공 주에는 지금의 봉황초등학교 자리에 '장대(將臺)'가 표시되어 있다. 이것은 아마 연 병장과 지휘소가 시설된, 군사를 훈련하는 훈련장을 가리키는 것으로 보인다.

이상 논의한 자료를 정리하자면, 옥룡동에는 조선시대에 '장대'가 시설되어 있었는데, 어느 시기에 봉황동으로 이전되고 옥룡동의 장대에는 마을이 들어선 것으로 보인다. 이 때문에 이 마을이 '장대리'가 되고, '장대리'가 다시 '장기대리', 그리고 이 마을 때문에 부근 나루의 이름이 '장기대(장깃대)나루'로 이어진 것으로 추측된다. 요컨대, '장깃대'는 옥룡동에 원래 있었던 군사시설인 '장대'에서 기원

---

5) 장길수, 『공주의 땅이름 이야기』, 공주문화원, 2016, p.78.

한 것이며, 처형장과는 어원상으로는 연결성이 없다는 것이다. 그러나 실제 죄수를 이 나루 일대에서 처형하는 일이 있었기 때문에 이것이 '장깃대'라는 이름과 연결되어 굳어진 것이 아닐까 생각한다. 굳이 처형장이 조성되어 있었던 것으로 보기는 어렵고, 아마 금강변 나루 부근에서 처형하는 일이 있었던 것으로 보인다.

3) 장깃대나루의 위치

장깃대나루는 금강을 중심으로, 나루의 특성상 남쪽변과 북쪽변 두 군데가 있다. 북쪽의 장깃대나루는 시목동(감나무골), 현재 신관동 금강홍수통제소가 있는 지점 부근이고, 남쪽은 옥룡동 공주대교 동측의 강변이 된다.

옥룡동에 있는 '장기대'(장깃대) 마을은 "옥룡동에서 가장 큰 마을"이라 하였다.[6] 공주대교를 건너서 우측으로 옥녀봉 쪽으로 펼쳐진 주거지역이 장기대 마을인 것으로 보인다. 1915년 5만 공주지도에는 금강남쪽 나루에서 지금의 옥룡동 오거리 로타리, 뒤에 만들어진 큰 도로와 합류하는 지점까지의 구도로 표시되어 있다. 바로 장기대마을을 통과하는 구도로일 것이다. 또 다른 지도에는 이마을에 '비선거리'라는 지명이 쓰여 있다. 장깃대나루에서 이 마을을 통과하는 길가에는 선정비가 세워져 있던 것으로 보인다. 지금 공산성 금서루 입구에 모아 놓은 선정비에는 장기대 마을의 비석이 포함되어 있을 것으로 생각된다. 장깃대나루에 도착하여 공주 시내로 들어오면 '장기대' 마을에 먼저 도착하는데, 여기에서 '장깃대나루'라는 이름이 붙여졌을 것이다.

강북 신관동, 이산(李山) 기슭에 있었던 감나무골의 장깃대나루는 1990년대초 대전으로 가는 국도 개설에 의하여 일대 지형이 완전히 달라지게 되었고 그 안쪽에 금강홍수통제소라는 시설이 들어섰다. 다만 당시 나루 부근에 세워져 있던 선정비와 느티나무 고목은 도로 공사 당시 가까운 공주대교의 부근으로 옮겨 놓았다. 식민지 시대에 촬영된 선정비 사진,[7] 그리고 1992년 김정호 선생이 취

---

6) 한글학회, 『한국지명총람』 4, 충남 4, 1974, p.44.

7) 장길수, 『공주의 땅이름 이야기』, 공주문화원, 2016, p.124.

100년 전 장깃대나루의 모습(공주학연구원 자료사진)

재한 장깃대나루 부근 선정비 사진이 이와 관련하여 참고가 된다.[8]

신관동 시목동(감나무골)의 장깃대나루는 공주대 공주학연구원 자료중에 식민지시대 촬영한 사진엽서가 수집되어 있는데, 사진에는 "조선 공주로부터 조치원에 이르는 금강 도주장(渡舟場)"이라는 설명이 붙어 있다. 느티나무 고목을 중심으로 우측(서쪽)에 주막으로 보이는 초가집 두 채가 보이고, 좌측으로는 느티나무에 앉아 있는 사람 1명, 서 있는 4명의 사람이 보인다. 그리고 강쪽에는 사공이 타고 있는 나룻배까지 찍혀 있다.[9] 매우 생생한 나루 사진인 셈이다.

그런데 사진에서 보는 두 채의 초가는 규모도 작은 건물이 아니고 주막 정도의 용도만은 아니었던 것 같다. 경우에 따라서 통행하는 이들의 공적 용도로서도

8) 김정호, 『걸어서 가던 한양 옛길』, 향지사, 1999, p.291.
9) 이 사진은 森田玉河堂에서 제작한 것이다. 공주대 공주학연구원, 『엽서 속 공주를 바라보다』, 2019, p.85.

사용하는 장소였던 것 같다. 1894년 동학과 청일전쟁 발발 초기 순교한 죠조 신부 관련 기록에 이에 대한 언급이 있다. 청군에 의하여 체포된 신부가 바로 이 초가 건물에서 간단한 신문을 받았던 다음과 같은 보고 문서 기록이 그것이다.

> "공주의 강에 이르기 전 길가에 감나무골(시목동)이라는 주막이 있었습니다. 이곳은 공주 당국이 운영하는 사방이 트인 작은 건물로 이 지방에 들르는 귀한 손님들을 위한 대기실로 사용되고 있었습니다. 이곳에서 직무를 마친 관리가 새로 부임해오는 관리들과 예의를 갖추고 인사를 나누곤 합니다. 청국 군대가 온다는 소식을 들은 공주 감사는 장군을 맞이하기 위해 군관인 중군(中軍)과 영장(營將)을 보냈습니다. 이들은 공주의 관리들이었습니다. 만남은 바로 위에 언급한 건물에서 이루어졌습니다. 만남의 예를 갖춘 후, 청국 장군은 건물 안으로 들어가 앉았습니다. 중군과 영장도 장군을 가운데 두고 앉았습니다."[10]

공무로 이동하는 이들이 휴게소와 같은 역할도 하는 건물이었음을 말해주고 있는 것이다.

4) '금강진(錦江津)'은 장깃대나루?

기록상으로는 공주 금강의 대표적 나루의 하나가 '금강진(錦江津)', '금강나루'였다. 현재 '금강나루'라는 나루는 전해지지 않고 있는데, 대개는 공산성 북쪽 공북루 부근의 음암진(陰巖津)이나 산성진(山城津)과 유사한 위치로 생각되고 있다.[11] 그런데 이에 대해 박광수는 기록상의 '금강나루(錦江津)'가 바로 장깃대나루라고 하고 있다. 위치가 '동쪽 4리', '동북쪽 5리'라고 한 『공산지』나 『대동지지』의 기록이 첫 번째 근거이다. 둘째는 '금강진'에 대한 1894년 동학 관련의 기

---

10) 『한국근대사자료집성』 프랑스외무부문서 6(조선VI·1893~1894), 【96】 조조 신부 사망 관련 문서의 송부, 서울발 1894년 10월 8일 정치공문 제20호 첨부 1 서신.

11) 장길수, 『공주의 땅이름이야기』, 공주문화원, 2016, pp.123-124 참조. 공주군유도회, 『공주군지』(1957)에 "금강진 혹칭 산성진이 이것(음암진)"(32장)이라 한 것이 이러한 인식에 영향을 미쳤다.

록이다.[12] 명시한 것은 아니지만 정황상으로 장깃대나루가 맥락상 부합하고 있
다는 점이다.

금강의 나루들은 '웅암진', '웅진도', '마암진' 등 특정 지명을 내포하는 이름
이다. 이에 비하여 '금강진'은 '금강'이라는 이름을 이용한 것이어서, 공주의 나
루 가운데 그 대표성이 인정되고 있다. 그러나 이름만으로는 위치를 가늠하기가
어렵다는 특징이 있다. 관련하여 주목되는 것은 『신증동국여지승람』이래 지리
지, 읍지의 기록에서 금강의 위치를 '주 동쪽 5리'로 특정하고 있는 점이다. 금강
의 위치를 '주 동쪽 5리'로 특정한 것은 사람들의 통행이 많은 '금강진'과의 관계
에서 비롯된 것이 아닐까 생각된다. 이러한 점에서 장깃대나루가 기록상의 '금강
진'을 의미한다는 것은 납득되는 점이 많다.[13]

아울러 박광수는 '금강진'과 관련하여 『금영계록(錦營啓錄)』의 1837년 자료에
서 '금강진두(錦江津頭)'에서 사람들을 모여 놓고 범죄자를 효수한 기록을 소개하
고 있다.[14] 그렇다면 장깃대나루에서 범죄자를 처형하였다는 이야기도 근거가
없지 않는 것이다.

2. 장깃대나루에 얽힌 역사

1) 전의이씨 이도와 고려 태조 왕건

936년 고려 태조 왕건은 삼한을 다시 통일하였다. 그리고 그후 그는 후대의

---

12) 박광수는 『순무선봉진등록』 2, 「공산초비기」, 『승정원일기』(고종 31년 9월 26일 기
   해) 등의 내용을 인용하였다. 박광수, 『공주 금강』, 공주문화원, 2022, pp.138-140.

13) 박광수가 인용한 남궁 화의 『보덕일지』(1955.8.30, 11.14)에서 강깃대나루를 '큰나
   루'로 지칭한 점도(박광수, 『공주 금강』, p.146), 장깃대나루가 '금강나루'라는 점을
   방증하는 의미가 있는 것으로 생각된다.

14) 박광수, 위의 『공주 금강』, p.142.

이도와 왕건(<금강이섭도>, 전의이씨 문중)

왕을 위하여 '훈요십조'를 유훈으로 남겼다. 그 훈요십조의 8조에 '차현 이남 공
주강 밖' 사람을 등용하지 말라고 하여 후백제인들에 대한 강한 경계를 표시한
바 있다. 태조가 말하는 '공주강 밖'은 내용적으로는 호남을 가리키는 것이지만,
문자적으로는 '장깃대나루' 이남을 의미한다.

　장깃대나루는 태조 왕건에게 낯선 곳이 아니었다. 936년 후백제를 무너뜨리
는 통일전쟁에 앞서, 왕건은 장깃대나루를 건너 후백제 전주를 직접 공략하는
방안을 고민하였기 때문이다. 당시 이 일을 거들었던 이가 장깃대나루를 중심으
로 금강에서 활동한 전의이씨(全義李氏)의 시조 이도(李棹)였다. 그 공으로 이도는
일약 벼슬이 태사 삼중대광에 이르고,15) 통일 2등공신에 봉해진 것으로 되어 있
다.16)

---

15) "太祖南征 至錦江水漲 棹護涉 有功 賜名棹 官至太師三重大匡"(『신증동국여지승
　　람』 18, 전의현 인물)
16) "王 南征時 至錦江水漲 李棹護涉 有功 拜太師 策統合翊贊功臣二等"(『증보문헌비

당시 태조 왕건은 공격적 입장에 있었기 때문에 금강의 장애를 극복하기 위해서는 현지인의 도움이 필수적이었다. 이도가 금강을 무대로 활동하던 공주 사람으로서 왕건의 고려군을 도와 통일전쟁에 공헌하였다는 것은 이러한 점에서 역사적 맥락에 부합하는 것으로 생각된다. 그러나 실제 936년 9월 왕건이 후백 제를 칠 때는 천안에서 출발하여 경북 선산에서 후백제군을 격파하고 이어 이들을 추격하여 연산(논산시 연산면)에 이르고 있다. 통일전쟁 당시 왕건은 남하 과정에서 공주를 경유하지 않았다.[17] 이 때문에 태조 왕건이 이도의 도움을 받은 것은 927년 후백제 하의 공주를 공격하였던 때의 일로 보았다.[18] 금강을 매개로 한 전의이씨 시조 이도와 태조 왕건의 관계에 특별한 부분이 있었던 것은 분명하다.[19]

2) 정도전과 정약용의 공주 경유

공주에 대한 시 가운데는 고려 말 정도전의 시, 그리고 정약용의 시가 포함되어 있다. 정도전(鄭道傳, 1342~1398)의 시는 '공주 금강루(題公州錦江樓)'라는 제목의 시이다.

> 그대는 보지 못했는가
> 가태부(賈太傅)가 상수(湘水)에 글을 던지고
> 이한림(李翰林, 이태백)이 취하여 황학루(黃鶴樓)에서 시구 남긴 것을
> 생전의 불우 쯤 걱정도 않고
> 호기가 늠름히 천추에 비꼈네
> 또 보지 못했는가

고』217, 職官考 4)

17) 윤용혁, 「고려 통일전쟁기 태조 왕건과 공주·부여」 『역사와역사교육』 42, 2021.
18) 김갑동, 「왕건의 후삼국통일과 이도」 『충청학과 충청문화』 36, 2024, pp.41-42.
19) 전의이씨 이도와 그 후손에 대해서는 윤용혁, 「이도, 금강에서 고려 통일공신으로」 『공주의 인물』 4(충신편), 공주문화원, 2017; 김도연, 「고려~조선 전의 이씨의 성장과 구로구 궁동 집성촌 형성」 『서울과 역사』 107, 2021 참조.

제4부 금강의 문화사 — 제2장 공주 금강의 옛 나루, 장깃대나루 303

병든 몸 3년 동안 염주(炎州) 남방에 묶여 있다가
돌아와 또 금강 가에 이른 것을
강물이 자꾸 가는 것만 보았지
세월이 아니 머무르는 것 어이 알았으랴
이 몸은 이미 둥실 뜬 가을 구름
공명부귀를 어찌 다시 구하리
고금을 생각하며 한 번 긴 한숨 쉬니
노랫소리 사무쳐서 바람도 우수수 부는데
때마침 갈매기 한 쌍이 훨훨 날아오는구나[20]

이 시는 정도전이 1377년(우왕 3) 7월 유배지 나주에서 3년 만에 풀려나 개경으로 돌아가는 도중 공산성에 들렸을 때 지은 시이다. '또 금강에 이르렀다'고 하였거니와, 그는 3년 전 나주로 유배될 때 금강을 건너 남으로 내려간 바 있다. 이 시기에 아마도 정도전은 장깃대나루를 이용하여 왕래하였을 가능성이 높다. 불우한 처지에서 고군분투하던 정도전은 공주에 들러 금강루 강가에서 강을 바라보며 긴 호흡으로 시를 지어 품었던 억울함을 강물에 흘려보냈다. 그리고 15년 뒤, 고려를 무너뜨리고 이성계를 내세워 조선왕조를 개창하는 데 성공한 것이다.

조선 정조대의 실학자로 널리 알려진 정약용(丁若鏞, 1762~1863) 역시 공주 공산성에서 지은 시가 있다. 백원철 교수에 의하면 정약용의 공주 시는 4편이다. 16세 때인 1777년 전라도 화순현감으로 부임한 부친을 찾아가는 도중, 1779년(정조 3) 공주를 지나던 길, 그리고 1795년(정조 19) 홍주 금정 찰방으로 좌천되었던 시기의 2수 등이 그것이다. 그 가운데 1777년과 1779년의 경우는 장깃대나루를 이용하여 공주를 왕래하는 과정이었을 것으로 추측된다. 1779년의 시는 <웅진 회고>라는 다음 시이다.

흰 성벽 서리내린 숲을 두르고
붉은 돛배 금강에 떠있네

---

20) 정도전, 『삼봉집』(번역은 이동재, 『공산성의 옛 시문』, 공주학연구원, 2020, pp.75-76에 의함).

지세는 금마(金馬) 넓은 들에 이었고
산세는 계룡산 웅자를 마주했네
도읍을 옮긴 것은 서글픈 일이거니
형세 판단에 혼동을 일으켰네
무단히 요새를 버리고서
조룡(釣龍)의 공 이루도록 하였구나

고대 왕도로서의 공주의 장점을 지적하면서 부여 천도가 백제의 운명을 단축하는 결과를 가져왔다는 아쉬움을 토로한 것이다.[21] 정도전과 정약용의 예는 많은 이들이 공주를 들려서 출입을 하였고, 그중의 적지 않은 수가 장깃대나루를 이용했다는 점을 방증하는 것이다.

3) 이순신과 하멜의 공주 경유

이순신 장군이 백의종군을 위해 남도로 내려갈 때, 네덜란드의 표류 선원 하멜 일행이 여수에서 한양으로 옮겨질 때도 이들은 공주를 경유하고 금강을 건넜다. 이순신 장군은 정유재란이 일어나던 1597년 1월 함거에 실려 서울로 압송되었다가 풀려나 백의종군을 위하여 내려가던 중, 4월 19일 일신역에서 1박하고 금강을 건너 논산 쪽으로 내려갔다. 4월 1일 출옥한 이순신 장군은 5일 아산의 선영(仙塋)에 들르고 모친을 만나러 가는 도중 13일 갑작스러운 모친의 부음을 듣는다. 4월 19일 모친의 영전에 하직을 고하고 다시 남으로 내려가는데 그날 저녁 공주에 도착한 것이다.

> 1597년(정유년) 4월 19일 일신역에 도착하여 잤다. 저녁에 비가 뿌렸다.
> 20일, 맑음. 공주 정천동(定天洞)에서 아침을 먹고 저녁에 이산(노성)에 가니, 고을 원이 극진히 대접했다.[22]

---

21) 백원철, 「다산 정약용과 공주」『웅진문화』 2 · 3합집, 1990, p.52.
22) 이순신, 『난중일기(증보교감 완역)』(노승석 역), 여해, 2012, p.411.

장깃대나루를 건넌 사람들 - 좌로부터 정약용(서울 남산), 이순신(목포), 하멜(여수)의 동상

이순신 장군이 일신역에 숙박하고 내려가는 길은 장깃대나루를 건너는 길이었을 것이다. 일식역에 숙박하고 이튿날 '정천동'에서 아침 식사를 하였다는데, 신관동에 있는 마을인지, 아니면 금강을 건넌 이후의 동네인지는 잘 알 수 없다. 장군이 모친상을 당하고 가까스로 몸을 추슬러 내려가는데, 공주에서는 아무도 나와보지 않은 듯하다. 19일 빈소에서 나와 공주로 내려오는 도중 보산원(寶山院, 천안시 광덕면)에서는 천안군수가 미리 도착하여 영접하였고, 임천군수 한술(韓述) 이 지나가다 장군을 조문하였고, 이튿날 20일에 노성에 도착하였을 때는 이산현 감이 극진히 접대한 것에 대비된다.

1654년 제주도를 출발한 네덜란드 하멜 일행 36명은 해남으로 상륙하여 전라도 전주, 여산을 거쳐 충청도 은진, 연산을 지나 6월 공주에 도착하였다. "다음날 연산으로 가서 하룻밤 묵고, 그 다음날 저녁 공주라는 곳에 도착하였는데 충청도의 관찰사가 사는 곳이라 했다." 그리고 다음날 '큰 강을 지났다'고 한 것을 보면, 하멜 일행은 강을 건너기 전 1박을 한 다음 금강을 건너 북상한 것이다.[23] 강 건너기 전 숙박한 곳이 효가리원인지 보통원인지, 아니면 또다른 숙소인지는

---

23) 헨드릭 하멜(김태진 역), 『하멜표류기』, 서해문집, 2003, p.45.

확인이 어렵다. 2년 후 서울을 떠나 남으로 내려갈 때 하멜 일행은 동일한 길로 내려갔다고 하였다. "1656년 3월 초에 말을 타고 서울을 떠났다. 서울을 입성할 때 지났던 또 같은 길을 따라 똑 같은 고장을 거쳐 갔다."[24] 쓰여져 있지는 않지만, 이때 하멜 일행은 아마도 장깃대나루로 금강을 건넜을 것이다.

4) 1894년 죠조 신부의 순교

동학혁명과 청일전쟁이 일어난 1894년 7월에 프랑스의 죠조(Moyses Jozeau, 趙得夏, 1866~1894) 신부가 청나라군에 의하여 공주 장깃대나루, 옥룡동의 금강변에서 순교하였다. 죠조 신부는 1893년 4월에 전라북도 완주 고산에 있는 배재(梨峴)성당에 부임하였으나 이듬해 1894년 7월 동학군으로 인하여 성당이 피해를 입게 되었다. 신변이 위험해지자 뮈텔(Mutel, 1854~1933) 주교에게 연락을 취하는 한편 도움을 청하기 위하여 서울을 향하였다.[25]

죠조 신부는 파리외방전교회 선교사로 1889년 조선에 들어와 경상북도 지역에서 선교활동을 한 후 이듬해 1890년 부산으로 내려와 교회를 창립하고 발전시켰다. 1886년 조불통상조약에 의해 선교사들의 활동이 허용되었기 때문에 가능한 일이었다. 이후 죠조 신부는 1893년에 전라도 금구 배재 성당(현재는 완주군 구이면 안덕리)으로 옮겼다. 배재성당은 전북에서 처음으로 1889년 설립된 성당인데, 죠조 신부 순교 이후 이듬해인 1895년 라크루 신부가 김제시 금산면 화율리로 성당을 옮기면서 '수류(水流)성당'이 되었다.

죠조 신부가 동학군을 피하여 상경하던 때에 청군과 일군, 양국군이 조선에 진주해 있었고, 이들은 아산만과 서울을 잇는 지점인 천안 성환에서 큰 전투를 벌였다. 마침 상경중인 죠조 신부가 천안 쪽으로 진행할 무렵이었다. 죠조 신부는 7월 28일 오후 금강을 건너 광정에서 1박을 하고 29일 다시 출발하였다. 바로

---

24) 위의 책, p.54.

25) 뮈텔 주교 일기에 의하면 1894년 7월 19일 죠조는 "신자들의 살육과 방화가 시작"된다는 위급함을 전보로 알렸고, 이에 대해 뮈텔은 피신하거나 상경하도록 7월 24일자로 답신하였다(한국교회사연구소, 『뮈텔주교일기』 1, 2009).

죠조 신부의 묘소가 있는 용산성당 성직자 묘역과 신부의 묘소

그날(1894년 7월 29일, 음력 6월 27일), 아산만으로 상륙하여 성환에서 패주한 섭지초(葉志超)의 청국 군대가 공주 방면으로 후퇴하는 중이었다. 죠조 신부는 청나라군에게 붙들려 다시 공주로 내려오게 된다.

7월 29일(양) 죠조 신부는 장깃대나루를 건너 오후 5시경 옥룡동 금강변에서 동행했던 마부와 함께 살해되었다.

> 오늘 저녁 9시 반에 파스키에 신부의 연락원 두 명이 와서 가엾은 죠조 신부가 청국군에게 학살 당했다는 소식을 전해 주다. 그는 서울로 올라오는 길이었는데, 7월 29일 저녁 공주 활원(弓院)의 주막에서 패주하던 청국군과 마주쳤는데, (그 청국 군대는 바로 그날 아침에 격퇴 당했음) 신부는 그들에 의해 죽임을 당했고, 신부의 마부인 칼노영감도 그들의 총에 죽었다고 한다.[26]

신부의 순교 장면에 대해서는 상세한 조사 보고가 남겨져 있다.

> 죠조 신부의 옷 아랫도리는 모두 젖어 있었고 진흙이 잔뜩 묻어있었습니

---

26) 한국교회사연구소, 『뮈텔주교일기』 1(1984.8.2.), 2009.

다. 신부는 청국 병사들에게 둥그렇게 둘러싸인 채 침착하게, 아니 체념한 듯 서 있었습니다. 신부는 겁도 없고 나무랄 데 없는 사람처럼 자신감 있는 태도로 병사들을 쳐다보기도 했으며, 기도를 하는 듯 하늘을 쳐다보기도 했습니다. 어느 순간, 병사 한 명이 뒤로 다가와 신부의 얼굴을 양손으로 잡았습니다. 그리고 신부를 일으키려는 듯 머리를 쥐고 세게 들어 올렸습니다. 이를 지켜본 사람들은 병사가 신부의 목을 유연하게 늘여 단칼에 베려 한다고 생각했습니다. 그런데 이내 신부가 공중으로 뛰어올랐습니다. 병사들이 신부의 허리를 찔러 그 고통이 너무 큰 나머지 신부가 뛰어올랐다고 생각한 사람들도 있었고, 신부가 병사들의 손에서 벗어나 강물로 뛰어 들어가 헤엄쳐 도망치려 한다고 생각한 사람들도 있었습니다. 그러나 병사 네 명이 신부를 붙잡았습니다. 병사들은 신부의 팔을 잡고 뒤로 끌고 갔습니다. 신부는 머리를 앞쪽으로 해서 땅바닥에 넘어졌습니다. 그 순간, 다른 병사들이 검으로 신부를 내리쳤습니다. 첫 번째 칼은 목을, 두 번째 칼은 머리를 내리쳐서 뇌가 튀어나왔습니다. 신부는 다섯 번째 칼을 맞고 나서야 쓰러졌는데 머리가 몸에서 완전히 분리되지 않았습니다. 병사들은 곧 신부의 팔과 다리를 내리쳤습니다. 때는 7월 29일 일요일 오후 5시경이었습니다. 처형 장소는 공주 당국이 흉악한 범죄자를 처형시키는 좌안 모래강변이었습니다.[27]

시체는 이틀동안 강물에 버려져 있다가 31일에야 교우들에 의하여 건져져 부근 강가에 임시로 묻어두었다. 청나라 군대는 공주에서 원주 방면으로 우회하여 철수하였고, 이 사건은 외교적 문제로 비화하였다. 그후 조정의 명으로 공주감사는 신부의 시신을 찾아내 쌍수산성 아래 묻도록 하였다. 이듬해 1895년 뮈텔 주교는 샤르즈뵈프(Chargeboeuf, 1867~1920) 신부를 내려보내 죠조 신부의 시신을 서울로 이장하게 하였다.[28] 시신은 4월 25일 용산에 도착, 27일 장례미사가 거행되었다. 신부의 무덤은 현재 서울 용산성당 성직자 묘역에 조성되어 있다.[29]

---

27) (『한국근대사자료집성』 프랑스외무부문서 6(조선Ⅵ·1893~1894), 【96】 죠조 신부 사망 관련 문서의 송부, 서울발 1894년 10월 8일 정치공문 제20호 첨부 1 서신) 이 내용은 최석우, 『한국 천주교회의 역사』, 한국교회사연구소, 1982, pp.250-252에 정리되어 소개된 바 있다.

28) 오영환 · 박정자, 『순교의 맥을 찾아서』, 가톨릭출판사, 2009, pp.108-109.

29) 용산성당의 묘비에는 죠조 신부가 1894년 7월 26일 순교한 것으로 되어 있어, 날짜

3. 장깃대나루 관련 유적

1) 옮겨진 장깃대나루의 흔적

1990년대 공주 신관동에서 대전 시내로 진입하는 국도 32호선이 정비되면서, 금강 북안을 따라 왕복 4차선 도로가 개설되었다. 공사의 결과 장깃대나루의 흔적은 완전이 인멸되었다. 그 부근에는 금강홍수통제소가 들어섰다. 다행히 장깃대나루에 늘어서 있던 관원들의 송덕비와 느티나무 고목 한 그루가 공주대 정문으로 통하는 금강대교 사거리의 금강변 한 모퉁이에 옮겨져 있다. 나루는 없어졌지만 그 흔적이 아직 남겨져 있는 셈이다. 느티나무 고목은 원래 두 그루였는데, 이식 이후 한 그루는 살아나지 못했고, 겨우 살아남은 최후의 고목 한 그루도 여건이 점점 악화하는 상태이다.

옮겨진 선정비는 도합 7개인데, 6개가 나란히 서 있고 1개(도순찰사 민영상선정비)는 별도로 세워져 있다. 7개의 선정비는 다음과 같다.

남일우 선정비(觀察使 南公 一祐 永世不忘碑) (광서 14년 무자 7월, 1888)
박용대 선정비(暗行御史 朴公 容大 永世不忘碑) (병자 11월, 1876)
이용탁 선정비(御史 李公 容鐸 善政碑) (갑신 3월, 1884)
이중하 선정비(暗行御史 李公 重夏 永世不忘碑) (임진년 1월, 1892)
송병종 선정비(判官 宋侯 秉琮 永世不忘碑) (임진 11월, 1892)
홍재탁 선정비(判官 洪公 在鐸 永世不忘碑) (기축 11월, 1889)
민영상 선정비(都巡察使 閔公 泳商 永世不忘碑) (광서 14년 무자 8월, 1888)

이들 비석은 모두 1894년 청일전쟁 발발 이전에 세워진 것들이다. 죠조 신부가 장깃대나루를 왕래하고 강변에서 살해되었던 그 때에 이들 선정비는 모두 강북쪽에 세워져 있었던 것이다. 고목과 선정비가 그대로 옮겨진 이 장소를 '장깃

가 정확하게 일치하지 않는 점이 있다.

옮겨진 장깃대나루의 선정비들과 느티나무 고목

대나루 공원'으로 명명하고 정비하였으면 하는 것이 필자의 의견이고 제안이다.

2) 복원한 장깃대나루

4대강 사업 당시에 신관동 감나무골 장깃대나루를 형식적으로나마 복원하였다. 공주 금강의 대표적 나루로 장깃대나루를 선정하여 복원 작업을 한 것으로 보인다. 물론 복원한 이후 한번도 활용하지 못하였다. 복원한 나루의 위치는 원위치보다 서쪽, 공주대교 가까운 쪽이며, 그때 조성한 진입로, 데크 시설이 활폐된 상태로 버려져 있고 부근에 '장깃대나루' 표지석을 세웠다. 오석 검은 바탕에 '장깃대 나루터'라는 제목의 설명문은 다음과 같다.

> 장깃대나루는 한양에서 호남으로 향하는 호남대로 상에 위치한 나루터이다. 당시 이곳은 공주 시내를 거치지 않고 서울로 갈 수 있었기 때문에 공주를 비롯한 인근 지역과 호남 일대를 드나드는 관리 및 일반 서민들이 주로 이용하였으며 물자 역시 이 나루를 통해 활발하게 이동하였다. 장깃대 지명에 대해서는 나루 인근 시목동 비선거리 형장(刑場)에 사형을 집행하는 장깃대가 있어 여기서 유래되었다고 한다.

덤불·속에 묻힌 장깃대나루 표지석 너머로 멀리 보통원 자리(아파트)가 보인다

설명문 가운데 '시목동 비선거리 형장'이라 한 것은 옥룡동 쪽 장깃대나루와 혼선이 있는 것으로 생각된다.

3) 이산(李山)과 이도의 선대 묘소

태사공 이도(李棹)가 고려 건국공신으로 이름이 드러난 것은 10세기 고려의 통일과정 때의 일이지만, 그 선대는 아마 대대로 공주, 금강변에서 터를 잡고 살던 집안이었을 것이다. 통일신라기 '주호(朱昊)'라는 중국의 승려가 공주에 이르렀다가 '이방이(李芳伊)'라는 사공의 효행과 적덕에 감동하여 명당을 점지하여 주었다는 전설이 이 점을 암시한다.

전의이씨 이도의 선대(李芳伊라 함) 묘소가 있는 이산(李山)은 신관동 공주대교가 내려다 보이는 금강변의 다소 가파른 야산이다. 통제소 뒷산, 장군산의 맥이 흘러 금강에 닿는 곳에 전의이씨 시조 선대의 묘소가 위치한다. 묘소는 '목 마른 용이 물을 먹는(渴龍飮水)'다는 풍수 지형이다. 전설에 의하면 주호선사가 이도의

금강변 이산에 있는 전의이씨 이도의 선대 묘소

선대 이방이에게 잡아주었다는 묘자리이다. 산 입구에는 '전의 이태사 선산 사적비'라는 표지석이 세워져 있다. 선대 묘소가 자리한 이 산은 예로부터 '이산(李山)'으로 전한다. 이씨의 산소가 있기 때문일 것이다. 왕릉과 그 부근의 산, 송산(宋山), 박산(朴山), 한산(韓山) 등에 비견되는 지명인 것이다.

공주시 신관동 태사공 선대 묘소가 있는 이산 기슭에 전의이씨 재실이 있다. 영모재(永慕齋)라는 이름의 재실이다. 이 재실 곁에는 '진양각(眞陽閣)'이라는 이름의 작은 제각이 하나 세워져 있고 안에는 석상 하나가 모셔져 있다.[30)]

4) 칼못, 용못

'칼못'은 장기대 부근의 못으로 '죄인의 목을 친 칼을 씻던 곳'이라는 데서 붙여진 이름이다. 오래 전 홍수로 강물이 범람하면서 없어졌으나, 가루베 지온(輕部

---

30) 이해준, 「장깃대나루 이야기」 『고도 공주 고마나루 이야기』, 공주시, 2017, pp.20-22; 윤용혁, 「이도, 금강에서 고려 통일공신으로」 『공주의 인물』 4, 공주문화원, 2017.

慈恩)이 수집하여 편찬한 자료에 그에 대한 이야기가 들어 있다.

> 공주군 주외면 소학리에는 용지라는 못이 있다. 이 못의 북쪽-금강방면-으로
> 는 용지의 절반 정도가 작년까지 남아 있었다. 옛날 나쁜일을 한 사람을 잡아와
> 서는 이 못에서 죽였다는 것이다. 연못 한쪽에 통나무를 ×자 형으로 세우고 거
> 기에 사람을 붙들어매 목을 잘라 죽였기 때문에, 이 부근 사람들은 이 못을 '칼못
> (刀池)'이라고도 하고 있다. 작년 여름 대홍수 때문에 못은 없어지고 그 옆에 작
> 은 못이 두 개 생겼다. 칼못 동쪽에는 밭이 있었는데 그것도 못과 함께 홍수로 없
> 어졌고, 작은 돌이 많이 나왔는데 석비 두 개와 깨진 기와도 나왔다.(徐俊星)[31]

'칼못' 이야기는 장깃대나루터 주변에서 실제 범죄자에 대한 처형이 이루어졌
음을 암시하는 것이라는 점에서 중요하다.

공주 소학동 소재 용못의 흔적(2016년 촬영)

---

31) 公州高普校友會(輕部慈恩 편), 『忠南鄕土誌』, 1935, p.17.

'장깃대나루'는 교통 중심도시로의 공주의 지정학적 특성을 보여주는 콘텐츠의 하나이다. 공주가 백제 이래 근대에 이르기까지 1천4백년 간 거점 도시로서 기능을 해왔던 것은 교통 중심도시로서의 기능을 가지고 있었기 때문이었다. 근대 교통체계의 개편으로 1세기 남짓 공주는 그 기능을 상실하였지만, 근년에 이르러 중부권 교통 거점으로서의 공주의 특성은 다시 회복되고 있다. 장깃대나루는 교통 편의도시로서의 공주를 상징하는 콘텐츠이기도 한 것이다.

　'천년 장깃대나루'는 소멸되었지만, 지금 우리가 해야 할 일 두 가지가 남아 있다. 하나는 관련 자료를 더 잘 정리하여 이야기를 모아두는 일이고, 또 다른 하나는 장깃대나루의 공간을, 장소는 다르더라도 사람들이 기억하게 하는 공간으로 확보하는 일이다. 옮겨진 고목과 선정비 등 장깃대나루의 방치된 흔적의 장소를 '장깃대나루 공원'으로 만드는 것은 그 구체적 실천 방안이 된다.

* 본고는『웅진문화』34, 2021에 게재된 것을 보완한 것임.

제3장 백마강 명승으로서의 부여 부산(浮山)

머리말

　부산(浮山)은 백마강변 부소산의 서남쪽 건너편, 부여 규암면 진변리와 신리에 있는 작은 산이다. 높이는 106.8m인데 이는 부소산(106m)과 거의 같은 높이이다. 규모는 작지만 '부산'의 이름은 『삼국유사』에 백제시대 사비 '삼산' 중의 하나로 알려져 있는 유서 있는 산이기도 하다. 백마강변에 위치한 부산은 자온대와 왕흥사 사이에 있고, 부소산성과 가까운 곳이어서 천정대, 낙화암, 조룡대 등 백마강 강변의 대표적 상징 공간과도 짝을 이루는 곳이다.

　백제 멸망 이후 고려, 조선 1천 년 동안 부여는 '망국 백제의 현장'으로서 특별한 탐방의 장소로 꼽혀온 곳이다. 이 때문에 부여는 많은 선비와 관인들의 대표적 탐방지가 되었는데, 그 핵심 루트는 백마강변의 이들 지점을 배를 타고 선유(船遊)하는 것이었다. 지금의 부여 답사가 부소산성과 정림사지와 능산리사지, 국립부여박물관 등 육상의 유적을 둘러보는 것으로 되어 있는 것과 사뭇 다른 것이다. 이러한 점에서 백마강변의 이들 명승을 탐방하는 것은 '고전적' 부여 답사에 해당한다고 말할 수 있다.

근년 필자는 역사 답사로서의 백마강 답사의 의미와 중요성에 대하여 새로운 인식을 갖게 되었고, 그 일환으로 강변의 유서지인 부산(浮山)에 대해서 주목하게 되었다. '부산'에 대해서는 '백제 삼산(三山)'의 하나라는 점에서 일찍 그 중요성이 인지되었음에도 불구하고, 그 인식이 구체적이지 못하였다. 이 때문에 '고도 부여'에서 부산은 별로 주목받지 못하는 공간의 하나였던 것이다. 본고는 바로 이러한 문제 의식에서, '부산'은 어떤 산인가 하는 지극히 기초적인 정리로부터 시작하여 부산의 문화유산적, 경관적 가치를 주목한 것이다. 부산이 한때는 낙화암, 고란사, 조룡대 등과 함께 백마강의 대표적 포스트로 부각되었던 점을 지적함으로써 '고도 부여'의 유산으로서의 자원적 가치를 강조하였다.

고증을 중시하는 역사학의 관점에서 보면 이 같은 접근이 다소 미흡하게 여겨질 수 있는 점이 있지만, 부여 도성에 있어서 백마강의 의미를 재인식하는 계기로서 본고가 일정한 의미를 가질 수 있지 않을까 생각한다.

1. '백제 삼산', 그리고 '떠내려온 산'

1) '백제 삼산'으로서의 부산

부여 출토의 백제 유물중 산수문의 전(塼)이 있다. '산(山)'자의 형상을 연상시키는 세 봉우리의 산 풍경이 묘사된 벽돌이다. 백제인들의 산경(山景)에 대한 감성을 보여주는 자료로서 유명한 것이다. 이와는 성격이 다르지만 백제인의 산에 대한 사상과 인식을 보여주는 것이 '삼산 신앙'이다. 이에 대해 『삼국유사』에서는 백제시대 도성에 일산(日山)·부산(浮山)·오산(吳山)의 '삼산(三山)'이 있었으며 "국가의 전성시에는 각기 신인(神人)이 그 위에 거주하며 아침저녁으로 서로 왕래하였다"고 하였다.[1] 그것은 도성을 안전하게 수호하는 하늘의 힘에 대한 신앙

---

1) "又郡中有三山 曰日山·浮山·吳山 國家全盛之時 各有神人居其上 飛相往來 朝夕不絶"(『삼국유사』 2, 기이 하, 남부여·전백제·북부여)

이라 할 수 있다.

부산과 함께 '백제 삼산'으로 언급된 일산(日山)은 읍내의 금성산(121m), 오산(吳山)은 현재 염창리 뒤 160m 높이의 오산(烏山)으로 추정되고 있고,[2] 학계에서도 이에 동의를 하고 있다.[3] 도성 서남편의 강변에서 바라보면 부산, 금성산, 오산은 가운데 부소산(106m)을 중심으로한 100~200m 높이의 구릉성 산지로서, 모두 한눈에 들어오는 고른 경관을 이루고 있다는 점에서 삼산의 구성으로 수긍되는 바가 있다.[4] 백제가 가지고 있던 삼산에 대한 인식이 부소산 주변의 산을 '삼산'으로 구체화한 것이라 할 수 있다. 이도학은 사비시대의 이 삼산사상이 아마 전성기인 무왕대에 성립하였을 것이라 추정하였다.[5]

한 풍수학적 연구에 의하면 사비도성 부여의 지형 조건은 부소산과 금성산, 그리고 백마강으로 대별된다고 하였다.[6] 부소산, 금성산과 짝할 수 있는 백마강의 산이 부산이고 보면, 삼산 가운데 오산만이 이 도성권에서 약간 외곽으로 비켜 있는 셈이다. 그러나 오산(烏山)의 경우는 나성, 왕릉, 능산리사지와 가까운 곳이어서, 사비 왕도의 중요한 의례 공간으로서의 기능이 주목된다고 하였다.[7] 금성산에서는 와적기단 건물지를 비롯한 백제시대 건물지와 절터, 불상 등이 조사된 바 있고,[8] 산 정상에는 테뫼형의 토석혼축성이 백제시대에 구축되어 있었던

---

2) 한글학회, 『한국지명총람』 4(충남편 상), 1974, pp.438-440.

3) 이도학, 「사비시대 백제의 4방계산 호국사찰의 성립」 『백제연구』 20, 1989, p.216; 장인성, 「백제의 도교문화」 『한국 고대 도교』, 서경문화사, 2017, pp.142-144 참조.

4) "사비 도성의 중앙에 있는 금성산을 중심으로 동쪽과 서쪽으로 각각 2km 떨어진 곳에 나란히 오산과 부산이 위치하고 있다. 삼산의 정상에 오르면 사비도성 내부는 물론 멀리 논산, 장항, 익산, 서천까지도 한 눈에 조망할 수 있어 사비로 도성을 옮기고 삼산을 중요시한 이유를 확인할 수 있다."(장인성, p.143)

5) 이도학, 앞의 「사비시대 백제의 4방계산 호국사찰의 성립」, p.124.

6) 지종학·김남선, 「백제 사비왕궁터에 대한 풍수지리적 연구 -부소산과 금성산을 중심으로」 『한국사진지리학회지』 29-3, 2019, p.35.

7) 장인성, 앞의 『한국 고대 도교』, p.144.

8) 국립부여문화재연구소, 『부여금성산 백제와적기단건물지 발굴조사보고서』, 1992; 이은창, 「금동탑신의 조성양식 문제: 부여 금성산사지 출토」 『사학연구』 14, 1962.

것으로 보인다. 오산(烏山)에서는 백제시대 기와, 토기, 불상 등이 나온 적이 있다고 한다.[9]

부산은 백제시대에도 '부산'으로 불리면서 도성의 신성처로 인식되고 있었다. 이도학은 부근의 왕흥사가 바로 부산을 짝으로 하여 조성된 것이어서, 오산을 진산으로 하여 왕릉이 조성된 것과 같다고 그 의미를 부여하였다.[10] 부산은 지금은 육지와 연접하여 있지만 원래는 섬이었던 곳으로 보인다. 부산의 북측으로는 길이 500m의 '신리 제방', 남측으로는 길이 300m의 '진변 제방'이 만들어져 전답이 만들어지면서 육지화된 것이다. 제방이 만들어진 것은 해방 후의 일로 되어 있다.[11] 백제 당시 부산은 도성에 근접해 있으면서도 섬이라는 특성에 의하여 신성성이 부여되었다고 생각된다. 공주의 경우 공산성 서쪽 강 건너편에 있는 취리산(치미산)이 제사처였던 것과 상응하는 것이기도 하다.[12]

부산의 지리적 특성과 연관하여 흥미 있게 생각되는 사항의 하나는 부산 남측 기슭의 중심 마을이 '백강'이라는 이름을 가지고 있는 점이다. '백강 마을'은 '백촌(白村)'이라고도 하였다. 읍내 구교리와 백강 마을을 연결하는 나루는 당연 백강나루이기도 하다. '백강' 혹은 '백촌(白村)'이라는 지명은 663년 백제 부흥운동 당시 왜군이 격파된 현장으로 널리 알려진 '백강'의 하구', '백촌강' 등과 같은 이름이어서 관심을 끌만 한 사항이지만, 적어도 '백강 마을'의 '백강'이 '백마강'을 지칭하는 것임은 물론이다.

---

9) 한글학회, 『한국지명총람』 4(충남편 상), p.40.

10) 이도학, 「사비시대 백제의 4방계산 호국사찰의 성립」, p.125.

11) 한글학회, 『한국지명총람』 4(충남편 상), pp.447-448.

12) 취리산 회맹지는 665년 신라 문무왕, 백제 부여 융이 당(유인원)의 중재로 서로 화친할 것을 약속한 제단이다. 아마 웅진 도성에서 가장 중심적 제단이었을 것이다. 취리산의 위치에 대해서는 공주생명과학고 부근의 치미산과 부근의 연미산에 대한 논란이 있으나, 섬과 같은 지형의 낮은 구릉(해발 52.4m)인 치미산이 맞을 것이다. "앞으로 금강이 있고 양 옆과 뒤로는 정안천과 같은 크고 작은 하천이 감싸며 흐르고 있는" 치미산이 취리산에 해당할 것이라는 양종국의 견해가 참고된다(양종국, 「웅진도독 부여융과 신라 문무왕의 취리산 회맹지 검토」『취리산 회맹과 백제』, 혜안, 2010, p.137).

부여 백마강변의 부산(규암면)

　백제 삼산으로서의 부산의 특성을 고려하면 부산은 사비도성의 중요한 제사
처의 기능을 가졌을 것이다. 부산의 불사 조영, 사액서원의 존재, 산신각 등은 부
산이 가지고 있었던 신성성을 배경으로 하는 것이다. 기록이나 고고학적 자료가
아직 뒷받침되는 것은 아니지만, 부산이 신인(神人)이 왕래하는 백제 삼산의 하
나였다는 점에서 종교적 신성공간으로 인식되는 제사처로서의 기능이 포함되어
있으리라는 추정이 무리한 것은 아닐 것이다.[13] 부산이 갖는 이러한 신성성의
출발점은 섬을 방불하는 그 지형적 특이성이다. 그러한 특이성을 설명하고 있는
것이 '떠내려온 산'이다.

2) '떠내려온 산', 부산

　'부산'의 유래에 대해서는 여러 가지 구전이 수집된 바 있다. 그 가운데 최상
수 채집의 구전을 소개하면 다음과 같다.

---

13) 이도학은 神人이 왕래하던 이들 삼산에는 산신을 제사하는 신사가 시설되어 있었
　　 을 것이라 하였다. 이도학, 「사비시대 백제의 4방계산 호국사찰의 성립」, pp.124-
　　 125 참고.

부여 백마강 가에 부산이라는 산이 있으니 이 산은 물 위에 꼭 뜬 것같이 보이는데, 이 산은 원래 충청도 청주에 있던 산으로 오랜 옛날 비가 많이 와서 큰 홍수 때에 떠내려 온 것이라 한다. 비가 그치자 청주 고을에서는 떠내려 간 산이 부여 백마강가에 있는 것을 알고 청주 사람들은 "이 산은 우리의 산이다" 하고서는 해마다 세금을 받아갔다. 그런데 어느 해 부여에 새로 부임해 온 원이 이 이야기를 듣고서 청주 고을 원에게 "올해부터는 세금도 바치지 않겠거니와 이 산이 고을의 산이면 하루 빨리 가져가시기를 바라며, 우리 고을에서는 이 산이 소용이 없습니다"라고 통지를 내었더니 그 뒤로는 결코 세금을 보내라는 말이 없었다고 한다.(1936년 1월 서천군 장항면 이윤의 구술)[14]

또 다른 채록에 의하면 "이 부산에는 신선이 살고 있어 바둑을 두는 소리가 그 근처 동네에까지 들린다"(1942년 9월 은산면 금곡리 유진석 구술)[15]고 하였다. 부산의 공간적 신성성을 강조한 것이라 할 수 있다.

금강에는 이 부산 이외에도 여러 떠내려온 산이 있다. 금강 하구 군산시에 소재한, 공주에서 떠내려왔다는 '공주산'이 그중의 하나이다. 그 내용은 비교적 이른 시기의 문헌인 『신증동국여지승람』에 실려 있다.[16] 그리고 같은 책에는 남한강의 양근(양평)에도 충주에서 떠내려왔다는 '충주산'도 소개되고 있다. 관련하여 충주산 구전에 대한 한수(韓脩)의 시가 실려 있다. "지역에 살던 이들이 전에 이르기를/ 저것은 본래 충주에 있던 산인데/ 내려오다가 여기에 이르렀기에 이 때문에 충주산이라 한다"는 것이다.[17] 이들 전설에서는 공통적으로 세금을 둘러싼 행정구역간의 분쟁이 중요한 줄거리가 되어 있어, 고려 조선시대 조운 및 월경처와 연관된 사안으로 파악된다.[18]

---

14) 최상수, 『한국 민간전설집』, 통문관, 1984, pp.116-117.

15) 임석재, 『한국 구전설화』, 평민사, 2003, p.203.

16) 『신증동국여지승람』 34, 전라도 임피현 산천.

17) 『신증동국여지승람』 8, 양근군 산천.

18) 이에 대해서는 윤용혁, 「금강의 하운과 공주산」『공주, 역사문화론집』, 서경문화사, 2005, pp.144-148 참조.

문헌 기록은 아니지만 구전으로 전해오는 떠내려온 산은 백마강 바로 위쪽에도 있다. 행정구역상으로 청양군 청남면 중산리에 속하는 '온미(來山)'가 그것이다. 부여 규암면 호암리에서 조금 거슬러 올라가 백마강변의 작은 산(높이 약 50m, 둘레 약 200m)으로서 평면이 둥그런, 함지박 같은 모양이 부여 부산의 축소 모양이다. 이에 대해서는 1930년대 이치구(李致九)가 고로(古老)에게 들은 것이라는 '내산(來山)'에 대한 다음과 같은 이야기가 채집되어 있다. "지금으로부터 1천 년 전 옛날, 세상에 드문 대홍수가 있었는데 그 당시 멀리 상류에서 한 작은 산이 물에 떠내려와 이곳에 머물게 된 것이라고 한다. 얼마나 오래전의 일인지는 확실하지 않다."[19] 이 산은 공주에서 떠내려온 것이라 한다.[20]

위의 타 지역 사례에서 보더라도 '떠내려 온 산'에 대한 이야기는 매우 오래전에 형성되어 내려온 이야기로서 아마 고려시대에 조성된 것이라 생각된다. 16세기 인물 체소재(體素齋) 이춘영(李春英, 1563~1606)의 부산에 대한 시도 이점을 뒷받침 한다.[21]

듣자 하니 바다에 산봉우리 떠내려 와   聞說羅浮海上峰
육오(六鰲,여섯마리 자라)가 머리에 이고 물결을 헤친다네   六鰲頭戴與波通
바다가 이곳에서 멀지 않으니   滄溟此去無多地
조만간 우리나라에 날아오려나   早晚飛來到我東

부산은 지형적으로 부소산에 대응하는 형상을 가지고 있어서 백마강의 탐방객에게는 쉽게 눈에 들어오는 특성을 가지고 있다. 신광수(申光洙, 1712~1775)의 '부여회고(扶餘懷古)'의 한 구절이다.[22]

---

19) 公州高普校友會, 『忠南鄕土誌』, 1935, p.78.

20) 한글학회, 『한국지명총람』 4(충남편 하), 1974, p.400.

21) 李春英, 『體素集』 상(한국고전번역원, 『한국문집총간』, 2013, 번역은 진경환, 『백마강, 한시로 읊다』, 민속원, 2011, p.161에 의함).

22) 申光洙, 『石北集』 3(한국고전번역원, 『한국문집총간』, 번역은 진경환, 『백마강, 한시로 읊다』, p.321에 의함).

평초에는 부산이 솟아있고 平楚浮山出
반월성은 기울어져 황량하네 荒城半月斜

　김창흡(金昌翕, 1653~1722)의 시중에서도 "부산사(浮山寺)에는 낙엽이 다 지고, 반월성에는 안개만 자욱하네"[23]라고 하여 부산과 부소산성이 함께 대등하게 묘사되고 있다. '떠내려 온 산'이라는 전설과 함께 이는 백마강변 부산이 가지고 있는 지형적 특성에서 비롯된 점이 많다.

2. 부산(浮山)의 역사성과 문화유산

　부소산성이 바라다 보이는 백마강변에 위치한 부산은 지리적으로 특별한 위치인만큼 여러 문화유적, 역사적 유서지가 집중된 곳이기도 하다. 지리적 특성으로 형성된 부산의 역사성은 대략 세 가지의 컨셉을 가지고 있다. 도성을 수호하는 관방으로서의 부산, 종교적 신성지역으로서의 부산, 그리고 절조 있는 지식인의 삶터(절의 정신의 계승처), 이 세 가지가 그것이다.

1) 도성 관방처로서의 부산

　부산의 높이는 부소산과 같은 높이(106m)이다. 백마강의 하류 쪽에서 부소산으로 접근해오는 선박의 움직임이 일목요연하게 파악되는 지점이다. 사비도성을 방어하는 데 있어서 관측 지점으로서의 실효성이 큰 지점인 것이다. 오래 전의 보고에 의하면 부산의 정상에는 둘레 약 400m의 토축 산성이 구축되었으나 현재 대부분 유실된 상태라고 하였다.[24] 그러나 1979년도 조사 보고서에는 부

---

23) "葉盡浮山寺 烟輕半月城"(金昌翕, 『圃陰集』)
24) 충남대학교 박물관, 『문화유적분포지도』(부여군), 1998, p.163.

산성의 둘레가 425m로서, 최고처에 약간의 평탄지가 있고 서북방을 향하여 완만한 경사를 이루고 있다고 하면서 성의 간략한 실측도를 함께 첨부하였다.[25]

지형적으로 보면 부산은 소규모 병력 주둔으로 도성의 주위와 접근로를 예측하는 곳이어서 규모는 크지 않아도 군사적 의의가 적지 않은 곳으로 생각된다. 성곽의 실태를 파악하는 구체적 조사가 필요한 부분이기도 하다. 부산과 금성산은 신성지역이었기 때문에 관방시설이 조성된 것은 백제 말기 또는 부흥운동기일 것이라는 견해도 있지만,[26] 이 지점이 사비도성의 호위에 매우 중요한 전략지점의 하나라는 점에서 도성의 방어 시설이 갖추어질 때 다른 주변 산성과 함께 시설된 것이었을 것이다. 1978년도 조사에서 이미 백마강 조망권의 확보 및 부소산성에서 바라볼 수 있도록 정비의 필요성이 제기되었지만[27] 여전히 방치된 상태로 남겨져 있다고 할 수 있다.

부산에서 약간 위쪽, 같은 신리에는 해발 113m, 울성산(蔚城山) 정상에 역시 부산성과 비슷한 규모(둘레 350m)의 울성산성의 존재가 보고되어 있다. 부산성의 남쪽으로는 백마강을 따라 외리산성(해발 30m, 둘레 200m), 북고리 증산성(해발 110m, 둘레 182m), 시랭이산성(해발 139m, 둘레 335m), 토성산성(해발 110m, 둘레 300m) 등이 차례로 강변을 따라 배치되어 있다.[28] 부산성과 동일한 목적의, 사비도성에 이르는 백마강변에 시설된 방어 네트워크라 할 수 있을 것이다. 모두 낮은 구릉성 산지에 둘레 200~400m의 규모로 보고 되어 있어 그 기능의 동질성을 말해주고 있다. 부산성은 부소산성에 이르는 직전 지점에서 그 중요성이 더욱 특별한 점이 있다.[29]

---

25) 충남대학교 백제연구소, 『부여지구 유적조사 및 정비계획안』, 1978, p.70, p.187.

26) 이도학, 「사비시대 백제의 4방계산 호국사찰의 성립」, p.125의 주47.

27) 충남대학교 백제연구소, 『부여지구 유적조사 및 정비계획안』, p.70.

28) 부여군, 『백마강』 하, 2008, p.415, pp.426-431.

29) 필자는 본고의 작성 과정에서 공주향토문화연구회 회원들과 함께 여러 차례 현지 답사를 하였는데, 특히 부산성과 부산 고려불 확인 답사(2021.3.25)에는 심상륙 선생의 안내를 받았다.

부산성의 남문지(추정)와 산신각

2) 종교적 신성지역

부산의 북쪽 기슭에는 현재 '청룡사'라는 절이 있다. 이곳에서는 금동불입상 2구가 10년 간격으로 확인되어 부여박물관에 수장하였다고 하였다.[30] 이와 관련하여 홍사준은 이 불상이 높이 6.6cm 통일신라기의 소상(小像)으로서 1959년 여름 당시 부여고등학교 학생이었던 문계호(文癸鎬)가 발견한 것이며, 이 자리에서는 일제 때에도 문계호의 부친, 청룡사의 주지 문행석(文幸石)이 통일신라 금동입불을 발견한 바 있다고 하였다. 1959년에 발견한 금동불에 대해서는 홍사준이 다음과 같은 기록을 남겼다.

이중기단 육각대좌의 모를 따라서 단판 연화의 부화(俯花)가 있고, 그 위에 입불이 붙어 있다. 법의를 입고 좌우수(左右手)에는 일조(一條)의 천의(天衣)가 다리 옆으로 수하(垂下) 하였는데 그 선조(線條)가 매우 분명하다. 배면(背面)의 양견(兩肩) 중부(中部)에는 적은 첨단(尖端)이 솟아 있고 그 이하 대좌까지는 홈으

---

30) 충남대학교박물관, 『문화유적분포지도』(부여군), 1998, p.163; 부여군지편찬위원회, 『부여군지』 7(부여의 문화유적), 2003, p.156, pp.241-242. 이 내용은 한글학회, 『한국지명총람』 4(충남편 상, 1974, p.447) '청룡사'에 나와 있는 사항이다.

로 파져 있다. 총고 6.6cm의 소상이나 도금이 대부분 남아 있다.[31]

　같은 신리에 있는 청간사(靑澗寺)터(청관절)에서도 금동불이 나와서 일인이 가져 갔다고 하였으나[32] 불상은 어떤 것인지 확인되지 않는다.

　인근 규암면 신리의 사지에서는 1959년에 불상 및 금동제품의 발견이 보고 되어 있다. 금동여래좌상 1점, 금동보살입상 2점, 금동입상 1점 등이다. 금동보 살입상 1점은 높이 10.2cm, 군수리 출토 금동보살상과 계통과 양식을 같이하는 것이고, 다른 1점은 두손에 보주를 쥐고 있는 형태이다. 선정인(禪定印)을 한 금동 여래좌상은 서울 뚝섬 출토 불상과 유사하며, 금동입상은 신장상으로 추정된다. 크기가 작고, 세련된 작품은 아니지만 다양한 백제시대 불상이 한 장소에서 출 토되었다는 점이 흥미 있다. 이들 4점의 불상과 함께 금강저(金剛杵)를 연상시키 는 파손된 동제품이 함께 나왔다. 그러나 이들의 출토지는 같은 신리이지만 부 산이 아니고 '중뜸' 마을의 뒷산 언덕이라 하였다. 절터와도 무관한 곳이어서 사 비도성 함락 때에 응급조치로 묻은 것으로 추정된다고 하였다.[33] 앞서 언급된 청룡사에서 언급된 2구의 불상과는 다른 별개의 자료인 것이다.

　부산 소재의 절이 '청룡사'라는 것은, 부산 동남 기슭 암벽에 '하류청룡사 추 유백마강(夏留靑龍寺 秋遊白馬江)'이라는 문구가 새겨 있는 데서 추정된 것이라 한 다.[34] 실제 석각의 각서가 남아 있는지는 확인된 바 없는데, 그 구절은 이안눌(李 安訥, 1571~1637)의 시 「부여현」에서 "하일청룡사(夏日靑龍寺) 추풍백마강(秋風白馬

---

31)　홍사준, 「충남출토의 금동불 3례」『고고미술』 2-6, 1961.

32)　한글학회, 『한국지명총람』 4(충남편 상), p.447.

33)　황수영, 「부여규암면출토 백제불보살상」『미술자료』 8, 1963(『한국의 불상』 상, 혜 안, 1998)을 참조함. 홍사준은 이 불상이 원래 왕흥사에 있던 것이 아닐까 추측하 였다(홍사준, 「호암사지와 왕흥사지고」『백제연구』 5, 1974; 『백제사논집』, 향지, 1995, p.267).

34)　충남대학교 박물관, 『문화유적분포지도』(부여군), p.163 참조. 여기에서는 청룡사와 청룡사지가 진변리라 하였으나, 이는 '신리'에 속하는 곳이다. 위에 언급한 『부여군 지』(2003)에서도 청룡사지를 '규암면 진변리 백강마을'이라 하였다(p.157).

江)"이라 한 것과 유사하다.

여름날 청룡사요   夏日靑龍寺

갈바람 백마강이라네   秋風白馬江

길은 온조왕이 다스린 땅을 지나고   路經溫祚覇

성터는 의자왕이 항복한 곳과 마주했네   城對義慈降[35)]

    석각의 존재는 불확실하지만 일단 17세기 초 백마강변에 '청룡사'라는 절이 있었으리라는 사실은 인정된다고 할 수 있다. 이처럼 '청룡사'라는 절은 다소 모호한 점이 있지만, 부산에는 '부산사'라는 절이 있었다. 『여지도서』 부여현 지도에는 부산에 대재각, 부산서원과 함께 '부산사'가 산 북쪽에 있는 것으로 기재되어 있다.[36)] 김창흡(金昌翕, 1653~1722)의 시에도 '부산사(浮山寺)'라는 절이 등장하고,[37)] 역시 그의 시에는 '강머리에서 부산사를 바라보며(江頭望見浮山寺)'라는 제목의 시도 보인다. 여기에 언급한 '부산사'는 흔히 '부산의 절'로 번역되고 있지만, '부산사'라는 이름의 절이 있었던 것이다. 남구만(南九萬, 1629~1711)이 지은 "백마강(白馬江) 나루터에서 진사(進士) 심권(沈權)이 부산사(浮山寺)에서 두 손님과 작은 배를 타고 와서 작별하였다"라는 다음의 시도 부산사와 관련한 자료이다.[38)]

아침에 백마강 나루터를 묻고는   朝問白馬津

뱃사공 부르느라 오랫동안 기다렸네   招舟久延佇

떠오르는 해는 안개 낀 나무에 비치고   初日映霧樹

잔물결은 내 낀 못가에 일렁이네   微波漾煙渚

---

35) 李安訥, 『東岳先生集』 21(자료는 한국고전번역원, 『한국문집총간』 78, 번역은 진경환, 『백마강, 한시로 읊다』, p.192).

36) 『여지도서』에 '浮山寺: 古有 今廢', 『호서읍지』 중의 부여현 사찰조에도 '浮山寺: 在浮山 今廢'라 하였다.

37) 金昌翕, "葉盡浮山寺 烟輕半月城"(金昌翕, 『三淵集』 16, 『한국문집총간』 165)

38) 南九萬, 『藥泉集』 2, 詩(『한국문집총간』 131, 번역은 진경환, 『백마강, 한시로 읊다』, p.321).

계부께서 전송하고 돌아가려 하면서	季父送將歸
강가에 임하여 경계 말씀 남기셨네	臨江垂誡語
떠나는 회포 다 말할 수 없으니	離懷不可極
앞길을 내 누구와 함께할까	前路吾誰與
어떤 손님 상앗대를 저으며 오니	有客盪槳來
나란히 오는 분들 어디에서 오시는가	聯翩自何許
배를 돌려 뱃머리에 앉아서	廻船坐艫頭
떠나는 회포 다시 나누네	去留更披敍
물가 꽃은 닻줄에 매여 거꾸로 비치고	汀花繫纜倒
벼랑의 버들은 돛대에 감겨 있네	岸柳縈檣擧
아름다운 정경 어떻게 저버리랴	如何負物色
마을에서 술 받아 술잔을 기울이노라	且傾村沽醑
굳이 깨고 취함 물을 것 있겠나	不須問醒醉
지금 우리는 옛 초 나라 사람이 아닌걸	今人非昔楚

청룡사 측에 의하여 최근에 복구된 부산의 고려 석불과 『여지도서』의 '부산사'39)

39) 『여지도서』 충청도 부여현 지도.

한편 부산의 동북쪽 중턱 암자 터에는 고려시대 것으로 추정된 불상이 있다. "전체적인 균형이나 세부적인 조각의 표현에 있어서 매우 조잡한 형태"로서, 통견의와 수인은 지권인(智拳印, 추정)인데, 두상이 결실되었고 하체는 땅 속에 묻혀 있어 전체적 상황이 잘 파악되지 않는다고 하였다.[40] 넘어지고 묻혀 있던 이 불상은 최근에 청룡사 신도들에 의하여 다시 복구되었는데, 높이는 109cm, 어깨너비 57cm, 하부 너비 84cm이다. 다만 길이 40cm 크기의 상호는 복구과정에서 다시 덧붙여진 것이다.[41] 1930년대 문헌에 의하면 당시 머리가 없는 불상이 2구가 있었고, 절 이름은 '청룡사'라 하였다.[42] 묻혀 있는 또 하나의 불상이 있다는 이야기이고, 머리는 새로 맞추어 복구한 것이라는 점도 알 수 있다. 불상이 있는 이 암자 터에는 근년에 지어진 '부산정(浮山亭)'이라는 정자가 들어서 있는데, 지금도 물이 솟는 샘이 있는 것을 보면 면적이 크지는 않지만 불사의 장소로서는 훌륭한 공간이었다고 생각된다. 『여지도서』의 부여현 지도에는 대재각의 서북 위쪽에 '부산사'를 표시하고 있는데, 대재각을 기준으로 볼 때 고려석불이 있는 암자 터, 현재 '부산정'의 자리가 '부산사'의 위치에 부합한다는 점에서 이곳이 바로 시문에 등장하는 '부산사'의 터가 아니었을까 생각된다.

17세기에는 부산의 백강 마을, 남쪽 산기슭에 서원이 들어섰다. 서원의 이름은 백강서원, 숙종 45년(1719) 창건, 사액 되었다. 이경여가 원우당(遠優堂)을 지어 강학을 한 것이 부산서원의 시발점이 되었다고 한다.[43] 이곳에는 이경여(李敬輿, 1585~1657)와 김집(金集)이 함께 배향되었는데, 김집은 부여현감을 지내면서 강학에 힘쓴 인연이 그 이유가 되었다.[44] 부산서원은 대원군에 의하여 고종 5년(1868)

---

40) 충남대학교 박물관, 『문화유적분포지도』(부여군), p.162.

41) 이 불상에 대해서는 앞의 『부여군지』 7(부여의 문화유적), 2003에서는 언급되어 있지 않다.

42) 扶餘古蹟保存會, 『扶餘古蹟名勝案內記』, 1934, p.40.

43) 안다미, 「조선후기 부산서원의 건립과 활동」, 충남대 석사학위논문, 2014, p.14.

44) 김집이 지은 '次白馬江'이라는 다음과 같은 시가 전한다. "부소산 왕업 거친 언덕 되어 있어/ 물가 찾은 길손은 시름에 잠기네/ 반월성은 텅 비어 봄마저 적적하니/ 낙화암은 옛 꿈처럼 아득하여라/ 사람들은 생각 있어 옛일 두고 상심치만/ 무정한 저

훼철되었다가 1977년에 건물을 다시 복원하였는데, 본전 건물은 예산 충의사의 건물을 옮긴 것이라 한다.[45] 백강 마을 뒤 산기슭에 높다랗게 지은 부산서원은 부산과 백강마을의 가장 상징적 공간의 하나가 되어 있다.

부산서원 건물의 뒤에는 산제당이 있다고 하였다. 산제(山祭)는 1980년대 이후 폐지되고 산제당도 무너졌으나 벽돌과 함석지붕으로 다시 지어 놓았다는 것이다.[46] 백강의 지리적 특성상 오랜 역사의 제사가 있었을 것인데, 그 원래 제사터 위치는 현재 산신각과 다르지 않을 것이다. 근년 산신각은 한옥 전통건축으로 지어졌다. 부산은 작은 공간이지만, 산신각이라는 전통 신앙, 부산사, 청룡사와 같은 불교, 그리고 조선시대에는 사액서원이 들어섬으로써 유불선의 종교적 전통이 함께 공존한 점이 주목된다. 서원이 남쪽, 불사가 북쪽에 위치하여 부산의 남, 북의 반대 방향에서 유불의 일정한 기능의 분할이 읽혀지기도 한다. 이도학은 백제 삼산의 하나인 부산에 산신을 제사하는 신사가 시설되어 있었을 것이라 하였는데[47] 그러한 전통을 계승한 것이 어떤 점에서 산신각이나 부산서원과 같은 것이 아닐까 한다.

부산의 남쪽 규암면 진변리(津邊里) 백강 마을에는 '백강나루[津邊津]'가 있다. 부산 및 부산성과의 교통 연결로이다. 이 나루는 부산의 성, 마을을 잇는 도강의 기능만이 아니라 부산에서의 제례를 위한 통로로서도 백제 이래 이용되었을 것이다.[48]

강물은 몇 년 세월 보내었던가/ 이 역사를 전철 삼아 다시 밟지 않는다면/ 비단 돛 단 임금 뱃놀이 다시는 없겠지"(『愼獨齋遺稿』 2) (진경환, 『백마강, 한시로 읊다』, p.210에서 인용함)

45) 김연미, 「대재각」『금강의 누정문화』, 충남향토연구회, 2011, pp.296-297.

46) "당집의 주변에는 소나무가 많아 솔숲 속에 제당이 위치한다. 제당 바로 밑에는 산제 지낼 때 이용하는 산제당 샘이 있다. 본래 산제당은 흙담에 기와를 얹은 단칸 집이었다. 현재의 산제당은 산제를 지내지 않은 뒤로 당집이 쓰러지자, 한 보살이 다시 두 칸 규모로 함석지붕에 벽돌로 담을 올려 지은 것이다."(이필영, 『부여의 민간신앙』, 부여문화원, 2001, p.174)

47) 이도학, 「사비시대 백제의 4방계산 호국사찰의 성립」, pp.124-125.

48) 고동환, 「백마강의 나루터」『백마강』 상, 부여군, 2008, pp.236-238.

3) 절조 있는 지식인의 은거지

부산과 연고를 가진 가장 대표적인 인물은 17세기 인조, 효종대의 문신 이경여(李敬輿, 1585~1657)이다. 전주이씨로 세종의 7대손이며, 서울에서 출생하여 전라도, 충청도, 경상도 관찰사와 이조와 형조의 판서, 그리고 우의정, 영의정까지 지낸 당대의 비중 있는 정치인이다. 1623년 인조의 공주 파천시 왕을 호종하기도 하였는데, 1644년 청에 사신으로 갔다가 한때 심양에서 억류되기도 하고, 인조 14년 청이 침입하여 이듬해 정월 인조가 남한산성에서 항복하는 치욕을 당하였는데, 이경여는 이때 함께 남한산성에서 인조를 호종하고 있었다. 모친은 인조 18년(1640)에 작고하였다.

이경여는 영의정에 이르도록 평생을 관직에 있었다. 그가 어떻게 부여와 연고를 갖게 되었을까. 지두환은 『백강집』의 연보 등을 통하여 이경여의 생애와 관직 활동을 상세히 정리한 바 있다. 이에 의하면 이경여는 선조 25년(1592) 임진왜란이 일어나자 포천에서 잠시 서산으로 피란하였으며 인조 5년에 수개월 충청도 관찰사를 역임하였고, 인조 7년(1629) 가을에 "백마강상으로 내려가 거처를 정하고 서산으로부터 대부인(모친)을 모시고 내려갔다"고 하였다. 그리고 이후 인조 10년(1632) 11월에는 모친의 병환으로 부여로 내려오는 등 종종 부여에서 시간을 가졌다.[49] 이때의 부여가 부산을 가리키는 것은 물론이다. 이처럼 이경여의 부여 정착은 인조 7년(1629) 이후부터였다고 할 수 있는데 특히 모친이 이곳에 거주하게 되면서 자주 출입하였던 것이다. 이경여가 부여 백강마을에 거처를 마련하고 깊은 인연을 갖게 된 것은 파평윤씨 외가에서 이 땅을 얻어 가능하였다고 한다.[50]

부산 백강마을에 살았던 그는 원래 봉암(鳳巖)이라는 호가 있었음에도 부여와의 인연 이후 '백강(白江)'이라는 호를 사용하였다. 묘소는 경기도 포천시에 있지

---

49) 지두환, 「백강 이경여의 가계와 생애 -17세기 전반 정국변동과 관련하여」 『한국사상과 문화』 13, 2001, pp.136-137.

50) 崔益喆 찬, 「永慕追板記」 및 안다미, 「조선후기 부산서원의 건립과 활동」, p.10 참조.

만 후손과 친족이 계속 부산의 백강마을에 세거하였다. 손자인 이이명(李頤命)이 숙종 26년(1700)에 부산 바위에 이경여가 효종으로부터 받은 비답중의 8자 글귀를 암각하고 대재각(大哉閣)을 건립하였던 것, 그리고 이경여의 동생 이정여(李正輿)의 손자 이사명(李師命, 1647~1689), 증손자 이희지(李喜之, 1681~1722)의 처가 열행(烈行)을 보여주었던 것이 모두 부산에서의 일이었다. 이러한 점에서 17세기 이후 부산은 이경여와 그 친족 내지 후손들의 세거지가 되었던 셈이다.

이경여는 17세기 김상헌 등과 함께 반청파의 거두이며, 후대에 특별한 열행을 보여준 가림조씨와 연일정씨 고부의 열행은 백강마을 입구에 정려가 세워졌다. 이사명(李師命) 처 가림조씨와 며느리 이희지(李喜之) 처 연일정씨 두 고부의 정려는 영조 2년(1726) 6월 1일 백마강 가에 세운 것인데, 1908년에 현 위치로 옮겨졌다. 이사명은 숙종 15년(1689)에 유배 후 사사(賜死)되었고[51] 이희지는 신임사화(1721~1722) 때 옥사하였다. 이사명의 처가 대재각에 올라 강물에 투신하니 며느리 연일정씨도 시어머니 장사 후 대재각에 올라 자결시 15구를 기둥에 쓰고 따라서 투신하여 죽었다. 1726년 정려가 세워졌고, 1908년 6세 이용완이 지은 중수기와 1913년에 만든 영모추판기(永慕追板記)가 남아 있다.

3. 백마강 명승으로서의 부산(浮山)

1) '지통재심' 각서석과 대재각

현재 부산의 가장 인상적인 역사 공간은 부산 동측 백마강변의 자연 암반 기슭의 바위에 새겨진 각서석과 그 보호각이라 할 대재각(大哉閣)이다. 다음은 병계

---

51) 李師命이 지은 「山有花吟」이라는 시가 『淵泉集』에 전한다. 다음은 그 1절이다. "강남 오월 풀빛이 푸르른데/ 遊女 노래소리 논에 가득하니/ 백제의 남은 백성은 옛 임금을 슬퍼하여 /지금껏 그때처럼 슬피 부르네" (부여문화원, 『부여의 누정』, pp.334-335 참고)

(屛溪) 윤봉구(尹鳳九, 1681~1767)의 '대재각'이라는 제목의 시이다.[52]

대명천지에 떠 있는 부산 봉우리	大明天地此浮峰
중원을 바라보니 가슴에 눈물 가득	回首中原淚滿胸
해 저물어 돌아갈 길 먼데	日暮人間歸道遠
물은 흘러 바다로 모여드네	獨敎流水海潮東

'대재각'이라는 제목에서, 대재각이 조선조 후기에 백마강을 바라보는 핵심 뷰포인트의 하나로 부각되어 있음을 보여준다. 이 대재각에는 '일모도원 지통재심(日暮途遠 至痛在心)'이라는 여덟 글자가 대자(大字)로 새겨진 석각으로 널리 알려지게 되었다. "지극한 아픔은 마음에 있고, 날은 저무는데 갈 길은 머네"라는 뜻이다. 각자의 모두(冒頭)에는 '효종대왕 사백강이상국 비사(孝宗大王 賜白江李相國 批辭)'라 하여, 이 문구가 효종이 백강 이경여에게 내린 글이라는 점이 표시되어 있고, 말미에는 이 글씨가 우암 송시열이 쓴 것임이 밝혀져 있다.

각서석의 주인공이라 할 백강(白江) 이경여(李敬輿, 1585~1657)는 앞에서 언급한 바와 같이 영의정에 이르기까지 요직을 두루 역임한 조선 중기, 인조 효종대의 중신(重臣)이다. 각서석의 글씨 여덟자는 송시열이 써서 이경여의 아들 이민서(李敏敍)에게 주었다. 글씨를 써준 것은 1676년(숙종 2), 그가 경상도 장기(長鬐)에 위리 안치 중에서의 일이었다.[53] 그때 이민서는 이경여의 문집 자료를 수집하는 중이었고 그 과정에서 송시열의 도움을 많이 받았던 것 같다. 15권 7책의 이경여의 『백강집』이 간행된 것이 1684년이었고, 송시열은 이 책의 서문을 썼다. 그 서문에서 송시열은 효종으로부터 받은 '지통재심'의 글귀를 다시 언급하면서, 효종이

---

52) 尹鳳九, 『屛溪集』 1(번역은 진경환, 『백마강, 한시로 읊다』, p.298).

53) 權尙夏의 「雲漢臺記」(『寒水齋集』 22)에 "乃大書聖批中 至痛以下八字 寄贈相國之 季子太宰敏敍 以寅懍慨忠懇之誠 後二十四年庚辰 相國之孫大宗伯頤命 就相國扶 餘舊居 淸隱堂前麓 磨崖深鐫 以壽其傳"이라 하여, 송시열이 이민서에게 글씨를 써준 후 24년이 지난 1700년에 각석을 세운 것이라 하였다(부여문화원, 『부여의 누정』, pp.89-91에 의함).

이경여를 "반드시 대인선생으로 칭하였다"고 하여 효종의 특별한 신임을 받은 인물이었음을 강조하고 있다.[54]

손자인 이이명(李頤命)이 숙종 26년(1700)에 '지통재심' 8자를 부산 바위에 암각하고 대재각이라는 건물을 건립하였다.[55] 관련된 전말은 대재각 중건기를 비롯하여 여러 기록을 통하여 확인된다. 『조선왕조실록』 중에도 현종 9년 10월 30일 송시열이 경연에서 언급한 것이 있고, 또 숙종 32년(1706) 6월 11일 실록에서도 다음과 같이 언급되어 있다.

> '일모도원 지통재심(日暮途遠 至痛在心)'이라는 여덟 글자는 곧 효종이 이이명(李頤命)의 조부 고(故) 상신(相臣) 이경여에게 내려준 소비(疏批) 중의 말로써, 오로지 와신상담하며 스스로 힘쓰라는 뜻에서 나온 것이다. 이에 앞서 송시열이 이이명을 위하여 반(盤)과 같이 큰 글자로 썼는데 이이명은 거주하는 백마강 석벽에다 새겼다.[56]

우의정으로 재직하고 있던 손자 이이명도 1707년(숙종 33) 이와 관련하여 다음과 같이 말하고 있다.

> (여덟 글자를) 신의 집안으로 보내 오랫동안 간직하도록 하였는데, 송시열은 이 의리가 멀어지면 멀어질수록 더욱 잊혀지는 것을 안타깝게 생각하여 신의 집안 자손으로 하여금 더욱 그 의리를 잊지 않도록 하려는 것이었습니다. 그 뜻을

---

54) "嘗於公疏有手批曰 至痛在心 日暮途遠 又必以大人先生稱之 此公之所獨得於孝廟 而他人不與者"(李敬輿,『白江集』白江先生文集序(宋時烈)(『한국문집총간』87, 한국고전번역원)

55) 이경여의 손자 疏齋 李頤命(1658~1722)은 예조판서, 좌의정 등을 지낸 노론의 핵심 인물이었으나 1722년 賜死 되었다. 부여군 임천면에 옥곡리에 묘가 있다. 1727년(영조 3) 세운 묘비의 전면 글씨(大字)를 金壽增이 썼다. 부여읍 저석리에 있는 秋浦 黃愼(1560~1617)의 묘비(1687년 건립) 전면 글씨(大字)는 추포의 외증손이 되는 李頤命의 글씨이다. 이에 대해서는 충청남도,『문화유적총람』(금석문편, 중), pp.500-505, pp.622-628 참조.

56) 『숙종실록』43, 숙종 32년 6월 11일(정유).

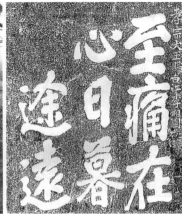

부소산성이 바라다 보이는 대재각과 '지통재심 일모도원'(송시열의 글씨) 탁본[57)

의탁한 것이 감개(感慨)하고 쓴 글씨가 기건(奇健)하여 신은 일찍이 오랫동안 전할 계획을 세웠습니다. (중략) 신이 이에 온 집안과 계획하여 송시열의 글씨를 모탑(模榻)하여 신의 할아비가 일찍이 거처하던 부여현 백마강 위의 서실 동쪽바위에 새겼습니다.[58)

'백마강 위의 서실 동쪽바위'라는 것은 그 위치가 청은당 동쪽 부근이라는 것이다. 글씨를 새긴 돌은 자연암반이 아닌 별도의 돌을 구하여 조성한 듯하다. 1917년에 후손 이종호(李宗鎬)가 지은 「대재각중수기」에 이이명이 "비로소 백마강에서 일편석을 구하여 여덟 자를 깊이 새겼다(始於白馬江 于一片石 深刻八字)"라 한 것에서 짐작된다.

이경여는 1642년(인조 20) 12월 반청파로 지목되어 청에 잡혀가 심양에 억류되었다가 이듬해 1643년 3월 세자와 함께 귀국하자 부여로 돌아왔다. 11월에 대사헌, 그리고 바로 우의정에 취임하더니 1644년 2월 사은사로 다시 청에 가게 된

---

57) 충청남도, 『문화유적총람』(금석문편, 중), 1993, p.555에서 인용.
58) 『숙종실록』 45, 숙종 33년 8월 8일(정해).

다. 이때 청은 이경여를 구금하여 1년 뒤에야 조선에 돌아올 수 있었다. 이경여는 말년에 효종에게 시정에 대하여 여러 차례 상소를 올렸다. 마지막으로 올린 상서는 효종 8년(1657) 여름이었는데 북벌과 관련하여, 군대의 조련과 추쇄를 서두르지 않아야 한다는 것이었다. 이때에 각서석의 글 '지통재심 모도원의(至痛在心 暮途遠意)'라는 글귀가 포함된 효종의 비답을 받았다. 효종의 각별한 고심이 절절하게 스며 있는 문구이다. 그리고 바로 8월 8일 이경여는 서울에서 세상을 떴다. 73세의 나이였다. 1684년 아들 이민서(李敏敍)는 『백강집(白江集)』이라는 문집을 편찬 간행하였다.[59]

다음은 역시 부산 이경여 가계의, 증손 격에 해당하는 이희지(李喜之, 1681~1722)의 '대재각' 시이다.

목이 메어 여덟 글자 슬피 읊으니	八字悲吟聲半吞
아, 뜻 있는 선비의 기개 느껴오누나	嗚呼志士感風雲
밭은 갈지만 마음을 피를 뿌렸으니	雜耕心事空投血
비 들어 쓸어본들 그 은혜 갚지 못하리	擁彗人間未報恩
작은 돌에도 천지의 뜻이 서려 있는데	拳石遺存天地義
이생에서 어진 임금 만나지를 못했네	此生未及聖賢君
밤낮 동으로 흐르는 백마강	長江日夕東流去
굽이굽이 언제나 바다에 이를까?	萬折何時到海門[60]

'이생에서 어진 임금'을 만나지 못했다고 한 이희지는 1722년(경종 2) 신임사화로 사사되었다. 조선시대 부여를 찾는 지식인들에게 부산이 명승으로 부각된 것은 무엇보다 대재각의 건립이 계기가 되었다. '대재각'이라는 이름은 『상서(尙書)』의 '대재 왕언(大哉王言)'에서 인용한 것으로, 이경여가 효종에게서 글을 받은 것

---

59) 이경여에 대해서는 지두환, 「백강 이경여의 가계와 생애 -17세기 전반 정국변동과 관련하여」, pp.136-137 참조.
60) 『충청도읍지』 부여군 제영(번역은 진경환, 『백마강, 한시로 읊다』, p.291에 의함).

을 표현한 것이다.[61] 대재각 각서석은 충청남도 유형문화재로 지정되어 있다. 그것이 조선의 지식인에 공감될 수 있었던 것은 충절과 절의의 요소, 그리고 비극성이었다. 그것은 백제, 백제 멸망의 주제에 부합하는 것이기도 하였다. 부산은 부여 후팔경(後八景)의 하나로 꼽히게 되는데, 부산의 포인트가 된 것은 역시 대재각이었다. 작자 미상의 시 '부산'이라는 다음 시가 참고된다.[62]

부산에 날렵한 대재각은 강바람을 당기고	浮山飛閣挹江風
만 길의 붉은 사다리 푸른 하늘에 닿았네	萬丈丹梯抵碧空
맑은 물에 노을은 지는데 갈 길은 머니	落照蒼蒼行道遠
당시의 지극한 슬픔은 가슴 깊이 있네	當時至痛在心中

대재각은 매우 가파른 암벽에 위치하고 있어서 실제 접근이 어떻게 가능했는지 의문이 없지 않다. 이에 대해 부여 출신 언론인 소종섭은 고등학교 시절 "혹시 백마강에 떨어지지 않을까 가슴을 졸이며" 백마강변에서부터 암벽을 기어올라 대재각에 오른 경험이 있다고 하였다.[63] 위의 시에, "만 길의 붉은 사다리 푸른 하늘 닿았네"는 당시 사다리가 설치되어 있어서 이를 이용하여 접근했음을 말해준다고 생각된다.

2) 청은당과 운한대, 그리고 환문암

각서석과 대재각이 세워진 장소는 원래 이경여가 1629년(인조 7)에 지은 청은당(淸隱堂)이라는 3칸짜리 서실(書室)에서 가까운 곳으로, 청은당은 1700년(숙종 26)에 손자 이의명이 중건하였다.[64] 이이명은 이때 청은당 가까운 곳에 각서석과

---

61) 「대재각 중수기」(부여문화원, 『부여의 누정』, 2000, pp.86-88).

62) 부여문화원, 『부여의 누정』, p.203.

63) 소종섭, 『백제의 혼, 부여의 얼 –부여의 역사인물 이야기』, 황금알, 2012, p.60.

64) 최영성, 「백마강 주변유적지 문헌자료」『백마강』 하, 부여군, 2008, pp.230-232; 李頤命, 『疎齋集』10, 「淸隱堂重建記」.

대재각을 세우고 그 암반 바위벼랑을 '운한대(雲漢臺)'로 칭하였다. 그 경위에 대해서는 권상하(權尙夏, 1641~1721)의 글이 참고가 된다.

경진년(1700년)에 상국(相國, 이경여)의 손자인 대종백 이이명(李頤命)이 부여에 있는 상국의 옛집 청은당 앞 기슭에 가서 애석(崖石)을 반드럽게 갈고 여기에 이 여덟 글자를 깊이 새기어 오래 전하도록 하고 그 아래 석대(石臺)를 '운한(雲漢)'이라 이름하였으니 대체로 『시경』의 '은하수가 문채를 이루었다(雲漢爲章)'는 말을 취한 것이다. 그리고 팔분서(八分書)로 대(臺)의 이름 세 글자를 새겼는데 이것은 참판 김수증(金壽增)의 글씨이다.[65]

청은당 부근에 '지통재심' 각석을 1700년에 새긴 것은 사촌 이사명의 억울한 죽음 이듬해였다는 점에서, 이경여 후손이 가졌던 특별한 메시지를 함께 담게된 것이 아닌가 생각된다. 이경여와 함께 당대 반청 척화파로 이름 높았던 김상헌이 이경여가 있던 때 청은당을 방문했던 듯, 다음과 같은 시를 남겼다.[66]

고란사 안에는 꽃들 모두 적적하고	皐蘭寺裏花無賴
청은당 앞에는 물이 절로 흐르누나	淸隱堂前水自流
서글퍼라, 그 풍광을 누가 감상하랴	惆悵風光誰管領
석양의 강가에 고깃배 떠 있네	夕陽江上有漁舟

부소산의 고란사와 부산의 청은당을 대등한 비중으로 평가하고 있는 점이 주목된다. 이로써 보면 아마 청은당은 백마강 북쪽 건너편으로 부소산이 잘 조망되는 장소였을 것이다. 김상헌(1570~1652)은 이경여가 청에 의하여 심양에 구금되었던 1년 동안 함께 지낸 인연이 있고, 반청 척화파의 대표로서 서로 특별한 동

---

65) 權尙夏, 『寒水齋集』 22, 「雲漢臺記」(번역은 최영성, 「백마강 주변유적지 문헌자료」, 2008에 의함).

66) 金尙憲, 『淸陰集』 13, 「思鄕二節」(번역은 진경환, 『백마강, 한시로 읊다』, p.191에 의함).

지적 유대감을 가진 사이였다.[67] '운한대' 글씨를 쓴 김수증(金壽增, 1624~1701)은 김상헌의 손자가 된다.

청은당의 터 아래쪽은 원래 이경여가 월계암(月桂庵)이라는 작은 암자를 세웠다고 한다. 이이명의 청은당 중건기에 "청은당 아래는 월계암의 옛터이고 지금은 환문암이 되었다(堂下 月桂庵舊址 今成煥文庵)"고 하였다. 조선조 말 읍지 자료에는 환문사(煥文寺)라는 절이 부산에 있다고 하였고, 또 환문암이 없어지고 후인이 그 터 아래에 대재각을 건립했다고 하였다.[68] 이들의 정확한 위치와 변전은 다소 혼란된 점이 있지만, 대재각의 자리가 원래 월계암 혹은 환문사의 터에 해당하는 것이 아닐까 일단 추측해 둔다.

3) 백마강과 송시열

송시열은 『백강집』의 서문에서, 이경여를 두 차례 '백강정사(白江亭舍)'에서 뵈었던 일을 적으면서 대선배 정치인에 대한 존경의 마음을 표현한 바 있다.[69] 앞에서 언급한 바와 같이 대재각의 '지통재심' 팔자 각서는 송시열의 글씨이다. 송시열이 써서 1676년 이경여의 아들 이민서(李敏敍)에게 주었는데 손자인 이이명(李頤命)이 숙종 26년(1700)에 부산 바위에 암각하고 대재각이라는 건물을 건립하였다. 송시열보다 20여 년 위였던 이경여는 반청 척화파의 중신으로서 송시열의 각별한 존경의 대상이었다. 이러한 관계에서 효종이 내린 글 '지통재심 일모도원'의 글귀는 송시열에게도 큰 공감의 단어였던 것 같다. 그것은 효종의 국정에 대한 고뇌를 포함한 것이기도 했지만 이경여와 송시열의 정치적 일체감이 담겨 있는 것이기도 하였다.

송시열은 그 뿐아니라, 낙화암과 자온대의 글씨를 남겨 그 글씨를 바위 벼랑

---

67) 최옥형, 「昏政과 胡亂중에 만난 인연- 김상헌과 이경여의 행적과 교유」 『공존의 인간학』 2, 2019, pp.182-183.

68) "煥文寺: 在縣西五里 浮山下", "大哉閣: 煥文庵 旣廢 後人建此閣於庵址之下 名之曰大哉閣"(『호서읍지』 부여현).

69) 李敬輿, 『白江集』 白江先生文集序(宋時烈)(『한국문집총간』 87, 한국고전번역원).

제4부 금강의 문화사 ― 제3장 백마강 명승으로서의 부여 부산(浮山) 339

송시열의 글씨로 전하는 '낙화암' 글씨

에 각각 새긴 것으로 알려져 있다.[70] 이는 송시열이 종종 부여를 찾고 백마강을 선유(船遊) 하였다는 이야기이기도 하다. 과연 송시열에게 부여와의 그러한 깊은 인연이 있었을까.

관련하여 주목되는 것은 1653년(효종 4) 12월 송시열이 (현 대전시 소제동) 소제(蘇堤)로 이사한 일이다. 이 무렵 중형 송시묵(宋時默, 1605~?)이 부여현감으로 발령을 받아 부임하였다. 그때 중형은 모친을 부여에 모셨는데, 이 때문에 송시열은 자주 부여를 찾았다. 달마다 가서 귀성했고 더러는 한 달에 두 번 가기도 했다고 한다. 1654년(효종 5)은 송시열이 빈번하게 부여를 드나들었던 시기이다. 2월 이유태 등과 돈암(遯巖)에 모여 『의례문해(疑禮問解)』를 교정하더니, 4월에는 부여로 가서 모친을 뵙고 돌아왔다. 같은 달 부여 고란사에서 송시열은 유계(俞棨)·윤선거(尹宣擧)·윤원거(尹元擧)와 모여 호암(虎巖)에서 선유하고 『심경(心境)』을 강론하였다. 그러더니 중형 송시묵이 전임함에 따라 그해 10월 모친을 모시고

---

70) 규암 수북정변의 '自溫臺' 글씨는 필법이나 글씨의 품격이 달라 우암의 글씨로 보기는 어렵다.

고향으로 돌아왔다고 한다.⁷¹⁾[71)]

　송시열은 누구보다 자주 부여를 찾았지만, 그러나 백마강에 대한 시를 남기지는 않았던 것 같다. 이러한 점에서 '낙화암'에 새겨진 글씨는 대재각과 마찬가지로 송시열의 당대가 아닌, 송시열의 명성과 권위를 빌려오는 후대의 작업이었을 것이다. 부산서원에 이경여와 김집이 함께 배향된 이유가 송시열 집안과의 긴밀한 관계 때문이었다는 것은 시사하는 바가 많다. 부여의 사족들이 서원 건립을 위한 배향 인물을 먼저 선정하였고, 그 다음에 서원의 입지가 선택된 곳이 부산이었다는 것이다.⁷²⁾[72)] 그렇게 보면 18세기의 부여 사족들은 송시열의 글씨를 강변 명승에 내거는 것을 통하여 백마강을 노론 사족들의 무대로 조성했던 것처럼 생각된다.

4) 백강마을의 매화

　이경여는 병자호란 때 남한산성에서 인조를 호종하였으며, 이 때문에 삼전도 치욕을 직접 경험한 장본인이기도 하다. 친명 반청의 인물로 꼽혔기 때문에 김상헌과 함께 청에 끌려가 심양에 붙들려 있었던 아픈 경험을 가지고 있다. 부산서원 입구에 있는 동매(冬梅, 충청남도 문화재자료)는 이경여의 충절을 상징하는 것이다. 백강 이경여가 명에 사신으로 다녀오면서 가져와 심은 세 그루 중 남은 것으로 전해지고 있다. 현재 자라고 있는 동매의 수령은 70여 년 정도라 한다. 이경여가 다녀온 곳은 명이 아니라 청이었다. 다녀온 것이라기보다는 강제로 끌려갔던 아픈 역사가 담겨 있다. 그래서 그 땅은 이미 청의 천지가 되었어도 이경여에 있어서는 명나라의 땅이었던 것이다.

　매화는 언제 가져온 것일까. 1643년 정월, 그리고 1644년 정월, 이경여는 청에 의하여 심양에 구류되어 불안하고 답답한 기간을 보낼 때였다. 그 가운데 1644년은 이경여가 청에 수신사로 파견되어 있던 기간이다. 이때 심양에서 지은

---

71)　국립청주박물관, 『우암 송시열』, 2007.
72)　안다미, 「조선후기 부산서원의 건립과 활동」, pp.10-12.

이경여의 전승이 있는 부산 동매 / 관찰사 이경여 선정비(대구감영공원, 1638)

이경여의 매화 시가 남아 있다.[73]

선우 있는 심양 땅에 황혼이 뉘엿뉘엿	單于千帳對斜暉
객지에 봄 오나 사람 돌아가지 못하네	客裏春歸人未歸
마침 노란 매화는 꽃 위에 비 내리니	會趁黃梅花上雨
압록강 동편에도 옷 촉촉히 적시리라	鴨江東畔好沾衣

　　매화는 부산과 이경여와 조선의 아픈 역사를 매년 되살린다. 그리고 겨울을 이기고 맨처음 피는 매화는 고통과 절망 속에서 새로운 희망을 부풀린다. 이경여가 경험한 아픈 역사는 1천 수백 년 전 백제 패망의 역사와 오버랩 되어 사람

---

73) 『白江集』 2, 「呈淸陰遲川」(번역은 오항녕·최옥형, 「조선 세 重臣의 瀋陽 구류와 교유 -김상헌·최명길·이경여의 경험」 『대동문화연구』 105, 2019, pp.269-270에 의함).

들에게 현시(顯示)되는 것이다. 부산의 동매(冬梅)는 그래서 새로운 희망과 부활을 다짐하는 백마강의 상징이기도 하다.

5) 가림조씨와 연일정씨 정려

백강마을 입구에는 가림조씨와 연일정씨 고부(姑婦)의 열행을 기리는 정려가 세워져 있다. 이경여의 동생 이정여(李正輿) 가계, 이사명(李師命) 처 가림조씨와 며느리 이희지(李喜之) 처 연일정씨 두 고부의 정려이다. 영조 2년(1726) 6월 1일 백마강변에 세운 것인데, 1908년에 현 위치로 옮겼다. 이사명(1647~1689)은 이경여의 동생 이정여(李正輿)의 손자이다. 시재가 뛰어났고 형조, 병조판서 등을 역임하였으나 1689년 남인이 집권하는 기사환국(己巳換局) 때 당쟁으로 인하여 사사 되었다. 아들 이희지(1681~1722) 역시 당쟁의 무고로 인하여 신임사화 때 죽임을 당하였다. 그 충격으로 가림조씨, 연일정씨는 차례로 목숨을 끊은 것이다. 이사명의 처가 대재각에 올라 백마강 강물에 투신하니 며느리 연일정씨도 시어머니 장사 후 대재각에 올라 자결시(自決詩) 15구(句)를 기둥에 쓰고 따라서 투신하였다고한다.

연일정씨의 정려 현판(신용희 사진)

구드래나루에서 바라보는 부산 원경(제68회 백제문화제)

지난날 이 몸이야 귀하기가 옥 같은데	昔日此身貴如玉
금일 죽음 앞에 두니 누가 다시 물어줄꼬	今日臨死誰復問
어린아이 이제는 의탁할 곳 없으니	褓兒從此無依托
황천에서 눈 감아도 원한을 가득 품네	瞑目重泉抱至冤[74]

　자결시의 마지막 구절인데, "유월 사일 닭울 때에, 혈서를 다 쓰고 강물로 향한다"고 덧붙였다. 백마강을 배경으로 한 이경여 집안의 가림조씨와 연일정씨의 열행은, 천년 전 낙화암의 이야기와 그 이미지가 겹친다.
　'이생에서 어진 임금'을 만나지 못했다고 한 이희지는 1722년(경종 2) 노론이 무너지는 신임사화로 목숨을 잃었다. 조선시대 부여를 찾는 지식인들에게 부산(浮山)이 명승으로 부각된 것은 대재각과 부산서원의 건립이 한 계기가 되었다. 거기에 가림조씨와 연일정씨 고부의 가슴 아픈 열행이 덧붙여 있다. 백마강이 조선의 지식인에 공감될 수 있었던 것은 백제와 함께 전하는 이러한 충절과 절의의 요소, 그리고 비극성이었던 것이다.

---

74) 부여문화원, 『부여의 효 · 열지』「(가림조씨 · 연일정씨)정려중수기」, 1996, pp.88-91. 정려중수기는 1908년 李容元이 지은 것이다.

맺는말

백마강을 방문한 사람들이 접하는 역사는 백제, 특히 660년 백제 멸망이라는 역사의 현장감이었다. 멸망한 왕조는 백제만이 아니었건만, 왜 특별히 '백제 멸망'에 사람들은 집착했던 것일까. 660년 사비도성 함락과 백제 멸망은 역사의 반전(反轉)이 거듭된 것이었다는 점에서 이미 강력한 극적 요소를 가지고 있다. 선진 백제가 후발의 신라에 의하여 패망한 것, 그리고 전성을 구가하던 백제의 갑작스러운 패망이 각각 그 반전의 극적 요소이다. 갑작스러운, 그리고 예상하지 못했던 비극적 결말이 가져다주는 스토리는 사람들에게 깊은 인상과 충격을 가져다 줄 수 있는 요소이다. 강을 오르내리는 선상의 답사는 그 느낌을 더욱 고조시키는 임장감(臨場感)의 상승 요소로 작용한다. 백제 패망의 비극적 에토스와 함께 교훈적 메시지를 부여 백마강은 함께 가지고 있는 현장이다.

부산(浮山)은 '청주에서 떠내려온 산'이라는 전승이 있는 곳이다. 그 지리적 특이성을 말해주는 전승이지만, 백제 도성 부여 답사에서는 별로 주목되지 않는 장소이다. 조선조 후기 대재각이 건립되고 각서석의 의미가 부각되면서 한때는 백마강을 찾는 이들에게 특별한 인상을 주는 장소의 하나로 주목되기도 하였다. 충절, 절의와 같은 정신적 요소, 그리고 비극성 등이 낙화암을 비롯한 백제 현장과 잘 어울리는 요소로 인식될 수 있었기 때문이다.[75] 그러나 백마강과 부산은 문화유산의 관점에서는 이제 시야에서 멀어진 '고도의 외곽'이 되어 있다.

고려, 조선시대의 고전적 부여 답사는 자온대, 천정대, 낙화암, 조룡대 등 『삼국유사』에 등장하는 장소를 중심으로 하는 '백마강 답사'였다. 고전적 부여 답사 코스로 유명했던 백마강 선상 답사는 새로운 고고학적 발굴 자료의 증가와 육지 중심의 인식이 일반화하면서, 고적 답사의 개념에서 차츰 멀어져갔다. 그러나 백

---

75) 1866년 송병선이 동료들과 黃山 周遊에 나섰을 때 백마강을 답사하면서 호암, 조룡대, 낙화암, 고란사, 수북정과 함께 浮山의 대재각과 백강서원을 들른 것도 그 예가 된다. 이철성, 「연재 송병선의 황산주유와 문화경관 인식」『한국사학보』 70, 2018, pp.329-333 참조.

마강이 갖는 고전적 답사의 의의와 특성은 여전히 생명력을 가지고 있으며, 그 가치가 재인식되고 다시 되살려지는 것이 고도 부여지역 활성화의 한 방편이 될 수 있을 것이다.

백마강의 문화유산으로서의 가치 회복이라는 관점에서 볼 때 '백제 삼산', 그리고 '청주에서 떠내려온' 특별한 지형적 특성을 가진 부산도 이러한 백마강 주요 역사공간의 하나로서 충분한 가치를 가지고 있다. 조선시대 후기 백마강을 찾는 이들에게 한때 부산이 부각 되었던 점도 그 가치를 입증하는 사례이다. 당시 조선의 선비들에게 부산이 중요하게 인식된 것은 이경여와 송시열의 콘텐츠가 더해진 대재각과 각서석 때문이었다. 이 콘텐츠는 백제 멸망으로부터 1100년 이상 지난 뒤의 것으로 백제 역사와는 관련성이 적지만, 대재각과 각서석이 가지고 있는 지리적 요소, 정치적, 감성적 요소 등이 백제 콘텐츠와 결합하여 새로운 역사적 의미를 갖게 되었던 것이다. 부산의 여러 문화유산적 요소는 백제 이래 조선에 이르는 다양한 양상이지만, 백마강을 매개로 하여 백제로 수렴되어 활용될 수 있는 특성을 가지고 있는 것이다.

본고에서는 백마강의 여러 유서 있는 사적들에 비하여 상대적으로 관심을 끌지 못하고 있는 부산(浮山)의 문화유산적 경관적 가치에 대해서 주목하였다. 부소산과 대응하는 위치의 부산은 고대 이래 근세에 이르는 역사성, 유불선의 다양성을 배경으로 한 문화유산, 백마강과 어우러진 지리적 경관 등 여러 가지 의미 있는 요소가 결합된 명승의 공간임을 확인하는 한편 백마강 답사처로서의 가치를 높게 평가하였다. 검토 과정에서 부산에 '부산사(浮山寺)'라는 절이 있었던 사실도 새로 확인할 수 있었다. 향후 백마강변 부산에 소재한 문화유산에 대한 추가적 조사와 탐방객의 접근을 용이하게 하는 접근로의 개선 등을 통하여 이곳이 새로운 부여 명소의 하나로서 그 가치가 부각되기를 기대하고 염원한다.

* 본고는 충남역사문화연구원, 『충청학과 충청문화』 30, 2021에 게재된 것을 보완한 것임.

맺는글 공주의 미래

역사 기반 '글로벌 관광도시'에의 꿈

1. 과거, 현재, 그리고 앞으로

석장리 구석기와 선사시대의 역사를 제외하면, 도시로서의 공주의 역사는 대략 1550년이다. 서기 475년 웅진 천도는 도시로서의 공주 역사의 새로운 출발이었다. 고려 초, 940년에 '공주'라는 지명이 지어졌고, 임진왜란이 끝난 다음에는 충청감영이 설치되어 백제 왕도가 아니더라도 충청지역 거점도시로서의 공주의 역사는 1932년 도청의 대전 이전 때까지 1400년이나 축적되어 있다.

1932년 충남 도청의 대전 이전 이후 비로소 공주는 새로운 변화를 모색하지 않으면 안되었다. 유사 이래 처음으로 경험하는 '주변 도시'로서의 시간이었다. 그때 공주의 사람들은 그 새로운 돌파구로서 두 가지 길을 생각하였다. 첫째가 교육이었다. '교육 도시' 공주, 그래서 이후 공주는 교육도시로의 길을 달려왔다. 전국적으로 꼽히는 다수의 명문 고교, 소도시의 지역 배경에도 불구하고 2만 규모의 국립대학이 운영되고 있는 것은 바로 그러한 '교육도시'에의 길을 성공적으로 걸어온 결과였다고 할 수 있다.

공주의 미래로 모색된 또 하나의 길은 역사 자산을 활용하는 역사관광 도시에의 길이었다. 역사 도시에의 길은 처음에는 아이디어 수준에 머물렀고, 그것이 실행에 옮겨지는 것은 퍽 뒤의 일이었다. 공주가 교육도시에의 길에 접어든 것이 90년이라고 한다면, 역사도시에의 길을 걷게 된 것은 그 절반 정도의 기간이었다.

그러나 이 기간, 도시로서의 공주는 가장 불편한 도시의 하나였다. 무엇보다 교통이 불편한 도시였다. 원래 공주는 육로와 수로(해로) 교통의 교차점이었고, 그 교통상의 편의성이 중부권 거점도시로서의 오랜 역사를 가능하게 했던 터였다. 근대의 변화는 육로와 철도 교통을 중심으로 재편되었고, 이에 의하여 공주는 어느날 갑자기 고도(孤島) 같은 고도(古都)가 되어버린 것이었다. 20만을 헤아렸던 공주의 인구는 11만 미만으로 내려앉았고, 감소세는 완만하나마 지속되고 있다.

공주 인구 감소의 큰 요인은 공주의 거점 기능을 대신하는 주변의 신도시, 신거점 도시의 등장이다. 예전 공주의 관내였던 지역에 새로운 거점 신도시가 조성되어 기존 공주 인구를 나누어가고 흡수하였기 때문이다. 다른 한편으로 인구 감소 문제는 근본적으로는 전체적인 저출산과 인구 감소를 배경으로 하고 있다. 이러한 점에서 공주시는 인구의 확보에 적극적으로 대처해야 하고, 대안을 가지고 대처해야 한다. 우선, 관계인구를 증가시키는 일이다. 교육, 관광 도시로서의 적합성을 확산하여 공주를 방문하는 인구를 늘리고, 문화적 인프라를 통하여 공주를 찾는 주변지역과 외부로부터의 인구를 늘리는 일이다.

다른 한편, 2014년 조사 기준이지만 공주시의 지역 행복도는 전국 229 지자체 중 종합순위 156위로서 행복도가 낮은 편이다. 시민의식 38위, 의료부문 47위, 교육부문 64위, 환경부문 86위에 비하여, 삶의 만족 부문(213위), 복지부문(209위), 생활 인프라 부문(167위)이 등이 약점으로 지적되었다.[1] 공주가 갖는 장점은 역사와 문화와 교육, 환경 등의 요소이다. 이러한 장점을 극대화하는 것이 지역 발전의 요체이며 시민들의 행복지수를 높이는 방안이 될 것이다.

---

1) 정환영, 「공주의 현재, 그리고 앞으로」『공주학강좌』, 공주대 공주학연구원, 2015, p.232.

2. '새로운 교육도시' 공주

공주가 근대 교육도시로서의 특성을 갖게 된 것은 근대 사립 교육기관인 영명학교의 설립으로부터 시작한다. 전문 교육기관으로서의 공주농림학교, 중등 교육에 해당하는 공주고등보통학교의 설립이 이어졌다. 공주 영명학교는 1906년 우리나라에서 가장 이른 시기 근대 교육기관의 하나로서 출발하였다. 유관순 열사가 이화학당에 진학하기 전에 수학하고, 정치가 조병옥 박사와 같은 인물을 배출한 학교이기도 하다. 1922년에 설립된 충남 최초의 공립의 일반계 중등 교육기관인 공주고보는 기라성 같은 인물을 배출한, 오랜 인재 양성의 역사를 가지고 있다. 늦게 출범하였지만 1953년에 설립된 공주대 사범대 부설고, 1987년에 개교한 한일고등학교 등은 우수한 대학 진학 성적으로 전국적으로 꼽히는 학교가 되어 있다.

공주가 교육도시로서의 이미지를 갖게 된 것은 1938년 공주여자사범학교의 설치에서 비롯된다고 할 수 있다. 공주여자사범학교는 두 가지 점에서 '교육도시 공주'에 큰 획을 조성하였다. 첫째는 '교육의 중심 거점'이라는 도시 이미지 형성에 기여한 점이다. 당시 '사범학교'는 일본 본토를 포함한 전국에서 수험생이 선발되어 입학하였고, 졸업 후에는 다시 전국 각처의 교육계에 종사하였기 때문에, '교육의 중심지'라는 이미지를 공주가 갖는데 기여하였다. 둘째는 사범학교의 전통이 중등학교 교육으로 확산되어 해방 후 공주사대 설립의 명분이 되었다는 점이다.

공주를 교육도시라는 이름으로 확정하게 된 데는 무엇보다 공주대학교의 존재가 결정적이었다고 할 수 있다. 공주대학교는 1948년 공주사범대학으로 개교하였는데, 이것은 호서지역에서 가장 오랜 대학의 역사이다. 지방대학이기는 하지만 국립대학으로 졸업생 전원이 전국 각지의 중등교사로 발령받았기 때문에 전국적 각지에서 지원자가 몰리는 실정이었다.

1991년 공주사범대학은 '공주대학교'라는 종합대학으로 재출범하였다. 교원 양성의 과대화로 교원 수급의 불균형을 초래한 5공화국의 교육정책 실패를, 정부는 임용고시라는 제도에 의하여 해결하려 하였다. 이제 단과 사범대학으로서는 더이상 미래 비전이 보이지 않았다. 거기에 충청남도와 대전시가 분리됨으로써 충청남도에도 지역에 기반한 종합대학이 필요하게 되었다. 후발 종합대학으로서의 공주대학교는 출범 초기에 사범대학 이외에 인문사회과학대학, 자연과학대학, 공과대학의 4개 대학으로 구성되었다. 그러나 충청남도를 아우르는 종합대로서의 외형을 갖추는 데는 미흡하였다. 이 때문에 도내에 있는 국립전문대와의 통합을 추진하였다. 1993년 예산의 농업전문대학과 통합하여 산업과학대학을, 2003년 공주의 문화대학을 통합하여 뒤에 간호보건대학과 예술대학을 설치하였으며, 2006년 공주의 공과대학을 천안의 공업대학과 통합함으로써 공주이외에 예산, 천안 등 충남의 3개 지역에 캠퍼스를 갖게 되었다.

공주대가 단설 사범대학에서 불과 15년의 짧은 기간에 지역 기반의 대형 종합대학으로의 변신이 가능했던 것은 통합 정책의 효과였다. 공주캠퍼스는 공주·세종을 중심으로 하는 캠퍼스, 예산은 신도청이 있는 내포 지역의 캠퍼스, 그리고 천안 캠퍼스는 충남 북부 수도권과 연계하는 캠퍼스가 된다. 이른바 '트라이 캠퍼스' 체제로 충남을 기반으로하는 국립대학으로 면모를 일신하게 된 것이다. 이것은 우리나라 대학의 역사를 새로 쓰는 획기적인 것이기도 하였다. 2019년 현재 공주대학교는 2만에 가까운 학생(대학원생 포함)과 1천 명이 넘는 교직원이 소속되어 있다. 사범대학의 전통은 여전히 계승되어 전국 최대 규모의 사범대학, 그리고 연 4백 명 내외, 단연 최고의 임용고사 합격자 수를 배출하고 있다.

교육이라고 하면 '학교교육'을 의미하는 것이었지만, 지금은 학교교육과는 별도로 시민들의 '평생교육'이 중요한 시정(市政)의 일부가 되어 있다. 평생교육은 고령사회에 대응하는 중요한 복지정책이기도 하고, 시민들이 시정에 참여하는 '참여 시정'의 기반이 되기도 하며, 제2, 제3의 생산성을 만들어내는 지역 생산성의 원천이 될 수 있기 때문이다. 공주시는 학교교육의 기반을 통해 축적한 인프라를 토대로 2016년 교육과학기술부가 주관하는 '평생학습도시'에 선정되었다. '평생학습도시'는 학습사회 조성을 통해 도시 전체의 경쟁력을 향상시키고 주민이 함께 성장 발전하는 도시 만들기를 위하여 선정해오고 있다.

'교육도시'로서의 공주는 인구 대비 학교의 수, 우수한 대학 진학률, 최대의 교원 임용고사 합격자, 대학의 고유 업무라 할 연구와 강의, 그러한 것만으로는 충족되지 않는다. 공주가 진정한 교육도시가 되기 위해서는 교육에 있어서 지역 참여가 이루어지지 않으면 안된다. 학습을 지역 활동에 결부시키는 '평생학습 문화'의 조성이 필수적이다. 이를 위해서는 시민들이 주체적으로 참여할 수 있는 평생학습 문화의 진흥이 요구된다. 지역 교육력의 회복에 의하여 지역 발전이 성취되는 모델로서 '교육도시 공주'가 추구되어야 한다.[2] 외적 여건이 아니라 내적, 질적 요소에 의하여 교육도시의 진정한 면모가 성취되어야 할 것이다.

대학의 경우도 지역이 대학의 성장 발전을 뒷받침해야 하고, 대학은 지역의 발전을 선도할 수 있어야 한다. 지역과 학교간의 상호 선순환의 내적 기여가 요구되는 것이다. 외면적인 교육도시로부터, 질적 내면을 갖춘 진정한 의미의 '새로운 교육도시'로서의 성장이 공주시 발전 과제의 하나이다.

3. '생산성 갖는 역사도시' 공주

475년 이래 1천 4백 년 역사는 그대로 공주를 역사도시로 만든 토대였다. 그러나 '역사도시'라는 것은 이러한 역사적 자원을 활용하는 도시를 의미하는 것이다. 공주가 '역사도시'에 이르는 데는 몇 번의 단계가 있었다. 첫 번째는 공주의 역사 자원에 처음 눈을 돌린 식민지시대, 1932년 도청의 대전 이전이 그 계기였다. 두 번째 단계는 백제 역사를 기반으로하여 지역 개발을 하는 백제문화권 개발의 시작이다. 대략 1980년 경이다. 세 번째는 공주의 백제 유적이 유네스코 세계유산으로 지정된 2015년이다. 유네스코 세계유산은 그후 2018년 '한국의 산

---

2) 양병찬, 「교육도시, 공주」『공주학강좌』, 공주대 공주학연구원, 2015, pp.205-213.

사' 가운데 마곡사가 포함됨으로써 다시 이어졌다. 이에 의하여 '역사도시 공주'라는 브랜드는 확실한 공인을 받게 된 셈이다.

현재 공주에는 유네스코 세계유산으로 공산성과 무령왕릉이 있다. 공주가 갖는 대표적 역사성이 '백제'에 있는만큼, 세계유산 백제유적과 함께 갈 수 있는 주변의 역사 유적을 연계할 수 있도록 준비하는 일이 필요하다. 정지산 유적, 수촌리 유적이 우선 그 대상이지만, 우성면 단지리의 백제 횡혈묘, 탄천면 장선리의 초기 백제 토실(土室) 유적도 소홀히 할 수 없다. 왕릉 가까운 웅진동의 백제고분도 문화유산 지정과 함께 무령왕릉의 백제고분군에 연계할 수 있는 방안을 검토해야 한다.

백제 왕도의 웅진에서 공산성과 무령왕릉은 도시의 중심이라고 보기는 어렵다. 백제시대 웅진도성의 중심은 공주시의 원도심 일대일 것이다. 주거와 건축물의 집중 지역이라 할 수 있다. 그 가운데 특별히 주목해야 할 것은 대통사지이다. 공산성과 무령왕릉은 정비의 과제를 가지고 있지만, 대통사지는 아직 그 실체가 밝혀져 있지 않은 상태에 있다. 그러나 근년의 소규모 조사에 의하여 그 공간이 대략 반죽동 일대라는 사실이 윤곽을 잡아가고 있다. 앞으로 웅진 왕도의 사업은 대통사지의 확인과 조사작업이 핵심이 되어야 한다. 이에 의하여 백제 고도로서의 공주의 실체가 더 구체화되어야 한다.

공주는 우리나라의 4고도(古都) 중의 하나이다. 2004년 고도에 관한 특별법이 제정되어 신라문화권의 경주와 함께 백제문화권의 공주, 부여, 익산이 문화재청에 의하여 고도로 지정되었다. 이에 의하여 '특별보존지구' '보존육성지구' 등이 지정되어 사업이 진행중에 있다. 공산성, 무령왕릉 이외에도 감영터, 목관아 일대, 제민천변 등에 대한 사업이 진행중이다. 고도이미지 찾기 사업으로 한옥 건축을 적극 장려하고 있는 것도 그 일환이다. 유적의 정비만이 아니고, 도시의 이미지 자체를 '역사도시'로 만들어가고 있다. 앞으로의 과제는 이러한 자원을 토대로 역사도시로서의 공주가 문화적, 경제적 생산성을 갖도록 하는 일이다. '생산성을 갖는 역사도시' 공주, 그것이 향후 공주 발전의 한 축이 되어야 할 것이다.

1. '환경 문화도시' 공주

공주에는 자랑할만한 여러 가지 문화적 콘텐츠가 있다. 첫째는 백제문화제를 비롯한 축제이다. 백제문화제는 1955년 부여에서 시작되었으며, 공주는 1966년부터 참여하여 지금에 이른다. 제67회 백제문화제에 해당하는 2021년은 마침 무령왕릉 발굴 50주년에, 무령왕이 양에 사신을 보내 백제가 다시 강국이 되었음을 선언한 '갱위강국' 1500년이 되는 해이다. 이 때문에 무령왕을 중심 콘텐츠로 하는 '대백제전' 축제를 준비하였다. 대백제전은 코로나 팬데믹으로 실제로는 2023년에 개최되었다. 백제문화제는 1500년 전 백제의 문화적 성취를 기억하는 축제라는 점에서 공주가 아니라 충청남도의 축제라 할 수 있다. 충청남도의 정체성을 확인하고 도민으로서의 자긍심을 함께 나누는 축제가 당시의 왕도였던 공주와 부여를 무대로 이루어지는 것이다.

백제문화제 이외에도 5월 초에는 석장리 구석기축제가 있다. 금강변의 구석기 유적을 무대로 특히 어린이와 학부모가 함께 참여하는 체험과 학습 중심의 축제로서 콘텐츠의 특성이 있다. 겨울 1월에는 공주의 대표 특산물인 밤을 주제로 한 공주군밤축제가 열린다. 지역민들의 참여도 적극적이지만 세종시, 대전시와 충남의 인접도시, 수도권으로부터의 참가도 괄목할만하다. 2022년부터는 충청감영축제가 시작되었다. 백제 이후 충청 거점도시로서의 공주의 이미지를 강조하려는 축제이다.

공주가 자랑할만한 둘째는 미술, 공예, 조각, 문학, 음악, 무용 등의 문화예술적 자원이다. 백제시대의 공주는 '음악과 무용의 도시'이기도 하였다. "남자는 쟁적(箏笛)을 잘하고, 여자는 춤과 노래를 잘한다"는 기록이 남아 있을 정도이다. '쟁적'은 피리와, 가야금 같은 현악기를 말한다. 그야말로 음악의 도시, 무용의 도시였다는 것인데, 공주는 이같은 예술적 디엔에이를 축제와 결합하여 시민 참여의 문화, 시민 주체의 축제를 만들어가야 할 것이다.

미술과 공예와 조각은 선조인 백제인들의 특기였다. 그 예술적 역량이 지역 발전과 도시 만들기에 기여되도록 유도되어야 한다. 공주의 근세 공예미술의 대표적 작품은 계룡산의 철화분청사기이다. 뛰어난 백제 예술성의 계승이라 할만한 창의성과 예술성을 자랑하고 있다. 이러한 수준 높은 문화 콘텐츠가 도시를 정비하는데 활용되고 공주사람의 일상적 체험 학습으로 발전시킬 필요가 있다.

풀꽃문학관에 이어 공주문학관의 건립이 이루어졌다. 문학관과 함께 박물관도 중요한 문화 콘텐츠이다. 무령왕릉 출토의 유물을 소장, 전시하고 있는 국립공주박물관, 유네스코세계기록유산을 보유하고 있는 충남역사문화연구원의 충남역사박물관, 우리나라 최고(最古)의 구석기 유적에 연계된 석장리박물관, 그리고 공주대학교와 공주교육대의 대학박물관이 있다. 국립공주박물관은 물론, 여타의 박물관도 공주의 다양한 역사를 홍보하는 역사문화의 거점 발신처로서 더욱 활성화 되어야 할 필요성이 있다.

박물관, 전시관 같은 제한된 공간만이 아니고 공주는 야외에서 이루어지는 예술활동에 좋은 여건을 가지고 있다. 금강과 계룡산 같은 특별한 자연 자원을 가지고 있기 때문이다. 금강자연미술비엔날레와 연미산의 자연미술공원은 문화도시로서의 공주의 역량과 품격을 보여주는 콘텐츠이다. 지역 발전을 선도하는 생산적 문화자원이라 할 수 있다. 문화를 도시 발전의 자원으로 삼는 문화도시, 자연 환경을 문화의 토대로 활용하는 새로운 문화도시는 21세기 공주 발전의 한 지향점이다.

5. '글로벌 관광도시' 공주

중국의 역사서 『수서』에는 1500년 전 백제 왕도가 여러 나라 사람이 함께 사는 국제도시였음을 언급하고 있다. "신라, 고구려, 왜(일본), 중국사람이 섞여 살았다"는 것이 그것이다. 백제의 국제적 수준의 문화가 어떻게 가능했는지를 이해할 수 있는 대목이다.

인구 절벽시대, 공주를 활성화 할 수 있는 방향은 무엇보다 공주의 역사 문화 유산과 금강, 계룡산의 자연 경관, 그리고 역사 축제를 활용한 관광 공주를 만드는 것이다. 그런데 관광 도시로서의 활성화는 공주를 '국제적 수준'이 품겨 있는 도시를 만드는 것이지 않으면 안된다. 국제적 수준의 관광 역사도시 공주 만들기가 그 방안인 것이다. 역사 관광도시로 가기 위하여 우선 공주의 역사문화 콘텐츠를 고급화해야 한다. 그리고 공주를 방문하는 사람들의 만족도를 높여주어야 한다. 도시 디자인, 문화, 음식, 축제 프로그램만이 아니라 시민들의 품격이 방문자를 감동시켜야 한다.

2019년 공주시는 여성가족부가 지정하는 '여성친화도시'에 지정되었다.[3] 여성의 지역사회 활동 역량 및 사회 참여 강화에의 계기로 적극 활용해야 할 것이다. 2020년 2월 공주시는 '국제안전도시' 선포식을 가졌다. '국제안전도시'는 안전한 도시를 만들기 위하여 시민들이 지속적 능동적으로 노력하는 도시를 뜻하는 것으로, ISCCC(국제안전도시공인센터)의 공인을 받는다. 공주시는 국내에서 20번째로 인증을 받은 것이다.[4] 공주시는 2021년 문화체육관광부가 지정하는 법정 '문화도시'에 선정되었다. 자타가 공인하는 명실상부의 '문화도시'인 셈이다. 문화도시는 지역별 특성화를 위하여 주제가 주어진다. 공주시는 '미래유산도시'라는 이름을 얻었다.

한편 '동아시아 문화도시'가 있다. 2014년부터 한, 중, 일 3개국이 각 1개 도시를 '동아시아 문화도시'로 지정한다. 문화를 통한 동아시아 3국의 협력 관계를 증진시킨다는 취지이다. 한국에서는 2014년 광주를 출발점으로 하여, 청주, 제주, 대구, 부산, 인천, 순천 등이 지정되었으며 2021년도는 한국에서 경주가 지정 되었다. 중국에서는 천주, 청도, 영파, 할빈, 서안 등이 지정되었으며, 일본에서는 요코하마, 니이가타, 나라, 교토, 가나자와 등이 지정되었다. 문화와 역사를 기반으로 하는 유수한 도시들이 '동아시아 국제도시' 지정에 의하여 국제적인 홍보와 동시에 국제문화도시로서의 인프라 구축을 이루어가는 것이다. 생산성 있는 역사도시를 지향하는 공주시가 역사 기반의 국제적 관광도시로서 발전하기

---

3) <중도일보> 2019.12.18.

4) <중부매일> 2020.2.6.

위해서 참고해야 할 사항이다.

　중앙정부 지정의 '문화도시' '관광도시'가 중요한 것은 아니지만, 이러한 기회를 이용하여 글로벌 스탠다드에 대응하는 도시 역량을 키워가는 일이 필요한 것이다. 아울러 글로벌 관광도시로의 성장을 위해서는 지역 외교에 대한 시민적 관심과 역량이 요구된다는 점을 부기한다. 21세기 세계에서는 외교가 국가만의 전유물이 아니다. 지역 발전을 위한 '지역 외교'가 필요한 시대이다. 적극적인 지역 외교를 통하여 역사문화에 기반한 글로벌 관광도시로서의 공주시의 특성 있는 발전이 기대된다. '교류왕국 백제'에 이은 조선통신사 콘텐츠의 개발도 이에 부응하는 것이다.

* 본고는 공주시, 『공주시지』 2(역사), 2021에 실린 것임.

공주 역사문화 연표

1. 백제시대

B.C.18(온조1)	온조의 백제 건국(삼국사기).
384년(침류1)	동진의 마라난타가 불교를 전래. 동진에 사신을 보내 조공함.
385년(진사1)	한산에 불사를 세우고 승려 10명을 둠.
427년(비유1)	고구려, 평양 천도.
455년(개로1)	개로왕 즉위. 왕이 해구에게 군국의 정사를 위임.
461년	곤지, 왜국 파견, 무령왕 출생(일본서기).
475년(문주1)	고구려 침공으로 한성함락 문주왕 즉위. 웅진으로 천도.
476년	탐라국, 백제에 방물을 바침. 사신에게 은솔의 관등을 줌.
	해구를 병관좌평 임명. 송에 사신을 파견했으나 고구려가 막아 되돌아옴.
	대두산성을 수리하고 한강 이북의 민호를 이주시킴.
477년(삼근1)	왕제 곤지를 내신좌평에 임명. 궁실 중수. 문주왕이 해구에게 피살됨. 삼근왕 즉위.
478년	해구와 연신, 대두성에서 반란. 처자를 잡아 웅진에서 처형함.
479년(동성1)	대두성을 두곡으로 옮김. 남제에 조공. 삼근왕 죽음. 동성왕 즉위.
482년	진노를 병관좌평에 임명하여 내외병마사를 관장하게 함.
484년	남제가 장수왕을 표기대장군에 봉하자 백제도 남제와 국교 요청.
486년	궁실 중수, 왕궁 남쪽에서 대규모 열병 거행. 백가를 위사좌평으로 삼음.
489년	제단을 설치하고 천지에 제사지냄. 왕, 남당에서 군신과 연회.
491년	심한 기근으로 600여 호가 신라로 도망. 웅천의 물이 넘쳐 왕도 200여 호 표몰.

493년	왕이 신라에 결혼 청함. 이찬 비지의 딸과 결혼함.
495년	남제에서 봉책.
497년	홍수로 민가 떠내려감. 병관좌평 진노 사망.
498년	웅진교 가설. 탐라를 정벌하려 하자 탐라에서 사신을 보내 사죄함.
499년	역병이 크게 퍼짐. 기근으로 도적 발생, 2천 호가 고구려로 도망.
500년	가뭄. 임류각을 건축하고 연못을 조영함.
501년(무령1)	가림성(부여 임천) 축조. 동성왕이 백가에 의하여 살해되고, 무령왕이 즉위함.
502년	백가가 가림성에서 반란을 일으키자 진압하고 그의 목을 백강에 버림.
	양나라에서 봉책. 고구려의 변경을 침.
503년	말갈, 마수책을 불태우고 고목성 공격했으나 왕이 5천의 병사로 이를 격퇴.
506년	역병이 크게 퍼짐. 말갈이 고목성을 침공해와 600여 인을 사로잡아 감.
507년	고구려 말갈의 공격 격퇴, 고목성 남쪽에 두 개의 목책과 장령성을 쌓음.
510년	제방을 축조하고 유민을 정착시킴.
512년	왜에 사신을 보냄. 양에 조공.
513년	무령왕의 아들 순타태자 사망. 왜에 오경박사 단양이를 파견.
	장군 저미문귀(姐彌文貴)를 왜에 파견(1년 8개월 후 귀국).
516년	오경박사 고안무를 일본에 파견하여 단양이와 교대케 함.
521년	무령왕이 양에 사신을 보내 '갱위강국'을 선언함.
523년(성왕1)	왕이 한성에 행차, 좌평 인우와 달솔 사오를 시켜 쌍현성 쌓음. 무령왕 서거.
	성왕 즉위. 고구려가 패수에 이르자 보기 1만 명을 보내 격퇴함.
525년	무령왕, 왕릉에 안장. 신라와 교빙.
526년	무령왕비 서거. 웅진성 수리. 승려 겸익, 인도에서 귀국함.
527년	웅진(공주)에 대통사 창건.
529년	무령왕비 장례식을 치름.
534년	양나라에 사신 파견.
538년	왜에 불교전수. 사비 천도. 국호를 '남부여'로 함.
541년	양나라에 사신을 보내 모시박사(毛詩博士)와 공장(工匠)과 화사(畫師) 등
	을 청함. 나솔 기신미마사(紀臣彌麻沙)를 왜에 파견(1년 9개월 후 귀국).
544년	왜에 나솔 득문(得文)과 나솔 기마(奇麻)를 파견, 7개월 후 왜에서 귀국.
546년	나솔 약엽례(掠葉禮) 등을 왜에 파견.
552년	금동석가상과 경론을 일본에 보냄. 노리사치계의 일본 불교전파.
554년(위덕1)	성왕, 관산성에서 신라 복병의 공격을 받아 전사함. 담혜(曇惠) 등 승려 9명,
	일본에 건너감.
556년	왜에 가던 왕자 혜(惠)가 귀국함.
577년	왕흥사탑이 세워짐.
583년	일본에 불상을 보냄.

592년	백제 기술자들 일본 법흥사의 불당 완성.
599년(법왕1)	왕흥사 창건.
602년(무왕3)	승려 관륵이 일본에 천문, 지리, 역서, 방술서 등을 전함.
612년	미마지(味摩之)가 일본에 백제기악(百濟伎樂)을 전수함.
630년	사비의 궁궐을 수리하기 위해 왕이 웅진성으로 행차.
634년	왕흥사 준공됨. 궁남지를 축조.
636년	왕이 사비하 북포(대왕포)에서 군신과 연회함.
639년	미륵사지석탑이 건립됨.
642년(의자왕2)	신라를 공격하여 대야성 등 40여 성을 점령.
645년	공산성출토 칠피 갑옷이 제작됨.
654년	사택지적비 건립.
655년	태자궁을 수리하고 망해정을 건립.
656년	성충, 의자왕에서 간언하다 옥사.
660년	나당연합군에 의하여 부여 함락. 의자왕, 웅진으로 피난하였다가 신라에 항복.
661년	복신, 도침, 흑치상지 등 왕자 부여 풍을 추대, 주류성을 거점으로 부흥운동 전개. 백제 부흥군, 백제 서북부 일원 회복, 부흥군의 근거지를 임존성으로 옮김.
662년	왕자 풍이 일본에서 귀국.
663년	풍왕이 복신을 살해함. 왜군 백강구에서 패배.(백강전쟁) 부흥군의 거점인 주류성과 임존성이 함락됨.

2. 통일신라와 고려

665년(문무5)	웅진도독 부여륭이 신라 문무왕과 더불어 취리산에서 회맹.
668년	신라 문무왕 고구려를 멸망시킴.
676년	신라의 삼국통일.
679년	갑사 부도가 제작된 것으로 전함.
686년(신문6)	웅천군을 웅천주로 승격.
698년(효소7)	발해의 건국.
704년(성덕3)	웅천주에서 금빛 영지(金芝)를 바침.
720년	웅천주에서 흰까치를 바침.
724년	웅천주에서 상서로운 지초(瑞芝)를 바침.
742년(경덕1)	웅천주 조교, 번길(향덕의 부)의 묘비 지음.
755년	향덕에게 효자 정려를 명하고 비석을 세움.
757년	웅천주를 웅주로 개칭.

765년(혜공1)	다시 웅천주로 고쳐 부름.
790년(원성6)	웅천주에서 붉은 까마귀를 바침. 웅천주의 굶주린 백성들을 진휼.
821년(헌덕13)	김헌창이 웅천주의 도독이 됨.
822년	김헌창이 공주에서 국호를 장안, 연호를 경운이라 하고 반란을 일으킴.
852년(문성14)	파진찬 진량으로 웅천주도독을 삼음.
859년(헌안3)	계룡 갑사, 의상조사가 증축하여 화엄도량으로 삼음.
880년(헌강6)	웅주에서 상서로운 벼이삭을 바침.
887년(진성1)	무량국사가 갑사를 중창.
892년	견훤이 무진주에서 자립하여 '전무공등주군사(全武公等州軍事)'를 자칭함.
900년(효공4)	견훤이 후백제를 건국하고 전주에 도읍함.
904년	'공주장군(公州將軍)' 홍기(弘奇), 궁예에게 항복함.
915년(신덕4)	태봉의 이흔암(伊昕巖)이 공주를 공략 점거함.
918년(태조1)	태조 왕건의 고려 건국.
921년	도선국사 동학사 중건, 태조의 영당으로 삼음.
926년(경애3)	견훤, 고려를 공격하기 위해 군사를 일으켜 웅진에 진군.
927년	고려 태조 왕건, 공주를 공격하였으나 실패.
934년	고려 태조가 웅진 이북 30여 성을 항복시킴.
936년	후백제 멸망, 고려에 의하여 후삼국통일. 동계사, 류차달(柳車達)이 신라 눌지왕 때의 충신 박제상을 기려 건립.
940년	웅주를 공주(公州)로 개칭.
983년(성종2)	공주목 설치.
992년	공주의 별호를 '회도(懷道)'라 함.
995년	12목을 12절도부로 개편하면서 공주의 명칭을 '안절군(安節軍)'으로 개칭.
1010년(현종1)	현종, 거란침입으로 공주에서 1주일간 머뭄. 절도사 김은부 딸 현종의 비(원성왕후)가 됨.
1012년	절도사 제도 폐지로 공주는 지주군사(지주사)로 바뀜.
1170년(의종24)	무신들이 정권을 잡음.
1172년(명종2)	보조국사 지눌이 마곡사를 중창.
1176년(신종2)	망이 망소이, 명학소에서 난을 일으켜 공주 함락. 명학소를 충순현으로 승격시킴.
1231년(고종18)	몽골의 제1차 침입.
1232년	강화도 천도.
1236년	공주 효가동에서 야별초 박인걸 등이 몽골군과 접전, 16명이 전사함.
1298년(충렬24)	신원사 중건(부암화상).
1300년	양광도로 개편.
1341년(충혜2)	공주가 원의 활활적의 처인 경화옹주의 고향이라 하여, 목으로 승격.

1356년(공민5)	양광도를 충청도로 고침.
1366년	이존오, 공주 석탄에서 은둔생활 시작.
1376년(우왕2)	왜구가 쳐들어와 공주목사 김사혁이 정현(鼎峴)에서 패해 공주관아 함락.
1380년	왜구가 임천, 공주 등을 치고 충북 지역으로 넘어감.
1388년	마곡사 소장 '감지은니묘법연화경'의 사경(寫經)이 노유린(盧有麟)에 의하여 발원됨.

3. 조선시대

1392년(태조1)	고려 멸망, 조선의 건국.
1393년	이태조, 공주의 계룡산 신도 후보지를 둘러보고 공사를 명함.
1394년	한양천도. 길재가 삼은각터에 고려 왕을 제사하고, 정몽주의 충혼을 기림.
1399년(정종1)	유방택이 이색의 넋을 삼은각에 제사.
1400년(태종1)	공주목사 이정간이 삼은각 제단의 터에 각을 세움.
1413년	조선 8도 구획 확정. 고려의 왕족 왕휴의 아들 왕거을오미를 공주에서 체포. 왕실에서 내시를 파견하여 계룡산신과 웅진(熊津)의 신에게 제사함. 태종이 공주 유성온천에 행차.
1419년(세종1)	이도역을 이인역(利仁驛)으로 개칭할 것을 아룀. 계룡산 고왕암 중건.
1421년	공주에서 코끼리를 기르던 종이 코끼리에 채여 죽음.
1423년	신풍에 거주하는 서의(徐義)가 밭에서 무게 53냥의 은단지 한 쌍을 주어 바침.
1432년	공주에 거주하는 왜인(倭人)들을 돌려보내지 않고 그대로 살게함.
1437년	김종서, 6진 설치.
1452년(단종즉위)	좌의정 김종서가 공주에서 성묘함.
1453년	김종서가 살해되다.
1456년(세조4)	김시습이 삼은각 옆에 초혼각을 만들어 사육신 제사.
1457년	공산성 내 영은사 창건(묘은사).
1472년(성종3)	공주의 군액(軍額)을 줄여 2,670명으로 함.
1484년	공주에서 구리가 많이 난다고 충청감사가 보고.
1500년	충청도에서 소동을 일으킨 홍길동을 체포하여 처형함.
1547년(명종2)	홍수로 금강물이 불어 관아가 민가가 무너지고 보름동안 침수됨.
1550년	충청도를 청공도(淸公道)라 칭함.
1569년(선조2)	갑사 소장 월인석보 목판이 판각됨.
1577년	서기가 공암리 연못에 박약재(博約齋)를 건축함.
1579년	도공 이삼평, '금강도(金江島)'에서 출생.
1581년	고청 서기, 공암서원(충현서원) 창건.

1584년	갑사 동종이 제작됨.
1585년	명탄서원(충절사) 건립.
1586년	조헌, 공주목 교수겸 제독관으로 부임.
1592년	임진왜란 발발. 영규대사, 노응완 형제, 금산전투에서 순절.
1593년	광해군이 공주에 체류.
1594년	이산겸이 흩어진 조헌(趙憲) 의병을 마곡사에 집결시킴.
1595년	충청도를 충공도(忠公道)라 칭함.
1596년	황신(黃愼), 전란중에 일본에 통신사로 다녀옴.
1597년	정유왜란 발발. 왜군이 공주에 침입하여 갑사의 절간 대부분이 소실됨. 이순신 장군이 백의종군 길에 공주 일신역에서 숙박.
1598년	명나라 군대 공주 주둔. 도공 이삼평이 나베시마(鍋島)의 왜군에 의하여 포로로 잡혀감.
1599년	명국삼장비 건립.
1602년	관찰사 류근(柳根)이 충청도관찰사 부임하고, 쌍수산성(공산성) 수축, 공북루, 월파당, 진남루 등 건립.
1603년	충청감영 공주 개영.
1604년	갑사 대웅전과 진해당을 중건함. 공주에서 시전(詩傳)을 간행함.
1606년	동학사 목조석가여래삼존불좌상이 제작됨.
1609년(광해1)	충현서원 중건.
1613년	충청도를 공홍도(公洪道)라 칭함.
1614년	공주에 '명화적(明火賊)' 출현(도적집단). 갑사 강당 건립.
1616년	경섬(慶暹), 공홍도관찰사 부임.
1618년	여우길(呂祐吉), 공홍도관찰사 부임.
1623년(인조1)	인조반정. 공주 향교, 교동의 현 위치로 이전.
1624년	충현서원 사액받음. 인조 이괄의 난으로 공주성 쌍수정에 파천.
1625년	고청 서기(徐起)를 충현서원에 별사.
1627년	이경여(李敬輿) 충청도관찰사 부임.
1636년	병자호란 발발.
1638년	김육(金堉), 충청도관찰사 부임.
1639년	전염병으로 108인이 사망함.
1643년	죽당 신유, 통신사의 종사관으로 일본에 다녀옴.
1646년	충청감사 임담(林潭), 공주감영을 시내에서 공산성 안으로 옮김. 유탁(柳濯)의 란으로 공주목을 공산현으로 내림.
1647년	죽당 신유, 공산 현감(공주목사)으로 부임.
1650년(효종1)	이귀(李貴) 신도비 건립. 갑사 삼신불 괘불 제작.
1651년	충청도에 대동법을 실시. 각순(覺淳)이 마곡사 대웅전, 영산전, 대적광전 등

	중수. 신유, 공주 십경시를 지음.
1653년	충청감영 건물, 제민천변(대통사지)에 건축하여 공산성으로부터 옮김.
1654년	대흥 안곡사(安谷寺)에서 마곡사 동종 제작. 관찰사 강백년의 도움으로 갑사 중창.
1655년	공주목을 공산현에서 다시 공주목으로 복구.
1656년	일본의 '도조(陶祖)' 이삼평, 일본 아리타(有田)에서 사망.
1659년	갑사 사적비 건립.
1661년(현종2)	숙종 태실비 건립.
1663년	초려 이유태, 공주 중동골에 이주.
1664년	신원사 노사나괘불 제작.
1670년	공주목이 공산현으로 낮추어짐.
1679년(숙종5)	공산현이 공주목으로 복구됨.
1683년	태봉동에 숙종대왕 태실비가 세워짐.
1687년	마곡사 석가모니괘불 제작.
1689년	김장생, 조헌, 송준길 충현서원 추배제향.
1693년	오재정(吳再挺)이 계룡산 유람기,「유계룡산록(遊鷄龍山麓)」을 집필함.
1694년	오시수(吳始壽) 신도비 건립.
1707년	충청감영 건물을 봉황산 아래 현 공주대 부설고 자리에 완공하고 감영을 이전함.
1708년	공산성에 인조 주필사적비 건립.
1710년	향교 명륜당 중수.
1712년	충현서원사적비 건립.
1713년	명국삼장비 중건.
1715년	영은사 동종이 서산 문수사에서 제작됨.
1717년	충청도 호구수 212,165호, 846,100명.
1723년(경종3)	홍수로 민가 1천 호가 떠내려감.
1728년(영조4)	무신란(戊申亂)이 일어나 동학사가 소실됨.
1730년	갑사 석가여래삼세불도가 제작됨.
1734년	관찰사 이수항(李壽沆)이 쌍수정 건립.
1736년	김종서 묘소, 장기면 대교리에 조성.
1739년	덕천군 사우, 연기군 남면 방축리에서 이건.
1741년	관찰사 조영국(趙榮國), 향덕 기념비를 소학리 마을에 건립.
1746년	절재 김종서 복권.
1749년	홍계희(洪啟禧), 충청도관찰사 부임.
1750년	이익보(李益輔), 충청도관찰사 부임.
1751년	관찰사 이익보가 금강변에 벽허정(碧虛亭)을 건립. 관찰사 이익보 사적비

	건립. 이중환이 『택리지』를 저술. 공주향교 명륜당 중수.
1754년	관찰사 김시찬(金時粲), 공산성 동북쪽에 저수 시설을 축조하고 만하루(挽河樓)를 건축함.
1759년	공주목의 면리 및 호구수 26면 207리, 15,062호, 42,621명.
1763년	퇴석 김인겸이 통신사의 서기로 발탁되어 일본에 파견됨.
1764년	김인겸이 일본에서 귀국하여 한글 기행시 『일동장유가』를 지음.
1766년	숭선군(인조의 제5자) 묘, 이인면 오룡리에 이장.
1778년(정조2)	공주목이 공산현으로 낮추어짐.
1782년	마곡사에 큰불이 나 대웅보전을 제외한 대부분 전각이 소실됨.
1784년	이단원(李端源, 李存昌)에 의하여 공주에 천주교 전파.
1787년	공산현을 공주목으로 복구함. 시찰사 홍억(洪檍)이 쌍수정을 중수.
1788년	마곡사 영산회상도 제작.
1790년	충현서원 중수. 순조의 태를 마곡사에 묻음.
1798년	공주의 선비 류진목, 임박유 등이 농서(農書)를 올림.
1800년	윤광안(尹光顔), 충청도관찰사 부임.
1801년(순조1)	신유사옥으로 이존창(루도비코)이 황새바위에서 순교.
1808년	덕천군 신도비 건립.
1810년	영규대사 묘를 계룡면 월암리에 조성.
1811년	죽리 김이교가 통신사의 정사로 쓰시마를 다녀옴.
1813년	마곡사 대광보전을 다시 지음. 영규대사 정려 내림. 관찰사 원재명(元在明)이 향교 중수. 마곡사 대광보전 건립.
1815년	서기(徐起) 묘비 건립.
1817년	제민천교를 재건하고 영세비를 건립.
1822년	관찰사 이석규(李錫奎) 향교 대성전 중수.
1823년	홍수로 민가 100호가 무너지고, 4명이 사망함.
1826년	갑사 대적전 건립.
1830년	동학서원 건립 박제상, 삼은(三隱)·삼상(三相)·육신(六臣) 등 배향.
1831년	관찰사 박제문(朴齊聞)이 향교 강학루 중수.
1832년	프랑스인 안토니오 등 신풍 지역에서 천주교 포교. 화산영당(華山影堂)(계룡면 화은리) 건립.
1835년(헌종1)	동학사 대웅전 건립.
1837년	금영(錦營)측우기 제작.
1839년	관찰사 조기영(趙棄永), 향교 대성전 중수. 홍수로 민가 489호가 무너지고 10명이 죽음.
1843년	마곡사 영산전에 천불(千佛)이 안치됨.
1846년	판관 권영규(權泳奎), 향교 강학루 중수. 다블뤼 신부 등이 신풍면 봉갑리 수

리치골에서 '성무성심회' 창립.

1851년(철종2)	명탄서원 창건. 김옥균, 광정에서 출생.

1851년(철종2)   명탄서원 창건. 김옥균, 광정에서 출생.

1860년   화재로 신원사의 전각 대부분 소실됨.

1861년   1859년에 편찬된 『공산지』가 완간됨.

1862년   진유완(陳有完) 등이 공주에서 임술민란을 일으킴.

1863년(고종1)   신풍에서 천주교 포교하던 프랑스인 오베드루 신부가 병사.

1865년   신억(申檍), 공충도관찰사 부임.

1866년   병인양요로 천주교도 다수 처형(병인박해).

1868년   대원군의 서원 훼철.

1869년   노숙(盧璛) 정려 건립.

1870년   향교 명륜당 중수.

1873년   감영의 문루인 포정사(布政司) 건축. 향교 대성전 중수.

1876년   개항, 일본과 강화도 조약 체결. 신원사 대웅전 건립.

1879년   신원사 중악단 건축. 마곡사 대웅보전을 중수함.

1884년   미국인 포크(Foulk)가 공주를 방문함. 김옥균 등 개화당이 갑신정변 일으킴. 동학 교주 최시형이 마곡사 가섭암에서 수행함.

1886년   공주우체사 개국.

1892년   공주의 동학 지도자들이 교조 최제우의 신원(伸冤)을 요구하는 소장을 충청 감사에게 올림.

1894년   2차 동학농민군 우금치에서 패전. 청일전쟁 발발. 김옥균이 상하이에서 암살됨. 프랑스 조죠 신부 청병(淸兵)에게 체포되어 순교.

1895년   갑오경장, 칙령98호로 23부제 실시, 공주목이 공주부가 됨. 충청도는 공주부, 충주부, 홍주부로 나누고, 공주부는 27개군을 관할.

1896년   칙령36호로 13도제 시행, 충청남도로 개칭. 독립협회 설립. 공주감영 예하에 경무청 설치(1909년 경찰서로 개칭). 공주침례교회 설립.

1897년(광무1)   대한제국 성립. 갱경골에 공주성당 설립(기낭 신부).

1898년   중악단을 건축함. 김구, 마곡사에서 출가함(圓宗). 프랑스신부 진베드로 공주성당 건립. 심기섭이 중동에 공주사립소학교 설립.

1899년   갑사 철당간이 태풍으로 절단됨. 진위대 편제 개정으로 공주 진위대대(地方隊) 설치가 결정됨.

1901년   명선남학교 개설(영명중학교 전신). 공주의료원 설립.

1902년   공주감리교회 설립.

1903년   공산성 문루(진남루?)가 무너져 1명이 사망하고 4~5명이 부상함. 쌍수정 중수. 군산우체국 공주우편물 취급소로 우체국 발족.

1904년   노일전쟁 발발. 일본군이 공주에 주둔하기 시작함. 고종의 명으로 초혼각을 숙모전으로 개칭. 사애리시가 공주에 와 여성을 위한 야학을 개설하다. 사립

명화학교 설립(남부면 고상아리).

1905년	을사조약 체결, 노원섭(盧元燮)이 웅진동에서 의병을 일으킴. 대한자강회 결성, 한호농공은행(韓湖農工銀行) 설립. 경부선 철도 개통.
1906년	공주공립보통학교 개교(중동초 전신). 공주우체사, 공주우편국으로 승격. 김갑순이 공주군수로 부임함. 신원사 대웅전 건축.
1907년(융희1)	대한제국 군대 해산. 공주옥을 공주감옥서로 개편. 명선여학당, 영명학교로 개칭. 공주심상(尋常)소학교 설립. 공주농공은행 설립.
1908년	공주 부근에서 항일의병 항전 전개. 공주지청 공주재판소 검사국으로 발족(1938년 검사분국), 금성금융조합 개설.
1909년	공주 감리교회, 서양식 건물인 협산자예배당 건축. 우성면 소재 흑연광 41만여 평을 부산거주 일본인에게 허가함.

4. 일제강점기

1910년	공주농업학교(예산농업학교, 공주대 산업과학대학의 전신) 개교. 일제, 조선을 병탄함. 국치에 항의하여 공주 우국지사 오강표가 순절함. 근대식 병원인 공주자혜의원 설립.
1911년	김갑순이 중동 침수지역을 매립하여 시장을 조성함.
1912년	공주-논산간 신작로 개통. 독일신부 베버, 공주 천주교 순교지 방문(황새바위, 공주감옥).
1913년	공주-대전간 신도로 완공. 공산성을 '산성공원'으로 지정. 김갑순, 금강관(錦江館, 극장) 건립. 이인 사립삼흥학교 개설(1917년 공립보통학교 인가). 유구보통학교 개교. 금강나루에서 공산성 서쪽을 경유하여 시내에 진입하는 신작로를 조성함. 공주-대전간 신작로 개통. 유구 공립보통학교 인가.
1914년	관할 구역개편, 공주군 명탄면(鳴灘面) 22개리, 양야리면(陽也里面) 33개리 등 79개리를 연기군에, 현내면 50개리, 유등천면 39개리는 대전군에 이관함. 금강 전구간의 명칭을 '금강'으로 통일. 공주지역 헌병대 설치. 서대전, 논산 방면으로 호남선 개통. 유관순이 영명여학교에 입학.
1915년	금강에 목교(木橋)가 가설됨. 충남 원잠종제조소를 공주에 설립하고, 공산성내에 잠종냉장고를 건립함. '공주 갑부' 김갑순이 유성에 온천공을 개발함.
1916년	숙모전, 삼은각 건립. 판소리 명인 박동진이 태어나다.
1917년	대홍수로 제민천의 다리(대통교, 제민천교, 유교)가 붕괴됨. 이인공립보통학교 설립. 공주면이 지정면으로 승격됨.
1918년	대통교와 제민천교가 다시 가설됨(대통교를 '공주교'로 개명). 농공은행을 식산은행 공주지점으로 개편. 공주금융조합 창립(조합장 김갑순). 공주 시가지가 정비되고 중동지역 매립지에 200여 개의 점포가 들어섬(중동시장).

1919년	공주, 의당 장기 정안 반포 탄천 등지에서 3.1만세운동(12회 14,000명) 봉기. 금성동에 공주전기회사 설립. 공주금융조합 창립. 계룡보통학교 설립.
1920년	공주 금강의 목교가 무너져, 국비로 배다리를 건설함. 상수도 수원지인 금학동 공주수원지 준공. 유관순 열사 순국.
1921년	공주청년수양회 총회 열림. 숙모전 증축. 충남중학 기성회 조직(공주). 중학동 구선교사가옥이 건축됨. 공주전매서 공주영업소로 발족, 한전 공주영업소 발족. 반포보통학교, 호계보통학교 개교. 공주전기회사가 시내에 전등을 설치함.
1921~1922년	공주공립 고등보통학교 유치운동.
1922년	충남고보 위치 공주로 결정. 의당, 정안 공립보통학교 설립. 공주고등보통학교, 공주 도립사범학교 설립. 공주공립농업학교, 예산으로 이전. 공주영명고등학교 기독교청년회 강연회, 공주학생친목회 하기 임시 야학 개설. 공주불교청년회 창립 총회 개최, 불교청년야학 개최.
1923년	상수도 시설 준공. 충남금융조합연합회관('옛 공주읍사무소') 건립. 앵산공원(구 공주박물관 자리)에 가로등 설치. 『중간 공산지』(공주향교) 간행. 공주감옥서를 '공주형무소'로 개편. 공주심상고등소학교가 공주고보 자리에서 봉황동으로 신축 이전. 심상소학교(봉황초 전신) 신축공사중 백제문양전이 다수 출토함.
1924년	우성공립보통학교 설립. 영명여학교 맹휴사건. 보딩선교사가 중앙영아관 설립. 사적 명승 등의 조사 보존을 목적으로 한 공주보승회 창립.
1925년	공주영명학교후원회조직, 충현서원 옛터에 사우 중건. 공주부인회 창립총회, 공주기독여자청년회 공주에서 조직. 공주보승회 설립.
1926년	6.10만세운동 일어남. 공주교육연구회 조직, 공주고보 학생동요사건. 공주에 대홍수.
1927년	공주 송산리 백제고분 발견. 반포면 학봉리 분청사기 가마 발굴. 공주고보 학생 동맹 휴학. 신간회 조직. 신풍공립보통학교 개교. 한글연구회 창립.
1928년	공주여자고등보통학교 개교. 공주군청 신청사 완공. 공주소년동맹 창립. 중학동에 충남도립도서관 설립. 금호당 약효가 입적. 공주 정육업자들이 형평사 지부 결성.
1929년	공주고보, 영명학교 맹휴사건. 탄천공립보통학교 인가. 읍내에 남선제사공장(南鮮製絲工場) 설립. 이병연(李秉延), 이인 목동리에 보문사(普門社)를 설립하여 『조선환여승람(朝鮮寰輿勝覽)』편찬 작업을 본격적으로 시작.
1930년	장기공립보통학교 개설. 금정야학교 개설(류경석, 노마리아). 도청 이전 반대운동이 시작됨.
1931년	공주감리교회 예배당 준공. 금강관이 화재로 전소. 충남도청 대전 이전 확정. 공주면이 읍으로 승격함. 우성면 동대리 금광 채굴 개시.

1932년	충남도청을 대전으로 이전. 금강철교 공사 착공. 김갑순이 금강관을 대신하는 공주극장 개관. 송산리 고분군내 도로 조성 공사중, 5, 7, 8호분과 6호분의 배수구를 발견함. 공산성내 도로 개설. 금강교 공사과정중 정지뱅이에서 온천수가 발견됨.
1933년	공주 송산리 6호분, 29호분 조사. 금강에 금강철교(512m) 개통. 원도심 제민천 부근 일대 하수도 공사. 공주고적보존회 설립. 공주공립농업학교(공주생명과학고) 설립.
1934년	계룡공립보통학교(왕흥국교) 개설. 공주고적보존회 발족.
1935년	공주 세무서 발족. 사곡면 호계리에 화암정(花巖亭) 건립. 공주고보 교우회, 『충남향토지』 간행.
1936년	공주 중동성당 완공. 공주세무서 설립. 대홍수가 발생하여 제민천 뚝이 무너짐.
1937년	산성시장 개장. 논산 쌍계사에 있던 월인석보 목판을 갑사로 옮겨옴. 홍수로 제민천 범람.
1938년	공주면이 공주읍으로 승격됨. 공주여자사범학교 개설. 공주고등보통학교가 공주공립중학교로 개칭. 선화당을 이전하고 백제박물관 신축 지진제를 거행함. 공제의원 설립. 박목월이 유익순과 공주감리교회 예배당에서 결혼식.
1939년	제민천 제방공사. 신관리에 공주농업학교 교사 준공.
1940년	금학초등학교, '공주금학공립심상소학교'로 개교. 선화당을 이건하여 백제박물관 개관. 사애리시가 일제에 의하여 강제 출국됨. 공주성결교회 설립.
1941년	공주사적현창회 발족. 영명학교 폐교. 공주심상소학교가 공주상반(常盤, 도키와)공립국민학교로 개칭됨.
1942년	목동면을 이인면으로 고침.
1945년	해방. 독립운동가 광복군 대장 오동진(吳東振)이 공주형무소에서 순국.

5. 해방 이후

1946년	김구 선생 공주 방문, 공산성 내 중군영(진남관)의 문루였던 웅심각(熊心閣)을 광복루로 개명. 근화유치원 설립. 대홍수로 곰나루 일대 마을이 유실됨.
1947년	왜식 동명 금정을 교동으로, 상반정을 봉황동으로, 본정을 중동으로, 대화정을 중학동으로 고침.
1948년	제헌의원 선출. 김명동, 신방현 의원 당선. 공주사범대학(2년제 도립) 개교. 금강이 범람하여 제방이 무너짐.
1949년	영명학교 복교. 공주상반공립국민학교가 봉황국민학교로 개칭됨.
1950년	6.25 전쟁 발발. 미 제34연대가 읍내에 연대본부 설치. 금강교 폭파. 공주문화원 창립.
1951년	공주여자사범, 공주사범학교로 개편. 공주 봉황중학교 개교. 문학동호회 시

	회(詩會) 창립. 중식당 부흥루 개점. 공주침례교회 설립.
1952년	유구중학교 개교. 중앙감리교회 설립. 경천중학교 개교.
1953년	공주사범대학 부설중학교 개교.
1954년	공주사범대학, 4년제로 개편. 이학, '후생식당'이라는 이름으로 국밥집 개점. 정안중학교 개교.
1955년	제1회 백제문화제 거행(부여).
1956년	6.25 때 파괴된 금강교와 공주감리교회 예배당 재건. 명탄서원이 재건됨. 공주사범대학 부설고등학교 개교. 마곡사 오층석탑의 풍마동이 분실되었다가 회수됨. 금강교 복구 재개통.
1957년	공주군 농업기술센터 설립. 공주군유도회에서 『공주군지』 간행.
1958년	신관리에 국립공주요양소 설립. 한국저축은행 공주지점이 제일은행으로 변경됨.
1960년	4.19 민주 의거.
1961년	신관초등학교 설립. 한천저수지 준공. 4.19학생의거 기념비 건립. 청량사지 오층석탑 · 칠층석탑을 중수함. 공주군농업협동조합 설립. 공주형무소를 공주교도소로 개칭.
1962년	공주사범학교, 공주교육대학으로 개편. 연춘당한의원, 공주에 개원. 우성면 옥성리 장자못에 보물이 묻혀 있다는 소문으로 발굴 소동이 벌어짐.
1963년	무너진 진남루 중건. 충남 지방공무원 연수원 설립. 송산리고분군, 공산성 등이 사적으로 지정됨. 중장초등학교 개교. 정안면 거주 김만태가 집 주변에 300여 밤나무를 심어 공주 밤의 역사가 시작됨.
1964년	연세대 발굴단, 공주 석장리에서 구석기 유적 조사. 공주사범대학, 장기면 신관리 이전 계획이 결정됨. 계룡저수지 준공. 공주교육청 설립. 공주 출신 일본인들의 향우회 '공주회' 창립.
1965년	공주사범대, 백제문화연구소 설립.
1966년	공주군 장기면 신관리 임야 5만여 평을 보사부로부터 공주사범대학 부지로 관리 전환 인가. 백제문화제(제12회), 공주에서도 개최.
1967년	교동초등학교, 수촌초등학교, 북중학교 개교. 호서극장 개관. 경천저수지 준공. 공주사대 학생, 부정선거 규탄 후 시내에서 시위.
1968년	계룡산, 국립공원 지정. 국립공주요양소를 국립공주결핵병원으로 변경. 공주홍수통제소 설치. 유구성당 설립.
1969년	공주사범대학, 반죽동에서 신관리 신축 교사로 이전. 공주사범대 학생, 3선 개헌 반대 데모.
1970년	장기중학교 설립. 공주청년회의소(JC) 설립.
1971년	무령왕릉 발견. 우성중학교 개교.
1972년	중앙극장 개관. 공주농업협동조합 설립. 유구종합고등학교 개교. 마곡사 마

	곡사오층석탑을 해체 수리함.
1973년	공주군 장기면 나성리, 송원리가 연기군 남면으로, 반포면 성덕리, 도암리, 영곡리 가 연기군 금남면에 편입됨. 건축가 이희태가 설계한 공주박물관 건물 준공. 우금치에 동학혁명군 위령탑 건립. 공주중학교가 금성동에 새 교사를 신축하고 이전.
1974년	무령왕릉 출토 유물이 국보로 지정됨. 백제 금동관음보살상이 의당면 송정리에서 발견됨(국보).
1975년	정안면 고성저수지 준공.
1976년	명학장학회 설립.
1977년	행정수도 건설 계획이 발표됨. 부여-공주지역을 백제문화권 중심지로 개발한다는 계획이 건설부에서 발표됨. 산성동에 공주공용버스터미널 준공. 상왕동에 용문서원이 재건됨. 대통령배 고교 야구대회에서 공주고가 우승함.
1978년	공주교도소, 교동에서 금흥동으로 이전. 반포중학교 개교. 백제문화권 개발을 위한 기초 조사가 실시됨.
1979년	10.26으로 공주 장기 행정수도 계획이 폐기됨. 공주여자상업고등학교(현재의 공주정보고등학교) 설립. 공주여중이 교동으로 이전함. 공주 웅진동고분군 발굴. 남양유업 공주공장 완공. 공주, 구마모토현 키쿠스이정(菊水町, 현재의 和水町)과 자매 결연. 공주군,『공주군지』간행.
1980년	공주군을 공주시와 공주군으로 분리. 공산성 추정왕궁지 등 건물터 발굴(공주사대 백제문화연구소). 금강변에서 이익보사적비 발견. 중동성당에서 황새바위 부지 매입. 대청댐 완공. 공주금성여자고등학교 개교. 계엄 해제를 요구하며 공주사대 학생 시내에서 가두 시위.
1981년	공주사대에 교육대학원이 설치됨. 공주교육청, 금성동으로 신축 이전. 한국자연미술가협회 야투(野投) 창립.
1982년	공주교대, 4년제로 개편. 공산성 만하루터와 저수시설(연지)을 발굴함. 공주교동성당 설립. 이인중학교 개교. 공주시 문화재관리소가 설립됨. MBC <거부실록>에 '공주 갑부 김갑순'편이 방송됨.
1983년	대통령령으로 이인면 4개리(봉정, 주미, 태봉, 오곡리), 계룡면 3개리(소학, 신기, 상왕리), 장기면 4개리(신관, 금흥, 월송, 무릉리)가 공주읍으로 편입됨. 공주 포교당 동불사 낙성식. 도립병원 기숙사 신축과정에서 공주목 동헌 건물이 철거되어 민간에 불하됨.
1984년	공주정명학교 설립. 3.1독립만세기념비 건립(정안면 석송리).
1985년	강북 신시가지(신관지역)에 대한 도시 계획이 확정됨. 공산성 만하루가 복원됨. 황새바위에 순교탑과 경당 준공. 공주목 동헌 건물의 자재를 회수하여 황새바위성지에 옮겨 세움. 공주소방서 설립. 공주도서관 건립. 갑사 수정식당 개점.

1986년	공주읍이 공주시로 승격됨. 공주대교(길이 480m) 준공. 장기농공단지 준공. 정안면 석송리 3.1운동 독립만세기념비 건립. 황새바위에 이전 건립한 공주목 동헌 건물이 화재로 전소됨.
1987년	공주 한일고등학교 개교(정안면 광정리). 이인면 검상리가 공주시에 편입됨. 공주대교가 개통되어 강북 개발이 본격화함. 홍수로 공산성 성벽이 붕괴하고 2명의 순직자가 발생함. 국립법무병원 치료감호소가 반포면 봉곡리에 개원함. 국립공원 계룡산사무소 설치. 집중호우로 공산성 성벽이 붕괴하고 사적관리 공무원 2명이 사망함.
1988년	충청남도 교통연수원 설립. 공주향토문화연구회 창립. 의당면 요룡저수지 준공. 『공주군지』 간행.
1989년	충청남도와 대전시가 분리됨. 정안농공단지 준공. 교원 임용고사 실시에 반대하여 공주사대생 동맹 휴업. 퇴석 김인겸의 기념 비석이 금강 가에 세워짐. 예총 공주지부 출범. 공주신문 창간. 석송정 건립(정안면 석송리).
1990년	공주사범대학, 공주대학으로 개편. 공주 문예회관, 종합운동장 준공. 충청남도 교원연수원 설립. 신시가지 개발에 따라 신관동 4개통을 확장 개편. 학봉리 분청사기 도요지, 공주 석장리 구석기 유적이 사적으로 지정됨. 일본 아리타(有田町)의 읍민들이 동학사 입구 박정자에 이삼평 기념비 건립. 구룡사지 발굴.
1991년	공주대학을 공주대학교로 개편(초대 총장 안승주). 버스터미널을 신관동으로 신축 이전. 교원 임용고사 제도 실시. 충남교향악단 공주에 설립. 무령왕릉 발굴20주년 기념 국제학술세미나 개최(공주대 백제문화연구소).
1992년	공주대학교, 예산농업대와 통합. 공주 학봉리 분청사기 도요지 발굴. 공산성 금서루 건축. 우금티예술제 개최. 솔브레인 공주공장 준공. 검상농공단지 준공. 공주고, 청룡기 고교야구대회에서 우승.
1993년	공산성 영은사 앞 백제연못을 발굴하고, 공산성내에 임류각을 복원함. 충청감영의 동헌건물 선화당과 공주목 동헌 건물을 웅진동에 이전 복원함. 충남과학고, 반포면에 설립. 웅진전문대학 설립. 공주시, 야마구치시(山口市)와 자매 결연. 동학농민전쟁 우금티기념사업회가 결성됨.
1994년	금성구획정리사업(미나리깡) 준공. 우금치 동학혁명 전적지, 국가사적 지정.
1995년	공주시와 공주군을 통합, 공주시라 함. 유구면이 유구읍으로 승격. 공주시청, 봉황동에 신청사를 신축하여 이전. 계룡산 도예촌 조성.
1996년	임립미술관 개관. 공주민속극박물관 개관.
1997년	반포면 마티터널 준공. 공주 연정국악원 설립. 공주박물관, 수촌리토성 발굴.
1998년	공주전문대학을 공주문화대학으로 개편. 국립공주결핵병원을 국립공주정신병원으로 바꾸고 이전. 구 결핵병원 부지와 건물을 공주대에서 인수. 공주대 중앙도서관 준공. 박동진판소리전수관 건립. 충청문화재연구원 설립. 박

	세리, LPGA 챔피언쉽에서 우승. 오페라 이순신 공연.
1999년	충청남도 개도 100주년 기념 웅비탑 준공(웅진동). 공주 신관동성당 설립.
2001년	공주대학교, 공주문화대학과 통합. 백제대교 준공. 공주 장선리유적 국가사적 지정.
2002년	천안-논산 고속도로 완공. 공주-부여간 백제큰길, 정지산터널 준공. 공주경찰서, 웅진동 신청사로 이전. 『공주시지』 간행.
2003년	공주 수촌리 백제 유적 발굴. 연미산터널 준공. 공주박물관에서 국보급 유물이 도난되었다가 회수됨. 침례교회가 웅진동으로 이전하고 '꿈의교회'로 이름을 바꿈.
2004년	행정수도, 공주시의 장기면과 연기군 일대로 확정, 위헌 판결. 국립공주박물관, 웅진동으로 이전 개관, 동학사 입구에 계룡산자연사박물관 개관. 기미년 3.1독립만세운동기념탑 제막(공주시 웅진동). 공주 단지리고분군 발굴, 충남역사문화연구원 설립. 한얼문화유산연구원 설립. 고도보존 특별법 제정, 무령왕국제네트워크협의회 창립.
2005년	공주대학교, 천안공업대와 통합. 공주 수촌고분군 국가 사적으로 지정됨.
2006년	석장리박물관 개관. 공주 고마나루, 국가명승으로 지정. 정지산유적 국가사적 지정. 일본 사가현 가카라시마(가당도)에 무령왕기념비 건립. 금강뉴스 창간.
2007년	백제문화제추진위원회가 설치되어, 백제문화제의 공주-부여-충청남도 공동 개최 체제를 확립함. 연기군에 행정중심복합도시 건설 사업 기공식. 공주대학교, 백제교육문화관 준공. 공주대학교 교명 변경 추진으로 지역에서의 반대 운동이 거세게 일어남.
2008년	석장리구석기축제 개최. 공주대박물관, 공산성 성안마을 발굴조사 시작. 황새바위 순교성지, 충청남도 기념물 지정. 충남향토사연구연합회를 발족하여 제1회 향토사대회를 개최(공주향토문화연구회 주관). 아메미야 히로스케(雨宮宏輔), 식민지시대 반출되었던 공주의 문화재를 충남역사문화연구원에 기증.
2009년	대전-당진 고속도로 완공(동공주, 남공주, 서공주 IC 설치). 유구 3.1독립만세운동 기념비 제막. 연미산에 국제자연미술센터 건립. '공주고도보존 기본계획' 수립. 공주시 관광진흥협의회 창립. 애터미주식회사 설립.
2010년	공주, 부여에서 세계대백제전 개최. 금학생태공원 개장.
2011년	고마나루에서 웅진단 발굴. 황새바위 순교자 337위 명부 봉헌식. 고려 현종 기념비와 조선 인조 기념비가 한옥마을 구내에 세워짐. 공주 한옥마을 개관.
2012년	세종특별자치시 출범, 충남도청 내포 신도시로 이전, '무령왕' 별 등록. 대전지법 공주지원, 대전지검 공주지청 금흥동 신청사로 이전. 4대강 사업의 일환으로 '공주보' 준공. 공주대학교에 문화유산대학원 설치. 공주제일감리교

	회 예배당 신축건물 완공.
2013년	공주 나래원 개원. 나태주, 풀꽃 시 『풀꽃 향기 한줌』 출판. 제민천변에 루치아의뜰 개점. 이삼평 연구회 창립.
2014년	공주대학교, 대학본부를 준공하고 공주학연구원 설치. 공주 고마센터, 풀꽃문학관 개관. '공주' 별 등록.
2015년	KTX 개통, 공주역사 완공. 공산성, 무령왕릉 유네스코 세계유산 지정(백제역사유적지구). 고도이미지찾기사업 시작.
2016년	공주시, 교육부 지정 평생학습도시 선정. 학봉리에 이삼평 공원을 조성하여 온천리의 기념비를 이전함. 옥룡동에 효심공원 조성. 무령왕 표준영정 제작. 김홍정 대하소설 『금강』 출판. 공주 감영길에 이미정갤러리 개관. 공주 출신 일본인 향우회 '공주회' 해산. 공주소방서, 웅진동으로 청사 이전.
2017년	충남역사박물관 소장 김이교 유물, 유네스코 세계기록유산 등재. '무령왕 별' 축제('무령왕 별을 찾아라') 무령왕릉에서 개최(무령왕국제네트워크협의회). 무령왕릉 입구에 숭덕전 건립. 공주의료원, 웅진동으로 신축 이전.
2018년	마곡사, 한국의 산사 유네스코 세계유산 등재. 한얼문화유산연구원, 대통사지 발굴. 3.1중앙공원에 유관순열사 동상 건립. 박찬호기념관 개관. 공주사대부고 정문에 포정사 문루 복원. 제민천 지방하천 정비사업 착수. 조선통신사충청남도연구회 발족.
2019년	옥룡동에 은개골역사공원 조성. 공주시, 여성가족부가 지정하는 '여성친화도시'에 지정됨.
2020년	공주문화재단 설립. '공주 송산리고분군' 사적 지정 명칭, '공주 무령왕릉과 왕릉원'으로 변경. 공주세무서 신청사 완공, 이전. 공주 기적의도서관 개관.
2021년	공주시, '무령왕의 해' 지정, 공산성 서문 로타리에 무령왕 동상 건립. 공주시, 법정 '문화도시'에 선정됨. 『공주시지』 간행. 국립공주박물관 충청권역 수장고 개관. 공주목관아 혜의당을 중동 옛터에 이전 복원. 제민천 생태하천 정비사업 착수.
2022년	제2금강교 건설 계획 확정. 제1회 유구색동수국정원 꽃축제 개최.
2023년	'대백제전' 개최. 제1회 충청감영 역사문화축제 개최. 홍수로 금강이 범람하고 공산성의 문화유산이 크게 훼손됨.
2024년	백제문화스타케이션 착공. 송산리고분군 재발굴(국립부여문화재연구소). 내포교회사연구소, 공주시 교동으로 이전 개소. 제70회 백제문화제 개최. 갤러리 눈 개관. 관찰사 이익보사적비 이전 제막. 나태주문학창작플랫폼 준공. 공주시 인구 10만 1,695명(9월).

* 근, 현대 자료의 보완은 공주향토문화연구회 · 공주대학교 참여문화연구소, 『공주 근현대사 연표 및 주요 기사 색인』, 2012를 참고하였음.

참고문헌

1. 사료

『고려도경』『삼국유사』『삼국사기』『대각국사문집』『고려사』『고려사절요』
『신증동국여지승람』『여지도서』『호서읍지』『숙종실록』『동국신속삼강행실도』『지봉유설』
『조선환여승람』『한국근대사자료집성』『한국문집총간』(한국고전번역원)
공주문화원, 『공주의 지리지ㆍ읍지』, 2001
공주대 백제문화연구소, 『국역 공산지』, 2008
국사편찬위원회, 『노상추 일기』, 2017~2019
이순신, 『난중일기(증보교감 완역)』(노승석 역), 여해, 2012
조엄(박진형ㆍ김태주 역), 『해사일기』, 논형, 2018
한국교회사연구소, 『뮈텔주교일기』1, 2009

2. 보고서, 시ㆍ군지류

공주교도소, 『1500년의 시간과 공간 -공주교도소사』, 2020
공주군유도회, 『공주군지』, 1957
공주대 공주학연구원, 『아카이브로 보는 금강』, 2018
공주대 공주학연구원, 『공주의료원 추억전』, 2019
공주대 공주학연구원, 『엽서 속 공주를 바라보다』, 2019
공주대 공주학연구원, 『조선통신사 신유 학술세미나』(세미나 자료집), 2020
공주대 박물관, 『공산성 지당』, 1999
공주대 박물관, 『공산성 백제추정왕궁지 발굴조사보고서』, 1987

공주대 박물관,『공산성 백제추정왕궁지 발굴조사보고서』, 1987

공주대 박물관,『공산성 건물지』, 1992

공주대 박물관,『공산성 지당』, 1999

공주대 박물관,『공산성 성안마을 조선시대 유적』, 2012

공주대 박물관,『웅진성 공산성』, 2013

공주대 박물관,『공주 공산성』Ⅰ, 2016

공주대 박물관,『공주 공산성』Ⅱ, 2018

공주대 박물관,『공주 공산성』Ⅵ, 2022

공주대학교 백제문화연구소,『백제 무령왕릉』, 1991

공주대학교 역사박물관,『돌에 새긴 기억의 역사展』, 2022

공주대학교 지역개발연구소,『공주지명지』, 1997

공주사범대학 백제문화연구소,『백제문화권의 문화유적(공주편)』, 1979

공주사범대학 백제문화연구소,『공주공산성내 건물지 발굴조사보고서』, 1982

공주문화원,『공주의 맥』, 1992

공주시,『일동장유가의 퇴석 김인겸』(세미나 자료집), 2005

공주시,『2020 8월의 공주역사인물 학술세미나, 신유』(세미나 자료집), 2020

공주시,『추포 황신 통신사행과 일본인식 기념학술세미나』(세미나 자료집), 2022

공주향토문화연구회,『공주 근현대사 연표 및 주요 기사 색인』, 2012

공주황새바위성당,『천주교 순교사적으로서의 공주향옥』(세미나 자료집), 2011

국립공주박물관,『공주와 박물관』, 2009

국립공주박물관,『송산리고분군 기초자료집(해설)』, 2012

국립공주박물관,『공산성, 공주 역사기행 1번지』, 2013

국립경주문화재연구소,『경주서부동 19번지유적 발굴조사보고서』, 2003

국립부여문화재연구소,『부여금성산 백제와적기단건물지 발굴조사보고서』, 1992

국립중앙박물관,『유리건판으로 보는 백제의 고분』, 2015

국립청주박물관,『우암 송시열』, 2007

금강문화포럼,『백제 무령왕 교류 15년』, 2016

대전교구 황새바위순교성지 · 내포교회사연구소,『황새바위 순교성지(인물편)』, 2020

대전여자고등학교,『대전여고 50년사』, 1987

무령왕국제네트워크협의회,『무령왕, 동아시아 평화교류에의 꿈 –교류 20년의 기록』, 2021

문화재관리국,『무령왕릉발굴조사보고서』, 1973

백제고도문화재단,『이성지표조사보고서』, 2017

부산문화재단,『조선통신사에 관한 기록』, 2018

부여군,『백마강』, 2008

부여군지 편찬위원회,『부여군지』7, 2003

부여문화원,『부여의 효 · 열지』, 1996

부여문화원, 『부여의 누정』, 2000
산성동지편찬위원회, 『산성동지』, 2010
진주류씨대종회, 『진주류씨 역대인물전』, 2006
천주교대전교구 황새바위순교성지 · 내포교회사연구소, 『황새바위 순교성지』 인물편, 자료편, 2020
충남대학교 박물관, 「문화유적분포지도」(부여군), 1998
충남대학교 백제연구소, 『부여지구 유적조사 및 정비계획안』, 1978
충남향토연구회, 『금강의 누정문화』, 2011
충남향토연구회, 『충남의 역원과 역로』, 2014
충청남도, 『문화유적총람』(금석문편, 중), 1993
충청남도역사문화연구원, 『공주 공산성 성안마을 유적』, 2010
충청남도역사문화연구원, <공주 소학동 효자향덕비 주변지역내 문화유적 시굴조사>, 2010
충청남도역사문화연구원, 『공주 우영터』, 2017
충청남도역사문화연구원, 『일본 속의 백제(큐슈지역)』, 2018
충청남도역사문화연구원, 『공주목 복원정비의 체계적 방향설정을 위한 학술세미나』(발표자료집), 2019
충청남도역사문화연구원, 『공주목 복원정비계획 최종보고서』, 2019
충청남도역사문화연구원, 『공주 중동 330-1번지』, 2021
충청남도역사문화연구원 외, 『조선통신사 콘텐츠 활용세미나』, 2021
충청문화재연구원, 『공주 공산성(옥룡동 은개골 일대 1차 유적정비) 문화재 발굴조사-공주시 옥룡동 418번지 일원유적』, 2019
한글학회, 『한국지명총람』 4(충남편 상), 1974
한성백제박물관, 『백제, 한성에서 웅진으로』, 2017
한일문화교류기금 편, 『조선통신사 기록물의 'UNESCO 세계기록문화유산' 등재』, 경인문화사, 2018

公州高普校友會, 『忠南鄕土誌』, 1935
東松浦郡, 『東松浦郡史』, 1925
扶餘古蹟保存會, 『扶餘古蹟名勝案內記』, 1934
NPO法人 朝鮮通信使緣地連絡協議會, 『誠信交隣21 緣地連だより』, 22, 2019
有光敎一, 『朝鮮古蹟硏究會遺稿 II』, 유네스코동아시아문화연구센터, 2002
朝鮮總督府, 『昭和二年度古蹟調査報告』 第1冊(鷄龍山麓陶窯址調査報告), 1929
朝鮮總督府, 『昭和二年度古蹟調査報告』 第2冊(公州宋山里古墳調査報告), 1935
朝鮮治刑協會, 『朝鮮刑務所寫眞帖』, 1924
鎭西町, 『鎭西町史』, 1962

3. 저서

가루베 지온(이기성 역), 『백제미술』, 충청남도역사문화연구원, 2023

권오영, 『고대동아시아 문명 교류사의 빛, 무령왕릉』, 돌베게, 2005

공주대 공주학연구원, 『101개 공간으로 만나는 공주근대사』, 2021

공주대 박물관, 『백제의 조각과 미술』, 1991

국립부여문화재연구소, 『고대정원 비교연구』, 2012

김갑동, 『고려의 후삼국통일과 후백제』, 서경문화사, 2010

김정섭, 『인물로 본 공주역사 이야기』, 메디치, 2016

김정섭, 『공주의 인물을 만나다』, 메디치, 2022

김정호, 『걸어서 가던 한양 옛길』, 향지사, 1999

김현구, 『백제는 일본의 기원인가』, 창작과비평사, 2002

노르베르트 베버(박일영 · 장정란 역), 『고요한 아침의 나라』, 분도출판사, 2012

노중국, 『백제정치사』, 일조각, 2018

미야케 히데토시(三宅英利), 김세빈 외 역, 『조선통신사와 일본』, 지성의샘, 1996

박광수, 『공주 금강』, 공주문화원, 2022

박순발, 『백제의 도성』, 충남대출판부, 2010

서정석, 『경부자은의 공주 송산리고분 이야기』, 공주대 공주학연구원, 2019

서정석, 『가루베지온과 백제고고학』, 학연문화사, 2024

소종섭, 『백제의 혼, 부여의 얼- 부여의 역사인물 이야기』, 황금알, 2012

손승철, 『조선통신사 –평화 외교의 길을 가다』, 동북아역사재단, 2022

심규선, 『조선통신사, 한국 속 오늘』, 도서출판 월인, 2017

샤를르 달레(안응렬 · 최석우 역), 『한국 천주교회사』 하, 분도출판사, 1980

오세운 · 김성철, 『부여의 누정 이야기』, 부여문화원, 2019

오영환 · 박정자, 『순교의 맥을 찾아서』, 가톨릭출판사, 2009

오윤환, 『백제고도 공주의 고적과 명승』, 충청남도고적현창회 공주군지부, 1955

유원재, 『웅진백제사 연구』, 주류성, 1997

윤여헌, 『고도 공주를 다시 본다』, 디자인 금강, 2016

윤용혁, 『공주, 역사문화논집』, 서경문화사, 2005

윤용혁, 『충청 역사문화 연구』, 서경문화사, 2009

윤용혁, 『가루베 지온의 백제 연구』, 서경문화사, 2015

윤용혁, 『공주, 역사와 문화콘텐츠』, 공주대학교 출판부, 2016

이남석, 『웅진시대의 백제고고학』, 서경문화사, 2002

이도학, 『새로 쓰는 백제사』, 푸른역사, 1997

이동재, 『공산성의 옛 시문』, 공주학연구원, 2020

이필영, 『부여의 민간신앙』, 부여문화원, 2001

이충우,『한국의 성지』, 분도출판사, 1981
이희덕,『고려 유교정치사상의 연구』, 일지사, 1984
임석재,『한국 구전설화』, 평민사, 2003
임선빈,『조선후기 통신삼사의 국내활동』, 경인문화사, 2024
장길수,『근현대 공주, 그 터의 내력』, 2022
장인성,『한국 고대 도교』, 서경문화사, 2017
정규홍,『우리문화재 수난사』, 학연문화사, 2005
정재윤,『무령왕, 신화에서 역사로』, 푸른역사, 2021
지수걸,『한국의 근대와 공주사람들』, 공주문화원, 1999
진경환,『백마강, 한시로 읊다』, 민속원, 2011
차광호,『고려시대 역사서의 신이성과 삼국유사』, 역사산책, 2018
최상수,『한국 민간전설집』, 통문관, 1984
최석우,『한국 천주교회의 역사』, 한국교회사연구소, 1982
최종석,『한국 중세의 읍치와 성』, 신구문화사, 2014
충청남도역사문화연구원,『갱위강국 백제의 길』, 메디치미디어, 2021
충청남도역사문화연구원,『조선통신사 학술자료총서, 충남인물』, 2023
헨드릭 하멜(김태진 역),『하멜표류기』, 서해문집, 2003
홍사준,『백제사논집』, 향지, 1995

輕部慈恩,『百濟美術』, 寶雲舍, 1946
輕部慈恩,『百濟遺跡の研究』, 吉川弘文館, 1971
東潮・田中俊明,『韓國の古代遺跡』 2(百濟・伽耶編), 中央公論社, 1989
小泉顯夫,『朝鮮古代遺跡の遍歷』, 六興出版, 1986
駿豆考古學會,『駿豆地方の古代文化』, 1970
村山智順,『朝鮮의 風水』, 朝鮮總督府, 1931

4. 논문과 글

강헌규,「삼국사기와 삼국유사에 나타난 효자 '向德・向得'에 대하여」『백제문화』 18・19합
　　집, 1989
권오영,「백제의 해양활동과 국제정세」『한국해양사』 1, 한국해양재단, 2013
김갑동,「고려초기 홍성지역의 동향과 지역세력」『사학연구』 74, 2004
김갑동,「왕건의 후삼국통일과 이도」『충청학과 충청문화』 36, 2024
김경란,「조선후기 충청도 공주목의 유력 성씨와 향촌 지배세력의 추이 -『향안』,『거접명록』의
　　분석을 중심으로」『역사와 담론』 92, 호서사학회, 2019
김경수,「조선환여승람의 편찬과 그 의미」『한국사학사학보』 47, 2023

김기섭, 「백제 무령왕 연구동향과 과제」 『백제문화』 66, 2022

김낙중, 「백제 궁성의 원지와 후원」 『백제연구』 53, 2011

김도연, 「고려~조선 전의 이씨의 성장과 구로구 궁동 집성촌 형성」 『서울과 역사』 107, 2021

김수태, 「조선후기 내포지역 천주교의 확산과 이존창」 『지방사와 지방문화』 7-1, 2004

김수태, 「초기 천주교사와 공주」 『역사와 담론』 73, 2015

김명진, 「고려 태조 왕건의 운주전투와 긍준의 역할」 『군사』 96, 2015

김명진, 「고려 태조 왕건의 공주 일대 공략과정 검토」 『한국중세사연구』 56, 2019

김병기, 「쌍수정사적비의 서예적 고찰」 『웅진문화』 4, 1991

김수태, 「웅진성의 변천」 『백제문화』 30, 2001

김수태, 「삼국유사 '향득사지'조로 본 신라인의 효행」 『신라문화제 학술발표논문집』, 동국대 신라문화연구소, 2009

김영관, 「백제 백강과 주류성의 위치」 『위례와 주류성』, 광진문화원, 2017

김영배, 「공주 백제왕궁 및 임류각지 소고」 『고고미술』 3-1, 1962

김영배, 「웅천과 사비성시대 백제왕궁지에 대한 고찰」 『백제문화』 2, 1968

김영한, 「충청도 세거 안동김씨의 가계와 인물」 『일동장유가의 퇴석 김인겸』(학술세미나 자료집), 공주대 백제문화연구소, 2005

김재숙, 「공산성 비석군의 문화유산적 성격과 활용방안」, 공주대 문화유산대학원 석사학위논문, 2014

김진경, 「송산리고분군의 출토유물」 『송산리고분군 기초자료집(해설)』, 국립공주박물관, 2012

김효경, 「부여 임천군 성황사와 유금필」 『역사민속학』 26, 2008

나선민, 「백제 귀걸이의 특징과 그 의미」 『백제 귀엣-고리』, 국립공주박물관, 2022

노중국, 「백제 역사상의 곤지」 『백제왕자 곤지와 곤지왕』 세미나 자료집, 한성백제박물관/곤지왕네트워크, 2016

니시미 나오코(西見尙子), 「무령왕 탄생지, 가카라시마에 대한 문헌적 탐색」 『웅진문화』 28, 2015

渡辺康弘, 「조선통신사와 청견사」 『웅진문화』 34, 2021

藤井和夫, 「아이즈야이치기념박물관 소장 고구려 와전에 관한 견해」 『일본소재 고구려유물』 IV, 동북아역사재단, 2011

문경호, 「고려시대 유성현과 대전 상대동 유적」 『한국중세사연구』 36, 2013

문경호, 「정진대사 긍양-나말여초 남종선의 획을 긋다」 『고마나루 이야기』 25, 공주시, 2021

문경현, 「백제 무령왕의 출자에 대하여」 『사학연구』 60, 2000

민정희, 「만하루, 전쟁없는 평화로운 세상을 염원하다」 『웅진문화』 25, 2012

민정희, 「김이교 관련 콘텐츠개발 및 기념사업 계획」 『웅진문화』 34, 2021

민현준·정승환, 「천주교 성지 조성에 관한 연구 –공주 황새바위 성지를 중심으로」 『지역사회발전논문집』 35-1(73호), 2010

박방룡, 「공주와 박물관 이야기」 『공주와 박물관』, 국립공주박물관, 2009

박상진, 「백제 무령왕릉 출토 관재의 수종」, 『백제문화』 21, 1991

박원규, 「무령왕릉 출토 관목분석을 통한 고대 한일관계」, 『백제문화를 통해본 고대 동아시아 세계』(심포지움자료집), 공주대학교, 2002

박재용, 「일본 사료로 본 백제 웅진시기 왕계」, 『한일관계사연구』 61, 2018

백원철, 「다산 정약용과 공주」, 『웅진문화』 2 · 3합집, 1990

西谷 正, 「무령왕릉을 통해본 고대의 동아시아세계-고고학의 입장에서」, 『백제문화』 31, 공주 대 백제문화연구소, 2002

서봉식, 「공주 일본인 묘비 고찰」, 『향토연구』 8, 충남향토연구회, 1990

서종태, 「천주교 순교지로서의 공주 향옥」, 『천주교 순교사적으로서의 공주 향옥』(세미나 자료 집), 공주대학교 지역개발연구소, 2011

서흥석, 「공주 · 충남의 조선통신사 관련 자료」, 『공주 · 충남 지역브랜드로서의 조선통신사』, 2019

손승철, 「조선시대 '통신사' 개념의 재검토」, 『조선시대사학보』 27, 2003

송양섭, 「18-19세기 공주목의 재정구조와 민역청의 운영 -『민역청절목』 · 『견역청(추)절목』을 중심으로-」, 『동방학지』 154, 2011

시바모토 타쿠미 · 우치다 사유리, 「백제 무령왕이 태어난 일본의 섬은 어디인가」, 『웅진문화』 29, 2016

신용호, 「공주 후십경시 考釋」, 『웅진문화』 2 · 3합집, 1990

신용희, 「성신교린, 조선통신사 발자취를 찾아」 1, 2, 『웅진문화』 31 · 32, 2018~2019

신용희, 「공주의 조선통신사 콘텐츠와 한일민간교류」, 『웅진문화』 34, 2021

심정보, 「웅진도성의 구조와 방어체제에 대하여」, 『백제도성의 변천과 연구상의 문제점』, 국립 부여문화재연구소 편, 서경, 2003

안다미, 「조선후기 부산서원의 건립과 활동」, 충남대학교 석사학위논문, 2014

안승주, 「공산성내의 유적」, 『백제문화』 11, 1978

양보경, 「16-17세기 읍지의 편찬 배경과 그 성격」, 『지리학』 27, 1983

양보경 · 김경란, 「일제 식민지 강점기 읍지의 편찬과 그 특징」, 『응용지리』 22, 성신여대 한국 지리연구소, 2001

양종국, 「웅진도독 부여융과 신라 문무왕의 취리산 회맹지 검토」, 『취리산 회맹과 백제』, 혜안, 2010

여호규, 「백제 웅진도성의 왕궁 위치와 조영과정」, 『이화사학』 55, 2017

연민수, 「고대 한일외교사 -삼국과 왜를 중심으로」, 『고대 한일관계사의 새로운 조명』(한국고대 사학회 합동토론회 자료집), 2002

오항녕 · 최옥형, 「조선 세 重臣의 瀋陽 구류와 교유-김상헌 · 최명길 · 이경여의 경험」, 『대동 문화연구』 105, 2019

윤여헌, 「공주목 견역청에 대하여」, 『웅진문화』 8, 공주향토문화연구회, 1995

윤여헌, 「공주목 민역청에 대하여」, 『웅진문화』 9, 공주향토문화연구회, 1996

윤여헌, 「옥룡동 소재 '일본인묘' 재론」 『웅진문화』 19, 2006

윤용혁, 「신라효자 향덕과 그 유적」 『백제문화』 11, 1978

윤용혁, 「조선후기 공주읍지의 편찬과 공산지」 『논문집』 19, 공주사범대학, 1981

윤용혁, 「무령왕 '출생 전승'에 대한 논의」 『백제문화』 32, 2003

윤용혁, 「나말여초 홍주의 등장과 운주성주 긍준」 『한국중세사연구』 22, 2007

윤용혁, 「백제의 대왜 항로와 가카라시마(加唐島)」 『백제문화』 51, 2014

윤용혁, 「순교자의 피가 뿌려진 곳, 황새바위」 『고마나루 이야기』 12, 2015

윤용혁, 「이도, 금강에서 고려 통일공신으로」 『공주의 인물』 4(충신편), 공주문화원, 2017

이귀영, 「조선통신사선의 재현과 활용방안」 『웅진문화』 34, 2021

이기백, 「신라 불교에서의 효관념」 『동아연구』 2, 1983

이남석, 「백제 웅진성인 공산성에 대하여」 『마한백제문화』 14, 1999

이도학, 「한성말 웅진시대 백제왕계의 검토」 『한국사연구』 45, 1984

이도학, 「사비시대 백제의 4방계산 호국사찰의 성립」 『백제연구』 20, 1989

이도학, 「백제 웅진도성 연구에 관한 검토」 『동아시아고대학』 23, 2010

이병도, 「백제 무녕왕릉 출토 지석에 대하여」 『한국고대사연구』, 1976

이상균, 「조선통신사 김이교, 세계기록유산으로 되살아나다」 『고마나루』 20, 2017

이상원, 「공주의 천주교 순교유적, 황새바위와 공주 향옥」 『웅진문화』 27, 2014

이재석 「5세기 말 곤지의 도왜 시점과 동기에 대한 재검토」 『백제문화』 30, 2001

이원복, 「죽당 신유의 畵境」 『미술자료』 68, 2002

이은창, 「금동탑신의 조성양식 문제: 부여 금성산사지 출토」 『사학연구』 14, 1962

이재두, 「영조대의 제1, 2차 읍지 편찬 사업(1757-1760)」 『장서각』 41, 2019

이준원, 「'우영장 유공하 치병선정비'에 대한 보완」 『웅진문화』 33, 2020

이철성, 「연재 송병선의 황산주유와 문화경관 인식」 『한국사학보』 70, 2018

이해준, 「장깃대나루 이야기」 『고도 공주 고마나루 이야기』 20, 2017

이현숙, 「백제 웅진성의 조사성과와 웅진왕도의 경관」 『백제문화』 59, 2018

이현숙, 「백제 웅진기 왕궁의 위치와 왕도의 구조에 관한 재검토」 『백제학보』 29, 2019

임용한, 「조선후기 수령 선정비의 분석-안성 · 죽산 · 과천의 사례를 중심으로」 『한국사학보』 26, 2007

임재표, 「조선시대 경주 원형옥에 관한 연구」 『교정』 264, 1998

임형수, 「고려시대 청주목의 치소와 산성-원도심 발굴 성과와 문헌자료의 보완 검토」 『역사와 담론』 109, 2024

전진희, 「독일 상트 오틸리엔 기행」 『웅진문화』 30, 2017

정요근, 「고려시대 전통 대읍 읍치 공간의 실증적 검토와 산성읍치설 비판」 『중세고고학』 6, 2019

정재윤, 「웅진성의 역사적 가치와 의미」 『백제문화』 59, 2018

조동길, 「김인겸과 그의 在日 漢詩」 『웅진문화』 5, 1992

조윤재, 「남조 고분 관재 및 모부제 고찰을 통한 무령왕릉 목관수종 원산지 재론」 『한국학연구』 75, 고려대 한국학연구소, 2020

지두환, 「백강 이경여의 가계와 생애 -17세기 전반 정국변동과 관련하여」 『한국사상과 문화』 13, 2001

지종학 · 김남선, 「백제 사비왕궁터에 대한 풍수지리적 연구-부소산과 금성산을 중심으로」 『한국사진지리학회지』 29-3, 2019

차기진, 「충남 지역 천주교의 흐름과 공주 천주교회의 위치」 『충청학과 충청문화』 8, 2009

차순철, 「'官'자명 명문와의 사용처 검토」 『경주문화연구』 5, 2002

최명진, 「다시 쓰는 향덕이야기」 『웅진문화』 33, 2020

최명진, 「임진왜란 참전 명 장수 기념비 건립의 지역적 의미 고찰 –명국삼장비를 중심으로」 『한국사학사학보』 48, 2023

최병화, 「공산성내 통일신라시대 이후 건물지의 구조와 분포 특징」 『백제문화』 59, 2018

최영성, 「송석 이병연의 삶과 학문정신」 『조선환여승람의 학술적 가치와 의미』(세미나 자료집), 충남대 한자문화연구소 · 전주대 한국고전학연구소, 2022

최옥형, 「昏政과 胡亂중에 만난 인연 -김상헌과 이경여의 행적과 교유」 『공존의 인간학』 2, 2019

한성준, 「조선후기 공주지역의 천주교 박해와 신자들의 생활」 『웅진문화』 7, 1994

허경진 · 강혜종, 「조선환여승람의 상업적 출판과 전통적 가치 계승 문제」 『열상고전연구』 35, 2012

홍사준, 「충남출토의 금동불 3례」 『고고미술』 2-6, 1961

홍사준, 「호암사지와 왕흥사지고」 『백제연구』 5, 1974

홍성화, 「웅진시대 백제의 왕위계승과 대왜관계」 『백제문화』 45, 2011

홍순재, 「조선통신사 정사기선에 관한 연구」 『해양문화재』 11, 국립해양문화재연구소, 2018

황수영, 「부여규암면출토 백제불보살상」 『미술자료』 8, 1963

輕部慈恩, 「樂浪の影響を受けた百濟の古墳と塼」 『考古學雜誌』 20-5, 考古學會, 1930

輕部慈恩, 「公州に於ける百濟古墳(1-8)」 『考古學雜誌』 23-7,9, 24-3,5,6,9, 26-3,4 考古學會, 1933-1936

白井克也, 「東京大學考古學研究室所藏百濟土器-輕部慈恩舊藏資料と東京大學採集資料からみた百濟土器制作技法への一考察」 『古文化談叢』 31, 1993

赤司善彦 外, 「加唐島武寧王傳說の調査について」 『東風西聲 -九州國立博物館紀要』 9, 九州國立博物館, 2014

田中俊明, 「百濟都城と公山城」 『백제문화』 31, 2002

戶田有二, 「百濟の鐙瓦製作技法について -輕部慈恩氏寄贈瓦に見る西穴寺技法の再考と新元寺技法」 『百濟文化』 37, 2007

• **윤용혁**(尹龍爀)

한국중세사와 충남지역사 전공. 공주사범대학 역사교육과를 졸업하고 고려대학교 대학원에서 석사와 박사학위를 받았다. 1980년부터 2017년까지 공주대학교 역사교육과 교수로 재직하였다. 현재는 공주대 명예교수, 국가유산청 문화유산위원이다. 저서로서는 『공주, 역사문화론집』(2005), 『충청 역사문화 연구』(2009), 『가루베지온의 백제 연구』(2010), 『공주, '강과 물'의 도시』(2014), 『충남, 내포의 역사와 바다』(2014), 『한국 해양사 연구』(2015), 『공주, 역사와 문화콘텐츠』(2016), 『백제를 걷는다』(2017), 『한국과 오키나와 -초기 교류사 연구』(2020), 『역사 속 공주의 사람들』(2020, 공저) 등이 있다.

공주, 역사문화 탐구 백제와 금강의 도시 공주

초판발행일	2024년 10월 31일
지 은 이	윤용혁
발 행 인	김선경
책 임 편 집	김소라
발 행 처	서경문화사
	주소 : 서울시 종로구 이화장길 70-14(204호)
	전화 : 743-8203, 8205 / 팩스 : 743-8210
	메일 : sk7438203@naver.com
신 고 번 호	제1994-000041호
ISBN	978-89-6062-257-9 93090

ⓒ 윤용혁 · 서경문화사, 2024